मार्क्सवाद का अर्धसत्य

मार्क्सवाद का अर्धसत्य

अनंत विजय

वाणी प्रकाशन

पिताजी
स्वर्गीय प्रोफ़ेसर ब्रजकिशोर सिन्हा
की स्मृति में

वाणी प्रकाशन

4695, 21-ए, दरियागंज, नयी दिल्ली 110 002

फ़ोन : +91 11 23273167 फ़ैक्स : +91 11 23275710

शाखाएँ

अशोक राजपथ, पटना 800 004, बिहार

कॉफ़ी हाउस कैम्पस, महात्मा गांधी मार्ग, इलाहाबाद 211 001, उत्तर प्रदेश

महात्मा गांधी अन्तरराष्ट्रीय हिन्दी विश्वविद्यालय, वर्धा 442 001, महाराष्ट्र

सुल्तानिया रोड, मोतिया पार्क, भोपाल 462 001, मध्य प्रदेश

www.vaniprakashan.com
marketing@vaniprakashan.in
sales@vaniprakashan.in

Mxrxvad Ka Ardhsatya
by Anant Vijay

ISBN : 978-93-88684-86-6
Criticism

प्रथम संस्करण 2019
द्वितीय संस्करण 2021

मूल्य : ₹ 695

आर. टेक ऑफ़सेट प्रिंटर्स, दिल्ली-110032 में मुद्रित

वाणी प्रकाशन का लोगो मक़बूल फ़िदा हुसेन की कूची से

अनुक्रम

दूसरे संस्करण की भूमिका	7
पहले संस्करण की भूमिका	9
बुद्धिजीवी, वामपन्थ और इस्लाम	19
साहित्यिक जलसा, विवाद और बौद्धिकों की बेचैनी	56
जब रचनाएँ भी मज़हबी हो गयीं	104
विचारधारा की लड़ाई या यथार्थ की अनदेखी	128
विचारधारा की जकड़न में आलोचना	161
साहित्यिक बाज़ार, मेला और लेखकीय छद्म	184
प्रगतिशीलता की ओट में राजनीतिक आखेट	199
बौद्धिक छलात्कार के मुजरिम?	248
जब छीज रहा था वामपन्थ	281

दूसरे संस्करण की भूमिका

स्वतन्त्रता के बाद हमारे देश में समाजवादी और साम्यवादी विचारधारा को सत्ता का साथ मिला। पहले जवाहरलाल नेहरू और बाद के दिनों में इन्दिरा गाँधी ने वामपन्थी विचार को पल्लवित और पुष्पित होने का अवसर दिया। जब देश को स्वाधीनता मिली और जवाहरलाल नेहरू इसके प्रधानमन्त्री बने तो उन्होंने देश को समाजवादी गणतन्त्र की राह पर आगे बढ़ाने का काम किया। उनके साम्यवादी सोच से प्रभावित होने के कई प्रमाण मिलते हैं। 1927 में ब्रसेल्स में दुनियाभर के कम्युनिस्टों का एक सम्मेलन हुआ था जिसमें भारत से जवाहरलाल नेहरू गये थे। वहाँ श्रम और श्रमिकों की समस्या के अलावा पूँजीवाद और उपनिवेशवाद को लेकर भी चर्चा हुई थी। वहाँ की चर्चाओं को सुनकर वो बेहद प्रभावित हुए और उनका झुकाव साम्यवाद की ओर हो गया। उसी वर्ष वो अपने पिता मोतीलाल नेहरू के साथ सोवियत रूस गये थे। सोवियत रूस की यात्रा के दौरान जवाहरलाल नेहरू ने कई लेख आदि लिखे थे जो बाद में एक पुस्तिका के रूप में संकलित होकर प्रकाशित हुई। इसका नाम था सोवियत रूस, सम रैंडम स्केचेज एंड इंप्रेशंस। इस पुस्तिका से नेहरू के साम्यवादी विचारों से निकटता के संकेत मिलते हैं। देश के प्रधानमन्त्री के तौर पर उन्होंने, शीतयुद्ध के समय, भारत को गुटनिरपेक्ष देशों के चंद अगुवा देशों के तौर पर स्थापित करने का प्रयत्न किया। पर एक वक़्त ऐसा आया जिसने पूरी दुनिया में नेहरू की सोच को उजागर कर दिया। 1956 में जब सोवियत रूस ने हंगरी पर हमला किया तो नेहरू ने उसकी आलोचना नहीं की जबकि गुटनिरपेक्ष देशों से ख़ासतौर पर उसके अगुवा देशों से ये अपेक्षा की जा रही थी कि वो सोवियत रूस के आक्रमण और उसकी विस्तारवादी क़दम की आलोचना करेंगे।

ये नेहरू के साम्यवाद के प्रति नरम रुख का प्रमाण था। इसके अलावा नेहरू साम्यवादी देश चीन को लेकर भी बेहद उदार थे। उनका चीन से मोहभंग तो 1962 के चीनी आक्रमण के बाद हुआ। नेहरू के निधन के कुछ सालों बाद जब उनकी बेटी इन्दिरा गाँधी देश की प्रधानमन्त्री बनीं तो उन्होंने कुछ सालों के बाद देश में आपातकाल की घोषणा कर दी थी। आपातकाल में क्या क्या हुआ ये लिखने की आवश्यकता नहीं। वामपन्थियों ने आपातकाल के दौरान इन्दिरा गाँधी का समर्थन किया। इस समर्थन के एवज में इन्दिरा गाँधी ने वामपन्थियों को तमाम तरह की सहूलियतें दीं। देश के विश्वविद्यालयों से लेकर सांस्कृतिक संगठनों तक पर इस विचारधारा के अनुयायियों को बैठाया गया। कहा जा सकता है कि इस दौर में ही इस विचारधारा के अनुयायियों के आक्रामक तेवर दिखने लगे थे और वो विरोधी विचारधारा को मानने वालों को अस्पृश्य मानने लगे थे।

'मार्क्सवाद का अर्धसत्य' में मैंने वामपन्थी विचारधारा के उसी दबदबे से उपजे दोष को रेखांकित किया है। इस पुस्तक के शीर्षक से कई लोगों को भ्रम हुआ कि इसमें मार्क्सवाद की सैद्धान्तिक व्याख्या होगी लेकिन इसकी भूमिका में ही मैंने स्पष्ट कर दिया था कि ये मार्क्सवाद से अधिक मार्क्सवादियों को केन्द्र में रखकर लिखी गयी थी। जब इस पुस्तक का प्रकाशन हुआ तो इसको लेकर कई तरह की बातें सामने आयीं। जिनको ये पुस्तक पसन्द आयी उन्होंने बहुत ही मुखर होकर इसकी प्रशंसा की और जिनको पसन्द नहीं आयी उन्होंने ख़ामोशी ओढ़ ली। मेरे लिए सन्तोष की बात ये रही कि पाठकों ने इस पुस्तक को पसन्द किया और इससे एक वैकल्पिक नैरेटिव को मज़बूत करने में मदद मिली। दूरदराज के लोगों ने इंटरनेट मीडिया पर इस पुस्तक के बारे में लिखा। उन तक पुस्तक पहुँची इसके लिए टीम वाणी प्रकाशन और अरुण माहेश्वरी जी का आभार। अब जबकि इसका दूसरा संस्करण प्रकाशित हो रहा है तो आशा करता हूँ कि ये पुस्तक और व्यापक पाठकवर्ग तक पहुँचेगी और आप सबका स्नेह मुझको मिलेगा।

—अनंत विजय

भूमिका

(प्रथम संस्करण से)

'कार्ल मार्क्स' और 'मार्क्सवाद'–ये दो शब्द ऐसे हैं जो भारत में बुद्धिजीवियों के एक बड़े तबके को बहुत लुभाते हैं। इन दो शब्दों के रोमांटिसिज़्म में वो इसके आकलन में वस्तुनिष्ठ नहीं हो पाते हैं। तमाम धाराओं को इन दो शब्दों की धारा में बहाने का दुराग्रह करते चलते हैं। आलोचना से लेकर रचना तक की कसौटी का मूल आधार यही दो शब्द रहते हैं। कार्ल मार्क्स की दो सौवीं जयन्ती बीती है। इस मौक़े पर फिर से उनकी महानता का गुणगान करते हुए कई लेख छपे। भाषण दिये गये। सोशल मीडिया पर इस विचारधारा के अनुयायियों ने जमकर अपनी ऊर्जा का प्रदर्शन किया। मार्क्सवाद एक अवधारणा के तौर पर, एक आदर्शवादी सिद्धान्त के तौर पर बहुत अच्छा कहा या माना जा सकता है लेकिन शुरुआत से लेकर अब तक मार्क्सवादियों की जो व्यावहारिकता सामने आयी है उस पर अपेक्षित ध्यान नहीं दिया गया। मार्क्सवादी बहुधा धर्म को अफ़ीम कहते और प्रचारित करते हैं। यह लाइन इसके अनुयायियों को बहुत भाती है। वो लगातार इसका प्रचार करते हैं और इस लाइन के आधार पर धर्म को भला–बुरा कहते चलते हैं। धर्म को अफ़ीम मानने वाले यह भूल जाते हैं कि धर्म लोगों को एक मर्यादा में रहना भी सिखाता है। मार्क्सवाद की जो अवधारणा है वो पूँजीवाद का निषेध करती है लेकिन परोक्ष रूप से पूरी तौर पर भौतिकतावाद की वकालत करती है। वहाँ परिवार, सामाजिक बन्धन या मान्यता नाम की चीज़ें अमान्य हैं। सोवियत रूस में जब उन्नीस सौ सत्रह में क्रान्ति हुई तो यह मान्यता प्रचारित की गयी कि शादी–विवाह आदि का कोई अर्थ नहीं है। जब जिसका मन करे वो किसी से भी सम्बन्ध बनाये। यह भौतिकतावाद की ही एक मिसाल है। लगभग बीस सालों तक सोवियत रूस में यह बात चलती रही। आपको यह याद दिला दें कि उन्नीस सौ सत्रह से लेकर उन्नीस सौ तीस तक सोवियत रूस में 'एक

गिलास पानी' मुहावरा काफ़ी प्रचलित था। यह उस बात के लिए कहा जाता था कि जब प्यास लगे तो पानी पी लो और जब शरीर की माँग हो तो उसको किसी के भी साथ पूरा कर लो। क़रीब बीस साल तक रूस में ये चलता रहा और फिर धीरे–धीरे इस अवधारणा को बग़ैर किसी शोर–शराबे के दफ़न कर दिया गया।

मार्क्स के दो बड़े भारी अनुयायी हुए। एक तो चीन के माआत्सेतुंग और दूसरे क्यूबा के सर्वेसर्वा फिदेल कास्त्रो। फिदेल हालाँकि पहले मार्क्सवादी नहीं थे लेकिन बाद में सोवियत रूस से लेकर तमाम वामपन्थी देशों ने सहयोग आदि देकर उनको अपने पाले में कर लिया। कालान्तर में वो और उनका देश दोनों कम्युनिस्ट बन गये और 1961 से लेकर 2011 तक वो कम्युनिस्ट पार्टी ऑफ़ क्यूबा के महासचिव रहे। इन दोनों के बारे में वामपन्थी बहुत उच्च विचार रखते हैं। एक समय में तो हमारे देश में चेयरमैन माओ के समर्थन में नारे लगाने वाले भी खुलेआम मिल जाया करते थे। फिदेल कास्त्रो में भी वामपन्थी लगभग मूर्तिपूजा की हद तक आस्था रखते हैं। सवाल यही है कि किसी के व्यक्तित्व और कृतित्व का मूल्यांकन क्या भक्तिभाव के साथ किया जा सकता है। क्या किसी को आलोचना से ऊपर मानकर उसका मूल्यांकन किया जा सकता है। नहीं। भारत में हमारे वामपन्थी बौद्धिकों ने माओ से लेकर कास्त्रो तक का मूल्यांकन भक्ति भाव के साथ किया, लिहाज़ा उन्हें उनके व्यक्तित्व में कोई खामी, उनके कार्यों में कोई कमी, उनके चरित्र में कोई खोट आदि द्रिखायी ही नहीं दिया। इस तरह की हर बात को षड्यन्त्रपूर्वक दबा दिया गया। धर्म को अफ़ीम मानने वाले लोगों की अपने वैचारिक गुरुओं में इस तरह की आस्था उनको बौद्धिक रूप से लगातार बेईमान बनाती रही। भारत में इस तरह की बौद्धिक बेईमानी का खेल दशकों तक चलता रहा। कम्युनिस्टों को या वामपन्थ में आस्था रखने वाले साहित्यकारों, लेखकों को साहित्य में बहुत ऊपर का दर्जा दिया गया जबकि, वामपन्थ की परिधि से बाहर लेखन करने वालों को, भारतीय परम्परा और धर्म, पौराणिक कथाओं पर लिखने वालों को लगातार हाशिए पर रखा गया। ये सब एक सोची–समझी रणनीति के तहत किया गया, साहित्य में इस तरह की राजनीति करने वालों की पहचान करना आवश्यक है। ख़ैर, हम वापस मार्क्सवाद के दो पुरोधा की ओर लौटते हैं। माओ और फिदेल कास्त्रो।

इन दोनों पर कई किताबें और किताबों के अंश पढ़े। जैसे माओ पर लिखी जंग चांग की किताब–'द अननोन स्टोरी ऑफ़ माओ' और फिदेल पर लिखी ब्रायन लैटल की किताब–'कास्त्रोज़ सीक्रेट, द सीआईए एण्ड क्यूबा'ज इंटेलिजेंस मशीन'। इन दो किताबों के अलावा उन्नीस सौ अठानवे में वेंडी गिंबेल की एक किताब आयी थी 'हवाना ड्रीम्स', उसमें भी कास्त्रो पर लिखा गया है। एक और किताब आयी–'द डबल लाइफ़ ऑफ़ फिदेल कास्त्रो'। इस किताब के लेखक हैं सत्रह सालों तक उनके अंगरक्षक रहे जुआन रियनाल्डो सॉंचेज़। इन किताबों के लेखक अलग–अलग विचारधारा और पृष्ठभूमि के हैं। इन सारी किताबों या उनके अंशों को पढ़ने के बाद एक साझा सूत्र जो इन दोनों धाराओं के अनुयायियों को जोड़ता है वह यह है कि दोनों लगभग तानाशाह थे। दोनों अपने विरोधियों को बर्दाश्त नहीं कर सकते थे। दोनों को अपने विरोधियों को निबटाने के लिए हिंसा का सहारा लेने में कोई गुरेज़ नहीं था। दोनों की सेक्सुअल लाइफ़ बेहद रहस्यमयी थी। दोनों अपने लिए बेशुमार दौलत इकट्ठा करना चाहते थे।

अब एक प्रसंग माओ के बारे में। अक्तूबर 1941 में वांग मिंग ने माओ को लेख लिखकर चुनौती दी तो माओ भन्ना गये। उन्होंने उनके लेखों को छपने से रोक दिया। मिंग ने अपने विचारों को पोस्टर के तौर पर प्रचारित किया। यह बात माओ के गले नहीं उतर रही थी। वो रात में उन पोस्टरों को पढ़ने वालों की संख्या को देखने निकलते थे। पोस्टरों की बढ़ती लोकप्रियता से घबराकर उन्होंने मिंग को निबटाने की योजना बनायी। एक दिन अचानक मिंग बीमार पड़ते हैं और अस्पताल में भर्ती होते हैं। माओ ने अपने पॉयजनिंग यूनिट के डॉक्टर जिन म्याओ को वांग मिंग के इलाज के लिए नियुक्त किया। उन्होंने मिंग के लिए कई ऑपरेशन सुझाये लेकिन वो ख़तरनाक होने की वजह से नहीं हो पाये। जब मिंग को अस्पताल से छुट्टी दी जानी थी तब डॉ. जिन ने उनको गोली खिलायी जिसके बाद वो बीमार पड़ गये। जाँच में पता चला कि ये मरकरी पॉयजनिंग का केस था। परिदृश्य पर रूस के एक डॉक्टर के आने के बाद यह बात खुली। इसी तरह से माओ ने सांस्कृतिक क्रान्ति के दौर में सिनेमा पर प्रतिबन्ध लगा दिया। 1950 में वहाँ उनतालीस फीचर फ़िल्में बनीं तो दो साल बाद इनकी संख्या घटकर सिर्फ़ दो रह गयी। लगता है, सांस्कृतिक स्वतन्त्रता की वकालत करने वाले इन माओ के समर्थकों ने इतिहासबोध को खूँटी पर टाँग दिया है।

फिदेल कास्त्रो। इस नाम को हम भारत के लोग एक महान क्रान्तिकारी के रूप में जानते हैं। हमें यह भी बताया जाता रहा है कि फिदेल ने अमेरिका जैसी वैश्विक महाशक्ति से लम्बे समय तक लोहा लिया, बल्कि उसके ग्यारह राष्ट्रपति भी उनका बाल–बाँका नहीं कर सके। उन्होंने क्यूबा की जनता को मुक्ति भी दिलाई यह भी बोला–सुना जाता रहा है। उनके निधन के बाद हमारे देश में, हिन्दी समेत अन्य भाषाओं में दिवंगत आत्मा को याद करते हुए श्रद्धाभाव में कई लेख लिखे गये। श्रद्धाभाव से जो भी लिखा जाता है उसमें भक्ति स्वतः आ जाती है। इस लिहाज़ से उन लेखों को उसी आईने में देखा जाना चाहिए। फिदेल कास्त्रो ने ख़ुद एक बार अपने भाषण में कहा था–आप सब मेरी निन्दा करो, जमकर करो लेकिन इतिहास मुझे सारे आरोपों से मुक्त कर देगा। इतिहास फिदेल के साथ क्या करेगा ये तो समय के गर्भ में है लेकिन फिदेल कास्त्रो ने क्यूबा में अपने चार दशक के शासनकाल के दौरान जो किया उस पर विचार करना आवश्यक है। फिदेल कास्त्रो ने देश की जनता को मुक्ति दिलाने के नाम पर संघर्ष तो किया लेकिन उस मुक्ति संघर्ष की आड़ में उसकी आज़ादी छीन ली। वो सैंतालीस सालों तक वहाँ के सर्वेसर्वा रहे और बीमार होते ही अपने भाई राउल कास्त्रो को गद्दी सौंप दी। यह कैसी मुक्ति थी जिसने वहाँ की जनता को लगभग राजतन्त्र दिया। अमेरिका से संघर्ष के नाम पर फिदेल ने अपने देश में ख़ुद के विरोध की आवाज़ को लगातार कुचला। क्यूबा की जनता के पास अभिव्यक्ति की आज़ादी का अधिकार नहीं था, लेकिन फिर भी कम्युनिस्टों का प्रचार–तन्त्र ऐसा था कि बुर्जुआ से लोहा लेने के नाम पर फिदेल के तमाम फरेबों को दरकिनार कर उनको मुक्तियोद्धा के तौर पर प्रचारित किया जाता रहा, उनके जीवन काल में और अब उनकी मृत्यु के बाद भी। भारत में भी अभिव्यक्ति की आज़ादी के कम्युनिस्ट चैम्पियनों ने क्यूबा में इस पर पाबन्दी के ख़िलाफ़ कभी मुँह खोला हो, ऐसा ज्ञात नहीं है। क्यूबा में मानवाधिकार हनन पर कहीं कोई लेख कम्युनिस्ट बुद्धिजीवियों द्वारा लिखा गया हो, प्रकाश में नहीं आया। पूँजीवाद से लड़ाई के नाम पर इस योद्धा ने क्यूबा की जनता के साथ तमाम वो काम किये जो एक तानाशाह कर सकता था। इस बात को लेकर ख़ूब शोर मचता है कि अमेरिका से संघर्ष करते रहने के बावजूद फिदेल कास्त्रो ने क्यूबा में शिक्षा और स्वास्थ्य के क्षेत्र में उल्लेखनीय काम किया। यह प्रश्न कभी नहीं उठाया जाता कि क्या तानाशाही ही विकास के लिए ज़मीन

तैयार कर सकती है। पूरी दुनिया में कई ऐसे देश हैं जिसने क्यूबा जैसी पाबन्दियों और ज़्यादतियों के बग़ैर लोगों के जीवन स्तर में सकारात्मक और बुनियादी बदलाव किये। गम्भीर वस्तुनिष्ठता के साथ विचार करने पर यह बात समझ में आती है कि क्यूबा में मुक्ति के बाद व्यक्तिगत स्वतन्त्रता लगभग नहीं थी। यही हाल तमाम वामपन्थी शासन वाले देशों में देखने को मिलता है जहाँ समानता के अधिकार को हासिल करने के लिए व्यक्तिगत आज़ादी को सूली पर टाँग दिया जाता रहा है। चाहे रूस हो या चीन या फिर कोई अन्य कम्युनिस्ट देश। इसको इस तरह से भी कहा जा सकता है कि कम्युनिस्ट विचारधारा में सत्ता के विरोध के लिए कोई जगह नहीं है। चीन में थ्येन अमनेन चौक पर क्या हुआ उसको दोहराने की ज़रूरत नहीं है। रूस में सौ सालों से क्या हो रहा है उसके बारे में बात करने का कोई अर्थ नहीं है।

सवाल यही उठता है कि जब हम किसी भी शख़्सियत का मूल्यांकन करते हैं तो उसको समग्रता में देखने की ज़रूरत होती है। फिदेल कास्त्रो के लगभग चार दशक के शासनकाल में क्यूबा में क्या हुआ इस पर विचार करते हुए बहुधा विश्लेषक फिदेल के क्रान्तिकारी छवि के बोझ तले दबे रहे हैं जिसकी वजह से उनका समग्र मूल्यांकन नहीं हो पाया है। अमेरिकी साम्राज्यवाद से लोहा लेने के नाम पर देश की जनता की व्यक्तिगत आकांक्षाओं का गला घोंटना और अपने सिद्धान्तों को बलपूर्वक लागू करवाना फिदेल को कम्युनिस्ट तानाशाहों की श्रेणी में खड़ा कर देता है। यह कैसी विचारधारा है जो बात तो समानता के अधिकार की करती है लेकिन उसकी आड़ में तानाशाही को बढ़ावा देती है? ये कैसी विचारधारा है जो मुक्तियोद्धाओं को तानाशाह बनने का आधार प्रदान करती है? ये कैसी विचारधारा है जो लोकतन्त्र के नाम पर एक अलग किस्म की राजशाही को बढ़ावा देती है? सम्भवतः यही वजह है कि लम्बे समय तक कई देशों की जनता ने इस विचारधारा के रोमांटिसिज़्म में रहने के बावजूद धीरे-धीरे उसकी असलियत को समझते हुए उससे किनारा कर लिया। जिस विचारधारा की बुनियाद ही हिंसा पर रखी जाये वो लम्बे समय तक चल नहीं सकती है। अगर हम देखें तो चीन से लेकर रूस तक सत्ता हासिल करने के लिए कम्युनिस्टों ने ख़ूनी संघर्ष ही किया। स्टालिन का साथ पाकर माओ ने चीन में कितने ज़ुल्म किये इस पर पूरी दुनिया के राजनीतिक विश्लेषकों ने लिखा। बावजूद इसके इस विचारधारा को

ग़रीबों और वंचितों के हक़ की विचारधारा कहकर प्रचारित किया जाता रहा है, कैसी विडम्बना और कैसा प्रचार–तन्त्र है यह।

फिदेल कास्त्रो के चेहरे से भी क्रान्तिकारी नायक का नकाब लगातार उतरता चला जाता है। फिदेल कास्त्रो ने शादीशुदा होते हुए एक शादीशुदा महिला से न केवल सम्बन्ध बनाये बल्कि उनके एक बच्चे के पिता भी बने। नटालिया नाम की इस महिला और कास्त्रो के बीच के प्रेम–पत्रों के सार्वजनिक होने के बाद इस विवाहेतर सम्बन्ध का खुलासा हुआ। जब नटालिया की मौत हुई तो उन्हें इस बात का मलाल था कि जिस शख़्स ने 1953 में आक्रमण की रणनीति उनके घर पर रहकर बनायी वही शख़्स जब दो साल बाद क्यूबा की सत्ता पर क़ाबिज़ होता है तो उसको भूल जाता है। भूल तो वो अपनी बेटी को भी जाता है। यह मार्क्सवाद की 'एक गिलास पानी' की अवधारणा का निकृष्टतम रूप है। अब उससे भी एक ख़तरनाक बात सामने आयी है। सत्रह साल तक क्यूबा के राष्ट्रपति फिदेल कास्त्रो के अंगरक्षक रहे जुआन रियनाल्डो साँचेज़ की किताब–'द डबल लाइफ़ ऑफ़ फिदेल कास्त्रो'–से यह खुलासा हुआ है कि किस तरह से कास्त्रो ने एक ड्रग्स कारोबारी को पचहत्तर हज़ार डॉलर के एवज़ में क्यूबा में ऐश करने की अनुमति दी। इस किताब में इस बात के पर्याप्त सबूत दिये गये हैं कि किस तरह से फिदेल कास्त्रो अपने सीक्रेट रूम में बैठकर कोकीन कारोबारी के बारे में सौदेबाजी कर रहे थे। इस किताब के लेखक ने इस बात का भी खुलासा किया कि कास्त्रो की हवाना में बीस आलीशान कोठियाँ हैं, वो एक कैरेबियन द्वीप के भी मालिक हैं। इस तरह के खुलासों से साफ़ है कि मार्क्सवाद की आड़ में उनके रहनुमा रहस्यमयी सेक्सुअल लाइफ़ से लेकर तमाम तरह की भौतिकवादी प्रवृत्तियों को अपनाते हैं और विचारधारा की आड़ में व्यवस्था बदलने का सपना दिखाकर अपना उल्लू सीधा करते हैं।

जर्मनी की कम्युनिस्ट पार्टी के बारे में लेनिन ने कहा था कि वहाँ के लेफ़्टिस्ट ख़ुद को वामपन्थी नहीं मानते हैं और अपने आपको सैद्धान्तिक आधार पर प्रतिपक्ष क़रार देते हैं। लेनिन ने उस वक़्त जर्मनी के वामपन्थियों की उस प्रवृत्ति को इन्फैण्टाइल डिसऑर्डर ऑफ़ लेफ़्टिज़्म कहा था। अभिव्यक्ति की आज़ादी पर ख़तरा बताते हुए जिस तरह से क़रीब दो दर्जन लेखकों ने साहित्य अकादेमी का पुरस्कार लौटाया था उसको देखकर लेनिन के शब्द उधार लेकर कहा जा सकता है कि

पुरस्कार वापसी के ये लेखक भी इन्फैण्टाइल डिसऑर्डर के शिकार थे। यहाँ भी कमोबेश सभी लेखकों ने ख़ुद को सिद्धान्त का विरोधी पक्ष क़रार दिया है। अब अगर हम प्रतिपक्ष के सैद्धान्तिक पक्ष को परखते हैं तो यह साफ़ तौर पर उभरता है कि वो देश, काल और परिस्थिति के हिसाब से अपना पक्ष बदलते रहे हैं। आज जिन लोगों को अभिव्यक्ति की आज़ादी पर ख़तरा नज़र आ रहा है उनमें से ज़्यादातर लोग इमरजेंसी के दौर में लिख रहे थे। यह बात बहस से परे है कि भारत में अगर अभिव्यक्ति का सबसे बड़ा ख़तरा उत्पन्न हुआ था तो वो इमरजेंसी का दौर था। उस वक़्त तो हमारे मौलिक अधिकारों पर भी पहरा लगा दिया गया था। अब ज़रा उस दौर में लेफ़्टिस्टों को याद करिए कि उनका रुख़ क्या था। दिल्ली में उपन्यासकार भीष्म साहनी की अध्यक्षता में हुई प्रगतिशील लेखक संघ की बैठक में इमरजेंसी का समर्थन किया गया था और उसको अनुशासन पर्व क़रार दिया गया था। उस वक़्त किसी भी लेखक की अन्तरात्मा की आवाज़ नहीं जागी थी और किसी ने पुरस्कार वापसी का क़दम नहीं उठाया था। क्योंकि उस वक़्त इन संस्थाओं पर वामपन्थियों का कब्ज़ा था। यह वही दौर था जब इन्दिरा गाँधी ने इमरजेंसी के समर्थन के एवज़ में वामपन्थियों को साहित्यिक संस्थाओं की जागीरदारी सौंप दी थी। अब अगर हम चौरासी के सिख विरोधी दंगों के बाद की बात न भी उठायें, हम दो हज़ार दो के गुजरात दंगों के दौरान लेखकों की पुरस्कार वापसी के बाबत सवाल न भी पूछें लेकिन मुज़फ़्फ़रनगर दंगों की बात तो उठानी चाहिए। दादरी के पास इखलाक की हत्या को भी पुरस्कार वापस करने वालों ने मुद्दा बनाया है। दादरी से चन्द किलोमीटर दूर मुज़फ़्फ़रनगर के दंगों में बासठ लोगों की हत्या की गयी। उसके बाद अखिलेश सरकार ने अपने सालाना साहित्यिक पुरस्कार का ऐलान किया। गाजे–बाजे के साथ हिन्दी के लेखकों ने जाकर उत्तर प्रदेश के मुख्यमन्त्री अखिलेश यादव के कर–कमलों से चार लाख से लेकर चालीस हज़ार तक के दर्जनों पुरस्कार लिए। तब किसी को कुछ भी याद नहीं आया। याद तो तब भी नहीं आया था जब कॉमरेड पानसरे की हत्या की गयी थी या सही मायनों में बुद्धिवादी दाभोलकर साहब का क़त्ल किया गया। ना तब किसी ने साहित्य अकादेमी पर सवाल उठाये और ना ही साहित्य अकादेमी से स्टैण्ड लेने का दुराग्रह किया। क्योंकि उस वक़्त की सरकारों से प्रत्यक्ष रूप से विचारधारा को और परोक्ष रूप से स्वार्थ को कोई ख़तरा नहीं था।

एक नज़र डालते हैं पुरस्कार वापस करने वाले लेखकों पर। बात करेंगे अशोक वाजपेयी और कृष्णा सोबती की। आपको याद दिलाते चलें कि उदय प्रकाश, अशोक वाजपेयी को पावर ब्रोकर मानते रहे हैं और दावा करते हैं कि उनको हिन्दी में कोई गम्भीरता से नहीं लेता। लेकिन यह भी दिलचस्प है कि उदय प्रकाश को जिस ज्यूरी ने साहित्य अकादेमी पुरस्कार दिया अशोक वाजपेयी उसके सदस्य थे। दरअसल इन साहित्यिक पुरस्कारों की साख ख़त्म हो चुकी है। एक उदाहरण देखिए–जब सीताकान्त महापात्र संस्कृति मन्त्रालय के सचिव थे तो उनको ज्ञानपीठ पुरस्कार मिलता है और उसी मन्त्रालय में संयुक्त सचिव अशोक वाजपेयी को साहित्य अकादेमी का पुरस्कार मिलता है। क्या इसके पीछे मेधा या प्रतिभा है या कुछ और। इसके अलावा अशोक वाजपेयी को दयावती मोदी पुरस्कार मिला था तब उसको लेकर उठे विवाद को दोहराने की आवश्यकता नहीं है। अशोक वाजपेयी कितने संवेदनशील हैं इसको समझने के लिए भोपाल गैस त्रासदी के बाद आयोजित कवि सम्मेलन के दौर के उनके बयान को याद करना चाहिए। तब अशोक वाजपेयी ने कहा था कि, 'मरने वाले के साथ मरा नहीं जाता है।' इस तरह के बयानों के बाद अब जब वही शख़्स संवेदनशीलता की उम्मीद करता है तो उसका अपेक्षित असर नहीं होता है। कहना न होगा कि अशोक वाजपेयी के बयानों और पुरस्कार लौटाने का भी उतना असर नहीं पड़ा। साहित्यिक पुरस्कारों की साख पिछले कई सालों में छीजती चली गयी। इसके लिए कौन ज़िम्मेदार है उस पर लेखक समुदाय को विचार करना चाहिए। देश की बहुलतावादी संस्कृति पर ख़तरे के बाद कृष्णा सोबती ने भी साहित्य अकादेमी पुरस्कार लौटाने का ऐलान किया। एक ज़माने में कृष्णा जी ने पुरस्कारों को लेकर कहा था कि चन्द साहित्यिक लोगों को ही दिल्ली के इण्डिया इण्टरनेशनल सेण्टर के बार में जाने की सहूलियत है जहाँ पर साहित्य के कई मसले तय होते हैं। अब अगर साहित्यिक पुरस्कार आई.आई.सी. की बार में तय होते हैं तो उसको लौटा ही दिया जाना चाहिए। दरअसल इस विरोध के पीछे की मंशा को भी समझने की ज़रूरत है। केन्द्र सरकार ने फोर्ड फ़ाउण्डेशन समेत कई ग़ैर–सरकारी संगठनों के विदेशी चन्दों पर रोक लगा दी है। इस बात की भी पड़ताल होनी चाहिए कि सरकार के इस क़दम के बाद साहित्यकारों के विरोध ने ज़ोर क्यों पकड़ा। क्योंकि बात निकलेगी को दूर तलक जायेगी।

अपनी इस किताब में मैंने मार्क्सवाद को एक सिद्धान्त के तौर पर परखने की बिल्कुल कोशिश नहीं की है, बल्कि इस वाद के बौद्धिक अनुयायियों और भक्तों के क्रियाकलापों को सामने रखने का प्रयत्न है। पिछले एक दशक और खास तौर पर 2014 के लोकसभा चुनाव के बाद इतनी घटनाएँ घटीं और मार्क्सवादियों ने जिस तरह से उन घटनाओं पर प्रतिक्रियाएँ दीं, जिस तरह से उन घटनाओं को तूल देकर राजनीति के अखाड़े में ताल ठोंकी उसने उनकी मंशा साफ़ कर दी। साहित्यिक मसलों की आड़ में जमकर राजनीति हुई। नैतिकता के उच्च मानदण्डों की आड़ में स्वार्थसिद्धि या अपने–अपने राजनीतिक स्वामी की स्वार्थसिद्धि का खेल खेला गया। मैंने इस पुस्तक में मार्क्सवादियों के बारे में कोई ठोस निष्कर्ष भी पेश नहीं किया है बल्कि उन घटनाओं को पाठकों के सामने रख दिया है ताकि वो अपने विवेक से इस बारे में निर्णय ले सकें। इस पुस्तक को तैयार करने में मित्र जयप्रकाश पाण्डेय ने काफ़ी मदद की, उनका आभार। हमेशा की तरह मेरी पत्नी वंदना ने किताब को तैयार करने में मदद की, उसके सहयोग के बिना कोई पुस्तक सम्भव नहीं। दैनिक जागरण में मेरे कार्यकारी सम्पादक और अग्रज विष्णु प्रकाश त्रिपाठी जी मेरे लेखन पर अपनी टिप्पणियों से प्रत्यक्ष और परोक्ष रूप से उत्साहित करते रहते हैं, उनका हृदय से आभार। वाणी प्रकाशन के सर्वेसर्वा अरुण माहेश्वरी जी से मित्रता की वजह से छूट लेता रहता हूँ, उनको औपचारिक रूप से धन्यवाद।

अब यह किताब पाठकों के हाथों में है, आपकी प्रतिक्रिया की प्रतीक्षा है।

अनंत विजय

बुद्धिजीवी, वामपन्थ और इस्लाम

बरकती, ममता और फ़तवा

कोलकाता की एक मस्जिद के कथित शाही इमाम बरकती ने प्रधानमन्त्री नरेन्द्र मोदी के ख़िलाफ़ फ़तवा जारी किया। बरकती ने जिस प्रेस कॉन्फ्रेंस में प्रधानमन्त्री के बारे में अपमानजनक फ़तवा जारी किया, उस प्रेस कॉन्फ्रेंस में लगे बैनर पर पश्चिम बंगाल की मुख्यमन्त्री ममता बनर्जी की बड़ी–सी तस्वीर लगी थी। बरकती ने हिन्दी और अंग्रेज़ी दोनों भाषा में अपमानजनक फ़तवा जारी किया। यह मानना मुश्किल है कि इस प्रेस कॉन्फ्रेंस की जानकारी कोलकाता पुलिस को नहीं होगी या जिस वक़्त देश के प्रधानमन्त्री के ख़िलाफ़ फ़तवा जारी किया जा रहा था उस वक़्त वहाँ पुलिस मौजूद नहीं रही होगी। अगर पुलिस को जानकारी थी या पुलिस वहाँ मौजूद थी तो उसको उसी वक़्त बरकती के ख़िलाफ़ कार्रवाई करनी चाहिए थी। अगर किसी कारणवश उस वक़्त कार्रवाई नहीं हो पायी तो बाद में हो सकती थी जो नहीं हुई। क्या ये मान लिया जाये कि बरकती ने प्रधानमन्त्री के ख़िलाफ़ अपमानजनक फ़तवा राज्याश्रय के तहत जारी किया। क्या यह माना जाये कि प्रत्यक्ष न सही, परोक्ष रूप से बरकती के उस क़दम को सूबे की सरकार का समर्थन हासिल था। बरकती और ममता बनर्जी की सियासी नज़दीकियाँ जगज़ाहिर हैं और अपने इस राजनीतिक सम्बन्ध को बरकती सार्वजनिक रूप से ज़ाहिर भी कर चुके हैं। इससे इस बात का अन्देशा तो बढ़ता ही है कि ममता बनर्जी के इशारे पर बरकती ने ये काम किया। अगर उनके इशारे पर नहीं भी किया तो जिस तरह से पुलिस ने कोई कार्रवाई नहीं की उससे तो ये साफ़ पता चलता है कि कहीं न कहीं बरकती इस बात को लेकर आश्वस्त थे कि प्रधानमन्त्री के ख़िलाफ़ फ़तवा देने के बाद भी उनके ख़िलाफ़ कोई कार्रवाई नहीं होगी।

इस्लाम में किसी फ़ैसले या फ़रमान को फ़तवा कहते हैं। इसकी एक प्रक्रिया होती है कि कोई भी मुसलमान अपने मज़हबी मसले को लेकर हाकिम के सामने पेश होता है और वो मज़हबी हाकिम उस पर अपना फ़ैसला सुनाता है। बरकती के फ़तवे के मसले में भी ये जानना दिलचस्प होता कि प्रधानमन्त्री मोदी को लेकर क्या मज़हबी विवाद था या फिर किसने फ़तवे की अर्जी दी थी। कथित शाही इमाम बरकती ने कभी ये साफ़ नहीं किया। इस मसले की माँग तो मुस्लिम बुद्धिजीवियों की तरफ़ से भी की जानी चाहिए थी कि बरकती ने किस मज़हबी विवाद को सुलझाने के लिए प्रधानमन्त्री मोदी के ख़िलाफ़ फ़तवा जारी किया? इस्लाम में फ़तवे की बड़ी भूमिका है क्योंकि कोई भी फ़तवा भविष्य के लिए नज़ीर बनता है। फ़तवे मुस्लिम उम्मतों के लिए लिटरेचर बन जाते हैं जिनका उपयोग स्थानीय स्तर तक किया जाता है। इस सन्दर्भ में यह जानना और ज़रूरी है कि बरकती ने किसकी शंका पर फ़तवा जारी किया था। तीन तलाक के मुद्दे पर जिस तरह से कुछ मुस्लिम संगठन विरोध कर रहे हैं उनका आधार ये फ़तवे ही हैं। तीन तलाक को लेकर तरह–तरह के फ़तवे दिये गये हैं जो विरोधाभासी हैं।

बरकती के इस फ़तवे से कई सवाल खड़े होते हैं। पहला सवाल तो राज्य सरकार पर ही खड़ा होता है जिसकी चर्चा ऊपर की जा चुकी है। दूसरा सवाल खड़ा होता है कि क्या इस तरह के स्वयंभू धर्मगुरुओं को सियासत में सीधे उतरना चाहिए। किसी मस्जिद के सदर को प्रधानमन्त्री के ख़िलाफ़ जनता को उकसाने का हक़ किसने दिया। तीसरा सवाल उठता है उन बुद्धिजीवियों पर जो हर बात पर छाती कूटते रहते हैं लेकिन इस मसले पर ख़ामोश रहे। उन बुद्धिजीवियों पर जो भारतीय जनता पार्टी के सांसद साक्षी महाराज जैसे लोगों के बयान पर तो शोर–शराबा करते हैं लेकिन बरकती जैसों की इन हरक़तों पर चुप रह जाते हैं। जिन बुद्धिजीवियों को तमिलनाडु से लेकर केरल तक, महाराष्ट्र से लेकर गुजरात तक ये लगता है कि लेखकों की अभिव्यक्ति की आज़ादी पर पहरा लगा दिया गया है वो बुद्धिजीवी बरकती के फ़तवे पर ख़ामोश रहे। साध्वी प्राची जैसी महिला जो भारतीय जनता पार्टी से नहीं जुड़ी है उसके बयान के आधार पर प्रधानमन्त्री को कठघरे में खड़ा करने वाले लोग ख़ामोश रहे। अब अगर हम सवाल दर सवाल इनके जवाब ढूँढ़ने की कोशिश करते हैं तो चौंकाने वाली तस्वीर सामने आती

है। सुप्रीम कोर्ट ने धर्म के आधार पर वोट माँगने को लेकर सख़्त निर्णय दिया है। बरकती के इस फ़तवे के बाद सुप्रीम कोर्ट के उक्त फ़ैसले को व्याख्यायित करने की ज़रूरत है। क्या धर्म के नाम पर प्रत्यक्ष रूप से वोट माँगना ही ग़लत है या फिर परोक्ष रूप से भी सियासी फ़ायदा लेना ग़लत है। पश्चिम बंगाल में क़रीब अट्ठाईस फ़ीसदी मुसलमानों के वोट हैं। इन्हीं वोटों के चक्कर में पश्चिम बंगाल में बरकती जैसी शख़्सियतों को बढ़ावा दिया जाता है। इसी मुस्लिम वोट बैंक के चक्कर में वामपन्थी सरकारों से लेकर ममता बनर्जी सरकार तक तसलीमा नसरीन को कोलकाता से निर्वासित कर देती हैं। तुष्टीकरण की इस नीति के ख़िलाफ़ भी कभी सहिष्णु बुद्धिजीवियों ने कुछ बोला, लिखा हो ज्ञात नहीं है। वामपन्थ में आस्था रखने वाले बौद्धिकों का ये दोहरा चरित्र बेहद ख़तरनाक है क्योंकि इसका असर सियासत पर तो पड़ता ही है, साहित्य को भी ये गहरे तक प्रभावित करता है। पाठकों को लगता है कि उसका नायक, जो लेखक होता है, ईमानदार नहीं है। जब पाठक इस तरह की प्रवृत्ति को लक्षित करता है तो उसका भरोसा लेखकों से उठने लगता है जो आगे चलकर साहित्य को भी प्रभावित करता है।

जायरा वसीम पर बौद्धिक पाखण्ड

हमारे समाज के एक विशेष बौद्धिक वर्ग की चुनी हुई चुप्पी का एक वाक़या और देखा जा सकता है। कश्मीर की सोलह साल की लड़की जायरा वसीम ने फ़िल्म 'दंगल' में अपनी भूमिका से लोगों का दिल जीत लिया था। पहलवान गीता फोगट के बचपन का रोल करने वाली जायरा ने अपने सशक्त अभिनय से न केवल आमिर खान को प्रभावित किया था बल्कि दर्शकों पर भी अपने अभिनय की छाप छोड़ी थी। जायरा वसीम फ़िल्म की सफलता के बाद जब कश्मीर गयीं तो सूबे की मुख्यमन्त्री महबूबा मुफ़्ती से मिलीं। मुख्यमन्त्री से उनकी मुलाक़ात की फ़ोटो सोशल मीडिया पर आने के बाद उनको ट्रोल किया जाने लगा। परेशान जायरा वसीम ने सोशल मीडिया पर ही एक पोस्ट लिखी कि उनकी मुलाक़ात से कुछ लोग खफ़ा हो गये हैं लिहाज़ा वो माफ़ी माँगती हैं। उन्होंने दो पोस्ट लिखे और दोनों को बाद में डिलीट भी कर दिया। एक पोस्ट में तो उन्होंने यहाँ तक लिख दिया कि कश्मीरी युवा उनको रोल मॉडल नहीं मानें, सूबे में और भी लोग हैं। जायरा ने यह भी लिखा कि उनकी मंशा किसी

को भी ठेस पहुँचाने की नहीं थी। इसके बाद सोशल मीडिया पर उनको घेरा जाने लगा तो उन्होंने एक और पोस्ट लिखी और अनुरोध किया इस मसले को तूल न दिया जाये लेकिन इसके बाद अपनी इस पोस्ट को भी डिलीट कर दिया। दरअसल कश्मीर में पिछले दिनों जिस तरह का बवाल रहा उसके बाद वहाँ के चन्द लोगों ने जायरा को मुख्यमन्त्री के बहाने से निशाने पर लिया। किसी ने यह सोचने की कोशिश भी नहीं की कि एक सोलह साल की बच्ची पर क्या गुज़रेगी। अभी जिसने अपनी सफलता को ठीक से एन्जॉय भी नहीं किया उस पर इस तरह का हमलावर रुख़ अख़्तियार कर कश्मीरी अलगाववादी वहाँ के युवाओं को क्या सन्देश देना चाहते थे। जायरा वसीम को जान से मारने तक की धमकी दी गयी। इस बच्ची का जुर्म क्या था। क्यों इसको राजनीति का शिकार बनाया जा रहा था। जायरा को जान से मारने की धमकी का मुद्दा जम्मू कश्मीर विधानसभा में भी उठा और आसन्न सरकार को इस मसले पर ध्यान देने का निर्देश दिया। जायरा वसीम के साथ जब यह सब घटित हो रहा था तो इस पर छिटपुट प्रतिक्रिया ही देखने को मिल रही थी। सूबे के पूर्व मुख्यमन्त्री उमर अबदुल्ला और लेखक गीतकार जावेद अख़्तर ने ज़रूर ट्वीट कर इस मुद्दे पर जायरा को समर्थन दिया।

सवाल समर्थन का तो है लेकिन उससे भी बड़ा सवाल है अभिव्यक्ति की आज़ादी के पैरोकारों की ख़ामोशी का। दिल्ली के जवाहरलाल नेहरू विश्वविद्यालय में बुक्का फाड़कर लेके रहेंगे आज़ादी चिल्लाने वाले भी ख़ामोश रहे। उनकी जुबाँ पर ताला लग गया था। जायरा को कश्मीरी कट्टरपन्थियों की तरफ़ से जान से मारने की धमकियाँ मिल रही थीं लेकिन अभिव्यक्ति की आज़ादी के चैम्पियन ख़ामोश रहे। जायरा वसीम एक कलाकार है और कलाकार को मिल रही धमकियों पर कलाकारों और लेखकों का ख़ामोश रहना चिन्ता का सबब है। बात–बात पर देश में फ़ासीवाद की आहट सुनने वाले भी जायरा पर जारी शोरगुल को सुन नहीं पाये। जनवादी लेखक संघ, प्रगतिशील लेखक संघ और जन संस्कृति मंच भी कई दिन तक इस घटना पर आधिकारिक प्रतिक्रिया देने से बचते रहे। ऐसा क्यों होता है इसको जब सूक्ष्मता से विश्लेषित करते हैं तो बौद्धिक पाखण्ड का बहुत ही बीभत्स और साम्प्रदायिक रूप सामने आता है। जायरा को अगर इसी तरह की धमकी किसी अनाम से हिन्दू संगठन से मिली होती तो फिर देखते ये लोग किस तरह से आसमान सिर पर

उठा लेते। जेएनयू विवाद के दौरान उमर ख़ालिद के मसले पर बड़े–बड़े सम्पादकीय लेख लिखे गये थे। उस वक़्त जिनको सामाजिक ताना–बाना टूटता नज़र आ रहा था उनको भी जायरा को मिल रही धमकी दिखायी नहीं दी। यह चुनी हुई चुप्पी देश के लिए तो ख़तरनाक है ही लोकतन्त्र के लिए भी बेहद नुक़सानदायक है। जब एक समुदाय यह देखता है कि दूसरे समुदाय के मसले पर अभिव्यक्ति की आज़ादी के चैम्पियन ख़ामोश हो जाते हैं तो एक ख़ास किस्म की प्रतिक्रिया घर करने लगती है, जिसका विस्फोट तुरन्त नहीं होता है लेकिन लम्बे समय तक जब बार–बार इस तरह की चुनी हुई चुप्पी देखी जाती है तो विरोध का स्वर मज़बूत होने लगता है। ऐसे कई मौक़े आये जब ख़ुद को ग़रीबों, शोषितों और वंचितों का मसीहा बताने वाली विचारधारा के पोषक चुनी हुई चुप्पी ओढ़ लेते हैं। जब केरल की सरकार ने लेखक कमल चवारा पर देशद्रोह का मुक़दमा लगाया तब भी कमोबेश वामपन्थी विचारधारा के ध्वजवाहक ख़ामोश रहे। ख़ामोश इस वजह से रहे कि वहाँ उनकी विचारधारा वाली पार्टी की सरकार थी, अगर किसी अन्य विचारधारा वाली पार्टी का शासन होता तो फिर ये बताते नहीं थकते कि दिल्ली के बाद अब केरल में भी फ़ासीवाद आ पहुँचा है। तमिल लेखक मुरुगन ने जब नहीं लिखने का ऐलान किया था और कहा था कि एक लेखक की मौत हो गयी है तब भी देश भर के एक ख़ास विचारधारा के लोगों ने जमकर शोरगुल मचाया था। जब कमल चवारा ने ये ऐलान किया कि अगर उन पर से देशद्रोह का मुक़दमा नहीं हटाया गया तो अपनी सारी किताबें जला देंगे तो कहीं कोई स्पन्दन तक नहीं हुआ। देश भर के उन बौद्धिकों को अगर अपनी साख बचानी है तो समान भाव से सवाल खड़े करने होंगे बग़ैर विचारधारा या धर्म–सम्प्रदाय पर ध्यान दिये, वर्ना हाशिए पर जा चुके ये लोग इतिहास के बियावान में बिला जायेंगे।

मुजीब की प्रतिमा पर मजहब का साया

बांग्लादेश की प्रधानमन्त्री शेख़ हसीना की 2017 की भारत यात्रा के पहले पश्चिम बंगाल में एक अजीबोगरीब माँग उठी थी। ये माँग थी कोलकाता के बाकर गवर्नमेण्ट हॉस्टल में लगी बंगबन्धु शेख़ मुजीबुर्रहमान की मूर्ति हटाने की। बाकर हॉस्टल में मुजीब की इस मूर्ति को साल दो हज़ार ग्यारह में बांग्लादेश की सरकार ने लगवाया था। अब उसके छह साल

बाद उसको हटाने की माँग, उसकी वजह और उसकी टाइमिंग को लेकर सवाल खड़े हुए थे। ऑल बंगाल माइनॉरिटी यूथ फेडरेशन की अगुवाई में अनाम से पन्द्रह इस्लामिक संगठनों ने ये माँग उठायी। उनका तर्क था कि बाकर हॉस्टल में लगी शेख़ मुजीब की यह मूर्ति इस्लाम के ख़िलाफ़ है और इनसे उनकी धार्मिक भावनाएँ आहत होती हैं। वो तो यहाँ तक कहने लगे थे कि यह भारतीय मुसलमानों और बांग्लादेश सरकार के बीच का झगड़ा है। पत्र को ऐसे लिखा गया गोया यह संगठन भारत के मुसलमानों की रहनुमाई करता हो। ऑल बंगाल माइनॉरिटी यूथ फेडरेशन की अगुवाई वाले इस मोर्चे ने बांग्लादेश की प्रधानमन्त्री, भारत की विदेश मन्त्री और बंगाल की मुख्यमन्त्री को ख़त लिखकर कहा कि मुजीब की प्रतिमा का बाकर हॉस्टल जैसी इस्लामिक संस्था में होना ग़लत है क्योंकि वहाँ मस्जिद भी है। उनका दावा था कि इस प्रतिमा से उस इलाके का धार्मिक वातावरण प्रदूषित होता है और पवित्रता नष्ट होती है। सवाल यही है कि पिछले छह साल से इस मूर्ति का कोई विरोध नहीं हुआ और जब मुजीब की बेटी और बांग्लादेश की मौजूदा प्रधानमन्त्री का भारत दौरा क़रीब आया तो इसका विरोध शुरू हो गया, और धर्म की आड़ ली जाने लगी। धर्म की आड़ में सियासत करना और लोगों की भावनाएँ भड़काने के इस खेल को बेनक़ाब करना आवश्यक था।

मुजीब की प्रतिमा के विरोध के पीछे कई वजहें थीं जिस पर विस्तार से बात होगी पर पहले बताते चलें कि 1940 में शेख मुजीब कोलकाता के इस्लामिया कॉलेज के छात्र थे। इस कॉलेज का नाम बदलकर बाद में मौलाना आज़ाद कॉलेज कर दिया गया था। छात्र जीवन के बाद भी शेख मुजीब का भारत ख़ासकर कोलकाता से गहरा नाता रहा था और उसी रिश्ते को सम्मानित करने के लिए बाकर हॉस्टल में मुजीब की प्रतिमा लगायी गयी थी। बांग्लादेश में शेख़ हसीना की सरकार ने जब इस्लामिक कट्टरपन्थियों पर लगाम लगाना शुरू किया तब से इस्लाम के नाम पर उनका विरोध शुरू हो गया। सालों से बांग्लादेश की धरती का इस्तेमाल भारत के ख़िलाफ़ आतंकवादी गतिविधियों के लिए किया जाता रहा था। इस्लामिक आतंकवादी संगठन हरकत उल–जिहाद–अल–इस्लामी बांग्लादेश और जमात–उल–मुजाहीदीन बांग्लादेश दोनों देशों में तबाही मचाने की योजना पर काम करते रहे हैं। शेख़ हसीना ने जब दो हज़ार नौ में बांग्लादेश की सत्ता सँभाली तो उन्होंने इस्लामिक आतंकवादी संगठनों

से लेकर कट्टरपन्थी संगठनों को ठिकाने लगाना शुरू कर दिया और भारत को भी ये सन्देश दे दिया कि उनकी धरती से भारत के ख़िलाफ़ आतंकवादी गतिविधियों को बर्दाश्त नहीं किया जायेगा। शेख़ हसीना सरकार की इस कड़ाई के बाद इस्लामिक कट्टरपन्थियों ने बंगाल में अपना आधार बनाना शुरू कर दिया। इसका पता तब चला जब दो हज़ार चौदह में बर्धवान में बम–ब्लास्ट हुआ। उसकी जाँच के बाद यह सामने आया कि जमात–उल–मुजाहीदीन बांग्लादेश ने पश्चिम बंगाल में अपना नेटवर्क काफ़ी फैला लिया है।

पश्चिम बंगाल में जिस तरह से अल्पसंख्यकों को सरकार की तरफ़ से छूट आदि दी जा रही है उसने भी इस्लामिक कट्टरपन्थियों को पनपने का मौक़ा दिया। ढाका के कैफ़े में आतंकी हमले के आरोपी इदरीस अली की कोलकाता से गिरफ़्तारी से सुरक्षा बलों के कान खड़े हो गये थे। ममता सरकार के सॉफ़्ट अप्रोच ने इस्लामिक कट्टरपन्थियों के ख़िलाफ़ सख़्त कार्रवाई को धीमा किया। सम्भव है कि इससे वोट बैंक की राजनीति में ममता बनर्जी को लाभ हो लेकिन भविष्य में यह राष्ट्रीय सुरक्षा के लिए ख़तरा बन सकता है। बांग्लादेश सरकार ने भारत सरकार को जानकारी दी कि हुजी और जमात–उल मुजाहीदीन बांग्लादेश ने घुसपैठियों को काफ़ी मदद की, लेकिन बंगाल सरकार इस चेतावनी को गम्भीरता से लेने की बात तो दूर इसको मानने को तैयार नहीं हुई थी।

तुष्टीकरण की इस नीति के ख़िलाफ़ भी कभी सहिष्णु बुद्धिजीवियों ने कुछ बोला, लिखा हो ज्ञात नहीं है। मुजीब की प्रतिमा हटाने की माँग के ख़िलाफ़ भी मुसलमानों की प्रोग्रेसिव जमात की तरफ़ से विरोध नहीं उठना चिन्ताजनक रहा। उससे भी ज़्यादा चिन्ताजनक है हमारे देश के बौद्धिकों के एक वर्ग विशेष की ख़ामोशी। बांग्लादेश और पश्चिम बंगाल दोनों स्थानों पर जिस तरह से इस्लाम के नाम पर कट्टरता को बढ़ाने का कुत्सित खेल खेला जा रहा है उससे सख़्ती से निपटने की ज़रूरत है। शेख़ हसीना ने तो तमाम ख़तरे उठाते हुए कई कड़े क़दम उठाये लेकिन अब आवश्यकता इस बात की है कि ममता बनर्जी भी वोट बैंक की राजनीति से ऊपर उठकर राष्ट्रहित में क़दम उठायें। ख़ुद को प्रगतिशील कहने–मानने वाले लोग समान भाव से हर तरह की कट्टरता का विरोध करें।

इसी तरह अगर दिल्ली की बात करें तो जवाहरलाल नेहरू विश्वविद्यालय में

आतंकवादी अफज़ल गुरू को लेकर किये गये एक सेमिनार ने मार्क्सवादियों के मंसूबों को एक बार फिर से उघाड़ कर रख दिया। वामपन्थियों का गढ़ माने जाने वाले जवाहरलाल नेहरू विश्वविद्यालय में आतंकवादी अफज़ल गुरू को फाँसी पर लटकाये जाने को विषय बनाकर एक सेमिनार का आयोजन किया गया, जिसमें भारत विरोधी नारे लगाये जाने का आरोप लगा। इसके अलावा वहाँ आज़ाद कश्मीर के पक्ष में भी जमकर नारेबाज़ी हुई। ख़बर आने के तीन दिन बाद दिल्ली पुलिस नींद से जागी और धर-पकड़ शुरू हुई। यूनिवर्सिटी के छात्र संघ के अध्यक्ष को गिरफ़्तार किया गया। इसी के आसपास दिल्ली के प्रेस क्लब में भी इसी तरह की एक गोष्ठी हुई जिसमें भारत विरोधी नारे लगे। यहाँ भी केन्द्र में अफज़ल गुरू ही था। कश्मीर में भी अफज़ल गुरू के नाम पर कार्यक्रम आदि हुए जहाँ आज़ाद कश्मीर की बात की गयी और भारत विरोधी नारे लगे। कश्मीर में तो पहले भी भाड़े के आतंकवादियों ने इस तरह की हरक़तें की हैं लेकिन चिन्ता की बात है कि इस तरह के वाक़यात कश्मीर से निकलकर दिल्ली तक पहुँच गये हैं। क्या इन आयोजनों को कोई एक सूत्र संचालित कर रहा है। क्या इसके पीछे कोई बड़ी साज़िश है। क्या इस तरह के आयोजनों की आड़ में भारत के ख़िलाफ़ लोगों को भड़काने की गहरी साज़िश रची जा रही है। जाँच एजेंसियों को इस बात की भी पड़ताल करनी चाहिए। यह पड़ताल इसलिए भी आवश्यक है कि जेएनयू में अफज़ल गुरू और कश्मीर की आज़ादी के समर्थन में नारे लगे उसके बाद पाकिस्तान में बैठे आतंकी सरगना हाफ़िज सईद के नाम से एक ट्वीट भी सामने आया जिसमें इसका समर्थन किया गया। इस बात का पता लगना भी आवश्यक है कि इन कार्यक्रमों की फण्डिग कहाँ से हो रही है। इस तरह के आयोजनों से जुड़े तमाम लोगों के अतीत को भी खँगालने की आवश्यकता है। इनमें से कई लोग तो वो भी हैं जिन्होंने भारत के असहिष्णु होने की आवाज़ उठायी थी। प्रेस क्लब के सेमिनार हॉल की बुकिंग करवाने वाले सज्जन तो साहित्य अकादेमी के बाहर जुलूस में भी दिखे थे। इन सारे सूत्रों को मिलाकर जाँच की जानी चाहिए कि क्या भारत या भारत सरकार को बदनाम करने के लिए कोई संगठन या ग्रुप सक्रिय तो नहीं है। क्या कोई सरगना कहीं दूर बैठकर इन सारे कार्यक्रमों को हवा तो नहीं दे रहा। पड़ताल इस बात की भी होनी चाहिए कि जब से ग़ैर-सरकारी संगठनों की फण्डिग पर भारत सरकार ने सख़्ती दिखायी है तब से ही इस तरह

के वाक़यात क्यों सामने आ रहे हैं। यह पूरा मसला हिन्दू या मुसलमान का नहीं है बल्कि ये मामला राष्ट्रवादी और देशद्रोहियों के बीच का है।

जेएनयू में आतंकवादी अफज़ल गुरू की कानूनी सजा को 'ज्यूडिशियल किलिंग' करार देते हुये जिस तरह से भारत विरोधी बातें की गयीं उसको अभिव्यक्ति की स्वतन्त्रता का कवच नहीं पहनाया जा सकता है। हमारा संविधान अभिव्यक्ति की स्वतन्त्रता की गारण्टी ज़रूर देता है लेकिन वही संविधान इस अधिकार की सीमा भी तय करता है। किसी को भी, मतलब किसी को भी, अभिव्यक्ति की स्वतन्त्रता के नाम पर देश के ख़िलाफ़ बग़ावत के लिए उकसाने या उसके लिए माहौल बनाने की इज़ाज़त नहीं दी जा सकती है। उन लोगों की मंशा पर भी सवाल खड़े किये जाने चाहिए जो इसको अभिव्यक्ति की स्वतन्त्रता से जोड़कर देखने की कोशिश कर रहे हैं। देशद्रोहियों को देशद्रोही कहना ही होगा। 'भारत की बर्बादी' के नारों के समर्थन में किसी तरह की बात करने वालों को भी देशद्रोहियों की श्रेणी में रखना ही होगा। वो लाख चीखें लेकिन उनके नापाक मंसूबों को बेनक़ाब करने का वक़्त आ गया है। इसको जेएनयू की अस्मिता और गौरवशाली अतीत से जोड़कर देखने वाले भी सामने आने शुरू हो गये हैं। तत्कालीन छात्र संघ के अध्यक्ष की गिरफ़्तारी और यूनिवर्सिटी कैम्पस में पुलिस के प्रवेश को लेकर भी बयानबाज़ी शुरू हो गयी है। ऐसा करने वाले ललबबुआओं को ये समझना होगा कि देश से बड़ा कोई संस्थान नहीं होता और जहाँ देश की बर्बादी की बात की जाये वहाँ पुलिस को जाने से रोकना भी देशद्रोह है। उस वक़्त यह अच्छी बात हुई कि वामपन्थियों ने जेएनयू में जो हुआ उसकी निन्दा की परन्तु उन्होंने उस निन्दा के साथ लेकिन शब्द जोड़कर अपनी राजनीति को बढ़ाने की भी कोशिश की। वो जेएनयू के बारे में या उसके अतीत के बारे में इस तरह की बातें कर रहे हैं जैसे कि वो उनकी मिल्कियत रही हो और अपनी मिल्कियत पर शासन के दौरान जो अच्छे काम किये गये उसका इश्तेहार चस्पां कर रहे हों। अतीत में की गयी कथित अच्छाई की आड़ में मिल्कियत पर आये ख़तरे के लिए बुक्का फाड़कर रो रहे हों। बजाय इस बात के उनको देशद्रोहियों के ख़िलाफ़ सख़्त कार्रवाई और जाँच की माँग करनी चाहिए थी।

वामपन्थियों की आस्था दरअसल राष्ट्र में कभी रही ही नहीं। एक छोटा–सा उदाहरण–हमारे देश में सक्रिय राजनीतिक पार्टियों के नाम देखें। भारतीय राष्ट्रीय कांग्रेस, भारतीय जनता पार्टी, भारतीय राष्ट्रीय लोकदल

आदि लेकिन ज़रा वामपन्थी पार्टियों के नाम पर नज़र डालें–भारत की कम्युनिस्ट पार्टी, भारत की कम्युनिस्ट पार्टी (मार्क्सवादी)। ऐसा क्यों? क्योंकि इनको भारत से या किसी भी राष्ट्र से कुछ लेना--देना नहीं है। ये ख़ुद को भारत में काम करने वाली कम्युनिस्ट पार्टी मानती हैं। राष्ट्रवाद इनके सिद्धान्तों में है ही नहीं। उन्नीस सौ बासठ में जब भारत और चीन में युद्ध हुआ था तब भी वामपन्थियों ने ये प्रचारित किया था कि बुर्जुआ नेहरू ही हमलावर थे। 1962 का प्रसंग आते ही अब भी वामपन्थी ख़ामोश हो जाते हैं। चीन को दोष देना उनके बूते से बाहर है। कम्युनिस्टों को आपसी बहस आदि में राष्ट्रवादी शब्द अपमानजनक लगता रहा है, वो लोग राष्ट्रवाद को दोष देते हैं या कालान्तर में उन्होंने राष्ट्रवाद को साम्प्रदायिकता से जोड़ दिया। उनके आका मार्क्स भी मानते थे कि मज़दूरों का कोई देश नहीं होता और जब देश ही नहीं होता तो देशभक्ति या राष्ट्रभक्ति उनके लिए छद्म या छलावा है। यहाँ यह बताना ज़रूरी है कि लेनिन ने भी उन्नीस सौ उन्नीस में कोमिंटर्न यानी कम्युनिस्ट इण्टरनेशनल बनाया था क्योंकि तब उनका मानना था कि यूरोप के कम्युनिस्ट अपने पथ से भटक गये हैं। जेएनयू के मामले में भी कम्युनिस्टों का रवैया कुछ उसी तरह का रहा। कम्युनिस्ट हमेशा से भारत को देश नहीं बल्कि कई राष्ट्रीयताओं का झुण्ड मानते रहे हैं। पश्चिम बंगाल सरकार में मन्त्री रहे अशोक मित्रा ने भी कश्मीर की आज़ादी को लेकर एक अंग्रेज़ी अख़बार में लेख लिखा था। इस बात पर गहराई से विचार करें तो इस नतीजे पर पहुँच सकते हैं कि राष्ट्रवाद में निष्ठा नहीं होने की वजह से ही कम्युनिस्टों का पूरी दुनिया में ये हश्र हुआ है और वो हाशिए पर चले गये। अब भी वो मार्क्सवाद के रोमांटिसिज़्म में जी रहे हैं और दुनिया के एक होने का सपना देख रहे हैं। लेकिन इस सपने को पूरा करने के लिए वो ये मानते हैं कि पावर ग्रोज़ आउट ऑफ़ द बैरल ऑफ़ अ गन। तो यह बात साफ़ है कि कम्युनिस्ट पूरी दुनिया में सत्ता हासिल करने के लिए तमाम तरह के षड्यन्त्र आदि में लिप्त रहे हैं।

राष्ट्रवाद भारत की आज़ादी की लड़ाई लड़ने वाली कांग्रेस पार्टी के खाते में था लेकिन वामपन्थियों के प्रभाव में धीरे–धीरे उन्होंने राष्ट्रवाद को प्लेट में सजाकर भारतीय जनता पार्टी को सौंप दिया। कांग्रेस हमेशा से लेफ़्ट टू सेण्टर की विचारधारा की पोषक रही है। जिस पार्टी ने आज़ादी की लड़ाई में देश की अगुवाई की आज उसके हाथ से राष्ट्रवाद का मुद्दा

निकल गया है। कांग्रेस पार्टी को इस बात पर आत्ममन्थन करना होगा कि ऐसा क्योंकर हुआ। भारत में आतंकवादियों के पक्ष में एकजुट होने वाले लोग भारत की बर्बादी का दिवास्वप्न भले ही देख रहे हों लेकिन उनको ये समझना होगा कि हमारा महान देश किसी विचारधारा का या किसी वाद या सम्प्रदाय का मोहताज नहीं है। इसके सहिष्णु नागरिक ही इसकी ताक़त हैं। भारत की बर्बादी का सपना देखने वालों का हश्र पूरी दुनिया ने देखा है। जो पाकिस्तान दिन–रात भारत की बर्बादी के सपने देखता है वहाँ की हालत देख लीजिए। भारत से अलग होने के बाद वो एक बार फिर से टूटा, आतंक को पनाह देकर भारत को बर्बाद करने का सपना देखने वाला पाकिस्तान आज ख़ुद बर्बादी के ज्वालामुखी पर खड़ा है। हमारे देश की बहुलता को बदनाम करने वाले लोग इतिहास के साथ दफ़न होते चले गये और भारत आज भी सीना ताने खड़ा है। हाँ, इतना अवश्य करना चाहिए कि भारत की सरज़मीं पर कोई अगर इसको बर्बाद करने का सपना देखे तो उसको उसकी सही जगह पर पहुँचा देना चाहिए।

रुश्दी पर ख़ामोशी क्यों?

दिल्ली के जवाहरलाल नेहरू विश्वविद्यालय में देशप्रेम और देशद्रोह और हैदराबाद विश्वविद्यालय में दलित छात्र रोहित वेमुला की आत्महत्या पर मचे कोलाहल के बीच धर्मनिरपेक्षता के ध्वजवाहकों को दूसरे मसलों पर ध्यान देने की फ़ुरसत नहीं थी। हर मसले पर फ़ौरन बयान जारी करने वाला जनवादी लेखक संघ भी ख़ामोश था। यह ख़ामोशी थी भारतीय मूल के मशहूर लेखक सलमान रुश्दी को लेकर। दरअसल हुआ यह कि ईरान के कई मीडिया और अन्य संस्थानों ने सलमान रुश्दी को जान से मारने वाले की इनामी राशि में इज़ाफ़ा कर दिया। इस समूह ने छह लाख डॉलर इकट्ठे किये और ऐलान किया कि ये राशि पहले से घोषित इनामी राशि में जोड़ दी जायेगी। क़रीब तीन दशक पहले ईरान के सर्वोच्च नेता अयातुल्ला खुमैनी ने सलमान रुश्दी को जान से मारने वाले को इनाम देने का ऐलान किया था। उनकी नाराज़गी सलमान की 1988 में छपी किताब 'सैटेनिक वर्सेस' को लेकर थी। खुमैनी ने उस किताब को ईशनिन्दा और इस्लाम का मज़ाक़ उड़ाने का दोषी क़रार दिया था। खुमैनी के उस फ़तवे के बाद सलमान रुश्दी निर्वासित जीवन बिता रहे हैं और उनको कई बार जान से मारने की नाकाम कोशिश हुई। इतने लम्बे

समय से संगीनों के साये में जीवन बिता रहे सलमान रुश्दी की ज़िन्दगी पर ख़तरा बढ़ गया। ईरान के एक मन्त्री का बयान था कि खुमैनी साहब का फ़तवा उनके लिए धार्मिक अध्यादेश की तरह है जो कभी भी अपनी ताक़त और महत्ता नहीं खो सकता है।

अब सवाल यही उठता है कि पूरी दुनिया में अभिव्यक्ति की स्वतन्त्रता के चैम्पियन इस मसले पर कमोबेश ख़ामोश क्यों हैं। सलमान रुश्दी को जान से मारने के फ़तवे को पूरा करने के लिए बढ़ायी गयी इनामी राशि के ख़िलाफ़ उनकी क़लम नपुंसक क्यों हो गयी। नोम चोमस्की से लेकर उमर ख़ालिद और कन्हैया कुमार पर छाती कूटने वाले हमारे वामी मित्रों के मुँह इस मसले पर क्यों सिल गये हैं। सलमान रुश्दी के पक्ष में और ईरान के ख़िलाफ़ किसी भी तथाकथित प्रगतिशील जमात ने बयान तक जारी नहीं किया। उन विश्वविद्यालयों के प्रोफ़सरों का क्या जिन्होंने जवाहरलाल नेहरू यूनिवर्सिटी में जारी बवाल पर हस्ताक्षरित बयान जारी किया था। क्या उनके हाथ काँपने लगते हैं। ई–मेल पर बात–बात में फ़ौरन बयान जारी करने वाले जनवादी लेखक संघ को सलमान रुश्दी के मसले पर क्यों साँप सूँघ जाता है। दरअसल ये इनका वर्ग चरित्र है। ये चुनिन्दा मामलों पर शोरगुल मचाते हैं। इनकी इसी चुनिन्दा प्रतिक्रिया की वजह से दूसरे लोगों को ये लगता है कि प्रगतिशील जमात का विरोध एकतरफ़ा होता है। इस भावना के बढ़ते जाने से कट्टरपन्थियों को ज़मीन मिलती है और वो आम लोगों को समझाने की कोशिश करते हैं कि वामपन्थी सिर्फ़ एक जमात के पक्ष में खड़े होते हैं। लम्बे वक़्त तक जब जनता देखती है कि वामपन्थियों का विरोध सचमुच एक ही जमात के लिए होता है तो वो कट्टरपन्थ की ओर क़दम बढ़ाने लगते हैं। इस चुनिन्दा विरोध से कट्टरता को बढ़ावा मिलता है। वामपन्थियों को ये लगता है कि मुसलमानों के मसलों पर दख़ल देने से उनकी धर्मनिरपेक्षता की छवि को धक्का लगेगा, जबकि ऐसा है नहीं। किसी भी दल या संगठन को जनता के हितों की बात करनी चाहिए लेकिन अफ़सोस कि भारत की प्रगतिशील जमात भी जाति और धर्म के बाड़े से बाहर नहीं जा पायी है। समानता के बुनियादी सिद्धान्त का दावा करने वाले ये संगठन, दरअसल अपनी दुकान चलाते हैं और कारोबार के लिहाज़ से ही अपने क़दम उठाते हैं ताकि मुनाफ़ा हो सके।

ये पहला मौक़ा नहीं था जहाँ वामपन्थियों ने इस तरह का रुख़

अपनाया है। पहले भी कई मौक़ों पर देखा गया है कि वे बहुसंख्यक समाज की गड़बड़ियों को लेकर जितने मुखर होते हैं उतनी मुखरता के साथ वे अल्पसंख्यक समुदाय की समस्याओं पर अपना पक्ष नहीं रखते हैं। चाहे वह सलमान का मसला हो या फिर तसलीमा नसरीन का हो। पहले पश्चिम बंगाल की प्रगतिशील सरकार ने तसलीमा के साथ न्याय नहीं किया और फिर उसके बाद ममता बनर्जी की सरकार ने भी वामपन्थियों से लाख विरोध के बावजूद तसलीमा नसरीन को बंगाल में रहने की इजाज़त नहीं दी। तसलीमा नसरीन की अभिव्यक्ति की आज़ादी का अधिकार किसी भी प्रगतिशील लेखक को याद नहीं आया। जब बंगाल की कम्युनिस्ट सरकार ने तसलीमा नसरीन को बंगाल से निकाला था तब भी ये वामपन्थी लेखक और उनके संगठन ख़ामोश रहे थे। दरअसल प्रगतिशीलता के चोले के पीछे वोट बैंक की राजनीति काम करती है। यह बात सबको पता है कि जो तीन लेखक संगठन, प्रगतिशील लेखक संघ, जनवादी लेखक संघ और जन संस्कृति मंच, हैं वो सब अपने राजनीतिक दलों से सम्बद्ध हैं। इन लेखक संगठनों को अपने राजनीतिक आकाओं का मुँह देखना होता है उसी अनुसार ये अपनी रणनीति बनाते हैं। सलमान रुश्दी और तसलीमा नसरीन के मामले से वोट बैंक की राजनीति जुड़ी हुई है लिहाज़ा इन प्रगतिशीलों के आका ख़ामोश हैं। जब आका ख़ामोश तो फिर कारकुनों की क्या मजाल कि ज़ुबान से कुछ भी निकल जाये। दरअसल यही वजह भी रही कि हमारे देश में इन प्रगतिशील लेखकों की साख छीजती चली गयी। साख के कम होने का प्रमाण पुरस्कार वापसी के वक़्त भी देखने को मिला। चन्द लेखकों ने पुरस्कार वापस किये लेकिन एक सर्वे के मुताबिक़ उनके ख़िलाफ़ उस दौर में विभिन्न पत्र–पत्रिकाओं में सवा सौ से ज़्यादा लेख छपे थे। दरअसल जब भी इस तरह का मामला सामने आता है तो मुझे राजेन्द्र यादव और 'हंस' के साथ हुआ वाक़या याद आता है। दिल्ली में हंस की सालाना गोष्ठी में कथित क्रान्तिकारी कवि वरवर राव को आना था। राजेन्द्र यादव से उन्होंने वादा भी किया था और अन्त तक झूठ बोलते रहे कि एयरपोर्ट पर पहुँच गये हैं, रास्ते में हैं लेकिन उनका रास्ता मंज़िल की तरफ़ न जाकर कहीं और चला गया था। वरवर राव की इस वादाख़िलाफ़ी का किसी वामपन्थी लेखक ने विरोध नहीं किया था बल्कि उनके क़दम को यह कहकर जायज़ ठहराने की कोशिश की गयी थी कि वो दक्षिणपन्थी लेखक के साथ मंच कैसे साझा कर सकते हैं।

जीवनभर वामपन्थ के खूँटे से बँधे रहे राजेन्द्र यादव उस वक़्त वामपन्थियों के रुख़ से ख़ासे क्षुब्ध थे। उन्होंने तब माना था कि इनकी विश्वसनीयता सन्दिग्ध होती जा रही है लेकिन आस्था के वशीभूत वो उनको बेनक़ाब करने से तब भी बचे थे।

अभिव्यक्ति की आज़ादी का अर्धसत्य

पीईएन इण्टरनेशनल, कवियों, लेखकों और उपन्यासकारों की एक वैश्विक संस्था है, जिसका दावा है कि वह पूरी दुनिया में साहित्य और अभिव्यक्ति की आज़ादी के लिए काम करती है। उन्नीस सौ इक्कीस में स्थापित इस संस्था का यह भी दावा है कि भारत समेत पूरी दुनिया के सौ से ज़्यादा देशों में इसकी शाखाएँ काम कर रही हैं। पेन इण्टरनेशनल के नाम से मशहूर इस संस्था ने अपनी एक विस्तृत रिपोर्ट पेश की थी–इमपोज़िंग साइलेंस, द यूज़ ऑफ़ इण्डियाज़ लॉज टू सप्रेस फ्री स्पीच (2015)। पेन कनाडा, पेन इण्डिया और यूनिवर्सिटी ऑफ़ टोरण्टो के फ़ैकल्टी ऑफ़ लॉ ने संयुक्त रूप से इस अध्ययन को अंजाम दिया था। जब इसका प्रकाशन हुआ था तो उसकी कई बातों को इस तरह से पेश किया गया जिससे ये लगा कि भारत में अभिव्यक्ति की आज़ादी को लेकर स्थिति बेहद विकट है। इस रिपोर्ट के अपने आधार हैं लेकिन रिपोर्ट की शुरुआती पंक्ति से ही शोधकर्ताओं के मंसूबे साफ़ दिखते हैं। शोध के नतीजे की पहली लाइन है–भारत में इन दिनों असहमत होने वालों को ख़ामोश कर देना बहुत आसान है। इसी रिपोर्ट में लिखा है कि दुनिया के सबसे बड़े लोकतन्त्र के लिए ये स्थिति बेहद शर्मनाक है। इस रिपोर्ट में कई उदाहरण दिये गये हैं और कुछ भारतीय लेखकों के मन्तव्य भी छपे हैं। रिपोर्ट के मुताबिक़ भारत में धर्म पर लिखना मुश्किल होता जा रहा है। इस सम्बन्ध में वेंडी डोनिगर की किताब 'द हिन्दूज़, एन अल्टरनेटिव हिस्ट्री' का उदाहरण दिया गया है। यह ठीक है कि वेंडी डोनिगर की किताब को लेकर एक संगठन ने प्रकाशक को क़ानूनी नोटिस आदि दिया था। लेकिन बात आगे बढ़ती इसके पहले ही पेंग्विन ने इस किताब को बाज़ार से वापस ले लिया और आगे नहीं छापने का ऐलान कर दिया। अब अगर हम इस पूरे वाक़ये को यहीं तक देखेंगे तो यह लगेगा कि एक संगठन ने एक लेखक की अभिव्यक्ति की आज़ादी के अधिकार का हरण कर लिया। संगठन की क़ानूनी प्रक्रिया की धमकी की वजह से वेंडी

डोनिगर की किताब पाठकों तक पहुँचने से रुक गयी। अब ज़रा इसके बाद की कहानी सुनिए। पेंग्विन के वेंडी डोनिगर की किताब छापने से मना करने के बाद देश भर में इस पर बहस हुई और तमाम लोगों ने इसके पक्ष–विपक्ष में लिखा। उसके बाद एक अन्य प्रकाशक ने वेंडी डोनिगर की इस किताब का प्रकाशन किया और ये अब भी खुले बाज़ार में बिक रही है लेकिन पीईएन के शोधकर्ताओं को अभिव्यक्ति की आज़ादी को लेकर भारत के क़ानून में ख़ामी दिखायी देती है लेकिन ये नहीं दिखायी देता है कि वेंडी डोनिगर की किताब पर किसी तरह की कोई रोक काम नहीं कर पायी। अब अगर लोकतन्त्र में किसी संविधान ने अपने नागरिकों को कोई हक़ दे रखा है तो वो उसका इस्तेमाल करने के लिए आज़ाद है। यह अदालत के विवेक पर निर्भर करता है कि वो देखे कि एक नागरिक की या एक संगठन की आपत्तियों में कितना दम है। भारत की अदालतों ने समय–समय पर इसको साबित भी किया है। जैसे पेरुमल मुरुगन के मामले में मद्रास हाईकोर्ट से जो फ़ैसला आया वो लेखक को पुनर्जीवन देने वाला था। हाईकोर्ट के उस फ़ैसले पर आपत्तियाँ हो सकती हैं, हुईं भी, लेकिन कमोबेश उस फ़ैसले ने 'वन पार्ट वूमन' के प्रकाशन और वितरण में आ रही तमाम बाधाओं को दूर कर दिया। पेरुमल मुरुगन के मामले को इस रिपोर्ट में प्रमुखता मिली है। यह सही है कि पेरुमल मुरुगन को अपने उपन्यास की वजह से काफ़ी झेलना पड़ा लेकिन अन्ततः जीत उनकी ही हुई और उनके सभी अधिकार प्रतिष्ठापूर्वक बहाल कर दिये गये। पेरुमल मुरुगन एक मामला है लेकिन लेखकों ने उसी तरह के मुद्दे पर विपुल लेखन भी किया। जैसे मराठी लेखक भालचन्द्र नेमाडे की किताब 'हिन्दू: जीने का समृद्ध कबाड़' प्रकाशित होकर धड़ल्ले से बाज़ार में बिक रही है। इसमें कितनी आपत्तिजनक बातें हैं इसका अन्दाज़ शायद पेन इण्टरनेशनल के शोधकर्ताओं को नहीं होगा लेकिन फिर भी ये किताब बाज़ार में मौजूद है। ये भारतीय संविधान की ताक़त है।

साहित्य के प्रचार–प्रसार के लिए काम करने वाली लेखकों और कलाकारों की इस अन्तरराष्ट्रीय संस्था ने भारत में आमिर खान की फ़िल्म 'पी के' को लेकर विरोध को भी अपने तर्कों के पक्ष में इस्तेमाल किया है। भारत जैसे विशाल देश में अगर छिट–पुट विरोध होता भी है तो इससे पूरी व्यवस्था पर प्रश्नचिह्न लगाना कितना उचित है। रिपोर्ट में प्रकाशित लेखों में फ़िल्मों को लेकर सेंसर बोर्ड के रुख़ पर भी आपत्ति जतायी गयी

है। सवाल यही है कि क्या शोधकर्ताओं को भारत की विशालता और बहुलतावादी संस्कृति का अन्दाज़ा नहीं है। 'पी के' फ़िल्म के चन्द लोगों द्वारा विरोध और यो यो हनीसिंह पर एक शख़्स के नागपुर में केस कर देने जैसे उदाहरणों से अगर अभिव्यक्ति की आज़ादी का आकलन किया जायेगा तो पीईएन जैसी संस्था की साख पर सवाल खड़ा होगा। भारत जैसे विशाल देश के बारे में साहित्य, कला और संस्कृति के बरअक्स अभिव्यक्ति की आज़ादी को परखने के लिए शोधकर्ताओं को बाहर निकलना होगा। फाइव स्टार लेखक और पत्रकारों के लेखों के आधार पर बनायी गयी रिपोर्ट से सच्ची तस्वीर नहीं उभर सकती है। इस रिपोर्ट को साहित्य और कला तक ही सीमित रखा जाना चाहिए था लेकिन ग्रीन पीस इण्टरनेशनल पर पाबन्दी को भी इसमें शामिल करके शोधकर्ताओं ने खुद ही इसकी विश्वसनीयता को सवालों के घेरे में ला दिया। इस बात पर बहस हो सकती है कि भारत में कुछ ऐसे तत्त्व मौजूद हैं जो लेखकों और कलाकारों को डराने का काम करते हैं लेकिन उनकी संख्या लगभग नगण्य है। कर्नाटक के कलबुर्गी की हत्या के मामले पर इतना शोर–शराबा हुआ लेकिन अब जब जाँच मुकाम तक पहुँच रही है तो उसको लेकर कोई विमर्श क्यों नहीं हो रहा है। यह एक ख़ास किस्म की मानसिकता है जो भारत जैसे विशाल लोकतान्त्रिक देश को इस तरह के अनर्गल आरोपों के आधार पर बदनाम करने की कोशिश में खुश होती हैं। भारत में साहित्य सृजन का जो वातावरण है वो विश्व के कई देशों के मुक़ाबले बेहतर है। पीईएन की इस रिपोर्ट की ख़ामियों पर विस्तार से साहित्यिक जगत में बहस होनी चाहिए ताकि कोई भी कुछ भी कहकर निकलने की प्रवृत्ति से बचे।

राजनीति के अनुगामी

प्रेमचन्द ने प्रगतिशील लेखक संघ के अधिवेशन के अपने भाषण में कहा था कि 'साहित्य देशभक्ति और राजनीति के पीछे चलने वाली सचाई नहीं, बल्कि उनके आगे मशाल दिखाती हुई चलने वाली सचाई है।' पता नहीं जब प्रेमचन्द ने ऐसा कहा था तो उनको इस बात का भान था या नहीं कि जिस प्रगतिशील लेखक संघ के अधिवेशन में वो ये बातें कह रहे हैं दरअसल वहीं से साहित्य का राजनीति के पीछे चलने वाली मशाल के तौर पर बीजारोपण हो रहा था। प्रेमचन्द के लिए साहित्य, राजनीति का

पथ–प्रदर्शक और उसको आलोक देने वाला है लेकिन लेखक संघों ने अपने क्रियाकलापों से इसको निगेट किया और वो अपनी–अपनी पार्टियों के पिछलग्गू बनकर मशाल थामे चलते रहे। 2015 के बिहार विधानसभा चुनाव के पहले पूरे देश ने देखा कि असहिष्णुता को लेकर साहित्य ने किस तरह से राजनीति का पल्लू थामा। तर्कवादी डाभोलकर, कन्नड़ लेखक प्रोफ़ेसर कलबुर्गी की हत्या को लेकर कुछ लेखकों और कलाकारों ने जमकर सियासी दाँव–पेंच चले। केन्द्र की मोदी सरकार के ख़िलाफ़ वातावरण बनाने की कोशिश हुई थी। उसके बाद पुरस्कार वापसी ब्रिगेड के लेखकों–कलाकारों और उनके पैरोकारों ने कश्मीर के मसले पर एक अपील जारी की थी। उड़ी में सेना के कैम्प पर पाकिस्तान समर्थक आतंकवादियों के हमले में अठारह जवानों के शहीद होने के बाद छियालीस लेखकों, पत्रकारों, रंगकर्मियों आदि के नाम से अशोक वाजपेयी ने एक अपील जारी की। इस अपील में अशोक वाजपेयी ने दावा किया था कि अलग–अलग भाषा, क्षेत्र और धर्म के सृजनशील समुदाय के लोग कश्मीरी भाई–बहनों के दुख से दुखी हैं। अपनी अपील में इन लेखकों–कलाकारों ने कहा कि कश्मीर में जो हो रहा है वो दुर्भाग्यपूर्ण, अन्यायसंगत और अनावश्यक है। अब शुरुआती पंक्तियों को जोड़कर देखें तो यह लगता है कि अपीलकर्ता कश्मीरी भाई–बहनों और बच्चों की पीड़ा को दुर्भाग्यपूर्ण, अन्यायसंगत और अनावश्यक बता रहे हैं। कश्मीरियत की याद दिलाते हुए अशोक वाजपेयी और छियालीस अन्य लोग बातचीत पर ज़ोर दे रहे हैं। कश्मीर समस्या का बातचीत से हल निकालने की नीति हमेशा से रही है। सरकारें चाहे बदलती रही हों लेकिन इस रास्ते से कोई भी सरकार हटी नहीं। लेकिन सवाल यह भी खड़ा होता है कि बातचीत किससे? देश के उन गद्दारों से जो भारतीय भूमि पर रहते हुए, भारतीय सुरक्षा–व्यवस्था में महफूज रहते हुए, भारतीय पासपोर्ट रखते हुए पाकिस्तान की पैरोकारी करते हैं। क्या हुर्रियत समेत ऐसे नेता कश्मीर की जनता की नुमाइन्दगी करते हैं। चलिए कुछ देर के लिए मान भी लिया जाये कि इस तरह के लोगों से बात करके भी अगर कश्मीर में शान्ति बहाली होती है तो बात करनी चाहिए। क्या अशोक वाजपेयी और ये तमाम लेखक–कलाकार–पत्रकार उन तस्वीरों को भूल गये जब सर्वदलीय प्रतिनिधिमण्डल कश्मीर गया था तो सीताराम येचुरी इनके घर पहुँचे थे। इन्होंने उनके मुँह पर दरवाज़ा बन्द कर दिया था। बातचीत तो पिछली सरकार के दौरान दिलीप पड़गाँवकर और राधा

कुमार की टीम ने भी की थी, उसका क्या हुआ। इन अपीलकर्ताओं से ये सवाल भी पूछा जाना चाहिए कि कश्मीर में आतंकवाद और बातचीत साथ–साथ चल सकती है क्या। पूछा तो इनसे ये भी जाना चाहिए कि क्या भारतीय गणराज्य के ख़िलाफ़ विषवमन करने वालों से भी बातचीत की जानी चाहिए। सवाल तो इनसे ये भी पूछा जाना चाहिए कि ये अपीलकर्ता बुरहान वानी को आतंकवादी मानते हैं या नहीं। इस मसले पर अपील ख़ामोश है। दरअसल अपीलकर्ता लेखकों की सूची को देखें तो ये साफ़ नजर आता है कि इसमें से कई लोग असहिष्णुता के मुद्दे पर बेवजह का वितंडा करने वाले रहे हैं। उस वक़्त उनके आन्दोलन से पूरी दुनिया में एक ग़लत सन्देश गया था और देश की बदनामी भी हुई थी। उन्हें ये बात समझनी चाहिए कि कश्मीर का मसला बेहद संजीदा है और इस तरह की अपील से देश को बदनाम करने वालों को बल मिलता है। समझना तो उन्हें ये भी चाहिए कि काठ की हाँडी बार–बार नहीं चढ़ती है।

इन लेखकों–कलाकारों की कश्मीर को लेकर चिन्ता जायज़ हो सकती है, लेकिन चिन्ता के इज़हार का वक़्त इन्होंने ग़लत चुना। आतंकवादी बुरहान वानी के ढेर किये जाने के बाद जब घाटी में विरोध प्रदर्शन हो रहा था तब ये ख़ामोश थे लेकिन उड़ी में 18 सितम्बर 2016 में सेना के अठारह जवानों के शहीद होने के बाद इनको कश्मीर के लोगों का दर्द परेशान करने लगा। अशोक वाजपेयी ने ये अपील 22 सितम्बर को सार्वजनिक की। इसके एक दिन पहले संयुक्त राष्ट्र में पाकिस्तान के प्रधानमन्त्री ने कश्मीर के मुद्दे पर भारत को बहुत बुरा–भला कहा था। आतंकवादी बुरहान वानी को युवा नेता बताने से लेकर कश्मीर में मानवाधिकार की बात भी उठायी थी, लेकिन लेखकों की इस अपील में उसका कोई ज़िक्र नहीं होना सन्देह पैदा करता है। लेखकों की इस अपील से कुछ साफ़ तस्वीर उभर कर नहीं आयी थी, अगर वो कश्मीर के लोगों के दुख के साथ खड़े दिखना चाहते थे तो वो तो पूरा देश उनके साथ खड़ा है, इनको अलग से अपील की ज़रूरत क्यों? अपनी अपील में इन्होंने जिस तरह के शब्दों का चुनाव किया, वो भी हैरान करने वाला था। वो कश्मीर में संयम की सलाह दे रहे थे। संयम ठीक है लेकिन जब आपकी धरती पर कोई राष्ट्र के ख़िलाफ़ जंग का ऐलान करेगा तो क्या उस वक़्त भी संयम से काम लेना चाहिए। क्या इन मासूम लेखकों को भारतीय संविधान की जानकारी नहीं है जहाँ राष्ट्र के ख़िलाफ़ साज़िश और जंग को सबसे बड़ा अपराध माना गया है

और सरकार को उन स्थितियों से निबटने के लिए असीम ताक़त दी गयी है। कश्मीर में शान्ति की माँग उचित है लेकिन क्या सेना के जवानों की शहादत पर हमें शान्ति चाहिए? रामचन्द्र शुक्ल ने अपने साहित्य के इतिहास में कहा है–'साहित्य को राजनीति से ऊपर रहना चाहिए और सदा उसके इशारे पर नहीं नाचना चाहिए।' तो क्या इन लेखकों को शुक्ल जी की नसीहत याद नहीं रहती है या फिर राजनीति के अनुगामी बनकर ये सियासी मोहरे के तौर पर इस्तेमाल होते हैं।

अफवाह से बढ़ती कट्टरता

अप्रैल 2015 में कोलकाता में धर्म के नाम पर हिंसा का खेल खेला गया था। एक मदरसे के हेडमास्टर पर उसके स्कूल में घुसकर जानलेवा हमला किया गया। चिन्ता की बात ये है कि पुलिस की मौजूदगी में मासूम अख़्तर नाम के इस शख़्स पर हमला होता रहा और बंगाल पुलिस ख़ामोशी के साथ असहाय खड़ी रही। मासूम अख़्तर का दोष सिर्फ़ इतना था कि उसने बर्धवान धमाके को लेकर एक लेख लिखा था जिसमें उन्होंने यह संकेत दिया था कि अगर किसी मदरसे से आतंकवाद की घटनाओं को अंजाम दिया जाता है या फिर मदरसे में आतंकवाद को पनाह दी जाती है तो उसको भंग कर दिया जाना चाहिए। यह बात इस्लामी कट्टरपन्थियों के गले नहीं उतरी और इस लेख के बाद मासूम अख़्तर को धमकियाँ मिलने लगीं। बहाना मिला ईशनिन्दा का। अपनी एक क्लास में मासूम अख़्तर ने ऐतिहासिक सन्दर्भ में पैगम्बर मोहम्मद की शिक्षा को लेकर टिप्पणी की। वह टिप्पणी इस सन्दर्भ में थी कि बग़ैर किसी औपचारिक शिक्षा के पैगम्बर ने दुनिया में ज्ञान का प्रकाश फैलाया। कट्टरपन्थियों ने क्लास में दिये मासूम के वक्तव्य को इस तरह से पेश कर दिया कि उसने पैगम्बर की शिक्षा पर सवाल खड़े किये। यह बात जंगल में आग की तरह फैली और फिर मासूम अख़्तर के स्कूल में घुसकर कट्टरपन्थियों ने उन पर लाठी और सरिये से वार किया। अस्पताल में इलाज करा कर घर लौटे मासूम अख़्तर को बाद तक भी जान से मारने की धमकियाँ मिलती रहीं। मासूम अख़्तर को इस बात का डर था कि उनका हश्र भी बांग्लादेश के ब्लॉगरों जैसा न हो और उनकी जान न ले ली जाये। ईशनिन्दा के आरोप में पाकिस्तान के सूबे के गवर्नर को भी गोली मारी जा चुकी थी। सलमान रुश्दी पर भी यही आरोप है, तसलीमा पर भी। मासूम अख़्तर को भी यही

धमकी मिल रही थी कि तुम सलमान रुश्दी बनना चाहते हो तो सुधर जाओ वर्ना अंजाम भुगतने के लिए तैयार रहो।

क्या यह अभिव्यक्ति की आज़ादी पर हमला नहीं है। हमारा संविधान किसी भी नागरिक को अपनी बात कहने का हक़ देता है। इस हक़ की सीमा वहाँ तक है जहाँ कि किसी को नुक़सान न पहुँचे या उसकी प्रतिष्ठा पर आँच नहीं आये। अपने एक ऐतिहासिक फ़ैसले में सुप्रीम कोर्ट ने आईटी एक्ट की धारा 66 ए को ख़त्म करते हुए भी कहा था कि संविधान में मिली अभिव्यक्ति की आज़ादी से कोई समझौता नहीं किया जा सकता है। सुप्रीम कोर्ट ने माना था कि आईटी एक्ट की धारा 66 ए से अभिव्यक्ति की आज़ादी बाधित होती है लिहाज़ा उसने उस धारा को रद्द कर दिया। एक तरफ़ जहाँ सुप्रीम कोर्ट अभिव्यक्ति की आज़ादी की रक्षा के लिए भारत सरकार के क़ानून को रद्द कर दे रहा है वहीं दूसरी ओर इसी देश में एक शख़्स को इस अधिकार की रक्षा के लिए दर–बदर भटकना पड़ा। बंगाल की ममता सरकार की चुप्पी भी परेशान करने वाली रही। हमारे मज़बूत होते लोकतन्त्र के लिए यह बहुत ही चिन्ता का विषय रहा है।

मासूम अख़्तर के बहाने से अगर इस बात की पड़ताल की जाये कि क्यों ममता सरकार इस पर सख़्ती से पेश नहीं आ रही थी। क्यों बंगाल पुलिस त्वरित कार्रवाई कर मासूम के जान की गारण्टी नहीं दे पा रही थी। क्यों हमलावरों को गिरफ़्तार नहीं किया जा रहा था? क्यों हमलावरों की खुलेआम पैरोकारी करने वाले इमाम की गिरफ़्तारी नहीं हो रही थी? क्यों मासूम अख़्तर को सुरक्षा नहीं दी गयी? अगर हम इन सवालों से मुठभेड़ करते हैं तो नतीजे पर पहुँचते हैं कि इसके पीछे सियासी और वोट बैंक की राजनीति है। इस अध्याय में पहले भी चर्चा की जा चुकी है कि पश्चिम बंगाल की आबादी में 28 फ़ीसदी हिस्सा मुसलमानों का है। कई लोकसभा और विधानसभा सीटों पर मुस्लिम मतदाताओं का मत निर्णायक होता है। अब इसी चुनावी गणित की वजह से बंगाल में राजनीतिक दल कट्टरपन्थियों के ख़िलाफ़ मुँह खोलने की हिमाकत नहीं कर पाते हैं। पश्चिम बंगाल वामपन्थियों का गढ़ रहा है। वामपन्थी हमेशा से अपने आपको अभिव्यक्ति की आज़ादी के पैरोकार के तौर पर पेश करते रहे हैं। मक़बूल फ़िदा हुसैन के चित्रों को लेकर जब विवाद उठा था तो इन वामपन्थियों ने आसमान सिर पर उठा लिया था। लेकिन यही वामपन्थी नेता, विचारक, लेखक उस वक़्त ख़ामोश रहे जब

लेखिका तसलीमा नसरीन को वहाँ से निकाल दिया गया। तसलीमा को अब भी बंगाल में क़दम रखने की इजाज़त नहीं है, उनकी किताबों को कोलकाता पुस्तक मेले में बेचे जाने पर अघोषित रोक है। अगर ग़लती से कोई प्रकाशक तसलीमा की किताब बेचने लगता है तो वहाँ हंगामा होता है या हंगामे की कोशिश होती है। तसलीमा को बंगाल से बाहर करने को लेकर एक मौलाना खुलेआम गरजते हैं कि हाँ उन्होंने बाहर किया तसलीमा को लेकिन ना तो वामपन्थी नेता और न ही ममता बनर्जी उसका विरोध करती हैं, कार्रवाई की बात तो दूर। वही वामपन्थी नेता मासूम को लेकर भी ख़ामोश रहे। वामपन्थियों के इसी चुनिन्दा विरोध की वजह से उनकी साख रसातल में चली गयी। राजनीति में उनके घटते समर्थन का असर साहित्य पर भी दिखा और साहित्य में वामपन्थियों की गिरोहबन्दी कमज़ोर पड़ती नज़र आने लगी।

मासूम अख़्तर के बहाने से उस वक़्त एक बड़ा सवाल खड़ा हुआ था अभिव्यक्ति की आज़ादी का। क्या किसी भी शख़्स को वाजिब सवाल उठाने पर जान से मार देने की धमकी मिलेगी या फिर उसे जान से मार दिया जायेगा? क्या भारत में भी कट्टरपन्थियों के हौसले इतने बुलन्द हो जायेंगे कि उनको क़ानून का ख़ौफ़ नहीं रहेगा? क्या वोट बैंक की इस राजनीति को लोकतन्त्र को कमज़ोर करने की इजाज़त दी जा सकती है? इन सवालों के आलोक में देश भर में बहस होनी चाहिए। मासूम अख़्तर जैसे विवादित मसलों पर मुस्लिम इण्टलैक्चुअल को सामने आना चाहिए था और अपनी राय से देश को अवगत करवाना चाहिए था। इस तरह के मसलों पर मुस्लिम बौद्धिकों का ख़ामोश रहना कट्टरपन्थियों को मौन समर्थन देने जैसा है। इससे यह भी सन्देश जाता है कि इस्लाम में कट्टरपन्थ है। अव्वल तो सभी लोगों को इस तरह के क़दमों का और इस तरह की राजनीति का विरोध करना होगा। लेकिन अगर इसी धर्म को मानने वाले लोग अन्दर से अपनी बात कहेंगे तो उसका दूसरा असर होगा। देश के सियासतदां को लगेगा कि मुसलमानों के बीच भी अलहदा सोच रखने वाले लोग हैं। इससे उनको यह भी सन्देश जायेगा कि वोट बँट सकते हैं। इस संकेत के बाद सम्भव है कि वो कोई कार्रवाई कर सकें या कम से कम इस दिशा में कोई क़दम तो उठा सकें।

जिस तरह से मुस्लिम बौद्धिकों से अपेक्षा की जाती है कि वो कट्टरपन्थियों के ख़िलाफ़ बोलें, उठ खड़े हों, उसी तरह से सभी बौद्धिकों

को समान रूप से इस तरह की घटनाओं के विरोध में लिखना चाहिए या जिस भी तरीक़े से हो सके विरोध जताना चाहिए। यह ख़तरा उठाना होगा। दरअसल हमारे देश के बौद्धिक जगत में वामपन्थी विचारधारा के दबदबे ने इस तरह का माहौल बना दिया है कि अगर मुसलमानों के कट्टरपन्थ के बारे में लिखोगे तो संघी क़रार दिया जायेगा। आपकी धर्मनिरपेक्षता पर सवाल खड़े होने लगेंगे। इसी माहौल की वजह से लेखक–विचारक इस मसले पर बोलने से कतराते हैं। हिन्दी के मशहूर लेखक राजेन्द्र यादव तो हमेशा कहते थे कि मुसलमानों के मसले पर हम क्यों बोलें वो ख़ुद अपने मसलों पर बोलें। दरअसल हमें इस सोच को बदलने की आवश्यकता है। सच को सच कहना ही होगा। वर्ना मासूम अख़्तर जैसे शख़्स दर–बदर भटकते हुए किसी दिन मार दिये जायेंगे और कट्टरपन्थियों के हौसले बुलन्द होंगे और सियासतदां उनकी क़ब्र पर वोट की लहलहाती फ़सल देख कर ख़ुश होते रहेंगे।

बुद्धिजीवियों की चुभती चुप्पी

मराठी एक ऐसा शब्द है जिसको महाराष्ट्र में राजनीति करने वाले सभी दल लगातार भुनाते रहे हैं और आगे भी भुनाते रहेंगे। राजनीतिक दलों को लगता है कि मराठी अस्मिता के नाम पर वे जो भी कार्ड खेलेंगे वो तुरुप का इक्का ही होगा। दरअसल सियासी दल अपनी लोकप्रियता को बढ़ाने के लिए बहुधा इस तरह की चाल चलते हैं। कभी–कभार अपनी नाकामियों को छुपाने के लिए भी इस तरह के हथकण्डे अपनाये जाते हैं। महाराष्ट्र में मराठी और मराठा मानुष के नाम पर राजनीति की एक लम्बी परम्परा रही है। स्वतन्त्रता बाद की परिस्थितियों में शिवसेना ने इसको काफ़ी भुनाया और राज ठाकरे की राजनीति की तो बुनियाद ही मराठी अस्मिता रही है। हालाँकि 2014 में हुए महाराष्ट्र विधानसभा चुनाव में महाराष्ट्र की जनता ने इस तरह की राजनीति करने वालों को उनकी सही जगह दिखा दी थी। मराठी भावना को भुनाने के लिए महाराष्ट्र सरकार ने मल्टीप्लैक्स को शाम छह बजे से नौ बजे तक मराठी फ़िल्में दिखाने का फ़रमान जारी कर दिया था। यह एक ऐसा फ़रमान था जिसके ख़िलाफ़ बुद्धिजीवियों को मज़बूती से उठ खड़ा होना चाहिए था। राजनेताओं से तो अपेक्षा की ही नहीं जा सकती है क्योंकि जहाँ संविधान और वोट बैंक को चुनना होता है तो उनकी प्राथमिकता वोट बैंक होती

है। लेखकों की कोई मजबूरी नहीं होती उनको तो सत्य के साथ खड़ा होना चाहिए। इस बार भी लगभग पूरा लेखक समाज चुप रहा। लेकिन अंग्रेज़ी की लेखिका और पत्रकार शोभा डे ने इसके ख़िलाफ़ सोशल मीडिया पर मुहिम शुरू कर दी। उन्होंने ट्वीट कर महाराष्ट्र सरकार के इस फ़ैसले के ख़िलाफ़ अपना विरोध दर्ज करवाया। उन्होंने महाराष्ट्र सरकार के इस फ़रमान पर तंज कसते हुए लिखा कि अब मल्टीप्लैक्स में पॉपकार्न की जगह दही मिसल और वड़ा पाव मिला करेंगे। इसके अलावा भी उन्होंने कई ट्वीट कर अपना विरोध जताया। शोभा डे के ट्वीट के बाद आगबबूला शिवसेना ने उनके ख़िलाफ़ बयानों की झड़ी लगा दी। लेकिन शोभा अपने स्टैण्ड पर कायम रहीं। इसके बाद तो शोभा डे के ख़िलाफ़ शिवसेना के विधायक ने महाराष्ट्र विधानसभा में विशेषाधिकार हनन का नोटिस तक डे डाला लेकिन शोभा टस से मस नहीं हुईं। इस बीच शोभा के ख़िलाफ़ विरोध प्रदर्शन तेज़ होने लगे, पुतले फूँके जाने लगे, तो उनके घर की सुरक्षा बढ़ा दी गयी। वड़ा पाव लेकर शिवसैनिक उनके घर तक जा पहुँचे लेकिन हमारा लेखक समुदाय ख़ामोश रहा। जितनी चिन्ता की बात सरकार का सिनेमाघरों में मराठी फ़िल्मों के लिए वक़्त तय करना है उससे ज़्यादा चिन्ता की बात लेखक और बुद्धिजीवी समुदाय का इस पर ख़ामोश रहना है। यह एक ऐसा सवाल है जिस पर देश भर के लेखकों को विचार करना होगा। गम्भीरता से चिन्तन और मनन करना होगा। इस तरह की ख़ामोशी एक तरह से सरकारों को बल प्रदान करती है। संविधान के नाम पर शपथ लेकर सत्ताधीश बने नेताओं के हौसले इस कदर बुलन्द हो जाते हैं कि वे संविधान की परवाह करना छोड़ने लगते हैं। लेकिन एक शोभा डे की पहल ने महाराष्ट्र सरकार को अपना फ़रमान बदलने के लिए मजबूर कर दिया। भारत में लेखकों और साहित्यकारों द्वारा सत्ता और उसके फ़ैसलों के विरोध की एक लम्बी परम्परा रही है लेकिन हाल के दिनों में उसका क्षरण रेखांकित किया जा सकता है। आज़ादी के बाद लेखक समुदाय हर मसले पर अपनी राय रखता था और उसको प्रकट करता था।

अगर हम हिन्दी साहित्य की ही बात करें तो देखते हैं कि साठ और सत्तर के दशक क़े बाद से लेखन और विमर्श में तो प्रतिरोध की ख़ूब बातें हुईं। सत्ता के विरोध और प्रतिरोध के नाम पर जमकर सत्ता सुख भोगने के मामले भी सामने आये। प्रगतिशीलता, जनवाद आदि–आदि

जैसे जुमले गढ़कर देश की जनता को गुमराह करने का खेल खेला गया। साहित्य में प्रगतिशीलता की कोई आवश्यकता ही नहीं थी। साहित्य तो ख़ुद प्रगतिशील होता है। दरअसल यह पूरा खेल अपने राजनीतिक आकाओं के इशारे पर खेला गया था। लेखक संघ बनाये गये। जो भी लेखक संघ बने वो किसी न किसी राजनीतिक दल से जुड़े रहे। उनके बुद्धिजीवी प्रकोष्ठ की तरह काम करते रहे। लेकिन जनता के सामने अपना दूसरा चेहरा पेश कर उनको भरमाते रहे। प्रगतिशील लेखक संघ भारतीय कम्युनिस्ट पार्टी का अंग रहा, उसी तरह जनवादी लेखक संघ सीपीएम का बौद्धिक प्रकोष्ठ बना रहा। जैसे–जैसे वामपन्थी पार्टी में विभाजन होते रहे उनके लेखक प्रकोष्ठ बनते रहे। जब सीपीएम में विभाजन हुआ तो एक और बौद्धिक प्रकोष्ठ बना उसका नाम पड़ा जन संस्कृति मंच। लेखकों को इन वामदलों ने सिद्धान्त, प्रतिरोध, ग़रीब, दबे, कुचले के नाम पर भ्रमित किया और फिर उनका फ़ायदा उठाया। जब ये लेखक संगठन इन पार्टियों के बौद्धिक प्रकोष्ठ की तरह काम करने लगे तो ज़ाहिर है कि उनके विरोध और प्रतिरोध भी अपने राजनीतिक आकाओं की मुँहदेखी होने लगी। इसका सर्वोत्तम उदाहरण है कि प्रगतिशील लेखक संघ ने इमरजेंसी का समर्थन किया। इस तरह के कई उदाहरण हैं। पार्टियों के बौद्धिक प्रकोष्ठ बनने का नतीजा यह हुआ कि लेखकों ने चुनिन्दा सत्य बोलना शुरू कर दिया। चुनिन्दा और सुविधानुसार बोला गया सत्य, झूठ से ज़्यादा नुक़सान पहुँचाता है। गाँधी के हत्यारे नाथूराम गोडसे का विरोध करने वाले लोग सलमान रुश्दी के मामले में ख़ामोश हो जाते हैं। क्या यह एक प्रकार की लेखकीय साम्प्रदायिकता नहीं है। कट्टरपन्थी हिन्दूवादी ताक़तों के ख़िलाफ़ खड़े होने वाले लेखक मुस्लिम कट्टरपन्थ के ख़िलाफ़ बोलने में घबराने लगते हैं। ज़ुबान ख़ामोश हो जाती है। साम्प्रदायिकता और फ़ासीवाद की आड़ लेकर सियासत करने वाले लेखक उसी का शिकार होते चले गये। इस तरह की प्रवृत्ति लम्बे समय तक चलती रही जिसका परिणाम यह हुआ कि लेखकों से लोगों का भरोसा उठता चला गया। लेखक भी सत्ता के हिसाब से अपनी प्राथमिकताएँ तय करने लगे। सत्ता के पिछलग्गू बनने से उसके ख़िलाफ़ बोलने के साहस का ह्रास होता चला जायेगा। फिर इसकी परिणति शोभा डे जैसे मामले में देखने को मिलेगी। शोभा डे के समर्थन में साहित्य जगत का न आना चौंकाता नहीं बल्कि उस धारणा को पुष्ट करता है।

दरअसल अगर हम पूरी गम्भीरता से हिन्दी के लेखकीय परिदृश्य पर विचार करें तो निराशाजनक तस्वीर सामने आती है। मुक्तिबोध और उनकी कविता की पंक्ति 'तोड़ने ही होंगे सारे गढ़ और मठ' को नारे की तरह इस्तेमाल करने वाले लेखक गढ़ और मठ में शामिल होने की जुगत में लगे रहते हैं। कोई किसी अकादेमी का सदस्य बनना चाहता है तो कोई किसी सरकारी कमेटी में फिट होने के जुगाड़ में लगा रहता है, किसी की ख़्वाहिश किसी विश्वविद्यालय का कुलपति बनने की होती है तो कोई पुरस्कार के दंद–फंद में जुटा रहता है। ऐसे परिदृश्य में यह अपेक्षा करना बेमानी है कि लेखक सरकारी फ़ैसलों के ख़िलाफ़ बोलने की हिम्मत कर पायेंगे। सरकारी संरक्षण की लालसा लिए घूम रहे इस तरह के लेखकों की भीड़ बढ़ती जा रही है। इसकी ऐतिहासिकता में अगर जायें तो इसके बीज इन्दिरा गाँधी के शासन काल में दिखायी देते हैं। जब इमरजेंसी पूर्व ही उन्होंने साहित्य और संस्कृति का मसला वामपन्थियों को सौंप दिया। इन्दिरा गाँधी की ये सोची–समझी रणनीति थी जिसके वामपन्थी शिकार हुए और इसके एवज़ में वो इन्दिरा गाँधी का समर्थन करते रहे। लेखक समुदाय ख़ासकर हिन्दी के लेखकों को साहस के साथ सच बोलना चाहिए वो भी समग्रता में, क्योंकि चुनिन्दा सत्य ने लेखकों पर से समाज का भरोसा कम कर दिया है। चुनौती उसी भरोसे को वापस लाने की है।

कट्टरता को सींचती प्रगतिशीलता

इस्लाम धर्म को बहुत वैज्ञानिक धर्म माना जाता रहा है। कुरान के आधार पर संचालित होने वाले इस धर्म में कट्टरता की कोई गुंज़ाइश इसके शुरुआत में नहीं थी। लेकिन कालान्तर में कुरान की व्याख्या करने वाले मौलवियों ने इस धर्म को कट्टरता के गड्ढे में धकेल दिया। आज सही या ग़लत लेकिन इस्लाम को लेकर पूरे विश्व में यह धारणा बन गयी है कि यह बेहद कट्टर धर्म है और इसमें न तो सहिष्णुता है और न ही सहनशीलता। यह बहुत ही ख़तरनाक बात है, प्रवृत्ति भी। मशहूर इस्लामिक चिन्तक असगर अली इंजीनियर ने अपनी किताब 'इस्लाम का जन्म और विकास' में लिखा था कि दुनियाभर के मुस्लिम बुद्धिजीवियों ने आधुनिक समाजविज्ञानों की रोशनी में आरम्भिक इस्लाम के विश्लेषण के आवश्यक मगर कठिन कार्य को अनदेखा किया। असगर अली इंजीनियर की बात में यह भी जोड़ा जा सकता है कि जब चन्द कठमुल्ले कुरान की ग़लत व्याख्या कर रहे थे तो

प्रगतिशील सोच के मुसलमान उनके ख़िलाफ़ खड़े होने की हिम्मत नहीं जुटा पाये। उनकी ख़ामोशी से इस्लामिक कट्टरपन्थ को बढ़ावा मिला। इस धारणा को पुष्ट करने का काम तो उन मौलवियों ने भी किया जो फ़तवे के नाम पर क़ुरान की आयतों की ग़लत व्याख्या करने लगे थे। फ़तवे की इस राजनीति ने सबसे ज़्यादा नुक़सान इस्लाम की छवि को पहुँचाया। मुस्लिम प्रगतिशील तबकों के अलावा अपनी प्रगतिशीलता का तमगा गले में लटकाये घूमने वाले और बात–बात पर धर्मनिरपेक्षता की दुन्दुभि बजाने वाले लोग भी इस्लाम में बढ़ते कट्टरवाद पर ख़ामोश रहे। कट्टरतावाद, अव्वल यह शब्द ही ग़लत प्रचलित किया गया, के ख़िलाफ़ जो बयानवीर सामने आते थे वो ऊलजलूल के फ़तवों के ख़िलाफ़ ख़ामोशी ओढ़ लेते थे। चुनिन्दा विरोध की वजह से धीरे–धीरे उनकी विश्वसनीयता ख़त्म होती चली गयी। प्रगतिशील जमात ने ही धर्मनिरपेक्षता को सबसे ज़्यादा नुक़सान पहुँचाया।

एक साथ लगभग एक ही तरह की दो बातें सामने आयी थीं। एक तरफ़ तो भारत सरकार ने वैवाहिक बलात्कार को क़ानूनी जामा पहनाने से इनकार कर दिया। भारत सरकार का तर्क था कि भारत में विवाह एक पवित्र संस्था है लिहाज़ा वैवाहिक बलात्कार की अवधारणा यहाँ लागू नहीं हो सकती। 2015 में राज्यसभा में भारत सरकार की तरफ़ से गृह राज्य मन्त्री ने अपने लिखित बयान में बताया कि–'वैवाहिक बलात्कार की अवधारणा जैसा कि अन्तरराष्ट्रीय स्तर पर समझा जाता है अनेक कारणों से भारतीय परिप्रेक्ष्य में उपयुक्त रूप से लागू नहीं की जा सकती। इन कारणों में शिक्षा–निरक्षरता का स्तर, अनेक रीति–रिवाज और मूल्य, धार्मिक आस्थाएँ, विवाह को संस्कार मानने की समाज की सोच आदि हैं।' भारत सरकार के संसद में दिये गये इस बयान पर पूरा का पूरा तथाकथित प्रगतिशील खेमा तलवारबाज़ी में जुट गया। दुनिया के तमाम देशों में लागू वैवाहिक बलात्कार के क़ानून की दुहाई दी जाने लगी। स्त्रियों के अधिकारों की बात पर कोलाहल होने लगा, स्त्री देह की स्वतन्त्रता की दुहाई दी जाने लगी आदि। भारत सरकार को दकियानूसी सोच वाली से लेकर उनके इस जवाब को पुरातनपन्थी तक क़रार दे दिया गया। कथित बुद्धिजीवियों में इस बात को लेकर होड़ मच गयी कि कौन भारत सरकार की ज़्यादा से ज़्यादा लानत–मलामत कर सकता है। इस लेख का विषय इस क़ानून की ज़रूरत और उसकी बारीकियों के बारे में बात

करना नहीं है, बल्कि उन बुद्धिजीवियों को आईना दिखाना है जो विरोध के लिए धर्म विशेष का चुनाव करते हैं।

अब एक दूसरा वाक़या देखिए, जो लगभग इसी तरह का है। मलेशिया के एक मौलवी ने फ़तवा जारी कर कहा कि औरतें अपने पति को शारीरिक सम्बन्ध बनाने के लिए कभी भी मना नहीं कर सकती हैं चाहे वो ऊँट पर ही क्यों ना बैठी हों। उन्होंने भी वैवाहिक बलात्कार की अवधारणा को यूरोपियन अवधारणा क़रार दिया। यह फ़तवा धर्म की आड़ में जारी करते हुए कहा गया कि महिला शारीरिक सम्बन्ध से सिर्फ़ तब इनकार कर सकती है जब वह रजस्वला हो, बहुत बीमार हो। मलेशिया के पेराक मुफ़्ती जकारिया ने साफ़ शब्दों में कहा कि मुस्लिम महिला शारीरिक सम्बन्ध बनाने के लिए इनकार का अधिकार उस वक़्त ही खो देती है जब उसका पिता उसको उसके पति के हाथों सौंप देता है। उन्होंने साफ़ किया कि मुस्लिम महिलाओं के पास पति को मना करने का हक़ ही नहीं है। अपने इस फ़तवे के समर्थन में उन्होंने धर्म रूपी सबसे बड़ी ढाल का इस्तेमाल किया। अन्य मुस्लिम विद्वानों का कहना है कि इस्लाम में बलात्कार की अवधारणा शादी से बाहर की है, बल्कि वो तो यह तक कहते हैं कि बलात्कार कुँवारी लड़कियों पर ही लागू होता है। उनका कहना है कि इस्लाम में अगर शारीरिक सम्बन्ध बनाने के पहले पत्नी की सहमति नहीं ली गयी तो यह बलात्कार नहीं है बल्कि इसे बेअदब कहा जाता है, जिसका मतलब होता है असभ्य। इसको हराम नहीं माना जाता है बल्कि इसको मकरूह कहा जाता है, जिसका अर्थ होता है ऐसा कार्य जिसको नहीं किया जाना चाहिए था। इस फ़तवे के ख़िलाफ़ कहीं से कोई आवाज़ नहीं उठी। इसमें किसी को स्त्री स्वातन्त्र्य का हनन नज़र नहीं आया। किसी भी कथित प्रगतिशील बौद्धिक ने इस पर सार्वजनिक एतराज़ नहीं जताया। जबकि भारत सरकार के तर्क में सामाजिक स्थितियों से लेकर शिक्षा के स्तर तक की दुहाई दी गयी थी वहीं फ़तवे में तो फ़ैसला सुनाया गया था। पिता के द्वारा पति को सौंपे जाने की बात भी थी। इस वक्तव्य में किसी को भी महिला उपभोग की वस्तु नज़र नहीं आयी। कोई हाय–तौबा नहीं। अब इन लगभग समान दो स्थितियों पर अलग–अलग तरह की प्रतिक्रियाएँ इन कथित प्रगतिशीलों को कठघरे में खड़ा कर देती हैं। उनकी मंशा पर सन्देह करने का पुख़्ता आधार प्रदान करती हैं।

दरअसल, इस्लाम में कट्टरपन्थियों का बोलबाला बढ़ते चले जाने की

बड़ी वजह यही है कि उस पर सही प्रतिक्रिया नहीं आती है। बहस नहीं होती हैं। प्रतिक्रिया देने वालों को मौत की नींद सुला देने की वारदातें होने लगी हैं। बांग्लादेश में ब्लॉगर की नृशंस हत्या, फिर पाकिस्तान में भी मानवाधिकार कार्यकर्ता सबीना का क़त्ल जैसी वारदातें धर्म की आड़ में ही की गयीं। इस्लाम धर्म के नाम पर इस तरह की दहशत का खेल पूरी दुनिया में खेला जा रहा है। दक्षिण अफ्रीका के केपटाउन में एक प्रोफ़ेसर पर जानलेवा हमला हुआ क्योंकि उसने सलमान रुश्दी के पक्ष में लेक्चर दे दिया था। कुछ दिनों से श्रीलंका की तमिल लेखिका शर्मिला सईद निर्वासित जीवन बिताने को मजबूर हैं क्योंकि उन्होंने तमिल में चलने वाले एक रेडियो पर दो हज़ार बारह में इस बात की वकालत की थी कि श्रीलंका में वेश्यावृत्ति को क़ानूनी जामा पहना दिया जाये। उनके इस बयान को इस्लाम की कसौटी पर कसा गया और वहाँ उसको पाप की श्रेणी में पाया गया क्योंकि इस्लाम में वेश्यावृत्ति को गुनाह माना गया है। उसके बाद शर्मिला सईद और उसके परिवार वालों को धमकियाँ मिलनी शुरू हो गयीं। फेसबुक पर उनके नाम से प्रोफाइल बनाकर अश्लील और भद्दे कमेण्ट लिखे गये। ये प्रोफाइल रक्तबीज की तरह बढ़ते गये। शर्मिला और उनके पिता फेसबुक से कहकर एक को हटवाते थे तो सौ और प्रोफाइल बन जाते थे। हर जगह यही तर्क दिये जाने लगे कि एक मुस्लिम महिला कैसे वेश्यावृत्ति की वकालत कर सकती है। शर्मिला के माफ़ी माँगने के बाद भी मामला ख़त्म नहीं हुआ क्योंकि कठमुल्ले उनसे बग़ैर शर्त माफ़ी की माँग कर रहे थे जबकि शर्मिला इसके लिए राज़ी नहीं थीं। यहाँ भी शर्मिला के समर्थन में इक्का–दुक्का बुद्धिजीवी ही आये और अपील जारी करने की औपचारिकता निभा गये। इस पूरे परिदृश्य पर विचार करें तो बहुत अँधेरा नज़र आता है। आलोचना पर हिंसा की बढ़ती प्रवृत्ति भारतीय मुस्लिम समाज पर भी हावी होने के लिए सिर पर तैयार खड़ी है। भारत में इस कट्टरपन्थ को रोकने के लिए मुस्लिम बुद्धिजीवियों को तो आगे आना ही होगा साथ ही समाज के हर तबके के बुद्धिजीवियों को समान भाव से कट्टरपन्थ पर हल्ला बोलना होगा। अगर हमारे प्रगतिशीलों ने चुनिन्दा विरोध की आदत से तौबा नहीं की तो सम्भव है कि कट्टरपन्थ और हिंसक हो जाये। वह स्थिति हमारे लोकतन्त्र के साथ–साथ देश को भी कमज़ोर करेगी।

सेलेक्टिव सेक्युलरिज़्म के ख़तरे

क्या आतंकवाद और आतंकवादियों का कोई मज़हब होता है? क्या क़ातिलों का कोई धर्म होता है? हमारा संविधान तो यह नहीं कहता है, लेकिन संविधान की शपथ लेकर लोकतन्त्र के मन्दिर में बैठने वाले चन्द लोग आतंक और क़ातिल को भी धर्म और मज़हब के खाँचे में फिट कर अपनी राजनीति की गोटियाँ सेट करते हैं। जब मुम्बई के सीरियल धमाकों के गुनहगार याकूब मेमन को फाँसी देने की ख़बर आयी थी तो वो मुसलमान हो गया। हैदराबाद से लोकसभा के लिए चुने गये और एम.आई.एम. के असददुद्दीन ओवैसी ने कहा कि याकूब को इस वजह से फाँसी दी जा रही है कि वो मुसलमान है। उन्होंने राजीव गाँधी के हत्यारों की फाँसी की सज़ा को उम्रक़ैद में बदले जाने का हवाला दिया। उन्होंने इस बात पर ज़ोर दिया कि अगर फाँसी दी जानी है तो उन सभी को सज़ा–ए–मौत दी जानी चाहिए जिनको अदालत ने ये सज़ा दी है। उनका ये बयान बेहद आपत्तिजनक, लोकतान्त्रिक मूल्यों के ख़िलाफ़ और ग़ैर–संवैधानिक था। दो समुदाय को बाँटने वाला तो था ही। ये वही ओवैसी हैं जिनकी पार्टी के कार्यकर्ताओं ने बांग्लादेश की निर्वासित लेखिका तसलीमा नसरीन पर जानलेवा हमला किया था। ये ओवैसी वही हैं जिन्होंने लगातार हिंसा की बात की है। दरअसल इनकी राजनीति का आधार ही दो समुदायों के बीच नफ़रत है। हैरानी तो तब हुई जब शरद पवार की पार्टी एन.सी.पी. के राज्यसभा सांसद माजिद मेमन ने भी महाराष्ट्र सरकार पर राजनीतिक और साम्प्रदायिक वजहों से याकूब को जल्द फाँसी देने का आरोप लगाया। माजिद मेमन काफ़ी सुलझे हुए वकील हैं, जब उन्होंने इस तरह की बातें कीं तो ग़लत सन्देश गया। माजिद मेमन को यह मालूम है कि याकूब की फाँसी पर सुप्रीम कोर्ट मुहर लगा चुका है। याकूब ने फाँसी से बचने के लगभग सभी न्यायिक विकल्प आजमा लिए थे। बावजूद इसके इस तरह का माहौल बनाया जा रहा था जैसे याकूब आतंकवादी न हो। इस तरह की आवाज़ों को प्रत्यक्ष और परोक्ष रूप से तथाकथित प्रगतिशील ताक़तों का भी समर्थन मिलने लगा है।

याकूब के बहाने से फाँसी की सज़ा पर ही सवाल उठाये जाने लगे थे। देश के सभ्य होने की दुहाई दी जाने लगी। फाँसी की सज़ा को बर्बर और मध्यकालीन कहा जाने लगा। फाँसी की सज़ा को क़ानूनी

प्रक्रिया अपनाते हुए किसी की हत्या की संस्कृति को बढ़ावा देने वाला 'स्टेट कीलिंग' क़रार दिया जाने लगा। अचानक से एमनेस्टी इण्टरनेशनल की रिपोर्ट और मानवाधिकार याद आने लगे। इस तरह की मुहिम को प्रकारान्तर से ओवैसी जैसे लोगों का समर्थन था। याकूब की फाँसी की सज़ा पर छाती कूटने वालों को उन परिवारों के दर्द का अहसास नहीं, जो 1993 के बम धमाकों में मारे गये थे। उनके मानव अधिकारों की चिन्ता के लिए न्याय के ये कथित ध्वजवाहक कभी भी सामने नहीं आये। क्या आपको याद पड़ता है कि जब बिहार के महावीर महतो और परशुराम धानुक को 1983 में फाँसी दी गयी थी तो इस तरह के सवाल उठाये गये थे। यह दोहरा रवैया हमारे लोकतन्त्र के लिए घातक है। इस तरह की बातें करके हम समाज में दो समुदायों के बीच वैमनस्यता फैलाते हैं और प्रकारान्तर से एक-दूसरे को आमने-सामने खड़ा कर देते हैं। राष्ट्र की अवधारणा की बुनियादी सोच पर इस तरह की बयानबाज़ी एक हमला है। इस ख़तरनाक प्रवृत्ति को समय रहते रोका जाना या फिर उसका जवाब दिया जाना आवश्यक है। जब समाज को बाँटने पर बयानबाज़ी हो रही हो और उसको एरोगैंट सेक्यूलरिज़्म का साथ मिलता है तो साम्प्रदायिकता का जन्म होता है। हमारे देश ने शाह बानो केस के दौरान ये देखा है। मुसलमानों को लुभाने के लिए राजीव गाँधी ने अगर तलाक और गुजारा भत्ते के मसले पर सिविल लॉ के ऊपर शरीयत को महत्ता देने वाला संविधान संशोधन न किया होता तो नब्बे के दशक में साम्प्रदायिकता का फैलाव नहीं होता।

याकूब की फाँसी को मज़हब से जोड़ने वाले ये भूल जाते हैं कि आज़ाद भारत में अब तक जितनी फाँसियाँ दी गयीं, उनका धार्मिक आधार पर वर्गीकरण एक अलग ही तस्वीर पेश करता है। एक सर्वे के मुताबिक़ अब तक जितने लोगों को फाँसी दी गयी है उसमें सिर्फ़ पाँच फ़ीसदी मुसलमान हैं। इस तरह के आँकड़े पेश करना बेहद पीड़ादायक है, क्योंकि हमारा संविधान, हमारा क़ानून, हमारे लोकतन्त्र की मूल अवधारणा किसी भी अपराधी को मज़हब के आधार पर नहीं देखता। जब मज़हब की आड़ में झूठ फैलाया जा रहा हो तब तथ्यों को सामने रखना ज़रूरी हो जाता है। दरअसल, हमारे देश में एरोगैंट सेक्युलरिज़्म को सेलेक्टिव सेक्युलरिज़्म का साथ मिलता है। बौद्धिक वर्ग से ये अपेक्षा की जाती है कि वो इस तरह का सन्देह का वातावरण बनाकर साम्प्रदायिकता की जड़ें मज़बूत

करने के बजाय वस्तुनिष्ठ होकर अपनी राय रखें और क़ानून के फ़ैसले का सम्मान करना सीखें।

अभिव्यक्ति की आज़ादी की राजनीति

कन्नड़ के साहित्यकार प्रोफ़ेसर कलबुर्गी की हत्या के बाद दक्षिण भारत ख़ासकर कर्नाटक में साहित्यिक विवाद बेहद गहराया था जिसकी छाया दिल्ली तक पहुँची थी। हिन्दी जगत में जादुई यथार्थवादी कथाकार उदय प्रकाश ने भी इसको एक अवसर की तरह देखते हुए अकादेमी पुरस्कार लौटाने का ऐलान कर, गर्माने की कोशिश की। साहित्य से जुड़े कुछ लोगों का कहना है कि गर्माने की नहीं भुनाने की कोशिश की थी। इसी तरह से जनवादी लेखक संघ और चन्द लेखकों ने भी इस पर एतराज़ जताते हुए आन्दोलन खड़ा करने की कोशिश की थी, लेकिन ख़ास विचारधारा के इन लेखकों की साख इतनी बची नहीं है कि हिन्दी जगत आन्दोलित हो सके। ख़ैर मुद्दा ये नहीं है। मुद्दा ये है कि कलबुर्गी की हत्या के बाद कर्नाटक के जो तमाम छुटभैये संगठन हैं, जो हिन्दुत्व के नाम पर अपनी दुकान चला रहे हैं, उन्होंने भी इसको एक अवसर की तरह देखा और प्रचार–पिपासा ने उनको आक्रामक कर दिया। बजरंग दल से जुड़े होने का दावा करने वाले एक शख़्स ने कर्नाटक के रैशनलिस्ट माने जाने वाले लेखक के. एस. भगवान को जान से मारने की धमकी देते हुए एक ट्वीट कर दिया था। ख़बर के आम होने के बाद पुलिस ने के. एस. भगवान को पर्याप्त सुरक्षा मुहैया करवा दी। हिन्दी जगत के कई उत्साही लेखकों ने इसको फ़ासीवाद के आसन्न ख़तरे की तरह देखा और इसको केन्द्र की सरकार से जोड़कर छाती कूटने लगे। फ़ासीवाद का राग बहुत लम्बे समय से भारत में अलापा जा रहा है लेकिन अब तक फ़ासीवाद आ नहीं पाया है। दरअसल फ़ासीवाद–फ़ासीवाद चिल्लाने वाले लोगों को भारतीय लोकतन्त्र में आस्था और उसकी ताक़त पर भरोसा नहीं है। भारतीय लोकतन्त्र अब इतना मज़बूत हो चुका है कि उसको किसी भी तरह से भटकाना या भरमाना बहुत मुश्किल है। इन्दिरा गाँधी ने उन्नीस सौ पचहत्तर में एक कोशिश की थी लेकिन देश की जनता ने दो साल में ही उनको सबक सिखा दिया था। अब शायद ही कोई ऐसा करने की हिम्मत जुटा पाये।

कर्नाटक या यों कहें कि पूरे दक्षिण भारत में साहित्यिक कृतियों के ख़िलाफ़ इस तरह की घटनाएँ पहले भी घटती रही हैं। धमकियाँ आदि

भी दी जाती रही हैं लेकिन प्रोफ़ेसर कलबुर्गी की हत्या के बाद ख़तरा अवश्य बढ़ गया है। एक लोकतान्त्रिक देश होने के नाते यहाँ हर किसी को अपनी बात कहने का जितना हक़ है उतना ही उस पर विरोध जताने का हक़ भी है, लेकिन हत्या करना या क़ानून को अपने हाथ में लेना बेहद आपत्तिजनक और घोर निन्दनीय है। अब अगर हम दक्षिण भारत में इस तरह की बढ़ती घटनाओं की वजहों की तह में जायें तो लगता है कि वहाँ की सामाजिक संरचना और कुरीतियाँ बहुत हद तक ज़िम्मेदार हैं। वहाँ के कई लेखकों ने इस सामाजिक विषमता के मद्देनज़र अपनी लेखनी से उस पर ज़ोरदार प्रहार किया। लेखकों ने समाज में व्याप्त इन विसंगतियों के लिए धर्म को ज़िम्मेदार मानते हुए विरोध की ध्वजा थामी। सम्भव है कि उनको ये बेहतर आधार लगा हो। धर्म के इस विरोध में कई बार तो लेखन की मर्यादा की लक्ष्मण रेखा पार हो गयी। जैसे अगर हम के. एस. भगवान की ही बात करें तो उन्होंने 1985 में एक किताब लिखी थी 'शंकराचार्य एण्ड रिएक्शनरी फ़िलॉसफ़ी'। इस किताब में उन्होंने शंकराचार्य को जातिवाद की वकालत करने वाला साबित करने की कोशिश की थी। संस्कृत के श्लोकों के आधार पर उन्होंने प्रतिपादित किया था कि शंकराचार्य दलितों और स्त्रियों के ख़िलाफ़ थे। उस वक़्त जब उनकी किताब आयी थी तब भी उनका विरोध हुआ था। धरने प्रदर्शन हुए थे। उसके बाद भी प्रोफ़ेसर भगवान अपने स्टैण्ड पर कायम रहे थे। जब उन्होंने एक सेमिनार में कहा कि भगवद्गीता के नवें अध्याय को जला दिया जाना चाहिए, क्योंकि उसमें स्त्री, वैश्य, शूद्र को पापी कहा गया है। आरोप तो ये लगा कि एक सेमिनार में प्रोफ़ेसर भगवान ने कथित तौर पर कहा कि भगवद्गीता पढ़ने वाला आतंकवादी बन सकता है। उन पर राम और कृष्ण के बारे में भी आपत्तिजनक टिप्पणी करने का इल्ज़ाम है। आरोप है कि उन्होंने कहा कि राम और कृष्ण अपने पिता की जैविक सन्तान नहीं थे। इस तरह के वक्तव्य के बाद उनका विरोध हुआ और उनके ख़िलाफ़ धार्मिक भावनाएँ भड़काने का केस भी दर्ज किया गया। संविधान में अभिव्यक्ति की आज़ादी और उसकी सीमा के बीच एक बहुत ही बारीक–सी रेखा है जिसे बहुधा, जोश में लोग लाँघ जाते हैं। इसका परिणाम यह होता है कि परिधि पर बैठे लोगों को केन्द्र में आने का मौक़ा मिल जाता है और वो उग्र और हिंसक होने लगते हैं जो क़ानून सम्मत नहीं है और जिसकी सभ्य समाज में कोई जगह नहीं है। विचारों की लड़ाई विचार

से लड़ी जा सकती है बन्दूक से नहीं। बन्दूक से विचार को मानने के लिए बाध्य करने का सोवियत रूस और चीन का लम्बा इतिहास रहा है जो कि भारत के लिए मुफ़ीद नहीं है। भारत की जनता बार–बार इसको ठुकरा भी चुकी है।

विचारों की लड़ाई का एक उदाहरण गाँधी जी के हवाले से समझा जा सकता है। उन्नीस सौ सत्ताईस में एक अमेरिकी लेखिका कैथरीन मेयो ने 'मदर इण्डिया' के नाम से एक किताब लिखी थी जिसमें भारत के बारे में बहुत ही ग़लत बातें लिखी गयी थीं। उस किताब के प्रकाशन के बाद विंस्टन चर्चिल बेहद ख़ुश हुए थे और उन्होंने अपनी ख़ुशी का सार्वजनिक इज़हार भी किया था। तब महात्मा गाँधी ने उस किताब की समीक्षा लिखकर अपना तगड़ा एतराज़ जताया था। महात्मा गाँधी ने तब लिखा था–'अगर मिस मेयो भारत में सिर्फ़ यहाँ की खुली नालियाँ और गन्दगी देखने के नज़रिए से आयी थीं तो उनकी इस किताब के बारे में कुछ भी कहना व्यर्थ होगा। पर अगर वो अपने घृणित और बेहद आपत्तिजनक ग़लत निष्कर्षों को अपनी जीत और महान खोज की तरह देखती हैं तो लेखिका की मंशा जानने के बाद कुछ कहने को शेष नहीं रहता।' इस तरह से उन्होंने उस किताब को दो–तीन वाक्यों में ख़ारिज कर दिया था और विंस्टन चर्चिल को भी जवाब दे दिया था। विचारों से लड़ने का यह तरीका ही सबसे अच्छा है। तर्कों को तर्कों से काटा जाये। तर्कों को अपने विचारों से ख़ारिज किया जाये।

आज जो लोग अभिव्यक्ति की आज़ादी को लेकर भाजपा और राष्ट्रीय स्वयंसेवक संघ को घेरने की कोशिश करते हैं और उनको आज़ादी के लिए ख़तरा बताते हैं उनको एक और सन्दर्भ याद रखना चाहिए। संविधान में पहले संशोधन को लेकर बहुत ज़ोरदार बहस हो रही थी मसला कुछ मौलिक अधिकारों को लेकर संशोधन का था। कई मसलों के अलावा संविधान के अनुच्छेद 19 में जो अभिव्यक्ति की आज़ादी का प्रावधान है उस पर कुछ अंकुश लगाये जाने की बात हो रही थी। जवाहरलाल नेहरू, सी. राजगोपालाचारी, अम्बेडकर समेत कई नेता इस पक्ष में थे कि अभिव्यक्ति की आज़ादी पूर्ण नहीं होनी चाहिए। बहस के दौरान जवाहरलाल नेहरू ने कहा था कि आज़ाद प्रेस युवाओं के दिमाग़ में ज़हर भर रहा है। तब श्यामा प्रसाद मुखर्जी अकेले ऐसे शख़्स थे जिन्होंने इस लड़ाई को लड़ा था और कहा था कि अभिव्यक्ति की आज़ादी पर किसी भी तरह का

अंकुश जायज़ नहीं होगा। कालान्तर में इस तथ्य को बेहद चालाकी से दबा दिया गया। दरअसल, इसके पीछे की पृष्ठभूमि ये थी कि उन्नीस सौ पचास में क्रॉसरोड नामक पत्रिका में नेहरू की नीतियों की जमकर आलोचना हुई थी और नेहरू इससे खफ़ा होकर प्रेस पर अंकुश लगाना चाहते थे। उस वक़्त की मद्रास सरकार ने क्रॉसरोड पर पाबन्दी लगायी थी। आज़ाद भारत में ये पहली पाबन्दी थी। क्रॉसरोड इसके ख़िलाफ़ सुप्रीम कोर्ट चली गयी थी और यूनियन ऑफ़ इण्डिया बनाम रोमेश थापर का केस अब भी कई मामलों में नज़ीर बनता है। अभिव्यक्ति की आज़ादी को लेकर एक बार फिर से राष्ट्रव्यापी बहस हो जिसमें तथ्यों को समग्रता में रखा जाये, और देश किसी ठोस नतीजे पर पहुँचे तभी विचारों की लड़ाई में ख़ून, ख़राबा नहीं होगा।

बिनायक पर बवाल क्यों ?

छत्तीसगढ़ की एक अदालत ने मानवाधिकार कार्यकर्ता और पीपल्स यूनियन फ़ॉर सिविल लिबर्टीज़ के उपाध्यक्ष बिनायक सेन को राजद्रोह के मामले में उम्र क़ैद की सज़ा सुनायी। बिनायक सेन को यह सज़ा कट्टर नक्सलियों के साथ सम्बन्ध रखने और उनको सहयोग देने के आरोप साबित होने के बाद सुनायी गयी। अदालत द्वारा बिनायक सेन को उम्रक़ैद की सज़ा सुनाये जाने के बाद देश भर के मुट्ठी भर चुनिन्दा वामपन्थी लेखक–बुद्धिजीवी आन्दोलित हो उठे। उन्हें लगने लगा था कि न्यायपालिका ने बिनायक सेन को सज़ा सुनाकर बेहद ग़लत किया और राज्य की दमनकारी नीतियों का साथ दिया है। उन्होंने इस सज़ा को विरोध की आवाज़ को कुचलने की साज़िश की तरह भी देखा। बिनायक सेन को हुई सज़ा के ख़िलाफ़ वामपन्थी छात्र संगठन से जुड़े विद्यार्थी और नक्सलियों के हमदर्द दर्जनों बुद्धिजीवी दिल्ली के जन्तर–मन्तर पर इकट्ठा हुए और जमकर नारेबाज़ी की। बेहद उत्तेजक और घृणा से लबरेज़ भाषण दिये गये। जन्तर–मन्तर पर जिस तरह के भाषण दिये जा रहे थे वो बेहद आपत्तिजनक थे, वहाँ बार–बार यह दुहाई दी जा रही थी कि राज्य सत्ता विरोध की आवाज़ को दबा देती है और अघोषित आपातकाल का दौर चल रहा है। वहाँ मौजूद एक वामपन्थी विचारक ने शंकर गुहा नियोगी और सफदर हाशमी की हत्या को सरकार–पूँजीपति गठजोड़ का नतीजा बताया। उनका तर्क था जब भी राज्य सत्ता के ख़िलाफ़ कोई आवाज़ अपना सिर

उठाने लगती है तो सत्ता उसे ख़ामोश करने का हरसम्भव प्रयास करती है। शंकर गुहा नियोगी और सफदर हाशमी की हत्या तो इन वामपन्थी लेखकों–विचारकों को याद रहती है, उसके ख़िलाफ़ डण्डा–झण्डा लेकर साल–दर–साल धरना प्रदर्शन, विचार–गोष्ठियाँ भी आयोजित होती हैं। लेकिन उसी साहिबाबाद में नवम्बर में पैंतालिस साल के युवा मैनेजर की मज़दूरों द्वारा पीट–पीट कर हत्या किये जाने के ख़िलाफ़ इन वामपन्थियों ने एक भी शब्द नहीं बोला। मज़दूरों द्वारा मैनेजर की सरेआम पीट–पीटकर नृशंस तरीक़े से हत्या पर इनमें से किसी ने भी मुँह खोलना गवारा नहीं समझा। कोई धरना प्रदर्शन या बयान तक जारी नहीं हुआ क्योंकि मैनेजर तो पूँजीपतियों का नुमाइन्दा होता है लिहाज़ा उसकी हत्या को ग़लत क़रार नहीं दिया जा सकता है। लेकिन हमारे देश के वामपन्थी यह भूल जाते हैं कि गाँधी के इस देश में हत्या और हिंसा को किसी भी तरह जायज़ नहीं ठहराया जा सकता है। शंकर गुहा नियोगी या सफदर की हत्या जिसकी पुरज़ोर निन्दा की जानी चाहिए और दोषियों को किसी भी क़ीमत पर नहीं बख़्शा जाना चाहिए लेकिन उतने ही पुरजोर तरीक़े से फैक्ट्री के मैनेजर की हत्या का भी विरोध होना चाहिए और उसके मुजरिमों को भी उतनी ही सज़ा मिलनी चाहिए, जितनी नियोगी और सफदर के हत्यारे को। अलग–अलग हत्या के लिए दो अलग–अलग मापदण्ड नहीं हो सकते।

ठीक उसी तरह से अगर बिनायक सेन के कृत्य राजद्रोह की श्रेणी में आते हैं तो उन्हें इसकी सज़ा मिलनी ही चाहिए और अगर निचली अदालत से कुछ ग़लत हुआ है तो वो हाईकोर्ट या फिर सुप्रीम कोर्ट से निरस्त हो जायेगा। अदालतें सबूत और गवाहों के आधार पर फ़ैसला करती हैं। आप अदालतों के फ़ैसले की आलोचना तो कर सकते हैं लेकिन उन फ़ैसलों को वापस लेने के लिए धरना प्रदर्शन करना घोर निन्दनीय है। भारत के संविधान में न्याय की एक प्रक्रिया है–अगर निचली अदालत से किसी को सज़ा मिलती है तो उसके बाद हाईकोर्ट और सुप्रीम कोर्ट का विकल्प खुला है। अगर निचली अदालत में कुछ ग़लत हुआ है तो ऊपर की अदालत उसको हमेशा से सुधारती रही हैं। ऐसे सैकड़ों उदाहरण हैं जहाँ निचली अदालत से मुजरिम बरी क़रार दिये गये हैं लेकिन ऊपरी अदालत उनको कसूरवार ठहराते हुए सज़ा मुकर्रर करती रही है। दिल्ली के चर्चित मट्टू हत्याकाण्ड में आरोपी सन्तोष सिंह को निचली अदालत ने बरी कर दिया था लेकिन उसे ऊपर की अदालत से सज़ा मिली। ठीक

इसी तरह से निचली अदालत से दोषी क़रार दिये जाने के बाद भी कई मामलों में ऊपर की अदालत ने मुजरिमों को बरी किया हुआ है। लोकतन्त्र में संविधान के मुताबिक़ एक तय प्रक्रिया है और संविधान और लोकतन्त्र में आस्था रखने वाले सभी ज़िम्मेदार नागरिकों से उस तय संवैधानिक प्रक्रिया का पालन करने की अपेक्षा की जाती है।

बिनायक सेन के केस में भी उनके परिवार वालों ने हाईकोर्ट जाने का ऐलान कर दिया था लेकिन बावजूद इसके वामपन्थी नेता और बुद्धिजीवी अदालत पर दबाव बनाने के मकसद से धरना प्रदर्शन और बयानबाजी करते रहे।

दरअसल इन वामपन्थियों के साथ बड़ी दिक्कत यह है कि अगर कोई भी संस्था उनके मनमुताबिक़ चले तो वह संस्था आदर्श है लेकिन अगर उनके सिद्धान्तों और चाहत के ख़िलाफ़ कुछ काम हो गया तो वह संस्था सीधे–सीधे सवालों के घेरे में आ जाती है। अदालतों के मामले में भी ऐसा ही हुआ है, जो फ़ैसले इनके मनमुताबिक़ होते हैं उसमें न्याय प्रणाली में इनका विश्वास गहरा जाता है लेकिन जहाँ भी उनके अनुरूप फ़ैसले नहीं होते हैं वहीं न्याय–प्रणाली सन्दिग्ध हो जाती है। रामजन्म भूमि–बाबरी मस्जिद विवाद के पहले यही वामपन्थी नेता कहा करते थे कि कोर्ट को फ़ैसला करने दीजिए वहाँ से जो तय हो जाये वो सबको मान्य होना चाहिए। लेकिन जब इलाहाबाद हाईकोर्ट का फ़ैसला उनके मनमुताबिक़ नहीं आया तो अदालत की मंशा सन्दिग्ध हो गयी। इस तरह के दोहरे मानदण्ड नहीं चल सकते। अगर हम वामपन्थ के इतिहास को देखें तो उनकी भारतीय गणतन्त्र और संविधान में आस्था हमेशा से शक़ के दायरे में रही है। जब भारत को आज़ादी मिली तो उसे शर्म क़रार देते हुए उसे महज़ गोरे बुर्जुआ के हाथों से काले बुर्जुआ के बीच शक्ति हस्तान्तरण बताया था। यह भी ऐतिहासिक तथ्य है कि सीपीआई ने फ़रवरी, 1948 में नवजात राष्ट्र भारत के ख़िलाफ़ हथियारबन्द विद्रोह शुरू किया था और उस पर क़ाबू पाने में तकरीबन तीन साल लगे थे और वो भी रूस के शासक स्टालिन के हस्तक्षेप के बाद ही सम्भव हो पाया था। 1950 में सीपीआई ने संसदीय व्यवस्था में आस्था जताते हुए आम चुनाव में हिस्सा लिया लेकिन उन्नीस सौ चौसठ में पार्टी दो फाड़ हो गयी और सीपीएम का गठन हुआ। सीपीएम हमेशा से रूस के साथ–साथ चीन को भी अपना रहनुमा मानता था। तकरीबन एक दशक बाद सीपीएम भी

टूटा और माओवादी के नाम से एक नया धड़ा सामने आया। सीपीएम तो सिस्टम में बना रहा लेकिन माओवादियों ने सशस्त्र क्रान्ति के ज़रिए भारतीय गणतन्त्र को उखाड़ फेंकने का ऐलान कर दिया था। विचारधारा के अलावा भी वो हर चीज़ के लिए चीन का मुँह देखते थे। माओवाद में यक़ीन रखने वालों का एक नारा उस वक़्त काफ़ी मशहूर हुआ था–'चीन के चेयरमैन हमारे चेयरमैन'। माओवादी नक्सली अब भी सशस्त्र क्रान्ति के माध्यम से भारतीय गणतन्त्र को उखाड़ फेंकने की मंशा पाले बैठे हैं। क्या उस विचारधारा को समर्थन देना राजद्रोह नहीं है। नक्सलियों के हमदर्द हमेशा से यह तर्क देते हैं कि वे हिंसा का विरोध करते हैं लेकिन साथ ही वे यह जोड़ना नहीं भूलते कि उनकी हिंसा के पीछे राज्य की दमनकारी नीतियाँ जिम्मेदार हैं। देश में हो रही हिंसा का खुलकर विरोध करने के बजाय नक्सलियों को हर तरह से समर्थन देना कितना जायज़ है? एंटोनी पैरेल ने ठीक कहा है कि–भारत के मार्क्सवादी पहले भी और अब भी भारत को मार्क्सवाद के तर्ज पर बदलना चाहते हैं लेकिन वो मार्क्सवाद में भारतीयता के हिसाब से बदलाव नहीं चाहते हैं। एंटोनी के इस कथन से यह साफ़ हो जाता है कि यही भारत में मार्क्स के चेलों की सबसे बड़ी कमज़ोरी है।

बुद्धिजीवियों को अगर देश के संविधान और क़ानून में आस्था है तो उनको धैर्य रखना चाहिए और न्यायिक प्रक्रिया पर दबाव बनाने के लिए किये जा रहे धरना प्रदर्शन की प्रवृत्ति को तत्काल रोका जाना चाहिए।

साहित्यिक जलसा, विवाद और बौद्धिकों की बेचैनी

वैचारिक समानता की ओर बढ़ते क़दम

जयपुर लिटरेचर फ़ेस्टिवल और विवादों का चोली–दामन का साथ रहा है। 2017 में साहित्य के इस सबसे बड़े उत्सव में भी एक अलग ही किस्म का विवाद खड़ा करने की कोशिश की गयी थी। इस विवाद की पृष्ठभूमि उस वक़्त ही शुरू हो गयी थी जब मेले के आयोजकों ने राष्ट्रीय स्वयंसेवक संघ के सह सरकार्यवाह दत्तात्रेय होसबोले और उस वक़्त संघ के अखिल भारतीय प्रचार प्रमुख मनमोहन वैद्य को मेले में वक्ता के तौर पर निमन्त्रित किया था। इसे संघ के बड़े अधिकारियों की जयपुर लिटरेचर फ़ेस्टिवल में उपस्थिति और लगभग हर वर्ष इस आयोजन में दिखायी देने वाले हिन्दी के वरिष्ठ कवि और पुरस्कार वापसी के अगुवा अशोक वाजपेयी और उदय प्रकाश की अनुपस्थिति से जोड़कर देखा गया। दरअसल, आयोजन के दसवें साल में अशोक वाजपेयी और असहिष्णुता के कथित झण्डाबरदारों को जयपुर के इस साहित्यिक महाकुम्भ में निमन्त्रित ही नहीं किया गया था। यह आश्चर्य की बात थी क्योंकि अशोक जी इस लिटरेचर फ़ेस्ट में स्थायी अतिथि होते थे। अशोक वाजपेयी, उदय प्रकाश और हरि कुंजरू आदि को निमन्त्रित नहीं करना और दत्तात्रेय होसबोले और मनमोहन वैद्य की उपस्थिति से कई लेखकों के चेहरे पर बेचैनी के भाव दिखायी दे रहे थे। यह बात भी फैलाने की कोशिश की गयी कि असहिष्णुता और पुरस्कार वापसी समूह के लेखकों ने इस बार जयपुर लिटरेचर फ़ेस्टिवल का बहिष्कार किया जबकि सच्चाई इससे इतर थी। जयपुर लिटरेचर फ़ेस्टिवल की साख और वैश्विक ब्राण्ड के मद्देनज़र यह बात किसी के भी गले नहीं उतर रही थी कि कोई लेखक इस उत्सव का बहिष्कार कर सकता है। कुछ प्रचार पिपासुओं ने सोशल साइट्स पर यह भ्रम फैलाने

की कोशिश की। राजस्थान के कुछ लेखकों ने आयोजकों से दबी ज़ुबान में फ़ेस्टिवल के निदेशकों से अपनी आपत्ति भी दर्ज करवायी। बावजूद इसके संघ के पदाधिकारियों के सत्र में श्रोताओं की ज़बर्दस्त भागीदारी रही थी। जयपुर लिटरेचर फ़ेस्टिवल में मौजूद लेखकों में भी उनको सुनने का कौतूहल देखने को मिल रहा था। अमूमन सभी लेखकों का कहना था कि संघ के विचारों को सुने बिना ख़ारिज किया जाना उचित नहीं है।

भारत में संवाद की परम्परा रही है, वाद–विवाद की नहीं। आज़ादी के बाद से एक ख़ास तरीक़े से आर्ग्यूमेण्ट यानी बहस की संस्कृति को बढ़ावा दिया जाने लगा। किसी प्रकार की बहस या वाद–विवाद से तब तक कुछ हासिल नहीं होता जब तक संवाद न हो। वाद–विवाद या बहस की इसी संस्कृति को सत्ता के साथ लम्बे समय तक चिपकी एक विचारधारा ने अपनाया। सत्ता की परजीवी इस विचारधारा ने समान विचार वाले लोगों से ही बहस की, ऐसा माहौल बनाया गया कि समाज में बौद्धिक–विमर्श अपने चरम प़र है लेकिन उससे कहीं कुछ असाधारण हासिल हुआ हो, ऐसा ज्ञात नहीं है। बल्कि चिन्तन की जो हमारी थाती थी उस पर भी आयातित बौद्धिकता लाद कर उसके विस्तार को अवरुद्ध किया गया। पाणिनि ने जो अष्टाध्यायी की रचना की और उसको एक वैज्ञानिक आधार दिया उसको भी धीरे–धीरे भुला दिया गया। संसार की सबसे वैज्ञानिक भाषाओं में से एक संस्कृत को पवित्रता के दायरे में बाँधकर उसको पूजा–पाठ की भाषा घोषित कर उसका गला घोंट दिया गया। मशहूर डच भाषाविज्ञानी और दार्शनिक फ्रिट्स स्टाल ने पाणिनि के मूल सिद्धान्तों की तुलना यूक्लिड के ज्यामिति के सिद्धान्तों से की है और कहा है कि जिस तरह से यूक्लिड ने ज्यामिति के सिद्धान्तों को पूरे यूरोप में स्थापित किया, उसी तरह से पाणिनि ने भारतीय ज्ञान परम्परा को वैज्ञानिक आधार प्रदान किया। पहले विदेशी आक्रमणकारियों की वजह से इस परम्परा को नुकसान पहुँचा और बाद में वैचारिक आक्रमण ने इसके विकास को बाधित किया।

भारतीय ज्ञान परम्परा को रोकने के लिए आजादी के बाद आर्ग्यूमेण्ट की संस्कृति को बढ़ावा दिया जाने लगा। होना यह चाहिए था कि आर्ग्यूमेण्ट की जगह कनवरसेशन यानी विचार–विनिमय होता लेकिन अमर्त्य सेन जैसे महान विद्वान ने भी आर्ग्यूमेंटेटिव इण्डियन की अवधारणा को ही आगे बढ़ाया। नतीजा यह हुआ कि विचार–विनिमय की परम्परा बाधित हो गयी। बहस वाली विचारधारा के अलावा जो भी विचारधारा थी उसको अस्पृश्य

माना जाने लगा। उनसे संवाद तक रोक दिया गया। नतीजा, दशकों तक एक विचारधारा का एकाधिकार और जहाँ एकाधिकार होता है वहाँ अधिनायकवाद का जन्म होता है। इसी वाद के चलते पिछले नौ साल तक जयपुर लिटरेचर फ़ेस्टिवल में संघ से सीधे तौर पर जुड़े किसी विचारक या प्रचारक को आमन्त्रित नहीं किया गया था। बग़ैर संघ के विचारों को सुने, बग़ैर उनसे संवाद किये उस विचारधारा को ख़ारिज किया जाता रहा। जिस तरह से किसी प्रोडक्ट की एक लाइफ़ साइकिल होती है उसी तरह से विचारधारा भी ऊपर नीचे होती रहती है। जब वामपन्थी विचारधारा के अन्तर्विरोधों और मार्क्स के अनुयायियों के विचार और व्यवहार में अन्तर ने उसको कमज़ोर किया तो लोग वैकल्पिक विचारधारा की ओर बढ़े। उसको जानने की कोशिश की जाने लगी और उसी कोशिश का नतीजा था मनमोहन वैद्य और दत्तात्रेय होसबोले का जयपुर लिटरेचर फ़ेस्टिवल में जाना। उनके विचारों को सुना गया अब उसके बाद अगर उस पर विचार–विनिमय हो और विचारों की आवाज़ाही हो तो अस्पृश्यता की दीवार टूटेगी और यह स्थिति लोकतन्त्र को मज़बूत करने में सहायक होगी। जयपुर लिटरेचर फ़ेस्टिवल साहित्यिक और वैचारिक विमर्श का मंच है और जब उसमें सभी विचारधारा के लोगों को समान मौक़ा मिलेगा तो उसकी साख भी बढ़ेगी।

जिस तरह से आयोजकों ने पुरस्कार वापसी समूह को 2017 में निमन्त्रित नहीं करके उनको अपनी राजनीति चमकाने का मौक़ा नहीं दिया, उसी तरह से उनको तसलीमा नसरीन के विरोध को भी दरकिनार करना होगा। तसलीमा का विरोध कर रहे चन्द मुस्लिम संगठनों के दबाव में आकर अगर उनको बोलने तथा मंच नहीं देने का फ़ैसला वापस नहीं होता है तो यह दुर्भाग्यपूर्ण होगा। तसलीमा के विरोध और जयपुर लिट फ़ेस्ट के आयोजकों के उनको भविष्य में नहीं बुलाने के आश्वासन पर भी हमारे बौद्धिक समाज में किसी तरह का कोई स्पन्दन नहीं हुआ। यह भी एक किस्म की बौद्धिक बेईमानी है जब अभिव्यक्ति की आज़ादी पर चुनिन्दा तरीक़े से अपनी प्रतिक्रिया देते हैं। जब बौद्धिक समाज या कोई विचारधारा अपने आकलन में पक्षपात करने लगता है तब यह मान लेना चाहिए कि उसका संक्रमण काल है और वाम विचारधारा के अनुयायी क़रीब–क़रीब हमेशा इस तरह का ही प्रतिक्रिया प्रदर्शन करते हैं।

दिल्ली में उर्दू भाषा का उत्सव जश्न–ए–रेख़्ता का आयोजन होता है, इस भाषा से मोहब्बत करने वाले काफ़ी लोग वहाँ जुटते हैं, बॉलीवुड

सितारों से लेकर मंच के कवियों की महफ़िल सजती है। प्रचारित होता है कि ये तरक्कीपसन्द और प्रोग्रेसिव लोगों का जलसा है। होगा भी। लेकिन जश्न–ए–रेख़्ता में 2017 के आयोजन के दौरान जो हुआ वो इसके आयोजकों को सवालों के घेरे में खड़ा करता है और यह संकेत भी करता है कि इस कथित प्रोग्रेसिव जलसे में कट्टरपन्थियों का भी जुटान होता है। क्या हमारे देश की यह तहज़ीब है कि सड़सठ साल के एक बुज़ुर्ग को चारों ओर से घेर कर हल्ला कर किसी समारोह से जाने के लिए मजबूर कर दिया जाये। जश्न–ए–रेख़्ता में मौजूद लोगों ने पाकिस्तानी मूल के लेखक तारिक फ़तेह के ख़िलाफ़ नारेबाज़ी की और प्रधानमन्त्री नरेन्द्र मोदी को लेकर अपशब्द भी कहे। इस बात की जानकारी ख़ुद तारिक फ़तेह ने ट्वीट करके दी। आयोजकों की तरफ़ से बाद में जो सफ़ाई आयी वो आपत्तिजनक थी। इस घटना पर खेद प्रकट करने की बजाय उन्होंने साफ़ किया कि तारिक फतेह को किसी सेशन के लिए आमन्त्रित नहीं किया गया था। आयोजकों को कार्यक्रम के चलते रहने की फ़िक्र थी लेकिन एक स्कॉलर के अपमान का अफ़सोस शायद उनको नहीं था। किसी भी कार्यक्रम के आयोजकों की ये ज़िम्मेदारी बनती है कि वो अपने मेहमानों की सुरक्षा और उनके मान के लिए प्रयत्न करे। जश्न–ए–रेख़्ता के आयोजकों की तरफ़ से ऐसा कोई सन्देश सामने नहीं आया। इससे भी अफ़सोसनाक तो प्रगतिशील जमात का तारिक फतेह के समर्थन में नहीं उठना रहा। असहिष्णुता के विरोध में बवण्डर खड़ा करने वाले भी कमोबेश ख़ामोश रहे। दरअसल तारिक फतेह बलूचिस्तान की आज़ादी की वकालत करते हैं और इस्लाम के कट्टरपन्थियों को तार्किक तरीक़े से एक्सपोज़ करते हैं। वो दक्षिण एशिया ख़ासकर पाकिस्तान की करतूतों का हमलावर तरीक़े से विरोध करते हैं लिहाज़ा कट्टरपन्थियों के निशाने पर रहते हैं। क्या किसी साहित्यिक आयोजन में इस तरह का वाक़या समाज में बढ़ती असहिष्णुता की ओर इशारा करता है?

इसी तरह का वाक़या जयपुर लिटरेचर फ़ेस्टिवल में भी देखने को मिला था जहाँ तसलीमा नसरीन की मौजूदगी पर कुछ मुस्लिम संगठनों ने विरोध प्रकट किया था और नारेबाज़ी भी की थी। एक लोकतान्त्रिक देश के नागरिक होने के नाते हमें ये विचार करना होगा कि तसलीमा या तारिक फतेह के ख़िलाफ़ हुई घटना छोटी घटना नहीं है और इसको हल्के में नहीं लिया जा सकता है। अब इस बात पर विचार करना होगा

कि धार्मिक कट्टरता के ख़िलाफ़ किस तरह की रणनीति बनायी जाये क्योंकि कट्टरता ही आतंकवाद की नर्सरी है। कट्टरता के खात्मे के लिए आवश्यक है कि पूरी दुनिया के बौद्धिक इसके ख़िलाफ़ एकजुट हों और अपने–अपने देशों में आधुनिक और वैज्ञानिक शिक्षा को बढ़ावा दें। इस्लामिक बुद्धिजीवियों पर ज़िम्मेदारी ज़्यादा है। उनको धर्म की आड़ में कट्टरता को पनपने से रोकने के लिए धर्म की ग़लत व्याख्या पर प्रहार करना होगा। धर्म के ठेकेदारों के ख़िलाफ़ बोलना शुरू करना होगा। हर विचारधारा और धर्म के लोगों को ग़लत को ग़लत कहने का साहस दिखाना होगा। हम किसी अन्य धर्म में बढ़ रही कट्टरता का विरोध करना इस तर्क के आधार पर नहीं छोड़ सकते हैं कि यह उनका आन्तरिक मामला है। जब बात मानवता और इन्सानियत की आती है तो फिर वो मामला किसी का भी आन्तरिक नहीं रह जाता है क्योंकि आतंक की तबाही न तो धर्म देखती है और न ही रंग, वो तो सिर्फ़ जान लेती है।

पिछली आतंकवादी वारदातों, चाहे वो बांग्लादेश की आतंकवादी वारदात हो या फिर पेरिस में भीड़ पर आतंकवादी हमला या तुर्की में हुआ आतंकवादी हमला, पर नज़र डालें तो ख़तरनाक प्रवृत्ति दिखती है। इन हमलावरों की प्रोफाइल देखने पर आतंकवाद को लेकर चिन्ता बढ़ जाती है। आश्चर्य तब होता है जब एमबीए और इंजीनियरिंग के छात्र भी आतंकवाद की ओर प्रवृत्त होने लगे हैं, हमले करने लगे हैं। रमजान के पाक महीने में बांग्लादेश, पेरिस और मक्का समेत कई जगहों पर आतंकवादी वारदातें हुई थीं। ढाका पुलिस के मुताबिक़ बम धमाके के मुजरिम शहर के सबसे अच्छे विश्वविद्यालय में पढ़ने वाले छात्र थे। पूरी दुनिया में इस बात पर मन्थन हो रहा है कि इस्लाम को मानने वाले पढ़े–लिखे युवकों का रैडिकलाइज़ेशन कैसे सम्भव हो पा रहा है। जब तक ग़लत को ग़लत कहने का साहस हम नहीं दिखा पायेंगे या फिर तसलीमा और तारिक फतेह के साथ हुई घटना का पुरज़ोर तरीक़े से विरोध नहीं करेंगे और उसको धर्म की आड़ देते रहेंगे तो कट्टरता को बढ़ावा मिलता रहेगा। यही कट्टरता कालान्तर में मानवता की दुश्मन बनकर खड़ी हो जाती है। तब हम सिर्फ़ अफ़सोस कर सकते हैं।

नरेन्द्र मोदी की सरकार बनने के बाद साहित्य में जमकर राजनीति का दौर शुरू हो गया था। साहित्यकारों का एक खेमा तो राजनीति की पिच पर फ्रण्टफुट पर खेलने लगा था। एक दौर में वामपन्थी लेखक जिनको

कलावादी कहकर ख़ारिज करने में जुटे रहते थे उनको ही गले लगाकर सिरमौर क़रार दिया गया। प्रगतिशील लेखक संघ के सम्मेलन में जिन लेखकों को अपमानित किया गया था उनकी ही अगुवाई में सरकार के ख़िलाफ़ मुहिम शुरू हुई थी। अवसरवादिता और खेमों के रीअलायनमेंट का ज़बरदस्त खेल हुआ था। पहले अवॉर्ड वापसी की मुहिम चलाकर और मीडिया में उसको प्रमुखता मिलने के बाद अब अशोक वाजपेयी की अगुवाई में कुछ साहित्यकारों ने जयपुर लिटरेचर फ़ेस्टिवल के बहाने अपनी अपील की राजनीति शुरू की। इनकी माँग थी कि जयपुर लिटरेचर फ़ेस्टिवल अपने टाइटल स्पांसर को बदल डाले। अब हमारे देश में लोकतन्त्र है, अभिव्यक्ति की आज़ादी हैं तो यहाँ तो किसी को भी किसी तरह की माँग रखने और अपील जारी करने का संवैधानिक हक़ है। दरअसल जयपुर लिटरेचर फ़ेस्टिवल का टाइटल स्पांसर एक निजी टेलीविज़न चैनल है। अपील करने वालों का आरोप है कि जेएनयू–कन्हैया एपिसोड के दौरान इस चैनल की भूमिका सन्देह के घेरे में रही थी। लिहाज़ा जयपुर लिटरेचर फ़ेस्टिवल को इसको छोड़ देना चाहिए। सवाल फिर से वही कि जो लोग इस तरह की माँग कर रहे थे उनके पीछे कितना नैतिक बल था। क्या उनकी माँग को लेकर समाज में किसी तरह का कोई उद्वेलन हुआ था। क्या साहित्य समाज में भी उनकी अपील पर कोई उत्साह या समर्थन हासिल हुआ था। क्या लेखक समुदाय भी एकजुट होकर जयपुर लिटरेचर फ़ेस्टिवल पर इस बावत दबाव डाल पाया था। किसी भी मुहिम के व्यापक होने के लिए यह आवश्यक है कि उसकी अगुवाई करने वालों के पास नैतिक ताक़त हो। जयपुर लिटरेचर फ़ेस्टिवल से अपने टाइटल स्पांसर को छोड़ने की अपील करने वालों का नैतिक ख़ज़ाना खाली था। अशोक वाजपेयी पर भी उन लोगों से पुरस्कार लेने का आरोप था जो सफदर की हत्या में सन्देह के घेरे में थे। अपनी उम्र के पचहत्तर पड़ाव पार करने के बाद अशोक वाजपेयी की सक्रियता सराहनीय है लेकिन बढ़ी उम्र के साथ वो अपने इर्द–गिर्द घिरे लोगों से प्रभावित होते दिखायी देते हैं। साहित्य अकादेमी पुरस्कार वापसी के दौर में उनकी अपील का असर हो रहा था। लोग काफ़ी संख्या में उनसे जुड़ने लगे थे कि अचानक उन्होंने कलबुर्गी और दाभोलकर के साथ अख़लाक का नाम जोड़कर उसको भटका दिया। अशोक वाजपेयी को क़रीब से जानने वाले कहते हैं कि उन्होंने अपने एक सलाहकार की राय के बाद ये किया और यहीं से

पुरस्कार वापसी मुहिम कमज़ोर पड़ने लगी। साहित्य के सवालों से मुठभेड़ करने के लिए साहित्यिक ज़मीन ही चाहिए। जैसे ही अशोक वाजपेयी ने अख़लाक का नाम लिया तो विपक्षी खेमे को इसको पोलराइज करने का मौक़ा मिल गया और जो एक बड़ी जमात अशोक जी के साथ खड़ी हो रही थी वो पीछे हट गयी।

लेखक समुदाय दो तरफ़ बँटा हुआ नज़र आ रहा है जबकि कुछ लोग तटस्थ रहना चाहते हैं। ऐसे माहौल में अशोक वाजपेयी और के. सच्चिदानन्दन ने जयपुर लिट फ़ेस्ट के सामने बड़ी चुनौती पेश करने की कोशिश की थी जो फुस्स हो गयी। अशोक वाजपेयी लम्बे समय से जयपुर लिटरेचर फ़ेस्टिवल से जुड़े रहे हैं, लिहाज़ा आयोजक उनके दाँव–पेंच जानते होंगे, ऐसा माना जा सकता है। इस वजह से अशोक वाजपेयी की इस गुगली को जयपुर लिटरेचर फ़ेस्टिवल के आयोजकों ने सफलता के साथ डक कर दिया।

पुरस्कार वापसी का प्रहसन पार्ट–2

पटना में विश्व कविता समारोह के आयोजन के हवाले से 'पुरस्कार वापसी का पुरस्कार' शीर्षक से मैंने एक लेख लिखा था। लेख पर हिन्दी साहित्य जगत में जमकर चर्चा हुई। अशोक वाजपेयी ने विश्व कविता समारोह के आयोजन पर सफ़ाई देते हुए लिखा था कि आयोजन का प्रस्ताव वो काफ़ी पहले नीतीश कुमार को दे चुके थे और कमोबेश ये साबित करने में लगे रहे कि पुरस्कार वापसी की मुहिम से विश्व कविता समारोह के आयोजन का कोई लेना–देना नहीं था। अशोक जी देश की ब्यूरोक्रेसी में काफ़ी ऊँचे पद पर रहे हैं, नेताओं के साथ काम करने और राजनीति को बेहद क़रीब से देखने और समझने का उनको मौक़ा भी मिला है लिहाज़ा वो यह बात बेहतर समझते होंगे कि राजनीति में जो दिखता है दरअसल वो होता नहीं है और कई बार तो राजनीति में दो जमा दो चार भी नहीं होता है। विश्व कविता समारोह तो टल गया लेकिन इस बात से इनकार नहीं किया जा सकता है कि विश्व कविता समारोह के लिए पहल शुरू हो चुकी थी। ख़ुद बिहार के संस्कृति मन्त्री ने मुझसे बातचीत में माना था कि आयोजन के लिए तैयारी की जा रही है। मन्त्री ने तो ये भी कहा था कि अशोक वाजपेयी की सलाह को भी आयोजन समिति गम्भीरता से ले रही है। आयोजन समिति की बैठक हो चुकी है और बाजपेयी जी समेत

ज़्यादातर सदस्यों ने उसमें हिस्सा भी लिया था। इस बैकग्राउण्ड को बताने का मकसद ये था कि पुरस्कार वापसी का पुरस्कार की बात हवा में न होकर तर्कों और तथ्यों के आधार पर की गयी थी। अशोक वाजपेयी जी ने बिहार विधानसभा चुनाव के पहले शुरू हुई असहिष्णुता के मुद्दे को हवा दी थी और लगभग उसकी अगुवाई भी की थी। उस दौर में जिन लेखकों, कलाकारों और पत्रकारों ने असहिष्णुता का मुद्दा उठाकर बिहार चुनाव के वक़्त माहौल बनाया था उनको अब पुरस्कृत करने का उपक्रम शुरू हो चुका था। जब देश में बढ़ती असहिष्णुता के मुद्दे पर लेखक, अभिनेता, कलाकार आदि पुरस्कार वापस कर रहे थे तो उस दौर में अशोक वाजपेयी की अगुवाई में तीन सदस्यों का एक दल राष्ट्रपति प्रणब मुखर्जी से मिला था। वाजपेयी के अलावा इस दल के सदस्य थे मशहूर चित्रकार विवान सुन्दरम और पत्रकार ओम थानवी। इन तीनों ने राष्ट्रपति प्रणब मुखर्जी से मिलकर असहिष्णुता के मुद्दे पर अपना पक्ष रखा था। बिहार चुनाव के नतीजों के बाद असहिष्णुता का मुद्दा नेपथ्य में चला गया, पुरस्कार वापसी की मुहिम ठण्डी पड़ गयी और लेखकों–कलाकारों का विरोध भी लगभग ख़त्म हो गया। फिर वक़्त आया परोक्ष रूप से पुरस्कार वापसी ब्रिगेड के सदस्यों को पुरस्कृत करने का।

बिहार सरकार हर साल कई तरह के पुरस्कार देती है। जिसमें कुछ राष्ट्रीय स्तर के तो कुछ स्थानीय कलाकारों को दिये जाते हैं। इन पुरस्कारों में पेंटिंग के लिए राष्ट्रीय चाक्षुष कला पुरस्कार और परफ़ॉर्मिंग आर्ट के लिए राष्ट्रीय प्रदर्शन कला पुरस्कार दिये जाते हैं। पुरस्कार वापसी से जुड़े राष्ट्रीय स्तर के लेखकों, कलाकारों को इन पुरस्कारों से नवाज़ा गया। ये कहना तो मुश्किल है कि पुरस्कार वापसी समूह के कलाकारों का नाम बिहार सरकार को किसने सुझाया, लेकिन ये संयोग नहीं हो सकता है कि उस समूह के कुछ कलाकारों को पुरस्कृत किया गया। उदाहरण के तौर पर विवान सुन्दरम को बिहार सरकार ने चाक्षुष कला के लिए राष्ट्रीय सम्मान से पुरस्कृत किया। विवान सुन्दरम को दिया गया ये पुरस्कार राष्ट्रीय स्तर का है और उसमें एक लाख की पुरस्कार राशि के अलावा अंगवस्त्रम् और स्मृति चिह्न प्रदान किया जाता है। वर्ष दो हज़ार पन्द्रह–सोलह के लिए विवान सुन्दरम को और वर्ष सोलह–सत्रह के लिए हिम्मत शाह को पुरस्कृत किया गया। विवान सुन्दरम इस पुरस्कार के योग्य हैं, मेरा तो मानना है कि उनका क़द इस लखटकिया पुरस्कार

से कहीं बड़ा है लेकिन सम्मान तो सम्मान होता है। विवान सुन्दरम की प्रतिभा या उनके चयन पर सवाल नहीं खड़ा किया जा सकता है लेकिन जिस तरह से पुरस्कार वापसी मुहिम से जुड़े लेखकों–कलाकारों को बिहार सरकार ने उपकृत किया था, उस पर तो बात होनी ही चाहिए। उस पर तो प्रश्नचिह्न लगता ही है।

बिहार सरकार के इस पुरस्कार के लिए चयन समिति पर गौर करने से स्थिति और साफ़ हो जाती है। पुरस्कार की चयन समिति में बिहार सरकार के कला और संस्कृति विभाग के सचिव, संस्कृति निदेशक, सहायक निदेशक के अलावा बिहार संगीत नाटक अकादमी के अध्यक्ष और वरिष्ठ कवि आलोक धन्वा, बिहार ललित कला अकादमी के अध्यक्ष आनन्दी प्रसाद बादल के अलावा चित्रकार अनिल बिहारी, नाटक के क्षेत्र से सुमन कुमार और लोकगाथा के करंट लाल नट थे। अब इस समिति के सदस्यों को देखने के बाद तो यही प्रतीत होता है कि इसमें सरकार की चली होगी। विवान सुन्दरम और हिम्मत शाह की अशोक वाजपेयी से निकटता जग ज़ाहिर है। और पुरस्कार वापसी की मुहिम के वक़्त तो विवान सुन्दरम फ्रण्टफुट पर खेल भी रहे थे। उस वक़्त के उनके बयानों को देखा जा सकता है। सवाल वही कि क्या पुरस्कार वापसी की मुहिम से जुड़ने वालों को नीतीश सरकार एक–एक करके पुरस्कृत कर रही है। सवाल तो ये भी उठता है कि क्या पुरस्कार वापसी की मुहिम के पीछे कोई सोची–समझी रणनीति थी। उस वक़्त और उसके बाद तो यह बताने की कोशिश की गयी कि पुरस्कार वापसी की मुहिम स्वतःस्फूर्त थी और एक–एक करके लेखक, कलाकार, फ़िल्मकार उससे जुड़ते चले गये। लेकिन बाद में विश्लेषण और पुरस्कार वापसी के लिए पुरस्कार दिये जाने की ख़बरों से ये साफ़ हो गया कि उस वक़्त एक सोची–समझी रणनीति के तहत इस मुहिम को हवा दी गयी थी ताकि केन्द्र की नरेन्द्र मोदी सरकार को बदनाम किया जा सके और बिहार विधानसभा चुनाव में नीतीश कुमार की अगुवाई वाले महागठबन्धन को फ़ायदा हो सके। हुआ भी वही। दरअसल हिन्दी समाज के कई लेखक सत्ता से दूर नहीं रह सकते हैं। केन्द्र में भारतीय जनता पार्टी की सरकार आने के बाद इस तरह के ज़्यादातर लेखकों की दुकानदारी बन्द हो गयी। उनके हाथ से सुविधा आदि तो छिन ही गयी, पुरस्कार आदि बाँटकर लेखकों को उपकृत करने का अवसर भी चला गया। केन्द्र में अपनी दुकानदारी बन्द होते देख कुछ लेखकों ने नीतीश

कुमार का दामन थामा तो कुछ लेखक दिल्ली में केजरीवाल सरकार के साथ हो लिए। नीतीश कुमार से तो बाकायदा कुछ लेखकों ने देश भर के रचनाकर्मियों से उनकी मुलाक़ातें और बैठक आदि करवाने का ठेका भी लिया है। केजरीवाल से भी कई लेखकों को उम्मीदें हैं लेकिन वहाँ मैत्रेयी पुष्पा के आ जाने से कइयों की दाल नहीं गल पा रही है और वो बेचैनी से कभी कुमार विश्वास का दामन थामना चाहते हैं तो कभी कुछ और योजना बनाने में जुट जाते हैं। सवाल वही कि क्या इस तरह के कृत्यों से लेखकों की समाज में इज़्ज़त या तटस्थता बनी रह सकती है। लेखकों के बाने में राजनीति करने वालों की पहचान उजागर की जानी चाहिए। जो शख़्स ऐलानिया इस या उस पार्टी या दल के साथ रहता है वो जनता को छल नहीं सकता है, लेकिन जो शख़्स लेखक के वेश में रहकर राजनीति करता हो वो जनता को भ्रमित कर सकता है। जिस तरह से पुरस्कार वापसी की आड़ में राजनीति की बिसात बिछायी गयी थी उसने साहित्य का बड़ा नुक़सान किया और साहित्यकारों की साख पर भी बट्टा लगाया। अब जब उसमें से कइयों को पुरस्कृत किया गया तो बची–खुची विश्वसनीयता भी ख़त्म होती दिखायी देने लगी।

भारतीय समाज लेखकों से हर मुद्दे पर तटस्थता की उम्मीद करता है और अपेक्षा ये रहती है कि वो सही को सही और ग़लत को ग़लत कहने का सार्वजनिक साहस दिखा सकें। लेकिन इन दिनों जो हो रहा है उस पर नज़र डालने से साफ़ होता है कि हमारे समाज के लेखक तटस्थ नहीं रह गये हैं। लेखकीय तटस्थता को सबसे पहले ख़त्म किया कम्युनिस्टों ने, जब उन्होंने अपनी विचारधारा के लेखकों को पार्टी का वर्कर और सिद्धान्तों का प्रचारक बनाया। कम्युनिस्ट पार्टी में विभाजन होते गये और हमारे लेखक भी आज्ञाकारी कार्यकर्ता की तरह विभाजित होते चले गये। कम्युनिस्टों के विरोध में बने लेखकों के संगठन भी इस या उस पार्टी के ध्वजवाहक बनकर अपने को साबित करने में लगे रहे, चाहे वो परिमल हो या कोई और संगठन। समाज के मुद्दों पर हमारे लेखक अपनी पार्टी का मुँह जोहने लगे और पार्टी के स्टैण्ड को ही लेखकीय स्टैण्ड की तरह पेश करने लगे। बताते हैं कि इमरजेंसी के समर्थन के प्रस्ताव के लिए भीष्म साहनी तैयार नहीं थे लेकिन अनुशासित पार्टी वर्कर होने की वजह से उनको प्रस्ताव पास करवाना पड़ा। इस समस्या के बारे में हिन्दी समाज को विशेष रूप से विचार करना होगा।

राष्ट्रद्रोह की राजनीति!

एक लेखक ने फेसबुक पर अपनी कृति का एक अंश पोस्ट किया, कुछ लोगों को ये राष्ट्रगान का अपमान लगा, उन्होंने पुलिस में शिक़ायत दी। हरकत में आयी पुलिस ने आनन–फानन में लेखक को राष्ट्रद्रोह के मुक़दमे में आरोपी बनाते हुए गिरफ़्तार कर लिया। यह भी तब हुआ जब लेखक अग्रिम जमानत के लिए अदालत जाने की तैयारी में था। दरअसल ये पूरा वाक़या हुआ था केरल में, जहाँ मलयालम लेखक और रंगकर्मी कमल चवारा को पुलिस ने राष्ट्रद्रोह यानी आईपीसी की धारा 124ए के अन्तर्गत गिरफ़्तार किया। उन पर आरोप था कि उन्होंने फेसबुक पर अपने ताज़ा उपन्यास का एक अंश पोस्ट किया जिसमें उन्होंने लिखा–हर दिन चार बजे स्कूल में राष्ट्रगान के लिए खड़ा होना पड़ता था लेकिन पेशाब करना उनके लिए जन–गण–मन से ज़्यादा अहम था लिहाज़ा वो स्कूल के सबसे अनुशासनहीन छात्र थे। सम्भव है कि कुछ लोगों को इसमें राष्ट्रगान का अपमान दिखता हो लेकिन किताब को और प्रसंग को समग्रता में देखा जाना चाहिए। समग्रता में किसी मसले को समझे और लेखक की मंशा को जाने बग़ैर राष्ट्रद्रोह में गिरफ़्तारी सत्ता के दमनकारी चरित्र को ही उभारती है। राष्ट्रद्रोह की धारा में गिरफ़्तारी के पहले यह काम पुलिस को करना चाहिए था। भारतीय दण्ड संहिता की धारा 124ए साफ़ तौर पर कहती है कि कोई भी व्यक्ति जो अपने लेखन से या भाषण से या अपने क्रियाकलापों से विधि द्वारा स्थापित सरकार के ख़िलाफ़ घृणा या विद्रोह की चिनगारी को हवा देता हो, इसमें आरोपित हो सकता है। लेकिन इस क़ानून में ही ये व्याख्या भी की गयी है कि किन परिस्थितियों में लेखन, भाषण आदि राष्ट्रद्रोह नहीं होते हैं। सवाल यही उठता है कि इस तरह का लेखन राष्ट्रद्रोह कैसे हो गया। ज़्यादा से ज़्यादा पुलिस इस मामले में 295ए की धारा लगा सकती है। भावनाओं के आहत होने के मामले में इसका प्रयोग उचित होता या राष्ट्रगान के अपमान से निबटने के लिए बनाये गये क़ानून का सहारा लेना चाहिए था। इस पूरे मसले पर सबसे दिलचस्प बयान केरल के वामपन्थी मुख्यमन्त्री विजयन का आया जिन्होंने इसके लिए राष्ट्रीय स्वयंसेवक संघ की साम्प्रदायिक राजनीति को ज़िम्मेदार ठहराया है। उनका आरोप है कि संघ परिवार से जुड़े लोग लेखक को मुस्लिम राष्ट्रद्रोही क़रार दे रहे थे और साम्प्रदायिकता का ज़हर फैला रहे

थे। अगर ऐसा था तो क्या सरकार शिकायतकर्ताओं के दबाव में काम करती है। क्या क़ानून की धारा का उपयोग पुलिस किसी की मंशा को ध्यान में रखकर करती है या फिर उपलब्ध साक्ष्यों के आधार पर।

अभिव्यक्ति की स्वतन्त्रता का ध्वजवाहक होने का दावा करने वाली वामपन्थी विचारधारा की सरकार ने भी वही किया जिसका आरोप उनके नेता दिल्ली पुलिस पर लगाते रहे हैं। जवाहरलाल नेहरू विश्वविद्यालय के तत्कालीन अध्यक्ष कन्हैया कुमार पर जब राष्ट्रद्रोह की धारा लगाकर उसको गिरफ़्तार किया गया तो वामपन्थियों का इल्ज़ाम था कि दिल्ली पुलिस मोदी सरकार के इशारे पर अभिव्यक्ति की आज़ादी को दबाना चाहती है। अब क्या। अब तो सरकार भी आपकी और पुलिस भी आपकी, फिर भी राष्ट्रद्रोह का मुक़दमा? वामपन्थियों का ये दोहरा चरित्र ही उनकी विचारधारा पर सवाल खड़े करता है। दरअसल सत्ता का चरित्र एक जैसा होता है। सरकार चाहे किसी भी दल की हो उसका व्यवहार क़रीब–क़रीब एक जैसा होता है। आजम ख़ान पर फेसबुक पर टिप्पणी भी एक लेखक को जेल भिजवा चुकी है। ऐसे सैकड़ों उदाहरण हैं लेकिन हाल के दिनों में इसको राष्ट्रद्रोह से जोड़ दिया जा रहा है गोया कोई नेता ही राष्ट्र हो गया हो। तमिल लेखक मुरुगन के मामले में भी ऐसा ही हुआ था। स्थानीय विरोध और पुलिस और प्रशासन के जबरन माफ़ीनामे के बाद उन्होंने एक लेखक की मौत का ऐलान कर दिया था। मामला जब मद्रास हाईकोर्ट में पहुँचा तो विद्वान न्यायाधीश संजय किशन कौल ने क़रीब एक सौ साठ पन्नों का ऐतिहासिक फ़ैसला दिया। मद्रास हाईकोर्ट के चीफ़ जस्टिस संजय किशन कौल ने एक बेहद अहम टिप्पणी की थी। एक जनहित याचिका पर सुनवाई करते हुए जस्टिस कौल ने कहा कि संवैधानिक संस्थाओं यानी अदालतों के अलावा किसी और संस्था के पास यह अधिकार नहीं है कि वो ये फ़ैसला दें कि क्या सही है और क्या ग़लत है। दरअसल जस्टिस कौल लेखक मुरुगन के उपन्यास पर इलाके की पीस कमेटी के फ़ैसले पर दायर एक जनहित याचिका पर सुनवाई कर रहे थे। इस याचिका पर सुनवायी करते हुए उन्होंने एक और तल्ख़ टिप्पणी कि प्रशासन को भी यह अधिकार नहीं है कि वो किसी लेखक को यह बताये कि वो क्या लिखे या उसका लिखा हुआ सही है या ग़लत। तमिलनाडु के लेखक पेरुमल मुरुगन के उपन्यास 'मथुर बागान जिलस' का अंग्रेज़ी अनुवाद 'वन पार्ट वूमेन' के नाम से छपा था। उस उपन्यास

को लेकर कई स्थानीय संगठनों ने ख़ासा बवाल मचाया। विरोध प्रदर्शन हुए। तमिलनाडु के नामक्कल ज़िले में जब विरोध काफ़ी बढ़ गया और हिंसा की आशंका बढ़ने लगी तो ज़िला प्रशासन ने एक शान्ति समिति बनायी और उसकी बैठक में यह फ़ैसला लिया गया कि मुरुगन बाज़ार से इस उपन्यास की सभी प्रतियाँ वापस ले लेंगे। उनसे एक लिखित अण्डरटेकिंग लिया गया था जिसमें बिना शर्त माफ़ी की भी बात थी। इस अण्डरटेकिंग में यह बात भी लिखवायी गयी कि मुरुगन अपने उपन्यास से सभी विवादित अंश हटायेंगे और भविष्य में कोई भी विवादास्पद चीज़ नहीं लिखेंगे। यह एक बेहद अजूबा क़दम था जो कि नामक्कल ज़िला प्रशासन ने उठाया। विरोध प्रदर्शन रोकने की अपनी नाकामी को छुपाने के लिए ज़िला प्रशासन ने लेखक को पहले तो दबाव में लिया और फिर उनसे भविष्य में इस तरह के लेखन नहीं करने का लिखित में आश्वासन लिया। यह ज़िला प्रशासन का एक ऐसा क़दम था जो कि लेखकीय अभिव्यक्ति पर हमला ही नहीं है बल्कि एक तरह की सेंसरशिप है। ज़िला प्रशासन की अगुवाई में हुई इस शान्ति समिति के फ़ैसले के ख़िलाफ़ कुछ संगठन अदालत पहुँचे थे। अदालत ने कहा है कि यह मामला एक व्यक्ति विशेष का नहीं है बल्कि यह संविधान में प्रदत्त अभिव्यक्ति की आज़ादी से जुड़ा है। अदालत ने सुनवाई के दौरान कहा कि जिस किसी को भी किसी किताब पर या उसके अंश पर आपत्ति हो वह अदालत की शरण में जाये क्योंकि अदालत के अलावा कोई भी व्यक्ति या संस्था यह फ़ैसला नहीं कर सकती है कि क्या सही है और क्या ग़लत है। यह बेहद अहम टिप्पणी है जिस पर वामपन्थी विचारकों को भी सोचना होगा।

दरअसल इस पूरे मामले को जिस तरह से ज़िला प्रशासन ने निबटाया वह अजीबोगरीब था। लेखक मुरुगन को ज़िलाधिकारी के कार्यालय में भारी सुरक्षाबल के बीच ले जाकर बार–बार बयान बदलने को मजबूर किया गया था, यह उनकी व्यक्तिगत स्वतन्त्रता पर हमले जैसा था। ज़िला प्रशासन ने संविधान को दरकिनार कर लेखक पर दबाव बनाया और उनके वकील को यहाँ तक कह डाला कि यह क़ानून–व्यवस्था का मामला है और इसको उसी तरह से देखा जायेगा। दरअसल ज़िला प्रशासन के इस रवैये पर पूरे देश के लेखक समुदाय को खड़ा होना चाहिए था और इस प्रवृत्ति का पुरज़ोर विरोध किया जाना चाहिए था। जिस तरह से एक लेखक को दबाव डालकर उसको लिखने से रोका

गया था उस पर क़लम के तमाम सिपाहियों को विरोध जताना चाहिए था। लेखक समुदाय से यह अपेक्षा की जाती है कि वो साथी लेखकों के पक्ष में खड़ा हो और बृहत्तर सवालों पर अपनी आस्था और राजनीतिक झुकाव को दरकिनार कर विरोध में खड़ा हो जाये। लेखक चाहे किसी वाद या विचारधारा का हो अगर उसके पास लेखकीय स्वतन्त्रता ही नहीं बचेगी तो फिर वाद और विचारधारा की माला गले में लटकाये घूमते रहने से कोई फ़ायदा नहीं है।

सच का सामना करने का साहस

मुझे ट्विटर पर कई लोगों ने ब्लॉक कर दिया है। हैरानी तब हुई जब देखा कि ब्लॉक करने वालों की फ़ेहरिस्त में अलग–अलग विचारधारा के नेता, एक्टिविस्ट और हमारी पत्रकार बिरादरी के सदस्य भी हैं। आश्चर्य तब और ज़्यादा हुआ जब मैंने देखा कि विश्व प्रसिद्ध लेखक सलमान रुश्दी ने भी मुझे ब्लॉक कर रखा है। मैं सोच में पड़ गया कि सलमान रुश्दी ने मुझे क्यों ब्लॉक किया। नैतिकता के उच्च मानदण्डों की बात करने वाले दो–तीन नेताओं ने तो मुझे इस वजह से ब्लॉक किया है कि उनको मेरे सवालों से दिक्कत थी। मेरे सवाल उनको सार्वजनिक तौर पर असहज कर रहे थे। सलमान रुश्दी ने जब मुझे ब्लॉक किया तो मुझे हैरानी इस वजह से हुई कि वो तो लेखकीय स्वतन्त्रता के लिए जाने जाते हैं। उन्होंने अपनी पोज़िशनिंग इस तरह की बनायी है। लेखकीय स्वतन्त्रता के लिए उन्हें कितना झेलना पड़ा, अपनी इस पीड़ा को वो बहुधा बताते भी रहते हैं। अपनी किताब 'जोसेफ़ एंटन : ए मेमॉयर' में उन्होंने इस पर विस्तार से लिखा भी है। *जोसेफ़ एंटन* की विस्तृत समीक्षा मैंने लिखी थी उसमें अन्य बातों के अलावा मैंने ये कहा था कि उसको थोड़ा और कसने की ज़रूरत है और उस उपन्यास में उबाऊ होने की हद तक विस्तार दिया गया है। ख़ैर *जोसेफ़ एंटन* की समीक्षा लिखे जाने तक हमारा ट्विटर संवाद था, बहुधा एकतरफ़ा। मैंने अपनी लिखी समीक्षा के लिंक उनको टैग भी किये थे। जयपुर लिटरेचर फ़ेस्टिवल में जब सलमान रुश्दी के भारत आने को लेकर विवाद हुआ था, तब भी मैंने सलमान रुश्दी के पक्ष में स्टैण्ड लिया था। देश भर के कई अख़बारों में लम्बे–लम्बे लेख लिखे थे। उस वक़्त भी ट्विटर पर उनके साथ जुड़ाव था, मैं उनको फ़ॉलो करता था। मुझे लगता है गड़बड़ी की शुरुआत, रुश्दी और भालचन्द नेमाडे के बीच हुए

विवाद में मेरे स्टैण्ड को लेकर हुई। भालचन्द नेमाडे को जब ज्ञानपीठ पुरस्कार देने का ऐलान किया गया था तब सलमान रुश्दी ने एक घोर आपत्तिजनक ट्वीट किया था–ग्रम्पी ओल्ड बास्टर्ड, जस्ट टेक योर प्राइज एण्ड से थैंक्यू नाइसली। आई डाउट यू हैव इवन रेड द वर्क यू अटैक। दरअसल नेमाडे ने मुम्बई में एक कार्यक्रम के दौरान सलमान की किताब 'मिडनाइट चिल्ड्रन' को औसत कृति क़रार दिया था। सलमान के गाली गलौज भरे ट्वीट के ख़िलाफ़ मैंने एक अख़बार में लेख लिखा था–ताक पर मर्यादा। अपने उस लेख में मैंने सलमान रुश्दी के आपत्तिजनक ट्वीट के बहाने से उनके कृतित्व पर भी अपने विचार रखे थे। ट्वीट पर तो उनको जवाब दिया ही था, अख़बार का लिंक भी टैग कर दिया था। लेकिन कभी भी मैंने सलमान रुश्दी की तरह भाषिक मर्यादा का उल्लंघन नहीं किया, हाँ उनकी कृतियों को तर्क की कसौटी पर अवश्य कसा। उनके ट्वीट को भाषा की मर्यादा की हदों से बाहर जाने वाला क़रार दिया। अब एक बात मेरी समझ से परे है। इतना बड़ा लेखक, जो वर्षों से अभिव्यक्ति की स्वतन्त्रता के ख़िलाफ़ लड़ाई का प्रतीक बना हो वो अपनी कृतियों के ख़िलाफ़, अपने भद्दे ट्वीट्स के ख़िलाफ़ कुछ भी सुनने का माद्दा नहीं रखता है। दरअसल अब मुझे लगने लगा है कि सलमान रुश्दी की तरह के जो लेखक हैं उनको अपने ख़िलाफ़ सुनना अच्छा नहीं लगता है। रचनात्मकता के उस दौर में जब क़लम नपुंसक होने लगती है और उसके पुंसत्व पर सवाल खड़े करते लेख या टिप्पणी प्रकाशित हो तो लेखक बिलबिलाने लगता है। यही बिलबिलाहट लेखक को दूसरे की राय को ब्लॉक करने के लिए उकसाती है। जब कोई काम प्रतिक्रिया में या बदले की भावना से किया जाता है तब उस वक़्त हर इन्सान मतिभ्रम का शिकार हो जाता है। मतिभ्रम होने की स्थिति में इसी तरह के काम होते हैं जैसा कि सलमान रुश्दी ने किया। आदर्श स्थिति तो वह होती जिसमें मेरे तर्कों पर बहस होती और वो अपने तर्क रखते। सम्भव है कि वो इतने बड़े लेखक हैं कि मुझ जैसे अदने शख़्स से बहस नहीं करना चाहते हों। ये उनका फ़ैसला हो सकता है, इसमें मुझ समेत किसी को भी आपत्ति नहीं। आपत्ति तो इसमें भी नहीं कि उन्होंने ट्विटर पर ब्लॉक कर दिया, लेकिन सवाल तब उठते हैं जब ऐसा किसी ख़ास मकसद और मंशा से किया गया हो। मकसद साफ़ है और मंशा भी। सलमान रुश्दी में अपनी सार्वजनिक आलोचना सहने की क्षमता नहीं है।

दरअसल यह एक प्रवृत्ति है। इस प्रवृत्ति के शिकार वैसे सभी लोग होते हैं जिनको लगता है कि वो आलोचनाओं से परे हैं। इस तरह के लोगों को यह भी लगता है कि समाज में उनका जो स्थान है वो इतना पवित्र है कि उस पर उँगली नहीं उठायी जा सकती है। नैतिकता के जिस पायदान पर वो खड़े हैं वहाँ तक सवालों की पहुँच नहीं हो सकती है। लिहाज़ा जब उनको लगता है कि असहज करने वाले सवाल उन तक पहुँचने लगे हैं तो वो इसी तरह के क़दम उठाते हुए ख़ुद को एक्सपोज कर देते हैं। अन्ना आन्दोलन के दौरान जब किरण बेदी से टिकटों के मसले पर सवाल पूछे गये थे तो उन्होंने भी ट्विटर पर ब्लॉक कर दिया था। इसी तरह से मधु किश्वर को भी जब लगा कि असहज करने वाले सवालों में वो घिर रही हैं तो उन्होंने भी ब्लॉक करने का रास्ता अख़्तियार किया। लेकिन इन सारे लोगों में एक साझा सूत्र दिखायी देता है अपने को आलोचना से ऊपर देखने, रखने का। इस तरह के लोग हमेशा से लोकतन्त्र की दुहाई देते हैं, लोकतान्त्रिक होने का दावा भी करते हैं लेकिन अपने तौर–तरीकों में लोकतान्त्रिक होने में उनको तकलीफ़ होती है। यह उसी तरह का मामला है कि क्रान्ति की चाहत हमेशा पड़ोसी के घर में होती है। यह भी सचाई है कि सोशल साइट्स पर गाली–गलौज होती है, हर तरह के अपशब्द कहे जाते हैं, भद्दी टिप्पणियाँ की जाती हैं। उनको ब्लॉक करने का हक़ होना चाहिए। लेकिन जब आप सार्वजनिक जीवन में हैं तो आपको अपनी रचनात्मक आलोचना तो सुननी ही होगी। आपके बयानों के आलोक में उठ रहे सवालों या सच का सामना तो करना ही होगा। मर्यादा में रहते हुए अगर आपकी टिप्पणियों की धज्जियाँ उड़ेंगी तो उसको झेलना ही होगा अन्यथा अभिव्यक्ति की आज़ादी की ध्वजा लहराने वाले सलमान रुश्दियों की बातें खोखली लगेंगी।

पुरस्कार वापसी या प्रचार पिपासा

कन्नड़ के लेखक प्रोफ़ेसर एम. एम. कलबुर्गी की हत्या के विरोध में साहित्यिक और सांस्कृतिक जगत उद्वेलित हुआ था। सोशल मीडिया से लेकर सड़क तक इस हत्या के विरोध में प्रदर्शन आदि भी हुए थे। हत्यारों को पकड़ने और उनको सज़ा देने की माँग लगातार जोर पकड़ती जा रही थी। विरोध का स्वर इस बात को लेकर भी तीखा था कि प्रोफ़ेसर कलबुर्गी वामपन्थी लेखक थे और उनकी हत्या का आरोप हिन्दूवादी संगठन

पर लगा था। इस बहाने से वामपन्थ के अनुयायियों को हिन्दुत्ववादियों पर हमला करने का अवसर मिल गया। गाँधी के इस देश में किसी की भी हत्या का इससे भी तीव्र विरोध होना चाहिए। हत्या के विरोध में सिर्फ़ किसी ख़ास विचारधारा के लोगों के प्रदर्शन की बजाय पूरे समाज को उठ खड़ा होना चाहिए। सभ्य समाज में हिंसा के लिए कोई स्थान नहीं होना चाहिए। प्रोफ़सर कलबुर्गी छिहत्तर साल के बुजुर्ग लेखक थे और कर्नाटक के धारवाड़ में सेवानिवृत्ति के बाद अपनी ज़िन्दगी गुज़ार रहे थे। उन्हें पहले भी कुछ स्वयंभू हिन्दू संगठनों से धमकियाँ मिली थीं क्योंकि वे अपने विचारों से रैशनलिस्ट माने जाते थे। धर्म आदि पर उनके विचार बहुधा धार्मिकता और अन्धविश्वास आदि पर चोट करते थे। दो हज़ार चौदह में भी प्रोफ़ेसर कलबुर्गी ने मूर्ति पूजा के विरोध में एक बेहद आपत्तिजनक बयान दिया था। तब उन्होंने कहा था कि बचपन में वो भगवान की मूर्तियों पर पेशाब करके ये देखा करते थे कि वहाँ से कैसी प्रतिक्रिया मिलती है। यह विचार एक ऐसा छोर है जो कि मूर्तिपूजकों की भावनाओं को आहत कर सकता है। भावनाएँ आहत होने पर क़ानून में प्रावधान है, इसका यह मतलब नहीं है कि किसी का क़त्ल कर दिया जाये। विचारों की लड़ाई में ख़ून–ख़राबे या हिंसा का कोई स्थान नहीं होना चाहिए। चन्द सिरफिरे लोग ही इस तरह की हरकतें करते हैं। इसके पहले भी लिंगायत समाज के अराध्य बासव और उनकी पत्नी और बेटी के बारे में विवादित लेखन कर कलबुर्गी विवादों में घिरे थे। बाद में उन्होंने लिंगायत समुदाय के तगड़े विरोध के बाद खेद भी जताया था। यह विरोध का लोकतान्त्रिक तरीका था और इसका हक़ हमारा संविधान हमें देता है। अभिव्यक्ति की आज़ादी की गारण्टी संविधान उस वक़्त तक ही देता है जब तक कि उस आज़ादी से किसी अन्य शख़्स के अधिकारों का हनन न हो। दरअसल होता यह है कि कई बार हम अभिव्यक्ति की आज़ादी के हक़ को माँगते हुए अभिव्यक्ति की अराजकता तक जा पहुँचते हैं। विचारों की लड़ाई में बहुधा हम इस महीन सी लाइन के पार भी चले जाते हैं, उसका विरोध होता है, मन्थन होता है, तर्क–वितर्क भी होते हैं। हमें यह मालूम है कि मन्थन से विष भी निकलता है लेकिन विचारों के मन्थन से जो विष निकलता है वो जानलेवा नहीं होता है। होना भी नहीं चाहिए। जिस दिन विचार मन्थन से निकलने वाला विष जानलेवा हो जायेगा उस दिन न तो हमारे समाज में विचार के लिए जगह बच पायेगी और न ही अभिव्यक्ति की आज़ादी

का माहौल रहेगा। हमें इतिहास को नहीं भूलना चाहिए कि किस तरह से सोवियत रूस और चीन में विचारों को लेकर हत्या का खेल खेला गया। किस तरह से विरोधी विचारधारा वाले लेखकों और पत्रकारों को यातनाएँ दी गयीं, किस तरह से राजसत्ता के द्वारा उनकी या तो हत्या कर दी गयी या फिर उनको देश छोड़ने पर मजबूर होना पड़ा था। चीन में तो अब भी यह आज़ादी हासिल नहीं है।

प्रोफ़ेसर कलबुर्गी की हत्या के बाद एक बार फिर से फेसबुकिये वामपन्थी चिन्तकों ने फ़ासीवाद के आसन्न ख़तरे पर शोर मचाना शुरू कर दिया था। दरअसल हमारे देश में वामपन्थ के अनुयायी होने का दम्भ भरने वाले जो लोग चिन्तक, विचारक आदि बने घूम रहे हैं उनको लगता है कि इस तरह की बातों से ही उनकी दुकानदारी कायम रह सकती है। पहले भी वो ऐसा कर अपनी प्रासंगिकता बचाये रखने में कामयाब रहे हैं। इस तरह के फेसबुकिये वामपन्थियों को अब हिन्दी के जादुई यथार्थवादी कहानीकार उदय प्रकाश में एक नया नायक नज़र आने लगा था। दरअसल उदय प्रकाश ने प्रोफ़ेसर कलबुर्गी की हत्या के विरोध में साहित्य अकादेमी पुरस्कार राशि समेत लौटाने का ऐलान किया था। फेसबुक पर उदय प्रकाश ने लिखा था–'पिछले कुछ समय से हमारे देश में लेखकों, कलाकारों, चिन्तकों और बौद्धिकों के प्रति जिस तरह का हिंसक, अपमानजनक, अवमाननापूर्ण व्यवहार लगातार हो रहा है, जिसकी ताज़ा कड़ी प्रख्यात लेखक और विचारक तथा साहित्य अकादेमी पुरस्कार से सम्मानित कन्नड़ साहित्यकार श्री कलबुर्गी की मतान्ध हिन्दुत्ववादी अपराधियों द्वारा की गयी कायराना और दहशतनाक हत्या है, उसने मेरे जैसे अकेले लेखक को भीतर से हिला दिया है। अब यह चुप रहने का और मुँह सिल कर सुरक्षित कहीं छुप जाने का पल नहीं है। वर्ना ये ख़तरे बढ़ते जायेंगे। मैं साहित्यकार कलबुर्गी जी की हत्या के विरोध में 'मोहनदास' नामक कृति पर 2010–11 में प्रदान किये गये साहित्य अकादेमी पुरस्कार को विनम्रता लेकिन सुचिन्तित दृढ़ता के साथ लौटाता हूँ। अभी गाँव में हूँ। 7–8 सितम्बर तक दिल्ली पहुँचते ही इस सन्दर्भ में औपचारिक पत्र और राशि भेज दूँगा। मैं उस निर्णायक मण्डल के सदस्य, जिनके कारण 'मोहनदास' को यह पुरस्कार मिला, अशोक वाजपेयी और चित्रा मुद्गल के प्रति आभार व्यक्त करते हुए, यह पुरस्कार वापस करता हूँ। आप सभी दोस्तों से अपेक्षा है कि आप मेरे इस निर्णय में मेरे साथ बने रहें।'

अब ज़रा विचार कीजिए। उदय प्रकाश जिनकी लम्बी कहानी 'मोहनदास' को उपन्यास मानकर अकादेमी ने पुरस्कृत कर उपकृत किया, लिहाज़ा उन्होंने उस वक़्त के निर्णायकों का आभार जताया है। दूसरी बात यह है कि उन्होंने जिस बिनाह पर साहित्य अकादेमी पुरस्कार लौटाने का ऐलान किया है वो दरअसल विरोध नहीं बल्कि प्रचार की बुनियाद पर खड़ा है। उनके शब्दों को देखते हैं–श्री कलबुर्गी की मतान्ध हिन्दुत्ववादी अपराधियों द्वारा की गयी कायराना और दहशतनाक हत्या है, उसने मेरे जैसे अकेले लेखक को भीतर से हिला दिया है। उदय प्रकाश जी ने इतिहास या अतीत को बेहद सुविधाजनक तरीक़े से भुला दिया था। जब वो मतान्ध हिन्दूवादी जैसे शब्द लिख रहे थे तो पूरे हिन्दी साहित्य में उनकी वो तस्वीर कौंधी थीं जिसमें वो गोरखपुर के सांसद महन्त आदित्यनाथ के हाथों सम्मानित हो रहे थे। महन्त आदित्यनाथ के हाथों मिले सम्मान को अपने साहित्यिक मस्तक पर कलगी की तरह लगाकर घूम रहे उदय प्रकाश जब साहित्य अकादेमी पुरस्कार लौटाने की बात कर रहे थे तो तर्क हज़म नहीं हो रहा था। कम से कम विरोध की वजह तो हल्की हो ही गयी थी। बेहतर होता कि उदय जी पहले महन्त आदित्यनाथ के हाथों मिले पुरस्कार को मतान्ध हिन्दूवादी ताक़तों के विरोधस्वरूप लौटाते फिर आगे कोई क़दम उठाते। साहित्य अकादेमी लगभग सरकारी संस्थान है जो करदाताओं के पैसे से चलता है। पुरस्कार आदि भी उसी राशि से प्रदान किये जाते हैं। उदय प्रकाश का साहित्य अकादेमी का पुरस्कार लौटाने का फ़ैसला नीतिगत दोष का भी शिकार है। जिसे बाद में दिल्ली की अदालत ने अपने फ़ैसले से साबित भी किया।

उदय प्रकाश के इस क़दम पर तमाम छोटे–बड़े और मँझोले वामपन्थी विचारक लहालोट होकर उनको लाल सलाम करने लगे थे, उनके साहस की दाद भी देने लगे थे। दरअसल वामपन्थियों के साथ ये बड़ी दिक्कत है कि वो इतिहास को सुविधानुसार विस्मृत कर देते हैं या फिर उसकी शवसाधना में जुट जाते हैं। दोनों ही स्थिति ख़तरनाक हैं। उदय प्रकाश के मामले में भी वामपन्थी विचारकों ने अपनी सुविधा के लिए उस तस्वीर को विस्मृत कर दिया या फिर सायास उसको धुँधला करने की कोशिश की जिसमें उदय प्रकाश महन्त आदित्यनाथ से पुरस्कृत होते दिख रहे थे। विचारों की इस लड़ाई में तथ्यों और इतिहास को भुलाने या सुविधानुसार इस्तेमाल करने का यह वामपन्थी खेल बेहद ख़तरनाक है जो जनता को बरगलाता है। जनता

को बरगलाने का यह खेल अन्ततः लोकतन्त्र को कमज़ोर करता है जो कि वामपन्थियों के बड़े डिज़ाइन का हिस्सा है। लोकतन्त्र में उनकी आस्था कभी रही नहीं है। मार्क्स के अनुयायियों ने उनके सिद्धान्तों को इस तरह से आगे बढ़ाया कि लोगों की आस्था उसमें उत्तरोत्तर कम होती चली गयी। वामपन्थ जनता की बात तो करता है परन्तु जनता को तमाम अधिकारों से वंचित रखने का कुत्सित खेल भी खेलता है। रूस और चीन इसके ज्वलन्त उदाहरण हैं। इन दो उदाहरणों के अलावा कुछ कहने की आवश्यकता बचती नहीं है। हत्या पर राजनीति न हो, हत्यारों को गिरफ़्तार किया जाना चाहिए।

हास्यास्पद विरोध, लचर दलील

भोपाल में आयोजित विश्व हिन्दी सम्मेलन ख़त्म हो गया। एक ख़ास वर्ग और ख़ास विचारधारा के लेखकों के द्वारा इस तरह के सम्मेलनों की सार्थकता को लेकर सवाल खड़े किये गये थे। इन सवालों को विदेश राज्य मन्त्री वी. के. सिंह के कथित बयान ने और हवा दे दी थी। ख़बरों के मुताबिक़ वी. के. सिंह ने कहा था कि इस बार का सम्मेलन पूर्व के सम्मेलनों से जुदा है। पहले साहित्यकार लोग आते थे, खाते–पीते थे और पर्चा पढ़कर चले जाते थे। उनके मुताबिक़ इस बार भाषा पर बात होनी थी साहित्य और साहित्यकारों पर कम, लिहाज़ा उनको नहीं बुलाया गया। बाद में उन्होंने अपने इस बयान का खण्डन करते हुए मीडिया पर उसको तोड़–मरोड़कर पेश करने का आरोप जड़ दिया। ख़ैर, चाहे जो भी हो लेकिन विदेश राज्य मन्त्री वी.के. सिंह के उक्त बयान के बाद विश्व हिन्दी सम्मेलन को लेकर विरोध तेज़ हो गया था, ख़ासकर सोशल मीडिया आदि पर सक्रिय लेखकों ने छाती कूटनी आरम्भ कर दी थी। विरोध में मर्यादा की सारी सीमाएँ लाँघ दी गयीं, इस तरह की शब्दावलियों का प्रयोग किया गया, जैसी शब्दावलियाँ इस्तेमाल करने के पहले जाहिलों और अनपढ़ों को भी हिचक होती है। फेसबुक पर भक्तों से भाषा की मर्यादा की अपेक्षा करने वालों ने मर्यादा तार–तार कर दी थी। दरअसल यह एक पुरानी कहावत है कि अगर किसी का चौबीसों घण्टे विरोध करोगे तो उसके बहुत सारे गुण–अवगुण तुम्हारे अन्दर भी आ जायेंगे। भक्तों के विरोधियों के साथ भी यही हुआ। वो वैसी ही भाषा बोलने–लिखने लग गये। इस बार अगर सरकार ने तय किया था कि विश्व हिन्दी सम्मेलन में साहित्य पर कम भाषा पर ज़्यादा बात होगी तो इसमें ग़लत क्या था। भाषा के

प्रचार–प्रसार के लिए तकनीक से जुड़ने पर विमर्श होने में बुराई क्या है। दरअसल ललबबुआओं को प्रधानमन्त्री नरेन्द्र मोदी के उद्घाटन सत्र को सम्बोधित करने से दिक्कत थी। प्रधानमन्त्री नरेन्द्र मोदी पर निजी हमले हुए। उनकी कविताओं को लेकर तंज कसे गये। किसी भी विरोध के पहले इतिहास बोध का ज्ञान होना आवश्यक है, अन्यथा विरोध खोखला लगता है या फिर वो व्यक्तिगत कुण्ठा की अभिव्यक्ति मात्र होकर रह जाता है। विश्व हिन्दी सम्मेलन में प्रधानमन्त्री नरेन्द्र मोदी के सम्बोधन को लेकर हो–हल्ला मचाने वालों को यह याद दिलाना ज़रूरी है कि जब पहला विश्व हिन्दी सम्मेलन नागपुर में हुआ था तब उस वक़्त की प्रधानमन्त्री इन्दिरा गाँधी ने भी सम्मेलन के उद्घाटन सत्र को 10 जनवरी 1975 को सम्बोधित किया था। इस बात का या तो मोदी के विरोध करने वालों को ज्ञान नहीं था या फिर वो सुविधानुसार भुला देने का खेल खेल रहे थे। दोनों ही स्थिति चिन्ताजनक हैं। अज्ञानता तो फिर भी कम ख़तरनाक है लेकिन अगर जानबूझकर लोगों को भरमाने के लिए तथ्य छिपाये जाते हैं तो यह अपेक्षाकृत ज़्यादा ख़तरनाक है। दरअसल एक ख़ास विचारधारा के लोगों की यह ख़ूबी है जिसमें वो तथ्यों को छिपाकर विरोध का खेल खेलते हैं। 'अश्वत्थामा हतो नरो' के बाद शंख बजाकर द्रोणाचार्य पर हमला करने की नीति का अनुसरण करते हैं। उन्हें यह याद रखना चाहिए कि धर्मराज युधिष्ठिर के दामन पर सिर्फ़ वही एक दाग है।

विश्व हिन्दी सम्मेलन के विरोधियों के पेट में इस बात को लेकर भी दर्द हो रहा था कि अमिताभ बच्चन को क्यों बुलाया गया। ये तो अच्छा हुआ कि अमिताभ बच्चन के दाँत दर्द ने उनके विरोधियों के पेट दर्द को ठीक कर दिया। अमिताभ बच्चन को विश्व हिन्दी सम्मेलन के समापन में एक सत्र में बोलने के लिए आमन्त्रित किया गया था। अन्तिम समय में उनकी तबीयत ख़राब होने की वजह से वो नहीं आ पाये थे। लेकिन उनके आमन्त्रण की ख़बर से ही उन पर आरोपों की बौछार शुरू हो गयी थी। ये कहा जाने लगा था कि उनका हिन्दी से क्या लेना–देना। पिता की कविताओं को महफ़िलों में पढ़कर पैसे कमाने से लेकर भांड आदि तक कहा गया। सोशल मीडिया पर बेहद सक्रिय एक अध्यापक–लेखक ने कहा कि–हिन्दी साहित्य में अभिनेता अमिताभ बच्चन के योगदान के बारे में गूगल से लेकर राष्ट्रीय पुस्तकालय तक कहीं कोई रचना नहीं मिलेगी। इसके बावजूद उनको मोदी सरकार ने दसवें विश्व हिन्दी सम्मेलन के

समापन सत्र में आमन्त्रित किया। यह संकेत है कि मोदी जी की निष्ठा साहित्य में नहीं मुम्बईया सिनेमा में है। अब इतने विद्वान लेखक को क्या बताया जाये कि ये विश्व हिन्दी साहित्य सम्मेलन नहीं था। मैं यह मानकर चलता हूँ कि उनको इतना तो ज्ञान होगा ही कि साहित्य और भाषा में थोड़ा फ़र्क़ है। रही बात अमिताभ बच्चन के हिन्दी साहित्य में योगदान की। न तो अमिताभ बच्चन ने और न ही इस वक़्त की सरकार ने कभी ये दावा किया कि बच्चन साहब बड़े साहित्यकार हैं। पर हिन्दी के प्रचार–प्रसार को लेकर अमिताभ के प्रयास सराहनीय हैं। अमिताभ बच्चन का विरोध करने वालों को मालूम होना चाहिए कि अमिताभ बच्चन अब भी देवनागरी में ही फ़िल्मों की स्क्रिप्ट पढ़ते हैं, जिसका चलन बॉलीवुड में अब ख़त्म हो गया है। लगभग सारी हिन्दी फ़िल्मों के डॉयलॉग रोमन में लिखे जाते हैं और अभिनेता और अभिनेत्री उसको ही पढ़ते हैं। ऐसे माहौल में अमिताभ बच्चन का देवनागरी को अहमियत देना काबिले–तारीफ़ है। दरअसल अमिताभ बच्चन को जिस सत्र में बोलना था उसका विषय था–अच्छी हिन्दी कैसे बोलें। आज अमिताभ बच्चन के उच्चारण और कठिन से कठिन हिन्दी शब्दों को सहजता के साथ बोलकर लोकप्रिय बना देने की कला का सानी नहीं है। 'कौन बनेगा करोड़पति' में उन्होंने हिन्दी के उन लुप्तप्राय शब्दों को संजीवनी दे दी जिनका प्रयोग तो अब हिन्दी के साहित्यकार भी नहीं करते हैं। पंचकोटि जैसा शब्द एक बार फिर से चलन में आ गया। अमिताभ बच्चन के विरोध को देखकर जोहानिसबर्ग में हुए नवें विश्व हिन्दी सम्मेलन में मॉरीशस के कला और संस्कृति मन्त्री मुकेश्वर चुन्नी का भाषण याद आ गया। मॉरीशस के कला और संस्कृति मन्त्री मुकेश्वर चुन्नी ने ये माना था कि हिन्दी के प्रचार–प्रसार में बॉलीवुड फ़िल्में और टीवी पर चलने वाले सीरियल्स का बहुत बड़ा योगदान है। उन्होंने इस बात को स्वीकार किया था कि उनकी जो भी हिन्दी है वो सिर्फ़ हिन्दी फ़िल्मों और टीवी सीरियल्स की बदौलत है। जब वो हिन्दी में बोल रहे थे तो उनका सेंस ऑफ़ ह्यूमर भी ज़बरदस्त था, भारतीय राजनेताओं की तरह ज़बरदस्ती ओढ़े हुए गम्भीरता के आवरण से एकदम अलग। चुन्नी ने अपने भाषण में कहा कि वो किसी और कार्यक्रम के सिलसिले में दक्षिण अफ्रीका के दौरे पर थे और उन्हें विश्व हिन्दी सम्मेलन में आना पड़ा। इस वजह से उनके अधिकारियों को उनका भाषण तैयार करने का मौक़ा नहीं मिल पाया, लिहाज़ा वो हिन्दी में बग़ैर किसी नोट्स के बोले

थे। चुन्नी ने फ़िल्मों और टेलीविज़न सीरियल्स की जमकर तारीफ़ की और कहा कि हिन्दी के फैलाव में सबसे ज़्यादा योगदान उनका ही है। जोहानिसबर्ग में तीन दिन तक कई अहिन्दी भाषी लोगों से बातचीत के बाद मुझे भी यह लगा था कि हिन्दी के प्रचार–प्रसार में फ़िल्मों का बहुत योगदान है। दरअसल फ़िल्मी कलाकारों को लेकर हिन्दी के वामपन्थी लेखक कभी संजीदा नहीं रहे। फ़िल्म वालों को बुर्जुआ संस्कृति का शोषक मानकर उनकी लगातार उपेक्षा की जाती रही। हिन्दी फ़िल्मों के बड़े से बड़े गीतकार को हिन्दी का कवि नहीं माना गया जबकि विचारधारा का झण्डा उठाकर घूमने वाले औसत कवियों को महान घोषित कर दिया गया। ज्ञानपीठ पुरस्कार सम्मान समारोह में भी अमिताभ बच्चन को बुलाने को लेकर विरोध हुआ था लेकिन तब भी हिन्दी समाज ने चन्द लेखकों के विरोध को ख़ारिज कर दिया था, अहमियत नहीं दी थी।

विश्व हिन्दी सम्मेलन का विरोध करने वाले इन्हीं छोटी चीज़ों में उलझकर रह गये थे। इस बात पर सवाल खड़े होने चाहिए थे कि सत्रों के वक्ताओं का चयन किस आधार पर हुआ। उन वक्ताओं की क्या विशेषता थी। सवाल इस बात पर खड़े किये जाने चाहिए कि पिछले नौ सम्मेलनों में जो प्रस्ताव पारित किये गये थे उनका क्या हुआ। हिन्दी को संयुक्त राष्ट्र की भाषा बनाने के लिए सरकार की तरफ़ से अब तक क्या प्रयास किये गये। हिन्दी के यूनिवर्सल फाण्ट आदि को लेकर सरकार क्या कर रही है। दरअसल तथ्यों के आधार पर विरोध करने के लिए मेहनत की आवश्यकता है, गम्भीर सवालों से मुठभेड़ के लिए गम्भीरता से अध्ययन की भी आवश्यकता होती है। फेसबुक आदि पर जिस तरह से अभिव्यक्ति की आज़ादी की अराजकता है उसमें तो बग़ैर तथ्यों के सिर्फ़ हवाबाजी के आधार पर विरोध होता है जिसका कोई अर्थ नहीं होता है बल्कि उस तरह का विरोध हास्यास्पद हो जाता है। और विरोध जब हास्यास्पद होते हैं तो विरोध करने वाले हास्य के पात्र बन जाते हैं। आग्रह यही है कि खुद को हास्यास्पद न बनायें।

साहित्यिक असहिष्णुता कब रुकेगी

देश में बढ़ती असहिष्णुता को लेकर लेखकों ने जिस तरह से विरोध जताया था, पुरस्कार वापसी आदि का खेल हुआ था, उसके बाद दिल्ली में पहले सोनिया गाँधी की अगुवाई में राष्ट्रपति को ज्ञापन सौंपा गया फिर अभिनेता अनुपम खेर ने मार्च ऑफ़ इण्डिया किया। उसमें भी तमाम

कलाकार, गायक, लेखक, वैज्ञानिक आदि जुड़े। असहिष्णुता की आड़ में जिस तरह से राजनीति की गयी उसको देखते हुए राष्ट्रकवि दिनकर का उन्नीस अक्टूबर उन्नीस सौ पैंतालिस में अखिल भारतीय हिन्दी साहित्य सम्मेलन के तैंतीसवें अधिवेशन में दिया गया भाषण याद आ रहा है। तब दिनकर ने कहा था–"साहित्य राजनीति का अनुचर नहीं, वरन उससे भिन्न एक स्वतन्त्र देवता है और उसे पूरा अधिकार है कि वो जीवन के विशाल क्षेत्र में से अपने काम के योग्य वे सभी द्रव्य उठा ले जिन्हें राजनीति अपने काम में लाती है। अगर कार्ल मार्क्स और गाँधी जी को यह अधिकार प्राप्त है कि जीवन के अवस्था–विशेष की अनुभूति से वे राजनीति के सिद्धान्त निकाल लें तो एक कवि को यह अधिकार सुलभ होना चाहिए कि वह ठीक उसी अवस्था की कलात्मक अनुभूति से ज्वलन्त काव्य की सृष्टि करे। अगर राजनीति अपनी शक्ति से सत्य की प्रतिभा गढ़कर तैयार कर सकती है तो साहित्य में भी इतनी सामर्थ्य है कि वह उसके मुख में जीभ धर दे।" दिनकर ने सत्तर साल पहले जो कहा था वो आज भी मौजूँ है। आज जिस तरह से असहिष्णुता को मुद्दा बनाकर लेखक अपने राजनीतिक आकाओं के हाथ के मोहरे बन रहे थे उससे बेहतर होता कि वो अपनी लेखनी से सत्य की प्रतिमा गढ़ते और विरोध के मुँह में जीभ धर देते। दिनकर ने अपने उसी भाषण में यह भी कहा था "साहित्य जहाँ तक अपनी मर्यादा के भीतर रहकर जीवन के विशाल क्षेत्र में अपना स्वर ऊँचा करता है वहाँ तक वह पूज्य और चिरायु है किन्तु जब वह राजनीति की अनुचरता स्वीकार करके उसका प्रचार करने लगेगा तभी उसकी दीप्ति छिन जायेगी और वह कला के उच्च पद से पतित हो जायेगा।" दशकों तक प्रगतिशीलता के नाम पर साहित्यकारों ने राजनीति की अनुचरता स्वीकार करते हुए उसका प्रचार किया। नतीजा सबके सामने है।

यह तो एक पहलू है, लेकिन इसका एक दूसरा पहलू भी है उस पर भी साहित्य जगत को गम्भीरता से विचार करना चाहिए। हिन्दी के लेखक रूप सिंह चन्देल ने फेसबुक पर एक टिप्पणी लिखी थी–पिछले कुछ समय से व्यस्तावश मैं अपने ब्लॉग 'वातायन' को अपेक्षित समय नहीं दे पा रहा था अतः मैंने व्हाट्सएप पर इसी नाम से एक समूह बनाया और हिन्दी के गण्यमान्य साहित्यकारों को इसमें जोड़ा। किन्हीं कारणों से बहुत भारी मन के साथ मुझे इस फलते–फूलते समूह को बन्द करना पड़ा। इस टिप्पणी के बाद चन्देल ने किसी साथी को दुख पहुँचने पर क्षमा आदि

जैसी औपचारिकता निभायी। सतह पर देखें तो यह लगता है कि ये तो सामान्य बात है और इसका उल्लेख ग़ैर–ज़रूरी है लेकिन अगर रूप सिंह चन्देल की बातों पर ध्यान दें और उसके शब्दों को ठहरकर देखें तो एक बड़ी तस्वीर नज़र आती है। वह तस्वीर है हिन्दी के लेखकों और साहित्यकारों के बीच बढ़ रही असहिष्णुता की। अपनी आलोचना नहीं सुन पाने की प्रवृत्ति के लगातार ह्रास होने की। चन्देल ने अपनी टिप्पणी में लिखा है कि उन्होंने साहित्यिक समूह में गण्यमान्य साहित्यकारों को इससे जोड़ा और फिर भारी मन से बन्द करना पड़ा। इस टिप्पणी में इन्हीं दो शब्दों पर गहराई से विचार किया जाना चाहिए। गण्यमान्य साहित्यकार और भारी मन। इन दो शब्दों की विवेचना करने से हिन्दी के लेखकों के बीच बढ़ी असहिष्णुता सामने आती है जिसके नतीजे में चन्देल जैसे लेखक भारी मन से साहित्यिक समूह बन्द करने के फ़ैसले पर विवश होते हैं।

पुरस्कार वापसी और उसके विरोध के शोरगुल में साहित्य में बढ़ती असहिष्णुता का मुद्दा लगभग दब–सा गया था। समाज में बढ़ती असहिष्णुता, अगर सचमुच यह बढ़ रही है तो, छाती कूटने वाले लेखकों को साहित्य में बढ़ती असहिष्णुता नज़र नहीं आती। बल्कि यह कहना ज़्यादा उचित होगा कि जो लोग समाज में बढ़ती असहिष्णुता के ख़िलाफ़ झण्डा बुलन्द कर रहे थे उनमें से ज़्यादातर साहित्यिक असहिष्णुता के ध्वजवाहक हैं। समकालीन हिन्दी साहित्यिक परिदृश्य पर अगर विचार करें तो इस बात पर सोचने के लिए मजबूर होना पड़ता है कि वो कौन–सी वजह थी कि हिन्दी की वरिष्ठ आलोचक निर्मला जैन को यह लिखना पड़ा था कि आलोचना लिखने में हिचक होती है कि कौन कब नाराज़ हो जाये। यह सही है कि आलोचकों को किसी के नाराज़ होने या खफ़ा होने से डरना नहीं चाहिए। लेकिन यह भी उतना ही महत्त्वपूर्ण है कि अस्सी साल की आलोचक को यह कहने पर क्योंकर मजबूर होना पड़ा। दरअसल हिन्दी में कवियों से लेकर कथाकारों तक में अपनी आलोचना सुनने–सहने की क्षमता का उत्तरोत्तर ह्रास हो रहा है। यह इसी बढ़ती प्रवृत्ति का नतीजा है कि चन्देल जैसे लेखकों को व्हाट्सएप पर चलने वाले साहित्यिक समूह को बन्द करना पड़ा है और अपनी पीड़ा का इज़हार फेसबुक पर करना पड़ा है। फेसबुक पर इस बढ़ती असहिष्णुता के तमाम चिह्न आपको दिखायी पड़ सकते हैं। व्हाट्सएप पर चलने वाले ज़्यादातर

साहित्य समूह उसको बनाने वालों की प्रशंसा करने का मंच हैं। जहाँ इससे विचलन होता है वहीं समूह अल्पायु हो जाता है या फिर उसके सदस्य एक–एक कर अलग होने लगते हैं और फिर जो बच जाते हैं वो जुलूस की शक्ल में एक–दूसरे के लिए नारेबाज़ी करते नज़र आते हैं। व्हाट्सएप पर चलने वाले समूहों में आलोचनात्मक टिप्पणी के लिए कोई जगह नहीं है। अगर किसी ने कर दी तो उसकी ख़ैर नहीं। वहाँ तो बस एक–दूसरे की प्रशंसा करने की होड़ लगी रहती है। जिनको कविता की समझ नहीं वो ख़ुद को रामविलास शर्मा और जिनको ग़ज़ल की समझ नहीं वो अपने को दुष्यन्त कुमार मानकर बैठे रहते हैं। अब अगर कोई यह मानकर बैठ जाये कि वो रामविलास शर्मा या दुष्यन्त कुमार है तो फिर वो अपनी रचनाओं की आलोचना कैसे बर्दाश्त कर सकता है। उनके समर्थक आलोचना करने वालों पर संगठित होकर हमले करने लगते हैं और अपमानित करने की हद तक टिप्पणी। जो आपको समूह छोड़ने को विवश कर देता है, जो हिन्दी साहित्य समाज के असहिष्णु होने का संकेत है। इस असहिष्णु प्रवृत्ति का विकास युवा लेखकों में ज़्यादा हुआ है। दो–चार कविताएँ लिखकर अपने को निराला मानने वाले युवा कवियों को न तो मर्यादा का ख़याल होता है और न ही वरिष्ठता का। बीच संवाद में कूदकर उसको ख़राब कर देना उनका उद्देश्य होता है। दरअसल फेसबुक ने अपनी आलोचना न सहने की प्रवृत्ति को ख़ूब हवा दी है। तुकबन्दी कर ख़ुद को कवि मानने वालों पर अख़बारों आदि में प्रायोजित टिप्पणी छप जाती है तो वो बेलगाम हो जाते हैं। मर्यादा भूलते हुए संवाद के बीच में कूदते हैं और बग़ैर जाने बूझे बस शुरू हो जाते हैं। हमारे वरिष्ठ लेखकों ने कभी युवा लेखकों के बीच बढ़ती इस प्रवृत्ति पर कुछ नहीं कहा, कहें भी तो कैसे उनके सामने देश के बड़े सवाल हैं जिनसे वो टकरा रहे हैं। उनको याद रखना चाहिए कि ये असहिष्णु युवा लेखक ही आने वाले दिनों में साहित्य को अपने कन्धे पर उठायेंगे तब क्या स्थिति होगी। देश का सामाजिक ताना–बाना तो इतना मज़बूत है कि उसको तोड़ने में सदियाँ लग सकती हैं लेकिन साहित्य की डोर बहुत कमज़ोर है उसको टूटते वक़्त नहीं लगेगा।

एक ज़माने में बिहार से निकलने वाली एक साहित्यिक पत्रिका में ख़राब किताबों की सूची प्रकाशित की जाती थी और उसके क़वर पर लिखा होता था कि इन किताबों को नहीं पढ़ें ये स्तरहीन किताबें हैं। क्या आज

के साहित्यिक माहौल में इस तरह की हिम्मत की जा सकती है? क्या कोई आलोचक या समीक्षक इतने बेबाक ढंग से कृतियों पर टिप्पणी कर सकता है। इन दिनों तो हालत ये है कि किसी उपन्यास या कविता या कहानी पर आलोचनात्मक टिप्पणी करने से पहले कई बार सोचना पड़ता है। यह मैं अपने व्यक्तिगत अनुभव के आधार पर भी कह रहा हूँ। क़रीब चार–पाँच साल पहले जब निर्मला जैन की उक्त टिप्पणी छपी थी तो मैंने उस पर प्रति टिप्पणी करते हुए एक लेख लिखा था कि क्या बिगाड़ के डर से ईमान की बात करना छोड़ देना होगा। तब लगता था कि निर्मला जैन ने ठीक नहीं कहा है लेकिन अब लगता है कि उन्होंने दशकों के अपने समीक्षाकर्म के अनुभव के आधार पर अपनी बात कही थी। अब तो हालत ये है कि किसी कृति की आलोचना आपको रचनाकार से दूर कर सकती है। दरअसल रचनाकार रचना की आलोचना को अपनी व्यक्तिगत आलोचना मानने लगा है। जैसे ही ये बात उसके दिमाग़ में घर करती है तो फिर वो समीक्षक को व्यक्तिगत दुश्मन के तौर पर देखने लगता है उसको निबटाने की रणनीति पर काम शुरू हो जाता है।

संकट संस्कृति और भाषा पर भी कम नहीं

आज हमारे बौद्धिक जगत में संस्कृति को लेकर काफ़ी बातें होती हैं। भारतीय संस्कृति बनाम आयातित संस्कृति को लेकर देश में लम्बे समय से बहस चल रही है लेकिन केन्द्र में बीजेपी की सरकार आने के बाद और पूरे देश में वामपन्थी पार्टियों के लगभग हाशिए पर जाने के बाद यह बहस और तेज़ हो गयी है। वामपन्थियों ने हमेशा लोकप्रिय संस्कृति को दूर रखने की कोशिश की। उसका प्रतिबिम्ब साहित्य में भी देखने को मिला। पॉपुलर कल्चर को इस तरह से पेश और स्थापित किया गया कि वो घटिया ही हो सकते हैं। हमें पॉपुलर शब्द पर विचार करना चाहिए। जब भी संस्कृति के सन्दर्भ में पॉपुलर का इस्तेमाल होता है तो उसमें नकारात्मकता दिखायी देती है। जैसे जब हम कहते हैं कि ये तो पॉपुलर कल्चर का हिस्सा है या फलाँ फ़िल्म तो पॉपुलर सिनेमा है तो यह ध्वनित होता है कि वो स्तरहीन है। इसकी वजहों की पड़ताल होनी चाहिए कि किस तरह से शब्दों को नकारात्मकता से जोड़ दिया गया। अब ज़रा इस शब्द को इस तरह से देखिए। जब पॉपुलर शब्द लीडर के साथ जुड़ता है तो वो अर्थ बदल देता है। यहाँ उससे हल्कापन या नकारात्मकता का

बोध नहीं होता है। अब इसको ही अगर दूसरे तरह से देखें और पॉपुलर के हिन्दी अनुवाद को लेकर चलें तो यह बेहतर नज़र आता है। हिन्दी में लोक संस्कृति, लोक पर्व, लोकगीत आदि को श्रेष्ठ नज़र से देखा जाता है। हमारे यहाँ तो लोक संस्कृति पश्चिम की लोक संस्कृतियों से बिल्कुल ही अलग है। लोक और लोक से जुड़ी हर चीज़ हमारे यहाँ समाज में जीवन्तता के साथ हर शख़्स की ज़िन्दगी में मौजूद है। हमारी लोक संस्कृति बहुधा हमारे लोक साहित्य को भी प्रभावित करती है। पीयूष दईया की किताब 'लोक' में इस बात का विस्तार से उल्लेख मिलता है। जहाँ तक मुझे याद आता है कि उक्त किताब के एक लेख में इस बात का विस्तार से वर्णन है कि आन्ध्र प्रदेश में जो तेलुगू रामायण है उसमें वर्णित लक्ष्मण की पत्नी उर्मिला के चरित्र को लोकगीतों में बहुत प्रतिष्ठा हासिल हुई। कई बार तो यह माना जाता है कि आन्ध्र प्रदेश के लोकगीतों में जितना सम्मान उर्मिला को मिला है उतना रामचरितमानस की सीता को हिन्दी में नहीं मिला।

लोक संस्कृति की बात करें तो इसका निर्माण भाषा से होता है। अगर आप अवधी या बृजभाषा की लोक संस्कृति को देखें तो यह साफ़ तौर पर दिखायी देता है। पिछले चार सालों में असहिष्णुता को लेकर बहुत बातें हुईं, अब भी हो रही हैं लेकिन हमारी लोक संस्कृतियों में हर समुदाय उदार नज़र आयेगा। हिन्दू और मुसलमानों के बीच का प्रेम और सद्भाव जो लोक संस्कृतियों में नज़र आता है वो बाद के साहित्य में ग़ायब होता चला गया। दरअसल, अगर हम गम्भीरता से विचार करें तो जब से लोक संस्कृति के ठेकेदार सामने आये हैं तब से हमारी संस्कृति को लेकर कई लकीरें दिखायी देने लगी हैं। लोक संस्कृति की दावेदार कोई पार्टी नहीं हो सकती है और ना ही इसको हिन्दू धर्म या इस्लाम से जोड़ा जा सकता है। कई लोगों का तो मानना है कि जब तक भारत के संविधान में धर्मनिरपेक्ष शब्द नहीं था तब तक हमारा समाज ज़्यादा धर्मनिरपेक्ष और उदार था। उन्नीस सौ छिहत्तर में जब भारत के संविधान में सॉवरेन डेमोक्रेटिक रिपब्लिक को संशोधित कर सॉवरेन सोशलिस्ट सेक्युलर डेमोक्रेटिक रिपब्लिक किया गया तब से लोक और संस्कृति दोनों पर असर पड़ा। इस बात पर अब भी बहस होनी चाहिए कि क्या संविधान में धर्मनिरपेक्ष लिखकर हमने अपने समाज को धर्मनिरपेक्ष बना दिया।

राष्ट्रकवि रामधारी सिंह दिनकर कहते हैं–"जातियों का सांस्कृतिक विनाश तब होता है जब वे अपनी परम्पराओं को भूलकर दूसरों की

परम्पराओं का अनुकरण करने लगती हैं...जब वे मन ही मन अपने को हीन और दूसरों को श्रेष्ठ मानकर मानसिक दासता को स्वेच्छा से स्वीकार कर लेती हैं। पारस्परिक आदान–प्रदान तो संस्कृतियों का स्वाभाविक धर्म है, परन्तु जहाँ प्रवाह एकतरफ़ा हो, वहाँ यही कहा जायेगा कि एक जाति दूसरी जाति की सांस्कृतिक दासी हो रही है। किन्तु सांस्कृतिक गुलामी का सबसे भयानक रूप वह होता है, जब कोई जाति अपनी भाषा को छोड़कर दूसरों की भाषा को अपना लेती है और उसी में तुतलाने को अपना परम गौरव मानने लगती है। यह गुलामी की पराकाष्ठा है, क्योंकि जो जाति अपनी भाषा में नहीं सोचती, वह अपनी परम्परा से छूट जाती है और उसके स्वाभिमान का प्रचण्ड विनाश हो जाता है।" दिनकर के इस कथन में मैं यह जोड़ना चाहता हूँ–जो समाज अपनी भाषा के लेखकों को याद नहीं रख सकता, जो उनका उचित सम्मान नहीं कर सकता, जो उनके लिखे को अपनी आने वाली पीढ़ियों को हस्तगत नहीं कर सकता, जो अपने महान लेखकों की विरासत को सँभाल नहीं सकता, वह समाज कालान्तर में साहित्यिक और सांस्कृतिक रूप से पंगु हो जाता है। हमारे समाज, विशेषकर साहित्यिक समाज में अपने महान लेखकों को याद करने की परम्परा धीरे–धीरे ख़त्म होती जा रही है। लेखकों के जन्म–दिवस या पुण्य तिथि पर रस्म अदायगी के लिए छोटे–मोटे समारोह हो जाते हैं लेकिन हमने कभी गम्भीरता से इस बात को नहीं सोचा कि आने वाली पीढ़ियों को हिन्दी समाज के बड़े लेखकों से कैसे परिचित करवाया जाये। साहित्य और संस्कृति तो ख़ैर सरकार की प्राथमिकता में कहीं होती नहीं है। चिन्ता की बात यह है कि साहित्य समाज भी अपने लेखकों को लेकर उदासीन दिखता है। यह बहुत दुखद है कि आज की हमारी पीढ़ी को अपनी भाषा में बात करने में गौरव महसूस नहीं होता है बल्कि उसे अंग्रेज़ी में तुतलाने में परम गौरव का अनुभव होता है। हमारी शिक्षा व्यवस्था इस तरह की हो गयी है कि अंग्रेज़ी स्कूलनुमा दुकानें हर गली–मुहल्ले में खुल गयी हैं जो कि बच्चों को न तो सही से अंग्रेज़ी का ज्ञान दे पा रहे हैं और हिन्दी तो बस पढ़ाने के लिए पढ़ाई जाती है। इस तरह से हमारा हिन्दी समाज भाषाई गुलामी की ओर बढ़ता जा रहा है।

हम इस भाषाई गुलामी के चंगुल में जाने की पड़ताल करें तो राजनीतिक नेतृत्व की उदासीनता के अलावा हमारी भी अपने साहित्यिक

नायकों के प्रति उदासीनता बड़ी वजह है। कई यूरोपियन देशों में यह परम्परा है कि वहाँ स्कूल–कॉलेजों के अलावा सड़कों और हवाई अड्डों के नाम उनकी भाषा के महान लेखकों के नाम पर रखे जाते हैं। अमेरिका में सड़कों और सरकारी इमारतों के नाम लेखकों के नाम पर हैं। भारत में तो परिवार विशेष के सदस्यों को ही यह विशेष इज़्ज़त बख़्शी जाती है। हमारे लिए बेहद अफ़सोस की बात है कि कोई बड़ा हवाई अड्डा किसी लेखक के नाम पर नहीं है। दिल्ली में कोई सड़क प्रेमचन्द से लेकर हिन्दी के किसी भी बड़े लेखक के नाम पर नहीं है। हर जगह गाँधी, गाँधी और गाँधी। सड़कों या इमारतों का नाम किसी मशहूर शख़्सियत के नाम पर रखने का यह फ़ायदा होता है कि नयी पीढ़ी उनके बारे में जानना चाहती है। वह इस बात की तफ़्तीश करती है कि अमुक नाम के व्यक्ति का क्या योगदान है। इस तरह से पीढ़ी दर पीढ़ी उस व्यक्ति विशेष की प्रासंगिकता बनी रहती है। हमारे यहाँ राजनेताओं को यह गौरव हासिल है लेकिन साहित्यकारों को नहीं। इमारतों और सड़कों के नामकरण की तो छोड़िए साहित्यकारों की जन्म–शताब्दी पर भी देश में व्यापक आयोजन नहीं होता है। जन्म–शताब्दी वर्ष पर समारोह का ऐलान होता है लेकिन वो बस रस्म अदायगी भर होकर रह जाता है।

जब हिन्दी और उर्दू के मशहूर लेखक कृश्न चन्दर का जन्म शताब्दी वर्ष था तो कहीं कोई सुगबुगाहट नहीं हुई थी। न तो साहित्य अकादेमी की तरफ़ से न ही उर्दू अकादेमी की तरफ़ से। इन दोनों अकादमियों से अपेक्षा इस वजह से ज़्यादा थी क्योंकि कृश्न चन्दर हिन्दी और उर्दू दोनों भाषाओं में समान अधिकार से लिखते थे। कृश्न चन्दर की हिन्दी और उर्दू में रचनात्मक आवाजाही उन्हें एक विशिष्टता प्रदान करती है। कृश्न चन्दर के जन्म को लेकर कई भ्रान्तियाँ हैं। कहीं तो इस बात का उल्लेख है कि वो लाहौर में पैदा हुए, कहीं उनका जन्म स्थान पुंछ बताया जाता है तो किसी प्रकाशन में उनके जन्म स्थान के रूप में वजीराबाद का ज़िक्र है। लेकिन एक अख़बार में कृश्न चन्दर के छोटे भाई उपेन्द्र चोपड़ा के हवाले से ख़बर छपी कि उनका जन्म राजस्थान के भरतपुर में हुआ था। कृश्न चन्दर के पिता डॉक्टर थे और उनके जन्म के समय वो भरतपुर इलाके में तैनात थे। जन्म स्थान चाहे भरतपुर रहा हो लेकिन कृश्न चन्दर की मौत के बाद लाहौर से निकलने वाले साप्ताहिक व्यू प्वाइण्ट में उनका आख़िरी ख़त छपा था। जिसमें कृश्न चन्दर ने स्वीकार

किया था कि वो लाहौरिया हैं। कृश्न चन्दर ने लिखा कि उन्होंने लाहौर में शिक्षा और प्रसिद्धि दोनों पायी। अपने उस ख़त में कृश्न चन्दर ने इस बात को भी शिद्दत से स्वीकार किया था कि लाहौर का उनके लिए वही स्थान है जो शरीर के लिए आत्मा का होता है। आज़ादी के बाद कृश्न चन्दर लाहौर से हिन्दुस्तान आ गये। बँटवारे के बाद मिली आज़ादी को कृश्न चन्दर हमेशा से त्रासद आज़ादी मानते रहे और उसी के आलोक में उन्होंने कई कहानियाँ और रचनाएँ लिखीं। यह वही दौर था जब कृश्न चन्दर के अलावा सआदत हसन मण्टो, बलवन्त सिंह, उपेन्द्रनाथ अश्क, अली सरदार जाफ़री, राजेन्द्र सिंह बेदी और यशपाल जैसे लेखक अपनी रचनाओं से समाज को झकझोर रहे थे। एक तरफ़ मण्टो जहाँ समाज की रूढ़ियों पर चोट कर रहे थे, वहीं कृश्न चन्दर अपनी रचनाओं के माध्यम से दबे–कुचले और हाशिए के लोगों को वाणी दे रहे थे। उनकी स्थितियों और संघर्ष को चित्रित कर रहे थे। अपनी मशहूर कहानी 'कचड़ा बाबा' में कृश्न चन्दर ने बताया है कि किस तरह से कूड़े के ढेर के पास अपनी ज़िन्दगी बसर करने वाले एक शख़्स को जब कूड़े के ढेर में एक लावारिस नवजात मिलता है तो उसकी ज़िन्दगी बदल जाती है। इस कहानी में कृश्न चन्दर की रचनात्मकता और उसका व्यापक फलक उभर कर सामने आता है। इसी तरह से 'जामुन के दरख़्त' कहानी में कृश्न चन्दर ने लालफीताशाही और अफ़सरशाही को निशाने पर लिया था और बताया था कि किस तरह से वो अपनी ताक़त का बेजा इस्तेमाल कर रहे हैं। कृश्न चन्दर की कहानियों का रेंज काफ़ी व्यापक था लेकिन सारी कहानियों में एक सूत्र था वह था समाज में फैली कुरीतियों और बुराइयों पर प्रहार। कालान्तर में कृश्न चन्दर ने फ़िल्मी दुनिया में भी अपने हाथ आजमाये और उनकी कहानियों पर कई फ़िल्में भी बनी। कृश्न चन्दर के बीस उपन्यास, तीस कहानी संग्रह प्रकाशित हैं। अस्सी के दशक में पाकिस्तान के एक प्रकाशक ने उनकी सौ कहानियों का एक संग्रह भी प्रकाशित किया था। हिन्दी में भी उनकी रचनाएँ उपलब्ध हैं। क्या ये हिन्दी साहित्य समाज का दायित्व नहीं था कि कृश्न चन्दर के जन्म शताब्दी वर्ष में उनकी रचनाओं के बारे में नयी पीढ़ी को बताया जाता। लेकिन सवाल फिर से मुँह बाये खड़ा है कि हम अपनी भाषा के लेखकों का सम्मान कब कर पायेंगे। हमें अपने लेखकों पर गुमान करना होगा तभी हम अपनी भाषा को चौतरफ़ा हमले से बचा पायेंगे। आज़ादी के बाद गिरिजा कुमार माथुर ने लिखा

था–'आज जीत की रात पहरुए, सावधान रहना। दुश्मन है खूँखार पहरुए, सावधान रहना।' हिन्दी पर जिस तरह से हमले हो रहे हैं उसमें हिन्दी के पहरुओं को सावधान रहने की ज़रूरत तो है ही साथ ही आवश्यकता इस बात की भी है कि उसे हर स्तर पर हमें मज़बूती देनी होगी। भाषा को मज़बूती मिलेगी उसमें रचना करने वालों को मज़बूत करके।

'हिन्दी कविता के परिदृश्य को देखें तो हालात उत्साहजनक नज़र नहीं आते हैं। एक अनुमान के मुताबिक़ हिन्दी में 5000 से अधिक कवि कविताएँ लिख रहे हैं। छप भी रहे हैं। उसमें बुरी कविताओं की बहुतायत है। बुरी कविता ने अच्छी कविताओं को ढँक लिया है। उसमें एक बड़ा योगदान साहित्यिक पत्रिकाओं के सम्पादकों की समझ का भी है। उन्होंने बुरी कविताओं को छाप–छाप कर अच्छी कविताओं को ओझल कर दिया है। हालात ये हो गये हैं कि हिन्दी के प्रकाशक कविता–संग्रह छापने से कन्नी काटने लगे हैं। मैं दर्जनों अच्छे कवियों को जानता हूँ जिन्हें अपना संग्रह छपवाने के लिए संघर्ष करना पड़ा है। तो इसकी वजह क्या है। क्या कविता पाठकों से दूर हो गयी। क्या विचारधारा विशेष के तहत लिखी गयी कविताओं और विचारधारा के बाहर की कविताओं के नोटिस नहीं लेने की वजह से ऐसा हुआ। मुझे लगता है कि कविताओं में क्रान्ति, यथार्थ, सामाजिक विषमताओं, स्त्री–विमर्श, दलित–विमर्श आदि का इतना ओवरडोज़ हो गया कि वो आम पाठकों से दूर होती चली गयी। कविता का रस–तत्त्व यथार्थ की बंजर ज़मीन पर सूख गया। मेरे सारे तर्क बेहद कमज़ोर हो सकते हैं लेकिन मैं विनम्रतापूर्वक यह सवाल उठा रहा हूँ कि इस बात पर गम्भीरतापूर्वक विचार हो कि कविता की लोकप्रियता कम क्यों हो रही है। मैं यहाँ जानबूझकर लोकप्रियता शब्द का इस्तेमाल कर रहा हूँ क्योंकि मेरा मानना है कि जन और लोक की बात करने वाले लेखक ही बहुत हद तक इसके लिए ज़िम्मेदार हैं। लेखक संघों ने जिस तरह से कवियों को अपने पाले में खींचा और उसको बढ़ाया उससे भी कविता को नुक़सान हुआ। पार्टी लाइन पर कविताएँ लिखी जाने लगीं। लेखक संघों के प्रभाव में कई कवि लगातार स्तालिन और ज्दानोव की संकीर्णतावादी राजनीतिक लाइन पर चलते रहे। यह मानते हुए कि पार्टी लाइन न कभी जन विरोधी हो सकती है और न ही सत्साहित्य विरोधी। मुक्तिबोध ने भारतीय कम्युनिस्ट पार्टी के महासचिव को एक पत्र लिखा था–'कलात्मक कृतियों को महत्त्व देना ही होगा और ग़ैर–कलात्मक प्रगतिशील लेखन

की आलोचना करनी ही होगी–फिर उसका लेखक चाहे कितना ख्यात और प्रसिद्ध क्यों न हो। मुक्तिबोध के मुताबिक़ छिछली, जार्गनग्रस्त, रूढ़ और अवसरवादी आलोचना ही सबसे ज़्यादा प्रगतिशील आन्दोलन की पिछले दशकों में हुई क्षति के लिए उत्तरदायी है। ऐसा नहीं है कि हमारे सभी कवि ऐसा ही लिखते रहे। केदार, नागार्जुन और मुक्तिबोध गहरे राजनीतिक सरोकार वाले कवि रहे हैं। केदार ने आन्दोलनात्मक राजनीतिक कविताएँ लिखीं लेकिन लोकजीवन, प्रेम और प्रकृति की विलक्षण कविताएँ भी लिखीं। केदारनाथ सिंह और रघुवीर सहाय ने भी। दोनों लोकप्रिय भी हुए। लेकिन जो ख़ुद को नक्सलबाड़ी की सन्तानें कहा करते थे वो उस दौर के साथ ही ओझल हो गये। वजह पर विमर्श होना चाहिए। आज हिन्दी कविता को निरपेक्ष प्रगतिशीलता की दरकार है।

सही कहने पर बेवजह विवाद

जब इतिहासकार बिपिन चन्द्रा का निधन हुआ तो राष्ट्रीय स्वयं सेवक संघ के रास्ते भारतीय जनता पार्टी में पहुँचे राम माधव ने उनके निधन पर शोक जताते हुए ट्वीट किया था कि बिपिन चन्द्रा का इतिहास लेखन में अप्रतिम योगदान है। राम माधव के ट्वीट पर संघ विचारक राकेश सिन्हा ने आपत्ति जतायी थी और कहा कि वो राम माधव से इस मामले में सहमत नहीं हैं। मैंने राकेश सिन्हा के ट्वीट पर हस्तक्षेप करते हुए लिखा कि आपको असहमत होने का पूरा अधिकार है। ठीक उसी तरह से राम माधव को अपनी राय व्यक्त करने का। इस पर राकेश सिन्हा ने मुझे ट्वीट पर ही जवाब दिया कि आप अपने मिज़ाज में संघ विरोधी हैं लिहाज़ा संघ के बारे में अपमानजनक बात कहने वाले आपको प्रिय लगते हैं। यहाँ सिर्फ़ यह याद दिलाना चाहता हूँ कि बातें राम माधव और उनके द्वारा बिपिन चन्द्रा की श्रद्धांजलि पर हो रही थीं। अब अगर राम माधव संघ के बारे में अपमानजनक बातें कहते हैं और इसलिए मैंने उनका समर्थन किया तो फिर कुछ कहना व्यर्थ है। अब एक और प्रसंग, हिन्दी के एक वरिष्ठ आलोचक हैं, सोशल नेटवर्किंग साइट्स पर ख़ासे सक्रिय हैं। वामपन्थी विचारधारा की शव–साधना में तल्लीन रहते हैं। फेसबुक और अन्य जगहों पर वो मुझे संघी घोषित कर चुके हैं और गाहे–बगाहे राष्ट्रवादी पत्रकार कहकर चुटकी लेते रहते हैं। उनका दर्द यह है कि मैं वामपन्थ में व्याप्त कमियों और खामियों पर लगातार क्यों लिखता हूँ।

उनका दुराग्रह ये होता है कि मोदी और संघ के बारे में उसी तीव्रता से क्यों नहीं लिखता हूँ जिसके आधार पर वामपन्थ और वामपन्थियों को कठघरे में खड़ा करता हूँ। लिहाज़ा वो फेसबुक पर कई बार मुझे खुले आम चुनौती दे चुके हैं कि मैं नरेन्द्र मोदी या फिर राष्ट्रीय स्वयं सेवक संघ की आलोचना करूँ। इसका एक तीसरा कोण भी है। एक समूह सम्पादक ने एक बार अपने सम्पादकीय पृष्ठ प्रभारी से पूछा था कि अनंत विजय क्यों राहुल गाँधी के ख़िलाफ़ लिखते रहते हैं। सवाल एक व्यक्ति, एक आलोचक या समूह सम्पादक का नहीं है। सवाल उस प्रवृत्ति का है जो अपने वैचारिक विरोधियों को किसी ख़ास रंग में रंग कर छोटा दिखाने की कोशिश करते हैं। दरअसल यह प्रवृत्ति बौद्धिक दिवालियापन से उपजती है। ऊपर के वाक़यों में एक साझा सूत्र है, वह यह कि किसी विचारधारा, दल या उसके नेताओं या नीतियों की आलोचना पर अब बौद्धिक तर्कों के आधार पर विमर्श की गुंज़ाइश नहीं रही। बौद्धिक होने का दावा करने वाले लोग भी अब विरोधियों की ब्रांडिंग कर देने पर अपनी सारी ऊर्जा और तर्क शक्ति ख़र्च करने लगे हैं। दरअसल अगर हम देखें तो इस प्रवृत्ति का विकास नब्बे के दशक में प्रारम्भ हुआ। सोवियत रूस के विखण्डन और चीन में विचारधारा के नाम पर अधिनायकवादी क़दमों पर कुछ लेखकों और विद्वानों ने सवाल खड़े करने शुरू कर दिये। सोवियत रूस और चीन के बहाने से हमारे देश के वामपन्थियों और उनकी करतूतों पर भी सवाल खड़े होने लगे। हमारे वामपन्थी विद्वान मित्र उन सवालों से मुठभेड़ की बजाय सवाल करने वालों को संघी क़रार देकर उसे हँसी में उड़ाकर अपमानित करने लगे। सवाल तो फिर भी सुरसा की तरह मुँह बाये खड़े रहे। कालान्तर में संघ की वकालत करने वाले स्वयंभू विद्वानों ने वामपन्थियों की इस तकनीक या तरकीब का अनुसरण शुरू कर दिया। फिर वही हुआ। एक–दूसरे से नफ़रत की हद तक वैचारिक मतभेद रखने वाले, अपने–अपने विरोधियों को परास्त करने के लिए एक ही वैचारिक औज़ार का इस्तेमाल करने लगे।

मेरे मन में बहुधा यह सवाल उठता है कि क्या एक पत्रकार को इस या उस विचारधारा के साथ खड़ा होना चाहिए। क्या एक पत्रकार को बग़ैर वस्तुनिष्ठ हुए अपने तर्कों में विचारधारा विशेष का सहारा लेना चाहिए। क्या एक पत्रकार के लिए यह उचित है कि वो दल विशेष का प्रत्यक्ष या परोक्ष रूप से स्तुतिगान करे या फिर ख़बरों को इस तरह से मोड़ दे

कि किसी दल या नेता विशेष को फ़ायदा पहुँचे। ऐसे कई उदाहरण हैं जब पत्रकारों ने ऐसा किया है। इस सच को स्वीकारने का साहस वरिष्ठ पत्रकार कुलदीप नैयर ने दिखाया है। अपनी किताब 'एक ज़िन्दगी काफ़ी नहीं' में उन्होंने स्वीकार किया है। यू.एन.आई. की नौकरी में रहते हुए वो लालबहादुर शास्त्री को सलाह देते थे। इसके अलावा उन्होंने माना कि यूएनआई की टिकर में उन्होंने मोरारजी देसाई के ख़िलाफ़ एक ख़बर लगा दी जिसका फ़ायदा लालबहादुर शास्त्री को हुआ। पर मेरा मानना है कि पत्रकार को अपने लेखन में ईमानदार होना चाहिए। वहाँ किसी भी तरह की बेईमानी पूरे पेशे को सन्दिग्ध करती है। मेरा अपना मानना है कि पत्रकारों की आत्मा हमेशा सत्य के पक्ष में झुकी होनी चाहिए। किसी और की तरफ़ झुकाव उसकी लेखनी को सन्दिग्ध करता है। अगर बग़ैर किसी पक्ष में झुके लेखन होता रहा तो यह तय मानिए कि हर पक्ष में आपको किसी और पक्ष का दिखाने या साबित करने की होड़ लगी रहेगी। पत्रकार की सफलता इसी में है।

हाय हुसैन हम न हुए

छत्तीसगढ़ सरकार ने तीन दिनों का रायपुर साहित्य महोत्सव आयोजित किया था। यह एक सरकारी आयोजन था। इस आयोजन में हिन्दी के वरिष्ठ कवियों और लेखकों की भागीदारी रही। इनमें विनोद कुमार शुक्ल, नरेश सक्सेना, अशोक वाजपेयी, मैत्रेयी पुष्पा से लेकर ऋषिकेश सुलभ जैसे दिग्गज लेखक शामिल हुए। इन वरिष्ठ लेखकों के अलावा पत्रकारिता के अच्युतानन्द मिश्र और रमेश नैयर जैसे वरिष्ठ स्तम्भकारों ने भी इस साहित्योत्सव में शिरकत की थी। वरिष्ठ लेखकों के अलावा साहित्य के समकालीन–कथाकार कवियों ने भी अपनी उपस्थिति से इस साहित्योत्सव को जीवन्त बनाया था। अब तो सभी तरह के साहित्यिक आयोजनों की समीक्षा फेसबुक पर होती है। लिहाज़ा रायपुर साहित्य महोत्सव के आयोजन के पहले, उसके दौरान और उसके बाद इसको लेकर पक्ष–विपक्ष में विमर्श प्रारम्भ हो गया था। विरोध में यह तर्क दिया गया था कि चूँकि छत्तीसगढ़ सरकार नक्सलियों के ख़िलाफ़ सख़्ती से पेश आ रही है लिहाज़ा उसके आयोजन में जनपक्षधरता की पैरोकारी करने वाले और वाम दलों में अपनी आस्था का सार्वजनिक प्रदर्शन करने वालों को शिरकत नहीं करनी चाहिए। जैसा कि आम तौर पर फेसबुक पर होता है कि वहाँ विमर्श के दौरान हर

तरह की मर्यादा का उल्लंघन होता है। तब भी हुआ था। हिन्दी के वरिष्ठ कवि मंगलेश डबराल और कोलकाता के लेखक जगदीश्वर चतुर्वेदी के बीच हुई तीखी बहस गाली–गलौज तक पहुँच गयी। व्यक्तिगत हमले हुए। इसके अलावा साहित्य जगत में जुगनू की तरह चमकने वाले कुछ लेखक कवि और कुछ छद्म लेखक भी फेसबुक पर रायपुर साहित्य महोत्सव में शामिल होने वाले लेखकों को घेरने में जुटे थे। वहाँ मैत्रेयी पुष्पा और अन्य लोगों को सफ़ाई देनी पड़ी थी। फेसबुक के विमर्श की अराजकता एक बार फिर उजागर हो गयी। लोगों ने एक–दूसरे पर लाभ–लोभ लेने का सस्ता और घटिया आरोप जड़ा।

दरअसल, रायपुर साहित्य महोत्सव का विरोध करने वालों में ज़्यादातर लोग हाय हुसैन हम ना हुए सिंड्रोम के शिकार नज़र आये। ज़्यादातर फेसबुकिया साहित्यकारों की पीड़ा यह थी कि उनको वहाँ आमन्त्रित क्यों नहीं किया गया। उनकी यह पीड़ा बार–बार झलक रही थी। हिन्दी के एक कवि ने अपने न बुलाने के दर्द को अपनी कविता के माध्यम से सार्वजनिक कर दिया। छत्तीसगढ़ सरकार पर आरोप लगाने वाले लेखकों को यह नहीं मालूम था कि साहित्य महोत्सव के दौरान मुक्तिबोध की कविता 'अँधेरे में' की अर्धशती पूरे होने पर एक पूरा का पूरा सत्र रखा गया था जिसमें इस कविता और मुक्तिबोध की जनपक्षधरता पर जमकर विमर्श हुआ। कवि नरेश सक्सेना, प्रभात त्रिपाठी और लीलाधर मण्डलोई ने इस कविता को नये सिरे से व्याख्यायित करने का उपक्रम किया था। नरेश सक्सेना ने तो इस कविता पर बोलते हुए एक नयी स्थापना दी। उनका कहना था कि 'अँधेरे में' के प्रकाशन के बाद कविता की धुरी उत्तर प्रदेश से हटकर मध्य प्रदेश पहुँच गयी। उन्होंने अपनी इस स्थापना के पीछे कवियों की पूरी सूची गिनायी। उनका तर्क था कि 'अँधेरे में' की ताक़त ने कवियों को ताक़तवर बनाया। विरोध करने वालों को यह तक नहीं मालूम कि एक सत्र–'प्रतिरोध का साहित्य' में हिन्दी की वरिष्ठ लेखिका रमणिका गुप्ता ने तो आदिवासियों के मुद्दे पर छत्तीसगढ़ सरकार से लेकर केन्द्र सरकार तक को कठघरे में खड़ा कर दिया था। इस साहित्य महोत्सव में इस तरह के कई सत्र आयोजित किये गये थे जिनमें सत्ता पर जमकर हमले हुए। दूसरा आरोप यह लगाया गया कि इसमें राष्ट्रीय स्वयंसेवक संघ की भागीदारी रही। दरअसल मार्क्स के अन्धानुयायियों के साथ सबसे बड़ी दिक्कत यह है कि वो संघ से बुरी तरह से आक्रान्त रहते हैं। उन्हें जब

किसी भी शख़्स या आयोजन को डिफेम करना होता है तो वो संघ का सहारा लेते हैं। वामपन्थियों का संघ पर अफ़वाह तन्त्र में मज़बूत होने का आरोप रहता है लेकिन वामपन्थियों से बेहतर अफ़वाह तन्त्र देश में किसी का नहीं है। क्योंकि वो अफ़वाह उड़ाने और उसको वैधता प्रदान करने के लिए विचारधारा का जमकर इस्तेमाल करते हैं और हर चीज़ को जनपक्षधरता से जोड़ देते हैं। रायपुर साहित्योत्सव के दौरान कहीं भी संघ का कोई पदाधिकारी नज़र नहीं आया। किसी भी सत्र और वक्ताओं को सुनने के बाद यह नहीं लगा कि संघ इस कार्यक्रम के पीछे है। साहित्य से जुड़े हर व्यक्ति को इस तरह के आयोजनों की सराहना करनी चाहिए। साहित्य, कला और संस्कृति को लेकर सरकारों में अगर अनुराग का भाव पैदा होता है तो इसका समर्थन करना चाहिए। इन आयोजनों में जो धन लगता है वह करदाताओं का होता है। जनपक्षधरता की बात करने वालों को जनता के पैसों पर होने वाले आयोजनों का विरोध करते देखकर मुझे सलमान खान की फ़िल्म का एक डायलॉग याद आता है–'तुम करो तो रासलीला, हम करें तो कैरेक्टर ढीला'।

तीन–चार साल पहले राज्य सरकारों ने साहित्य आयोजनों में रुचि लेनी शुरू की थी। रायपुर के अलावा पटना में बिहार सरकार के कला संस्कृति विभाग ने दो दिनों का भारतीय कविता समारोह आयोजित किया था। इस कविता समारोह में हिन्दी समेत गुजराती, मलयालम, मराठी, बांग्ला, तेलुगू, ओड़िया, मणिपुरी समेत कई भारतीय भाषाओं के कवियों ने शिरकत की थी। शिरकत करने वालों में ज्ञानपीठ पुरस्कार से सम्मानित कवि केदारनाथ सिंह, हिन्दी के वरिष्ठ कवि अशोक वाजपेयी, साहित्य अकादेमी के अध्यक्ष विश्वनाथ प्रसाद तिवारी आदि भी थे। बिहार में हुए इस कविता समारोह में सरकार ने कवियों को हवाई–यात्रा के अलावा पाँच सितारा होटलों में रुकवाया साथ ही पाँच–दस मिनट के कविता पाठ के लिए पच्चीस हज़ार रुपये का मानदेय भी दिया था। यह एक सुखद संकेत है कि हमारी सरकारें रचनाकारों को आर्थिक सम्मान भी देने लगी हैं। बिहार में तीन दिन के भारतीय कविता समारोह की तुलना में रायपुर के साहित्य महोत्सव का फलक काफ़ी बड़ा था। पटना में जहाँ काव्य–पाठ हुआ, वहीं रायपुर में काव्य–पाठ के अलावा साहित्य की विभिन्न विधाओं और पत्रकारिता पर कई सत्र आयोजित किये गये। रायपुर साहित्य महोत्सव के विज्ञापन और होर्डिंग पूरे देश भर में लगाये गये थे। इन

दोनों समारोहों में एक बात जो कॉमन थी वो ये कि यहाँ स्थानीय भाषा को भी प्रमुखता दी गयी थी। पटना के भारतीय कविता महोत्सव में अन्य भारतीय भाषाओं के अलावा बिहार की लोकभाषाओं के कवि भी आमन्त्रित किये गये थे। उन्होंने अंगिका, वज्जिका और मगही में काव्य–पाठ किया था। इसी तरह से रायपुर में छत्तीसगढ़ी पर भी कई सत्र आयोजित थे। इस तरह से अगर हम देखें तो यह राज्य सरकारों का स्थानीय भाषाओं को बढ़ावा देने का एक उपक्रम भी था।

हिन्दी में सरकारी आयोजनों या नेताओं के साथ मंच साझा करने पर लेखक एक–दूसरे की लानत–मलामत किया करते थे। नेताओं के साथ मंच साझा करने वालों को हेय दृष्टि से देखा जाता था। हिन्दी में इस तरह का वातावरण तैयार कर दिया गया था कि सरकारी आयोजनों को हेय दृष्टि से देखा जाता था। जब भारत भवन में अशोक वाजपेयी ने अर्जुन सिंह की सरपरस्ती में लेखकों को जोड़ने का काम शुरू किया था तब भी उसी तरह का दुष्प्रचार किया गया था। वह दौर था जब देश में विचारधारा वाले साहित्य और साहित्यकारों की तूती बोलती थी। उस दौर ने हिन्दी साहित्य का जितना भला किया उससे ज़्यादा उसका नुक़सान किया। इमरजेंसी के समर्थन के एवज में इन्दिरा गाँधी ने साहित्य संस्कृति को वामपन्थी विचारधारा वाले लेखकों के हवाले कर दिया। अब इन वामपन्थी विचारकों ने इस तरह का ताना–बाना बुना कि सामान्य लेखकों को सरकार से दूर कर दिया। सरकार किनके पैसे पर चलती है। वह आम जनता का पैसा होता है। हमारे अपने पैसे पर आयोजित होने वाले समारोहों से लेखकों को काट देने का एक षड्यन्त्र रचा गया। उसके तहत यह बात फैलायी गयी कि सरकारी कार्यक्रमों में शामिल होने वाले कवि–लेखक दरबारी हैं। जबकि उक्त विचारधारा के पोषक शीर्ष लेखक सरकारों से फ़ायदा लेते रहे। तमाम कमेटियों में नामित होकर अपना स्वार्थ सिद्ध करते रहे। विचारधारा के प्रभाव के कम होने के बाद अब ये सारी बातें सामने आने लगी हैं। ये उसी तरह के लोग हैं जो सरकारें चाहें किसी की भी रही हों साहित्यिक संस्थाओं पर उनका ही कब्ज़ा रहता आया है। हर सरकारी शिष्टमण्डल में कुछ नाम घूम फिर आते–जाते रहे हैं। अब वक़्त आ गया है कि सत्तर के दशक के बाद देश में जिस तरह से साहित्य–संस्कृति को लेकर खेल खेला गया उस पर गम्भीरता से विचार हो कि उस खेल से कितना फ़ायदा हुआ और कितना नुक़सान।

विचारों का वामपन्थी फ़ासीवाद

हर वर्ष 31 जुलाई को प्रेमचन्द की जयन्ती के मौक़े पर हिन्दी साहित्य की मशहूर पत्रिका 'हंस' की सालाना गोष्ठी राजधानी दिल्ली के साहित्यप्रेमियों के लिए एक उत्सव की तरह होती है। जब तक राजेन्द्र यादव जीवित थे तो जून आते–आते इस बात की उत्सुकता जाग्रत हो जाती थी कि हंस की गोष्ठी का विषय क्या होगा। इस उत्सुकता के पीछे पिछले तीन दशक से इस गोष्ठी में होने वाला गहन चिन्तन और मन्थन करने वाले प्रतिष्ठित वक्ताओं के विचार रहे हैं। यादव जी के निधन से पहले के तीन चार–सालों से इस गोष्ठी पर विवाद का साया मँडराने लगा था। कई लोगों का मानना था कि राजेन्द्र यादव जानबूझकर विषय और वक्ता का चुनाव इस तरह से करते थे ताकि विवाद को एक ज़मीन मिल सके। हो सकता है ऐसा सोचने वालों के पास कोई ठोस और तार्किक आधार हो, लेकिन इतना तय है कि इस आयोजन में बड़ी संख्या में राजधानी के बौद्धिकों की सहभागिता होती थी। पूर्व में हंस पत्रिका की संगोष्ठी में हुए विमर्श की गरमाहट राजधानी के बौद्धिक समाज के अलावा देश भर के संवेदनशील लोगों ने महसूस की। लेकिन एक आयोजन ऐसा हुआ था जिस पर साहित्य जगत को गम्भीरता से सोचने की आवश्यकता है। उस संगोष्ठी ने ख़ुद को हिन्दी समाज का प्रगतिशील और जनवादी बौद्धिक तबका क़रार देने वालों के पाखण्ड को उजागर कर दिया था।

दरअसल इस पूरे विवाद को समझने के लिए हमें इसकी पृष्ठभूमि में जाना होगा। उस सालाना जलसे का विषय था–अभिव्यक्ति और प्रतिबन्ध–और वक्ता के तौर पर हिन्दी के वरिष्ठ कवि अशोक वाजपेयी, भारतीय जनता पार्टी के पूर्व नेता गोविन्दाचार्य, अन्तरराष्ट्रीय बुकर पुरस्कार से सम्मानित लेखिका और नक्सलियों की हमदर्द अरुन्धति राय, नक्सलियों के एक और समर्थक और कवि वरवर राव को आमन्त्रित किया गया था। वरवर राव की कविताओं से हिन्दी जगत परिचित हो या न हो लेकिन उनकी ऐसी क्रान्तिकारी छवि गढ़ी गयी है जो उनको वैधता और प्रतिष्ठा दोनों प्रदान करती है। माओवाद के रोमांटिसिज़्म और मार्क्सवाद की यूटोपिया की सीढ़ी पर चढ़कर वो प्रतिष्ठित भी हैं। कार्यक्रम की शुरुआत शाम पाँच बजे होनी थी। अशोक वाजपेयी और गोविन्दाचार्य तो समय पर पहुँच गये थे। अरुन्धति राय और वरवर राव का घण्टे भर से

ज़्यादा इन्तज़ार के बाद कार्यक्रम शुरू हुआ था। पहले तो बताया गया कि वरवर राव दिल्ली पहुँच रहे हैं और कुछ ही वक़्त में सभास्थल पर पहुँच जायेंगे। पर वो नहीं पहुँचे। कार्यक्रम के ख़त्म होने के बाद सोशल मीडिया पर इस मुद्दे पर चर्चा शुरू हो गयी थी। किसी ने लिखा कि जनपक्षधर कवि वरवर राव ने हंस के कार्यक्रम का बहिष्कार किया क्योंकि उन्हें गोविन्दाचार्य और अशोक वाजपेयी के साथ मंच साझा करना मंजूर नहीं था। किसी ने अरुन्धति की बग़ैर मर्ज़ी के कार्ड पर नाम छाप देने को लेकर राजेन्द्र जी पर हमला बोला।

यह सब चल ही रहा था कि सोशल मीडिया पर ही वरवर राव का एक खुला पत्र तैरने लगा था। उस पत्र की वैधता उस वक़्त तक किसी को पता नहीं थी लेकिन, जब कई दिनों तक वरवर राव की तरफ़ से कोई खण्डन नहीं आया तो उस ख़त को उनका ही मान लिया गया। उस पत्र में वरवर राव ने गोष्ठी में नहीं पहुँचने की बेहद बचकानी और हास्यास्पद वजहें बतायीं। अपने पत्र में वरवर राव ने लिखा–मुझे हंस की ओर से ग्यारह जुलाई को भेजा निमन्त्रण–पत्र लगभग दस दिन बाद मिला। इस पत्र में मेरी सहमति लिए बिना ही राजेन्द्र यादव ने 'छूट' लेकर मेरा नाम निमन्त्रण–पत्र में डाल देने की घोषणा कर रखी थी। बहरहाल, मैंने इस बात को तवज्जो नहीं दी कि हमें कौन और क्यों और किस मंशा से बुला रहा है। मेरे साथ इस मंच पर बोलने वाले कौन हैं। वरवर राव के इस भोलेपन पर विश्वास करने का मन तो नहीं होता लेकिन अविश्वास की कोई वजह नहीं है। भोलापन इतना कि किसी ने बुलाया और आप विषय देखकर चले गये। वरवर राव ने आगे लिखा कि दिल्ली पहुँचने पर उनको यह जानकर हैरानी हुई कि उनके साथ मंच पर गोविन्दाचार्य और अशोक वाजपेयी हैं। राव के मुताबिक़, अशोक वाजपेयी का सत्ता प्रतिष्ठान और कॉरपोरेट से जुड़ाव सर्वविदित है। राव यहीं तक नहीं रुकते हैं और अशोक वाजपेयी की प्रेमचन्द की समझ को लेकर भी उनको कठघरे में खड़ा कर देते हैं। इसके अलावा गोविन्दाचार्य को हिन्दूवादी राजनीति करने वाला क़रार देते हैं। गोविन्दाचार्य के बारे में उनकी राय सही हो सकती है लेकिन अशोक वाजपेयी के कॉरपोरेट से सम्बन्धों की बात वरवर राव की अज्ञानता की तरफ़ ही इशारा करती है। वरवर राव को अशोक वाजपेयी का साम्प्रदायिक राजनीति से विरोध ज्ञात नहीं है। शायद हिन्दी के चेले–चपाटों ने उन्हें बताया नहीं। ख़ैर–अशोक

वाजपेयी वरवर राव से कमतर न तो साहित्यकार हैं और न ही उनसे कम उनके सामाजिक सरोकार हैं। अशोक वाजपेयी को राव के सर्टिफिकेट की भी ज़रूरत नहीं है। अरुन्धति की तरफ़ से समारोह में उनके न आने की वजह का कोई आधिकारिक बयान नहीं आया। लेकिन साहित्यिक हलके में यही चर्चा है कि उनको भी गोविन्दाचार्य और अशोक वाजपेयी के साथ मंच साझा करना मंजूर नहीं था। अरुन्धति हंस के कार्यक्रम में पहले भी ऐसा कर चुकी हैं जब उनको और छत्तीसगढ़ के डी.जी. रहे विश्वरंजन को एक मंच पर आमन्त्रित किया गया था। उस वक़्त भी वो नहीं आयी थीं।

दरअसल हंस की गोष्ठी के दौरान हुआ यह ड्रामा वामपन्थी फ़ासीवाद का बेहतरीन नमूना है। वरवर राव ने अपने खुले पत्र में ख़ुद की लाल विचारधारा का भी परचम लहराया है। राजसत्ता द्वारा अपनी–अपनी प्रताड़ना का छाती कूट–कूट कर प्रदर्शन किया है। राजेन्द्र यादव भी ख़ुद को वामपन्थी रचनाकार कहते रहे हैं लेकिन इस मसले पर वामपन्थियों के इस फ़ासीवाद के बचाव में उनके तरकश में कोई तीर नहीं है, बातें चाहे वो जितनी कर लें। राजनीति की किताबों में फ़ासीवाद की परिभाषा अलग है लेकिन लेनिन के परवर्तियों ने फ़ासीवाद की अलग परिभाषा गढ़ी। उसके मुताबिक़ फ़ासीवाद अन्य लोकतान्त्रिक दलों का खात्मा कर पूरे समाज को एक सत्ता में बाँधने का प्रयास करता है। फ़ासीवाद के उनके इस सिद्धान्त का सबसे बड़ा उदाहरण रूस और चीन हैं जहाँ लाखों लोगों को कम्युनिस्ट पार्टी और उसके नेता के विरोध की क़ीमत अपनी जान देकर चुकानी पड़ी। सैकड़ों नहीं, हज़ारों नहीं बल्कि लाखों लोगों को मौत के घाट उतार दिया गया। वामपन्थी राजनीति का दुर्गुण ही यही है कि जिसे वो फ़ासीवाद मानते हैं वास्तविकता में उसी को अपनाते हैं। हंस की गोष्ठी में वरवर राव और अरुन्धति का गोविन्दाचार्य और अशोक वाजपेयी के साथ शामिल नहीं होना यही दर्शाता है। दरअसल यह विचारों का फ़ासीवाद तो है ही एक तरह से विचारों को लेकर अस्पृश्यता भी है। क्या वामपन्थी विचारधारा के अनुयायियों के पास इतनी तर्कशक्ति नहीं बची कि वो दूसरी विचारधारा का सामना कर सकें? क्या वाम विचारधारा के अन्दर इतना साहस नहीं बचा कि वो दूसरी विचारधारा के हमलों को बेअसर कर सकें? अगर मैं ऑरवेल के डबल थिंक और डबल टॉक शब्द उधार लूँ तो कह सकता हूँ कि हिन्दी समाज के वामपन्थी विचारधारा को

मानने वाले लोग इस दोमुँही बीमारी के शिकार हैं। दरअसल सोवियत संघ के विघटन के बाद भी हमारे देश के मार्क्सवादियों ने यह सवाल नहीं खड़ा किया कि इस विचारधारा में या उसके प्रतिपादन में क्या कमी रह गयी थी। दरअसल सवाल पूछने की जगह भारत के मार्क्सवादी बुद्धिजीवियों ने मार्क्सवाद की अपने तरीक़े से रंगाई–पुताई की और उसकी बिनाह पर अपनी राजनीति चमकाते रहे। रूस में राजसत्ता का कहर झेलने वाले मशहूर लेखक सोल्झेनित्सिन ने भी लिखा था–'कम्युनिस्ट विचारधारा एक ऐसा पाखण्ड है जिससे सब परिचित हैं, नाटक के उपकरणों की तरह उसका इस्तेमाल भाषण के मंचों पर होता है।' भारत में इस तरह के उदाहरण लगातार कई बार और बार–बार मिलते रहे हैं। एक विचारधारा के तौर पर मार्क्सवाद पर सवाल खड़े किये जा सकते हैं लेकिन उसको एकदम से ख़ारिज नहीं किया जा सकता है। लेकिन इस विचारधारा के वरवर राव जैसे अनुयायी उसको फ़ासीवादी बाना पहनाने पर आमादा हैं। राव और अरुन्धति को गोविन्दाचार्य और अशोक वाजपेयी के साथ अभिव्यक्ति और प्रतिबन्ध विषय पर अपने विचार रखने चाहिए थे। अपने तर्कों से दोनों को ख़ारिज करते। लेकिन हमारे समाज में वरवर राव जैसे कुछ तथाकथित बुद्धिजीवी अब भी मौजूद हैं जो विचारधारा के कारागार में सीखचों के पीछे रहकर प्रतिष्ठा और स्वीकार्यता प्राप्त कर रहे हैं। इस बार जिस तरह से हंस की गोष्ठी में राव और राय के नहीं आने को लेकर सोशल मीडिया और अख़बारों में संवाद शुरू हुआ है उससे तो यही कहा जा सकता है कि हंस की गोष्ठी अब शुरू हुई है और वो विचारों के कारागार से मुक्त है।

विचारधारा के पूर्वग्रह

कट्टरपन्थ का एक ऐसा वायरस है जो हमारे देश में तेज़ी से फैलता जा रहा है। समय रहते अगर बौद्धिक समाज ने इस पर लगाम लगाने की कोशिश नहीं की तो इसके बेहद गम्भीर परिणाम होंगे। प्रगतिशील लेखकों की बिरादरी हुसैन की प्रदर्शनी पर हमले को लेकर तो ख़ूब ज़ोर–शोर से गरजती हैं लेकिन जब तसलीमा या फिर सलमान का मुद्दा आता है तो रस्मी तौर पर विरोध जताकर या फिर चुप रह कर पूरे मसले से कन्नी काट लेते हैं। चिन्ता इस बात को लेकर है कि भारत में ये प्रवृत्ति अब ज़ोर पकड़ने लगी है। हुसैन की पेंटिंग के विरोध को लेकर ख़ूब हो–हल्ला

मचा था, माना जा सकता है कि विरोध जायज़ भी था। लेकिन सलमान के जयपुर ना आने पर विरोध का स्वर काफ़ी धीमा था।

जयपुर में सलमान रुश्दी को अपने ही देश में आने से रोककर राजस्थान की गहलोत सरकार ने जिस ख़तरनाक परम्परा की शुरुआत की उसका परिणाम कोलकाता पुस्तक मेले में दिखा। इस देश में पहले तो कांग्रेस और वामपन्थी नेताओं ने सांस्कृतिक और साहित्यिक संस्थाओं पर कब्ज़ा किया और धर्मनिरपेक्षता की आड़ में देश की परम्पराओं और मान्यताओं की परवाह करना बन्द कर दिया। बाद में अन्य छोटे दलों ने भी यही काम करना शुरू कर दिया। पहले भी जिक्र कर चुका हूँ कि इमरजेंसी के पहले और बाद के दौर में वामपन्थी बुद्धिजीवियों का सरकार पर दबदबा रहा। वामपन्थियों ने इमरजेंसी में इन्दिरा गाँधी की सरकार को जो सहयोग दिया उसके एवज़ में जमकर क़ीमत वसूली। इमरजेंसी में मीडिया पर पाबन्दी को लेकर वामपन्थियों ने ख़ामोश समर्थन दिया। देश के पहले प्रधानमन्त्री जवाहरलाल नेहरू का ज़रूर यह मानना था कि भारत में लोकतन्त्र को मज़बूत करने के लिए हर तरह की साहित्यिक–सांस्कृतिक संस्थाओं को मज़बूत करना होगा। साहित्य अकादेमी के चेयरमैन के तौर पर उन्होंने हमेशा से इस मान्यता को मज़बूत करने का काम किया। बाद में इन्दिरा गाँधी ने तो संस्थाओं और मान्यताओं की जमकर धज्जियाँ उड़ायीं। एक तानाशाह की तरह जो मन में आया, वो किया जिसकी परिणति देश में इमरजेंसी के तौर पर हुई। राजीव गाँधी की ताज़ा नेता की छवि से देश को एक उम्मीद जगी थी लेकिन कालान्तर में वो भी प्रगतिशील और परम्पराओं को तोड़ने वाले नेता की छवि को तोड़ते हुए कट्टरपन्थियों के आगे झुकते चले गये। सलमान रुश्दी को जयपुर आने से रोकने और तसलीमा की किताब के लोकार्पण को रोकना सिर्फ़ अभिव्यक्ति की आज़ादी पर पाबन्दी का मसला नहीं था। इसके पीछे कांग्रेस ने एक बड़ा राजनीतिक खेल खेला था। वो इस बहाने से उत्तर प्रदेश में होने वाले विधानसभा चुनाव में मुसलमानों का वोट अपनी ओर खींचना चाहती थी। उत्तर प्रदेश विधानसभा चुनाव को कांग्रेस ने अपने युवराज राहुल की लोकप्रियता के साथ जोड़कर प्रतिष्ठा का प्रश्न बना लिया था। पार्टी को यह पता है कि उत्तर प्रदेश में मुसलमान मतदाताओं की भूमिका बेहद अहम है और उनका समर्थन हासिल कर लेने से सफलता आसान हो जायेगी।

कोलकाता में ममता बनर्जी ने भी यही खेल खेला। वह भी नहीं चाहतीं कि उनके सूबे में मुस्लिम नाराज़ न हो इस वजह से तसलीमा की किताब के लोकार्पण की इजाज़त नहीं मिली, वजह बतायी गयी कि इससे साम्प्रदायिक सद्भाव को झटका लग सकता है और सूबे में क़ानून व्यवस्था के खराब हालात पैदा हो सकते हैं। ममता बनर्जी ने वामपन्थियों के शासन से कोलकाता को मुक्त किया और ज़ोर–शोर से यह वादा किया था कि अब सूबे में किसी के साथ कोई भेदभाव नहीं किया जायेगा। लेकिन वामपन्थी सरकार के तसलीमा को कोलकाता से बाहर निकालने के फ़ैसले को वापस लेने की हिम्मत नहीं जुटा पायीं। तसलीमा जिसे अपना दूसरा घर कहती हैं वहाँ जाने की उनको इजाज़त नहीं है। क़ानून व्यवस्था की आड़ में उनके कोलकाता जाने पर पहले से पाबन्दी है। अपनी किताब के विमोचन पर रोक लगाने के बाद तसलीमा ने ट्वीट कर सवाल खड़ा किया कि कोलकाता ख़ुद को बौद्धिक शहर कहता है लेकिन एक लेखक को प्रतिबन्धित किया जा रहा है। मेरी अनुपस्थिति में भी किताब जारी होना क़तई मंजूर नहीं है। कोई पार्टी कोई संगठन कुछ नहीं कहता।

दरअसल हमारे देश में प्रगतिशीलता का मुखौटा लगाने वाले लेखक प्रगतिशील हैं ही नहीं। जब मकबूल फ़िदा हुसैन की पेंटिंग्स को लेकर हिन्दू संगठनों ने बवाल खड़ा किया था और उनकी प्रदर्शनियों में तोड़–फोड़ की थी तो उस वक़्त वामपन्थी लेखकों और उनके संगठनों ने ज़ोर–शोर से इसका विरोध किया था। लेखकों ने लेख लिखकर, सड़कों पर प्रदर्शन करके विरोध जताया था। अब भी वो तमाम लोग और उनके संगठन हुसैन की कतर की नागरिकता स्वीकार करने के फ़ैसले को हिन्दू संगठनों की धमकियों का नतीजा ही मानते हैं। जब दिल्ली विश्वविद्यालय के पाठ्यक्रम से रामानुजम का रामायण से सम्बन्धित एक लेख हटाया गया तो उसका वामपन्थ से जुड़े लेखकों और अध्यापकों ने देशव्यापी विरोध किया। विश्वविद्यालय में धरना–प्रदर्शन हुआ, देश भर के अख़बारों में विरोध में लेख छपे। मन्त्रियों को ज्ञापन दिया गया और उसको बहाल करने की माँग उठी। जब पश्चिम बंगाल की वामपन्थी सरकार ने तसलीमा को प्रदेश से निकाल बाहर किया तो लेखक संगठनों और प्रगतिशील लेखकों ने चुप्पी साध ली क्योंकि उस वक़्त वहाँ उनकी सरकार थी और लेखकों के ये संगठन किसी भी तरह के क़दम के लिए अपनी सम्बन्धित राजनीतिक पार्टी से निर्देश लेते हैं। जब सलमान रुश्दी को भारत आने

से रोका गया तो तमाम प्रगतिशील लेखकों से लेकर उनके संगठनों तक ने इस बात पर विरोध जताना उचित नहीं समझा। इस चुप्पी या कमज़ोर विरोध से उन अनाम से हिन्दू संगठनों को ताक़त मिलती है जो लेखकीय स्वतन्त्रता पर, अभिव्यक्ति की आज़ादी पर हमला करते हैं या उस तरह के हमला करने वालों को प्रश्रय देते हैं। अब देश में ज़रूरत इस बात की है कि कट्टरपन्थियों के इस तरह के क़दमों को बजाय अपनी चुप्पी के, सक्रिय साझीदारी से उन पर रोक लगाने की कोशिश की जाये। इसके लिए देश भर के बुद्धिजीवियों को चाहे वो किसी भी विचारधारा से जुड़े हों खुलकर सामने आना होगा। लेखकों का किसी विचारधारा से जुड़ना और उसके हिसाब से लेखन करना ग़ैरवाज़िब नहीं है। लेकिन जब अपनी विचारधारा को धारा बनाने और सबसे उसी धारा में बहने का दुराग्रह शुरू हो जाता है तो विश्वसनीयता पर बड़ा संकट खड़ा हो जाता है। लेखकों और संगठनों को इससे मुक्त होना होगा और जो कोई भी अभिव्यक्ति की आज़ादी की राह में रोड़ा अटकाने की कोशिश करे या फिर उसमें बाधा बने उसका पुरज़ोर तरीक़े से विरोध किया जाना चाहिए। उस वक़्त यह भूलना होगा कि फलाँ किस विचारधारा से हैं और लेखकीय आज़ादी पर हमला करने वाला किस विचारधारा का है। अगर हमारे देश में ऐसा सम्भव हो पाता है तो ये लेखक बिरादरी के लिए तो बेहतर होगा ही हमारे लोकतन्त्र को भी मज़बूती प्रदान करेगा।

अमिताभ का विरोध क्यों?

हमारे देश के वामपन्थियों ने हर फ्रण्ट पर विवाद खड़ा करने की कोशिश की। देश के सबसे बड़े साहित्यिक पुरस्कार को लेकर विवाद पैदा किया गया था क्योंकि शहरयार और अमरकान्त को ज्ञानपीठ पुरस्कार हिन्दी फ़िल्मों के महानायक अमिताभ बच्चन के हाथों दिया गया। इस बात को लेकर कई साहित्यकारों ने घोर आपत्ति जतायी थी कि हिन्दी फ़िल्मों में नाचने–गाने वाला कलाकार हिन्दी के प्रतिष्ठित लेखक को सबसे प्रतिष्ठित पुरस्कार देने योग्य कैसे हो गया। दरअसल ये हिन्दी के शुद्धतावादी लेखकों की कुण्ठा है जो किसी न किसी रूप में प्रकट होती है। सबसे पहले ये सवाल हिन्दी के आलोचक वीरेन्द्र यादव ने फेसबुक पर उठाया। वीरेन्द्र यादव ने लिखा था–हिन्दी के दो शीर्ष लेखकों श्रीलाल शुक्ल और अमरकान्त को ज्ञानपीठ पुरस्कार दिये जाने का समाचार इन दिनों सुर्ख़ियों

में है। फिलहाल इस बात से ध्यान हट गया है कि ज्ञानपीठ में अब अमिताभ बच्चन का दख़ल हो गया है। अभी पिछले ही हफ़्ते शह्रयार को अमिताभ बच्चन ने यह पुरस्कार दिया है। यानी अब मूर्धन्य साहित्यकार बॉलीवुड के ग्लैमर से महिमामण्डित होंगे। जिस सम्मान को अब तक भारत के राष्ट्रपति, प्रधानमन्त्री और नेल्सन मंडेला जैसी विभूतियाँ देती रही हों, क्या उसकी यह परिणति दयनीय नहीं है? वीरेन्द्र यादव ने फेसबुक पर 'क्या नहीं' की शक्ल में सवाल उछाला। वीरेन्द्र यादव एक समझदार और सतर्क आलोचक माने जाते हैं। उनसे इस तरह की हल्की टिप्पणी की उम्मीद नहीं थी। अमिताभ बच्चन इस देश के एक बड़े कलाकार हैं और सिर्फ़ फ़िल्मों में लम्बू तम्बू में बम्बू लगाये बैठा और झण्डू बाम का विज्ञापन कर देने भर से उनका योगदान कम नहीं हो जाता। क्या वीरेन्द्र यादव को अमिताभ बच्चन की उन फ़िल्मों का नाम गिनाना होगा जिसमें उन्होंने यादगार भूमिकाएँ कीं। क्या वीरेन्द्र यादव को अमिताभ बच्चन के अभिनय की मिसाल देनी होगी। मुझे नहीं लगता है कि इसकी ज़रूरत पड़ेगी। अमिताभ बच्चन इस सदी के सबसे बड़े कलाकार के तौर पर चुने गये हैं। वीरेन्द्र यादव को यह समझना होगा कि हर व्यक्ति की अपनी आर्थिक ज़रूरतें होती हैं और वो जिस पेशे में होता है उससे अपनी उन आर्थिक ज़रूरतों को पूरा करने की क़ोशिश करता है। अमिताभ बच्चन ने भी वही किया। सचिन तेंदुलकर और शबाना आज़मी भी कई उत्पादों का विज्ञापन करते हैं तो क्या सिर्फ़ उन विज्ञापनों के आधार पर ही उनके क्षेत्र में उनके योगदान को नकार दिया जाये। अमिताभ बच्चन की तरह बिरजू महाराज भी झण्डू बाम का विज्ञापन करते हैं तो इसी आधार पर उनके योगदान को कम कर दिया जाना चाहिए। लगता है वीरेन्द्र जी की नज़र से यह विज्ञापन नहीं निकला वर्ना वो बिरजू महाराज को और उनके योगदान को ख़ारिज कर देते। कई बड़े कलाकार विज्ञापन करते हैं ये बातें उनके पेशे से जुड़ी हैं। अमिताभ बच्चन पोलियो ड्रॉप का भी विज्ञापन करते हैं। वीरेन्द्र यादव की बहस में अमिताभ की इस बात के लिए भी आलोचना की गयी है कि वो गुजरात के ब्राण्ड अम्बेस्डर हैं। उस गुजरात के जिसके मुख्यमन्त्री नरेन्द्र मोदी हैं। लेकिन इस बात को छुपा लिया गया कि वही अमिताभ बच्चन उस ज़माने में केरल के ब्राण्ड अम्बेसडर थे जब वहाँ वामपन्थी सरकार थी। तो इस तरह के तर्क और इस तरह की समझ पर सिर्फ़ तरस आ सकता है।

हिन्दी के एक और लेखक अशोक वाजपेयी–जिनका दायरा और एक्सपोज़र किसी भी अन्य लेखक से बड़ा है–ने भी अमिताभ बच्चन के हाथों ज्ञानपीठ पुरस्कार दिये जाने को संस्थान की एक दयनीय कोशिश क़रार दिया है। अशोक वाजपेयी ने अपने साप्ताहिक कॉलम में लिखा कि–यह समझना मुश्किल है कि अब अपने को सिनेमाई चमक से जोड़ने की जो दयनीय कोशिश भारतीय ज्ञानपीठ कर रहा है, उसका कारण क्या है। अशोक वाजपेयी जी को यह समझना होगा कि ज्ञानपीठ की यह कोशिश अपने को सिनेमाई चमक से जोड़ने की नहीं बल्कि, हिन्दी के बड़े लेखक को एक बड़े कलाकार के हाथों सम्मानित करवाने की हो सकती है। मुझे नहीं मालूम कि ज्ञानपीठ की मंशा क्या थी। वो सिनेमाई चमक से जुड़कर क्या हासिल कर लेगा। इस मंशा और वजह को अशोक वाजपेयी बेहतर समझते होंगे। अशोक जी के मुताबिक़ ज्ञानपीठ का किसी अभिनेता को बुलाने का निर्णय किसी कलामूर्धन्य को बुलाने की इच्छा से नहीं जुड़ा है क्योंकि ऐसी इच्छा के ज्ञानपीठ में सक्रिय होने का कोई प्रमाण या परम्परा नहीं है। प्रसंगवश उन्होंने भारत भवन में कालिदास सम्मान के लिए तीन कलामूर्धन्यों को बुलाने की बात कहकर अपनी पीठ भी थपथपा ली। वाजपेयी जी के इन तर्कों में कोई दम नहीं है और ज्ञानपीठ की परम्परा की दुहाई देकर वो अमिताभ बच्चन के योगदान को कम नहीं कर सकते। अमिताभ का हिन्दी के विकास में जो योगदान है उसे अशोक वाजपेयी के तर्क नकार नहीं सकते। अमिताभ बच्चन ने हिन्दी के फैलाव में जिस तरह से भूमिका निभायी उसको बताने की कोई आवश्यकता नहीं है। लेकिन उनके आलोचकों को वह भी दिखायी नहीं देता। अमिताभ बच्चन हिन्दी फ़िल्मों के एकमात्र कलाकार हैं जो हिन्दी में पूछे गये सवालों का हिन्दी में ही जवाब देते हैं। मुझे तो लगता है कि हाल के दिनों में जिस तरह से घोटालों के छींटे यूपीए सरकार पर पड़ रहे हैं उस माहौल में मनमोहन सिंह से बेहतर विकल्प तो निश्चित तौर पर अमिताभ बच्चन हैं। दरअसल अशोक वाजपेयी जैसे संवेदनशील लेखक जो कला और कलाकारों की इज़्ज़त करते रहे हैं उनकी लेखनी से जब एक बड़े कलाकार के लिए छोटे शब्द निकलते हैं तो तकलीफ़ होती है। अशोक वाजपेयी को अमिताभ बच्चन के हाथों ज्ञानपीठ पुरस्कार दिलवाने पर तो आपत्ति है लेकिन जब हिन्दी के जादुई यथार्थवादी कहानीकार उदय प्रकाश को कट्टर हिन्दूवादी नेता योगी आदित्यनाथ

अपने कर–कमलों से पुरस्कृत करते हैं तो अशोक वाजपेयी चुप रह जाते हैं। अशोक वाजपेयी जैसे बड़े लेखक की जो ये सेलेक्टेड चुप्पी होती है वह साहित्य और समाज के लिए बेहद ख़तरनाक है।

मुझे लगता है कि अशोक वाजपेयी का विरोध अमिताभ से कम ज्ञानपीठ से ज़्यादा है। उसी विरोध के लपेटे में अमिताभ बच्चन आ गये हैं। अशोक वाजपेयी की देखा–देखी कुछ छुटभैये लेखक भी अमिताभ बच्चन और ज्ञानपीठ के विरोध में लिखने लगे। हिन्दी के कुछ लेखकों के अन्दर फ़िल्म के कलाकारों को लेकर जो एक ग्रन्थि है वो उनके ख़ुद के लिए घातक है। फ़िल्म में काम करने वाला भी कलाकार होता है और किसी भी साहित्यकार, गायक, चित्रकार से कम नहीं होता। अमिताभ बच्चन को बुलाकर ज्ञानपीठ ने एक ऐसी परम्परा कायम की जिससे हिन्दी का दायरा बढ़ेगा।

जब रचनाएँ भी मज़हबी हो गयीं

टैगोर पर धर्मान्धता भारी

क्या रचनात्मक लेखन का कोई धर्म होता है? क्या कोई साहित्यिक रचना किसी धर्म विशेष को बढ़ावा देती है? क्या किसी रचना में धार्मिक प्रतीकों के इस्तेमाल से वो रचना साम्प्रदायिक हो सकती है? क्या किसी रचना में किताबों की बात करने से किसी धर्म विशेष के ग्रन्थ की अवहेलना हो सकती है? इस सवाल ने वैश्विक स्तर पर बुद्धिजीवियों को उद्वेलित किया था जब बांग्लादेश में पहली से लेकर आठवीं कक्षा तक के पाठ्यक्रम में भारी बदलाव किया गया था। पाठ्यक्रमों में बदलाव होते रहते हैं लेकिन जब ये बदलाव किसी दबाव में किये जायें और किसी रचना या पुस्तक को हटवाने के पीछे कट्टरपन्थी हों तो चिन्ता का सबब बन जाता है। बांग्लादेश सरकार ने स्कूलों में पढ़ाई जाने वाली किताबों से नोबेल पुरस्कार से सम्मानित गुरुदेव रवीन्द्रनाथ टैगोर और जाने–माने लेखक शरतचन्द्र चट्टोपाध्याय की कविता और कहानी हटा दी थी। बांग्लादेश सरकार ने यह क़दम एक कट्टरपन्थी संगठन हिफ़ाज़त–ए–इस्लाम के विरोध के बाद उठाया था। यह संगठन वहाँ मदरसों में पढ़ाने वाले शिक्षकों और वहाँ पढ़ाई करने वाले छात्रों का माना जाता है। हिफ़ाज़त–ए–इस्लाम नाम के इस संगठन ने लम्बे समय से कई लेखकों की आधे दर्जन से अधिक रचनाओं को चिन्हित किया हुआ था और बांग्लादेश सरकार पर दबाव बना रहे थे कि इन सबको पाठ्यक्रमों से हटा दिया जाये। हिफ़ाज़त–ए–इस्लाम की दलील है कि इन लेखकों की रचनाओं में इस्लाम का विरोध है और हिन्दू धर्म को बढ़ावा मिल रहा है। छठे वर्ग की एक किताब में रवीन्द्रनाथ टैगोर की कविता 'बांग्लादेशेर ह्दोय' पढ़ायी जाती थी। गुरुदेव की इस कविता में मातृभूमि को ऊँचे स्थान पर रखते हुए टैगोर ने उसकी ख़ूबसूरती की

प्रशंसा की है। रवीन्द्रनाथ टैगोर की यह कविता कई सालों से छात्रों को पढ़ायी जा रही थी लेकिन कुछ दिनों पहले हिफ़ाज़त–ए–इस्लाम को लगा कि गुरुवर की इस कविता में हिन्दुओं की एक देवी को बहुत ऊँचे स्थान पर रखा गया है या कह सकते हैं कि उनको इस बात पर आपत्ति थी कि टैगोर की इस कविता में हिन्दू देवी की तारीफ़ की गयी है। हिन्दू देवी के उल्लेख और उसकी तारीफ़ को इस संगठन ने इस्लाम के ख़िलाफ़ माना, लिहाज़ा इस कविता को पाठ्यक्रम से हटाने की मुहिम शुरू कर दी थी। टैगोर के अलावा हिफ़ाज़त–ए–इस्लाम के निशाने पर शरतचन्द्र चट्टोपाध्याय की कहानी 'ललू' भी थी। इस कहानी के केन्द्र में पशुबलि है जिस पर पर लेखक ने विस्तार से लिखा है और बताया है कि कैसे एक बच्चा जानवरों की बलि को रोकने के लिए संघर्ष करता है। पशुबलि रोकने के बालक के संघर्ष में भी कट्टरपन्थियों को धर्म का बढ़ावा दिखायी दे गया। हिफ़ाज़त–ए–इस्लाम का तर्क था कि इस कहानी से हिन्दू धर्म में व्याप्त पशुबलि को बढ़ावा मिलता है लिहाज़ा बच्चों को यह कहानी नहीं पढ़ाई जानी चाहिए। सत्येन सेन की कहानी 'लाल गोरूटा' को भी पाठ्यक्रम से हटा दिया गया। इस कहानी में इसके केन्दीय पात्र निधिराम और गाय के बीच के संवेदनशील सम्बन्ध को दर्शाया गया है। इस्लामिक कट्टरपन्थियों की दलील है कि इस कहानी में कहानीकार ने गाय को माँ के रूप में दिखाया है। गाय को माँ के रूप में दिखाने को हिन्दू धर्म से जोड़कर कट्टरपन्थियों ने इसका विरोध शुरू किया था। उनका तर्क है कि इस तरह की कहानियों से हिन्दू धर्म के उपदेशों को बढ़ावा मिल रहा था जो उनको किसी भी क़ीमत पर मंजूर नहीं है।

हिफ़ाज़त–ए–इस्लाम जैसे कट्टरपन्थी संगठनों के सामने सारे तर्क बेकार होते हैं। वो तो सबको धर्म के चश्मे से देखते हैं और लिहाज़ा जो उनकी कसौटी पर खरा नहीं उतरता है उसको ख़ारिज करवाने के लिए एड़ी–चोटी का ज़ोर लगा देते हैं। इस मामले में ही अगर हम अन्य उदाहरणों को देखें तो यह धारणा और पुष्ट होती नज़र आती है। हुमायूँ आज़ाद की कविता 'बोई' को भी पाँचवीं कक्षा के सिलेबस से हटाया गया था। यह कविता किताब की महत्ता के बारे में बात करती है। कट्टरपन्थियों को यह लगा कि इस कविता से निकले सन्देश से कुरान की महत्ता कम होती है। उनके तर्कों के मुताबिक़ कुरान के अलावा किसी और किताब की महत्ता पर बात नहीं होनी चाहिए और अगर

किसी और किताब पर बात होगी तो यह कुरान को नहीं पढ़ने के लिए उकसाने जैसी बात होगी। यह अजीबोगरीब तर्क है। तालीम को बढ़ावा देने के लिए किताब की महत्ता पर बल देना ही होगा। पाक कुरानशरीफ़ की महत्ता भी तालीम हासिल करने के बाद ज़्यादा बेहतर तरीक़े से समझ आयेगी।

इन कट्टरपन्थियों को धर्म की आड़ में विरोध करना बेहतर लगता है। तभी तो उन्होंने उपेन्द्र किशोर रे की रामायण पर आधारित छोटी छोटी कहानियों का भी विरोध कर उसको हटवा दिया था। यही नहीं छठी कक्षा में एक यात्रा–वृत्तान्त था जिसमें उत्तर भारत के एक शहर का वर्णन था, उसको हटाकर मिस्र के एक शहर के बारे में पढ़ाया जाने लगा। कट्टरपन्थी इतने पर ही नहीं रुके उन्होंने तो वर्णमाला को सिखाने के तौर–तरीक़े में भी बदलाव करवा दिया। 'ओ' से 'ओल' की बजाय अब 'ओ' से 'ओरना' पढ़ाया जायेगा। 'ओल' एक सब्ज़ी है और 'ओरना' मुस्लिम लड़कियों द्वारा ओढ़ा जाने वाला एक स्कार्फ़। इन शब्दों के प्रतीकों से वो बच्चों को किस तरह की शिक्षा देना चाहते हैं यह सोचने वाली बात है। दरअसल कट्टरपन्थियों ने दो हज़ार चौदह से ये मुहिम शुरू की जब बांग्लादेश सरकार ने मदरसों में आधुनिक शिक्षा वाली किताबों को पढ़ाने का प्रस्ताव दिया था। तब कट्टरपन्थियों को ये लगने लगा था कि अगर मदरसों में धार्मिक कट्टरता की बजाय तर्कवादी दृष्टिकोण से शिक्षा का आधुनिकीकरण होगा तो उनकी दुकान बन्द हो जायेगी।

अब अगर इन कट्टरपन्थी घटनाओं के बढ़ने और आतंकवादी घटनाओं को अंजाम देने वालों के पढ़ा–लिखा होने को जोड़कर देखें तो बहुत चिन्तित करने वाली तस्वीर सामने आती है। मैं पहले भी बता चुका हूँ कि आतंकवादी वारदातों, चाहे वो बांग्लादेश की आतंकवादी वारदात हो या फिर पेरिस में भीड़ पर आतंकवादी हमला या तुर्की में हुआ आतंकवादी हमला, पर नज़र डालें तो ख़तरनाक प्रवृत्ति दिखती है। इन हमलावरों की प्रोफ़ाइल देखने पर आतंकवाद को लेकर चिन्ता बढ़ जाती है। पहले कम पढ़े–लिखे लोगों को आतंकवादी संगठन अपना शिकार बनाते थे। उनको धर्म की आड़ में जन्नत और हूर आदि का ख़्वाब दिखाकर और पैसों का लालच देकर आतंकवाद की पाठशाला में दाखिला दिलवाया जाता था। अनपढ़ों और जाहिलों को धर्म का डर दिखाकर बरगलाया जाता था। आश्चर्य तब होता है जब एमबीएम और इंजीनियरिंग के

छात्र भी आतंकवाद की ओर प्रवृत्त होने लगते हैं, हमले करने लगे हैं। रमजान के पाक महीने में बांग्लादेश, पेरिस और मक्का समेत कई जगहों पर आतंकवादी वारदातें हुई थीं। ढाका पुलिस के मुताबिक़ बम धमाके के मुजरिम शहर के सबसे अच्छे विश्वविद्यालय में पढ़ने वाले छात्र थे। पूरी दुनिया में इस बात पर मन्थन हो रहा है कि इस्लाम को मानने वाले पढ़े–लिखे युवकों का रैडिकलाइज़ेशन कैसे सम्भव हो पा रहा है। बांग्लादेश में तो दो हज़ार तेरह के बाद से ही इस तरह की घटनाओं में बढ़ोतरी देखने को मिल रही है। कई तर्कवादी ब्लॉगर्स को नृशंस तरीक़े से मौत के घाट उतार देने की वारदातों ने हमारे पड़ोसी देश को झकझोर कर रख दिया था।

अब इस बात पर विचार करना होगा कि धार्मिक कट्टरता के ख़िलाफ़ किस तरह की रणनीति बनायी जाये क्योंकि कट्टरता ही आतंकवाद की नर्सरी है। कट्टरता के खात्मे के लिए आवश्यक है कि पूरी दुनिया के बौद्धिक इसके ख़िलाफ़ एकजुट हों और अपने–अपने देशों में आधुनिक और वैज्ञानिक शिक्षा को बढ़ावा दें। इस्लामिक बुद्धिजीवियों पर ज़िम्मेदारी ज़्यादा है। उनको धर्म की आड़ में कट्टरता को पनपने से रोकने के लिए धर्म की गलत व्याख्या पर प्रहार करना होगा। धर्म के ठेकेदारों के ख़िलाफ़ बोलना शुरू करना होगा। हर विचारधारा और धर्म के लोगों को ग़लत को ग़लत कहने का साहस दिखाना होगा। हम किसी अन्य धर्म में बढ़ रही कट्टरता का विरोध करना इस तर्क के आधार पर नहीं छोड़ सकते हैं कि यह उनका आन्तरिक मामला है। जब बात मानवता और इन्सानियत की आती है तो फिर वो मामला किसी का भी आन्तरिक नहीं रह जाता है क्योंकि आतंक की तबाही न तो धर्म देखती है और न ही रंग वो तो सिर्फ़ जान लेती है। चुनी हुई चुप्पी की सियासत इस समस्या को बढ़ायेगी, लिहाज़ा बोलने का वक़्त है।

साम्प्रदायिकता–ये एक ऐसा विषय है जो हमारे पढ़े–लिखे समाज के एक वर्ग को हमेशा से मथता रहा है। हमारे इस बौद्धिक वर्ग को साम्प्रदायिकता के ख़िलाफ़ बार–बार खड़ा भी होना पड़ता है। होना भी चाहिए। हमारे समाज का ये कथित बौद्धिक वर्ग साम्प्रदायिकता को लेकर तब और भी उद्वेलित होने लगता है जब राज्यों या केन्द्र में मनमाफ़िक सरकारें ना हों। एक विचारधारा विशेष के आवरण में लिपटे ये लोग कभी साम्प्रदायिकता, कई बार असहिष्णुता तो कभी अभिव्यक्ति

की आज़ादी पर आसन्न ख़तरे को लेकर व्याकुल नज़र आते हैं। इनकी ये व्याकुलता नाटकों, लेखों से लेकर पुरस्कार वापसी तक में नज़र आती है। साम्प्रदायिकता के ख़िलाफ़ अपनी पोज़िशनिंग करने वाले इन चैम्पियनों को ये विषय तब और परेशान करने लगता है जब देश के किसी हिस्से में चुनाव आदि की आहट सुनायी देने लगती है। चुनाव की आहट को भाँपकर थिएटर एक्टिविस्ट प्रसन्ना ने महात्मा गाँधी की उन्नीस सौ नौ में लिखी किताब 'हिन्द स्वराज' के आधार पर एक नाटक तैयार किया, जिसका मंचन पूरे कर्नाटक में करने की योजना बनायी थी। योजना के मुताबिक़ अलग–अलग गाँवों के अलावा इसका मंचन स्कूल और कॉलेजों में भी किया जाना था। इस नाटक के मंचन का उद्देश्य साम्प्रदायिकता के ख़तरों से लोगों को आगाह करना था। 'हिन्द स्वराज' गाँधी की ऐतिहासिक किताब है जिस पर पहले ब्रिटिश शासकों ने प्रतिबन्ध लगा दिया था। मूल रूप से गुजराती में लिखी गयी इस किताब का बाद में अंग्रेज़ी में अनुवाद हुआ और फिर कई अन्य भाषाओं में अनूदित होकर छपी और लोगों को गाँधी के इस विचार को जानने–समझने का मौक़ा मिला। इस किताब के आधार पर तैयार किये गये नाटक को प्रसन्ना ने सम्पादित कर आधुनिक रूप देने की कोशिश की है। प्रसन्ना ने तो ये भी दावा किया है कि कुछ अंशों को जस का तस रखा गया है जैसा बापू ने लिखा था। इस नाटक में गाँधी एक जगह कहते हैं–'गाय को बचाने के लिए क्या मुझे किसी मुसलमान से लड़ना चाहिए या उसकी हत्या कर देनी चाहिए? अगर हमने ऐसा किया तो मुसलमान देश के दुश्मन बन जायेंगे और गाय के भी। गाय संरक्षण का एकमात्र तरीका जो मैं जानता हूँ, वह यह है कि मैं अपने मुसलमान भाइयों से हाथ जोड़कर अनुरोध करूँ। अगर वो मेरी बात नहीं सुनते हैं तो मुझे गाय को छोड़ देना चाहिए, यह मानकर कि ये मामला मेरे वश का नहीं है।'

यहीं से चुनिन्दा जानकारी देने का खेल शुरू होता है। मोहनदास करमचन्द गाँधी एक ऐसी शख़्सियत थे जो अपने विचारों को लगातार परिमार्जित करते रहते थे। सत्य और अहिंसा दो ही ऐसी अवधारणा दिखायी देती हैं जिनका परिमार्जन बापू के लेखन में नहीं दिखायी देता है अन्यथा वो अपने विचारों को लगातार अपडेट करते रहे हैं। मैं जो कह रहा हूँ वो अपने अध्ययन के आधार पर कह रहा हूँ। बापू ने विपुल लेखन किया है और उसको पूरा पढ़ने का दावा कम ही लोग कर सकते हैं। गोरक्षा पर

बापू के विचार उन्नीस सौ नौ में जो थे उससे किसी को इनकार नहीं है। किसी भी स्तर पर किसी भी तरह की हिंसा अक्षम्य है और हिंसा करने वाले को कड़ी से कड़ी सज़ा का प्रावधान होना चाहिए। लेकिन बापू ने छह अक्टूबर उन्नीस सौ इक्कीस को यंग इण्डिया में गोरक्षा पर क्या लिखा ये देखने की ज़रूरत है–'हिन्दू धर्म की मुख्य वस्तु है गोरक्षा। गोरक्षा मुझे मनुष्य के सारे विकासक्रम में सबसे अलौकिक वस्तु मालूम हुई है। ...हिन्दुस्तान में गाय ही मनुष्य का सबसे सच्चा साथी, सबसे बड़ा आधार है। यही हिन्दुस्तान की कामधेनु है। वह सिर्फ़ दूध ही नहीं देती, बल्कि सारी खेती का आधार स्तम्भ है। गाय दया धर्म की मूर्तिमंत कविता है। इस ग़रीब और शरीफ़ जानवर में हम केवल दया ही उमड़ती देखते हैं। यह लाखों–करोड़ों हिन्दुस्तानियों को पालने वाली माता है। इस गाय की रक्षा करना ईश्वर की सारी मूक सृष्टि की रक्षा करना है। जिस अज्ञात ऋषि या द्रष्टा ने गो पूजा चलायी उसने गाय से शुरुआत की। इसके सिवा कोई और ध्येय हो ही नहीं सकता है। गोरक्षा हिन्दू धर्म की दुनिया को दी हुई एक क़ीमती भेंट है। और हिन्दू धर्म भी तभी तक रहेगा, जब तक गाय की रक्षा करने वाले हिन्दू हैं।' आख़िरी पंक्ति पर ध्यान देने की ज़रूरत है। ईमानदारी तो यही होती कि गोरक्षा पर गाँधी के विचारों को समग्रता में जनता के सामने रखा जाता। गाँधी ने इसके बाद भी समय–समय पर काल और परिस्थिति के हिसाब से गोरक्षा पर अपने विचार रखे हैं जो यंग इण्डिया के सात जुलाई उन्नीस सौ सत्ताइस और हरिजन सेवक के इक्कीस सितम्बर उन्नीस सौ चालीस के अंक में प्रकाशित हैं। सवाल फिर वहीं आकर खड़ा हो जाता है कि हम चुनिन्दा तरीक़े से किसी बात को पेश करके हासिल क्या करना चाहते हैं। क्या ये बौद्धिक बेईमानी नहीं है। या फिर किसी ख़ास मकसद से नहीं किया जा रहा है। कर्नाटक में दो हज़ार अठारह में विधानसभा चुनाव होने वाले थे। चुनाव के पहले वहाँ कांग्रेस की सरकार थी और भारतीये जनता पार्टी ने येदियुरप्पा को वहाँ की कमान सौंप कर अपने इरादे साफ़ कर दिये थे। कर्नाटक में कांग्रेसी मुख्यमन्त्री की कार्यशैली को लेकर उनकी ख़ुद की ही पार्टी के लोग उनको कठघरे में खड़ा कर चुके थे। देवगौड़ा की पार्टी जेडीएस भी आन्तरिक संघर्षों से ही जूझ रही थी। ऐसे माहौल में 'हिन्द स्वराज' का गाँव–गाँव में जाकर मंचन और साम्प्रदायिकता के ख़िलाफ़ लोगों के जागरण के मंसूबों के ऐलान में राजनीति के आँगन का नाच

दिखायी देता है। इन नाटकों का मंचन कन्नड़ और अंग्रेज़ी में होना तय किया गया था। इसको एक कैम्पेन की तरह मंचित किया जाना था ताकि कर्नाटक में साम्प्रदायिकता के ख़िलाफ़ लोग जाग्रत हो सकें। इस कैंपेन से जुड़े लोग जिस तरह की बोली बोल रहे थे वो भी उनकी प्रतिबद्धता को साफ़ कर रहे थे। हिटलर, नाज़ी शासन आदि शब्दावली का उपयोग धड़ल्ले से हो रहा था। एक बार फिर से सवाल वही कि चुनाव के वक़्त इस नाटक की ज़रूरत क्यों? क्या कर्नाटक में साम्प्रदायिकता चुनाव के साल भर पहले मुद्दा था?

गौरतलब है कि बिहार चुनाव के वक़्त किस तरह से पुरस्कार वापसी को लेकर माहौल बनाने की कोशिश की गयी थी। छोटे–मोटे धरने आदि भी असहिष्णुता के ख़िलाफ़ दिये गये थे। मुँह पर काली पट्टी बाँधे चन्द लेखकों का साहित्य अकादेमी के बाहर जमावड़ा भी हुआ था लेकिन चुनाव में बीजेपी की पराजय के बाद सब शान्त हो गया। क्या देश की स्थिति, अगर ख़राब थी तो, ठीक हो गयी। क्या असहिष्णुता समाप्त हो गयी। क्या साम्प्रदायिकता की जगह साम्प्रदायिक सौहार्द ने ले ली। नहीं। स्थिति कमोबेश वैसी ही है। दरअसल साहित्य, कला और संस्कृति को भी हमारी विचारधारा से सराबोर लेखकों ने राजनीति का अखाड़ा बना दिया है। इसके लिए बहुत हद तक लेखक संगठन ज़िम्मेदार हैं जो विभिन्न कम्युनिस्ट पार्टियों के बौद्धिक प्रकोष्ठ की तरह काम करते रहे। इन संगठनों से जुड़े लेखक उस राजनीतिक दल के कार्यकर्ता बनकर रह गये। अस्सी के दशक में साहित्यिक कार्यक्रमों में मंच से इस बात का उल्लेख किया जाता था कि अमुक लेखक सीपीआई का होल टाइमर या कार्ड होल्डर रहा है। नये लेखकों से ये अपेक्षा की जाती थी कि उन होल टाइमर को बड़ा लेखक माना जाये। साहित्य को समाज के आगे चलने वाली मशाल से राजनीति का पिछलग्गू बना देने की ज़िम्मेदारी इन लेखक संगठनों और इनके कर्ताधर्ताओं पर है। अब जब ये लेखक संगठन कमज़ोर हो गये हैं तो अलग–अलग तरीक़े से व्यक्तिगत प्रयासों से राजनीति की जा रही है। कर्नाटक में साम्प्रदायिकता के ख़िलाफ़ माहौल बनाना एक अच्छी पहल है। इसका स्वागत होना चाहिए लेकिन जिस तरीक़े से गाँधी के गोरक्षा पर विचारों को समग्रता में पेश नहीं किया जा रहा है वो ख़तरनाक और चिन्ता की बात है। और यही बात उनकी मंशा को भी सन्देहास्पद बनाती है।

अभिव्यक्ति की आजादी की सीमा

पेरुमल मुरुगन के उपन्यास, उसका विरोध और फिर लेखक के फेसबुक पर मरने के ऐलान के बाद की स्थितियों को लेकर दायर याचिका पर मद्रास हाईकोर्ट ने फ़ैसला सुनाया था। मद्रास हाईकोर्ट के उस वक़्त के चीफ़ जस्टिस संजय किशन कौल के इस फ़ैसले को अभिव्यक्ति की आज़ादी को मज़बूती देने वाला क़रार दिया गया और बग़ैर पूरा पढ़े अभिव्यक्ति की आज़ादी के चैम्पियनों ने शोरगुल मचाना शुरू कर दिया। संजय किशन कौल इस तरह के फ़ैसलों के लिए जाने जाते हैं। जब वो दिल्ली उच्च न्यायालय में थे तो उन्होंने एम.एफ. हुसैन के केस में इसी से मिलता–जुलता फ़ैसला दिया था। तब भी अभिव्यक्ति की आज़ादी के पैरोकारों ने ऐसा ही शोरगुल मचाया था। प्रो. मुरुगन केस में मद्रास हाईकोर्ट ने अपने फ़ैसले के एक सौ चौरासीवें पैरा में एक गाइडलाइन बनाने का सुझाव दिया था। कोर्ट का मानना था कि सरकार इस तरह के मसले को सुलझाने के लिए विशेषज्ञों की एक कमेटी गठित करे। कमेटी में साहित्य और कला के क्षेत्र के महारथियों को सदस्य बनाने का सुझाव दिया गया था। कोर्ट के मुताबिक़ इस तरह के लोगों की कमेटी प्रो. मुरुगन जैसे मसलों में बग़ैर किसी पूर्वग्रह के अपनी बात को कह सकती है या अपनी राय दे सकती है। कोर्ट ने साफ़ कहा है कि इस तरह से साहित्य और कला के विवादित मसलों को हम सिर्फ़ पुलिस और स्थानीय प्रशासन के भरोसे छोड़ नहीं सकते हैं। इसके अलावा लेखकों, कलाकारों की सुरक्षा से लेकर इस तरह के मसलों को सुलझाने के लिए अफ़सरों को नियमित अन्तराल पर ट्रेनिंग देने की बात भी की गयी थी। अभिव्यक्ति की आज़ादी के पैरोकार जो अदालत के इस फ़ैसले से बेहद ख़ुश हो रहे थे उनको अदालत द्वारा सुझायी गयी इस गाइडलाइन पर भी विचार करना चाहिए। सवाल यह है कि जब क़ानून में इस तरह के मसलों से निबटने के लिए तमाम तरह की धाराएँ मौजूद हैं तो फिर एक और कमेटी क्यों? सवाल यह भी है कि हमारे देश में कलाकार और लेखक भी राजनीति का हिस्सा रहे हैं। वो किसी न किसी पार्टी या लेखक संगठन से जुड़े रहे हैं और ये लेखक संगठन पार्टियों के बौद्धिक प्रकोष्ठ हैं यह बात सार्वजनिक रूप से मान्य है। ऐसे में अगर अदालत किसी निरपेक्ष कमेटी की कल्पना कर रही है तो ये सम्भव नहीं है। अगर किसी सरकार को इसका गठन करना

होगा तो फिर तो और भी सम्भव नहीं है क्योंकि सरकारें अपने हिसाब से इसमें अपने समर्थक लेखक और कलाकारों की नियुक्ति करेंगी।

इस फ़ैसले की पृष्ठभूमि में चलते हैं। तमिलनाडु के एक गाँव के लोगों के विरोध से परेशान होकर उसी गाँव के लेखक प्रो. पेरुमल मुरुगन ने लिखना छोड़ने का ऐलान कर दिया था और कहा था कि एक लेखक की मौत हो गयी है। मद्रास हाईकोर्ट के ताज़ा फ़ैसले के बाद मुरुगन ने फिर से लिखना शुरू करने का ऐलान कर दिया। दरअसल ये पूरा विवाद प्रोफ़ेसर मुरुगन की किताब को लेकर उठा था। उनका उपन्यास 'मधोरुबगन' जब छपा था तो उसकी थोड़ी सुगबुगाहट शुरू हुई थी लेकिन जब वो अंग्रेज़ी में 'वन पार्ट वूमन' के नाम से छपकर आया तो विरोध की चिनगारी ज्वाला में तब्दील हो गयी। इस उपन्यास में प्रोफ़ेसर मुरुगन ने तमिल समाज में व्याप्त लैंगिक और सामाजिक असमानता को कसौटी पर कसा था। उपन्यास के प्रकाशन के चार साल बाद हुए विरोध की ध्वजा तमिल लेखक मुरुगन के गाँव तिरुचेनगोडे के लोगों ने ही उठायी थी। जैसे–जैसे विरोध बढ़ता गया वैसे–वैसे मुरुगन पर दबाव भी बढ़ा और इसी दबाव की वजह से पीस कमेटी की एक बैठक में उन्हें बिना शर्त माफ़ीनामा लिखना पड़ा था और उसके बाद उन्होंने लेखक की मौत का ऐलान कर दिया था। बाद में मद्रास हाईकोर्ट में कुछ संगठनों ने याचिका डालकर इस किताब पर पाबन्दी लगाने की माँग की। मद्रास हाईकोर्ट के चीफ़ जस्टिस संजय किशन कौल ने याचिका को ख़ारिज करते हुए कई महत्त्वपूर्ण टिप्पणियाँ की थीं। अदालत ने साफ़ कह दिया था कि किसी भी संगठन या संगठनों को स्वयंभू सेंसरशिप की इजाज़त नहीं दी जा सकती है। विद्वान न्यायाधीश संजय किशन कौल ने याचिका ख़ारिज करते हुए क़रीब एक सौ साठ पन्नों का फ़ैसला दिया। उनका ये फ़ैसला ऐतिहासिक कहा जा सकता है। यह इस मायने में ऐतिहासिक है कि किताबों पर पाबन्दी लगाने की माँगों के बीच इसको नज़ीर के तौर पर देखा जा सकता है। फ़ैसले में लेखकीय स्वतन्त्रता को कायम रखने पर ज़ोर देते हुए कहा गया है कि अगर कोई किसी किताब से इत्तफाक़ नहीं रखता है या उसमें लिखे हुए शब्दों से उसकी भावनाएँ आहत होती हैं तो वो उसको अलग रख दे। फ़ैसले में साफ़ कहा गया है कि कोई भी चीज़ जो पहले स्वीकार्य न हो वो बाद में स्वीकार की जा सकती है। न्यायाधीश ने इस सम्बन्ध में 'लेडी चैटर्लीज़ लवर' का उदाहरण भी दिया।

उन्होंने टिप्पणी की कि–किसी किताब को पढ़ने या न पढ़ने का विकल्प पाठकों के पास होता है। अगर कोई किताब पसन्द नहीं हो तो उसे फेंक दीजिए। किसी किताब को पढ़ने की कोई मजबूरी नहीं है। अदालत ने अपने फ़ैसले में अश्लीलता पर भी टिप्पणी की और कहा कि अगर किसी किताब में इरोटिका को उभारा गया है तो क्या ग़लत है। हमारे देश में इस तरह की परम्परा रही है।

इस फ़ैसले को अन्तिम सत्य मान लेने वालों को एक अन्य फ़ैसले को भी ध्यान में रखना चाहिए। मशहूर चित्रकार एम. एफ. हुसैन की उन्नीस सौ सत्तर में बनायी गयी सरस्वती और दुर्गा की नग्न तस्वीरों के एक मामले में दो हज़ार चार में दिल्ली हाईकोर्ट के जस्टिस जे. डी. कपूर का एक फ़ैसला आया था। जस्टिस कपूर ने आठ अप्रैल दो हज़ार चार के अपने फ़ैसले में लिखा–

इस बात से कोई इनकार नहीं कर सकता कि देश के करोड़ों हिन्दुओं की इन देवियों में अटूट श्रद्धा है–एक ज्ञान की देवी हैं तो दूसरी शक्ति की। इन देवियों की नग्न तस्वीर चित्रित करना इन करोड़ों लोगों की धार्मिक भावनाओं को ठेस पहुँचाना तो है ही साथ ही उन करोड़ों लोगों की धर्म और उसमें उनकी आस्था का भी अपमान है। शब्द, पेण्टिंग, रेखाचित्र और भाषण के माध्यम से अभिव्यक्ति की आज़ादी को संविधान में मौलिक अधिकार का दर्जा हासिल है जो कि हर नागरिक के लिए अमूल्य है। कोई भी कलाकार या पेण्टर मानवीय संवेदना और मनोभाव को कई तरीकों से अभिव्यक्त कर सकता है। इन मनोभावों और आइडियाज की अभिव्यक्ति को किसी सीमा में नहीं बाँधा जा सकता है। लेकिन कोई भी इस बात को भुला या विस्मृत नहीं कर सकता कि जितनी ज़्यादा स्वतन्त्रता होगी उतनी ही ज़्यादा ज़िम्मेदारी भी होती है। अगर किसी को अभिव्यक्ति का असीमित अधिकार मिला है तो उससे यह अपेक्षित है कि इस अधिकार का उपयोग अच्छे कार्य के लिए करे न कि किसी धर्म या धार्मिक प्रतीकों या देवी–देवताओं के ख़िलाफ़ विद्वेषपूर्ण भावना के साथ उन्हें अपमानित करने के लिए। हो सकता है कि ये धार्मिक प्रतीक या देवी देवता एक मिथक हों लेकिन इन्हें श्रद्धाभाव से देखा जाता है और समय के साथ ये लोगों के दैनिक धार्मिक क्रियाकलापों से इस कदर जुड़ गये हैं कि उनके ख़िलाफ़ अगर कुछ छपता है, चित्रित किया जाता है या फिर कहा जाता है तो इससे धार्मिक भावनाएँ आहत होती हैं। किसी भी ख़ास धर्म के

देवी–देवताओं के आपत्तिजनक या नीचा दिखाने वाले रेखाचित्र या फिर पेंटिंग समाज में वैमनस्यता और एक–दूसरे के प्रति नफ़रत पैदा करते हैं। जस्टिस कपूर ने अपने फ़ैसले में और भी कई सख़्त टिप्पणियाँ की थीं। उसके बाद सुप्रीम कोर्ट के भी कई फ़ैसले इस तरह के मामलों में आ चुके हैं। अपने फ़ैसले में जस्टिल कौल ने एक सौ सतासीवें पैरा में साफ़ कहा है कि प्रो. मुरुगन ने अपने उपन्यास में माना है कि उन्होंने अपने शोध के आधार पर कुछ तथ्यों को सामने रखा है। इस फ़ैसले से एक और बात साफ़ होती है कि इस तरह के मसलों पर विचार करते समय लेखक या चित्रकार की मंशा का भी ध्यान रखना चाहिए। उसके बग़ैर किसी निष्कर्ष पर पहुँचना उचित नहीं होता है। इस तरह के विवादित मसले का निबटारा अदालत से ही हो क्योंकि अगर कोई कमेटी बनती है तो उसका निष्पक्ष रह पाना मुमकिन नहीं है, सरकार द्वारा गठित कमेटी सरकार की रीतियों और नीतियों के हिसाब से चलती है, ऐसा पूर्व में देखा जा चुका है। जस्टिस कौल द्वारा दिये गये इस फ़ैसले में लेखकों की अभिव्यक्ति की आज़ादी के दायरे को परिभाषित किया गया है। बावजूद इसके हमारे देश में जब तक आईपीसी की धारा 295 ए है तब तक लोगों की भावनाएँ आहत होती रहेंगी। इस फ़ैसले में अभिव्यक्ति की आज़ादी और विरोध प्रदर्शनों की समस्या को हल करने के लिए सरकार के स्तर पर भी विशेषज्ञों की कमेटी का सुझाव ऐसा है जिस पर व्यापक बहस की ज़रूरत है। क्योंकि लेखकीय स्वतन्त्रता की भी एक सीमा तो होती ही है।

संवाद में अस्पृश्यता

हिन्दी साहित्य का सौभाग्य है कि नब्बे साल के आसपास के और उसके पार के कई लेखक अभी भी अपनी रचनात्मक मौजूदगी और सक्रियता से पूरे परिदृश्य में सार्थक हस्तक्षेप कर रहे हैं। रामदरश मिश्र लगातार अपने लेखन से समकालीन साहित्य में सार्थक हस्तक्षेप कर रहे हैं। कृष्णा सोबती की हिन्दी साहित्य में उपस्थिति भी ऐसी ही आश्वस्तिकारक थी। जब असहिष्णुता के ख़िलाफ़ कुछ लेखकों ने आन्दोलन और पुरस्कार वापसी का अभियान चलाया था तो दिल्ली में लेखकों का एक जमावड़ा भी हुआ था। कृष्णा सोबती जी उस जमावड़े में पहुँची थीं और अपनी बात रखी थी। उस वक़्त देश में कथित तौर पर बढ़ रही असहिष्णुता के ख़िलाफ़ पुरस्कार वापसी अभियान को कृष्णा सोबती की भागीदारी से

बल मिला होगा, ऐसा मेरा मानना है। उनकी भागीदारी का जनमानस पर कितना असर हुआ इस पर मतभिन्नता हो सकती है। लेखक के तौर पर उनको अपनी बात कहने का हक़ था और साहित्य से इतर राजनीति पर भी अपनी राय प्रकट करने का अधिकार। कृष्णा सोबती के इस अधिकार का उनके वैचारिक विरोधियों ने भी सम्मान किया। असहिष्णुता के ख़िलाफ़ अभियान का साथ देने वाली कृष्णा सोबती से हिन्दी जगत सहिष्णुता की अपेक्षा करता रहा। वाज़िब भी है क्योंकि कहा जाता है कि जैसी आपकी अपेक्षा हो वैसा ही आपको आचरण करना चाहिए। कृष्णा सोबती जी की अपेक्षाएँ तो सहिष्णुता की थी लेकिन वो अपने आचरण में वैसा दिखना नहीं चाहती थीं। एक नयी लेखिका के पुस्तक विमोचन समारोह को लेकर उनका व्यवहार उनके असहिष्णु होने का संकेत दे गया। युवा लेखिका, फ़ोटोग्राफर और ट्रैवल राइटर कायनात काजी ने श्रमपूर्वक सालों तक शोध कार्य किया और उसके बाद उनकी किताब–'कृष्णा सोबती का साहित्य और समाज' प्रकाशित हुई। युवा लेखिका के लिए यह सपने के सच होने जैसा था। हिन्दी की मौजूदा दौर की सबसे बड़ी लेखिकाओं में से एक कृष्णा सोबती पर प्रकाशित किताब को लेकर वो ख़ासी उत्साहित थीं। पुस्तक प्रकाशित होने के बाद ज़्यादातर लेखकों को उसको विमोचित करवाने और उस पर चर्चा आदि की इच्छा होती है। कायनात ने भी ऐसा ही एक सपना देख लिया लेकिन उसे नहीं पता था कि उसका ये सपना दिवास्वप्न साबित होगा। विमोचन के लिए उसने इन्दिरा गाँधी राष्ट्रीय कला केन्द्र के सदस्य सचिव सच्चिदानन्द जोशी और दूरदर्शन के सम्पादक और तिब्बत के मसलों पर काफ़ी दिनों से सक्रिय विजय क्रान्ति को बुला लिया। कार्ड आदि भी छप और बँट भी गये। उत्साह में उसने कार्ड कृष्णा सोबती जी को भेज दिया। अब यहीं से हिन्दी की इस युवा लेखिका कायनात काजी के सपनों के दरकने की शुरुआत हो गयी। विमोचन कार्यक्रम के कार्ड पर जोशी जी और विजय क्रान्ति का नाम देखकर वो आगबबूला हो गयीं और कायनात को फौरन इस कार्यक्रम को रद्द करने का फ़रमान जारी कर दिया। कृष्णा जी का मानना था कि चूँकि कार्यक्रम में सभी संघियों को बुला लिया गया है लिहाज़ा वो वहाँ अपंने नाम का इस्तेमाल होने की इजाज़त नहीं दे सकतीं। एक तरफ़ कृष्णा सोबती जैसी हिन्दी साहित्य की कद्दावर लेखिका तो दूसरी तरफ़ एक नवोदित लेखिका

कायनात काजी। उस वक़्त तो ये भी चर्चा हुई थी कि कृष्णा सोबती ने कायनात को धमकी दी कि अगर विमोचन का कार्यक्रम हुआ और उसमें उनके नाम का इस्तेमाल किया गया तो वो केस कर देंगी। कृष्णा जी के साहित्यिक क़द और प्रतिष्ठा के आगे कायनात काजी ने अपने सपनों को कुर्बान कर दिया। विमोचन का कार्यक्रम नहीं हुआ।

इस घटना के कुछ दिनों पहले कृष्णा सोबती जी का एक इण्टरव्यू छपा था जिसमें उन्होंने युवा लेखकों को लेकर उत्साह दिखाया था। समकालीन युवा लेखन को लेकर आश्वस्त भी दिखायी दे रही थीं। उन्होंने किसी लेखक का नाम तो नहीं लिया था लेकिन युवा लेखकों को चेताते हुए उनको अपने लिखे की तारीफ़ की अपेक्षा से बचने की सलाह दी थी। उन्होंने युवा रचनाकारों को देश–विदेश के लेखकों को पढ़ने की नसीहत भी दी थी और कहा था कि इससे उनकी सोच का दायरा बढ़ेगा। जब उनकी नसीहतों के मुताबिक़ एक युवा लेखिका ने कृष्णा जी की रचनाओं को पढ़कर, समझकर अपनी सोच का दायरा बढ़ाने की कोशिश की तो उसका क्या हश्र हुआ ये पूरे हिन्दी साहित्य के सामने था। ऐसी परिस्थितियाँ साहित्य जगत में हर काल में मौजूद रही होंगी। तभी तो कहा गया है–'पर उपदेश कुशल बहुतेरे'।

अब ज़रा हम कृष्णा सोबती की उस मानसिकता का विश्लेषण करते हैं जिसके तहत उन्होंने कायनात काज़ी की पुस्तक विमोचन के कार्ड को देखने के बाद कहा कि सभी संघियों को बुला लिया। चलिए अगर हम कृष्णा जी की बात मान भी लें कि सच्चिदानन्द जोशी और विजय क्रान्ति संघी हैं तो क्या संघी होने से कोई भी शख़्स अस्पृश्य हो जाता है। क्या वामपन्थी या अन्य किसी विचारधारा को मानने वालों को अपने से अलग विचारधारा के साथ विचार–विनिमय नहीं करना चाहिए। अगर कृष्णा जी को संघियों से और उनकी विचारधारा से इतना ही परहेज़ या घृणा थी तो उनको अपनी किताबों के कवर पर लिखवा देना चाहिए था कि राष्ट्रीय स्वयंसेवक संघ से जुड़े या उनकी विचारधारा को मानने वाले इस किताब को नहीं ख़रीदें। क्या कृष्णा जी ये साहस दिखा सकती थीं? अगर पूर्व प्रकाशित किताबों पर नहीं लिखा जा सका था तो उनके नये प्रकाशित होने वाले संस्करणों के कवर पर यह लिखने का साहस दिखाया जा सकता था। अगर ऐसा होता तो उनके साहस को सलाम किया जाता चाहिए और कायनात काजी के पुस्तक के विमोचन को टलवा

देने के उनके फ़ैसले को भी इसी परिप्रेक्ष्य में देखा जाता। अगर उन्होंने ऐसा करने का साहस नहीं दिखाया तो फिर उनके इस दोहरे रवैये पर साहित्य जगत में व्यापक बहस होनी चाहिए थी। क्या ये एक प्रकार की साहित्यिक असहिष्णुता और अस्पृश्यता नहीं थी? किसी भी लेखक की कृति जब छपकर पाठकों के बीच पहुँचती है तो वो लेखक से ज़्यादा पाठकों की हो जाती है, चाहे वो किसी भी विचारधारा, जाति या धर्म का क्यों न हो। क्या पाठक की भी कोई अलग पहचान हो सकती है। क्या साहित्य में वर्ग विभाजन का कृष्णा जी का ये क़दम उचित था। एक नवोदित लेखिका के साथ इस तरह का व्यवहार अगर साहित्य के शिखर पर बैठी लेखिका ने किया तो साहित्यकारों की कैसी छवि बनेगी। इसकी सिर्फ़ कल्पना ही की जा सकती है।

अब रही बात कायनात को केस करने की धमकी देने की तो कृष्णा जी ने तो अमृता प्रीतम पर उनकी कृति 'हरदत्त का ज़िन्दगीनामा' को लेकर केस कर ही दिया था। वो केस क़रीब पच्चीस साल तक चला था और फ़ैसला अमृता प्रीतम के पक्ष में आया था। दरअसल अमृता प्रीतम की किताब 'हरदत्त का ज़िन्दगीनामा', जब छपा तो कृष्णा जी को लगा कि ये शीर्षक उनके चर्चित उपन्यास 'ज़िन्दगीनामा' से उड़ाया गया है और वो कोर्ट चली गयीं। साहित्य अकादेमी पुरस्कार विजेता कृष्णा सोबती और ज्ञानपीठ पुरस्कार से नवाज़ी गयीं अमृता प्रीतम के बीच इस साहित्यिक विवाद की उस वक़्त पूरे देश में ख़ूब चर्चा हुई थी। जब केस का फ़ैसला आया तो अमृता प्रीतम की मौत हो गयी थी। केस के फ़ैसले के बाद कृष्णा सोबती ने बौद्धिक सम्पदा का तर्क देते हुए कहा था कि हार–जीत से ज़्यादा ज़रूरी उनके लिए अपनी बौद्धिक सम्पदा की रक्षा के लिए संघर्ष करना था। अब उस वक़्त भी कई लेखकों ने कृष्णा सोबती को याद दिलाया था कि ज़िन्दगीनामा का पहली बार प्रयोग उन्होंने नहीं किया था। कृष्णा सोबती के उपन्यास के पहले फ़ारसी में लिखी दर्जनों किताबें इस शीर्षक के साथ मौजूद हैं। मशहूर लेखक खुशवन्त सिंह ने तो उस वक़्त भी कहा था कि श्रद्धेय गुरु गोविन्द सिंह जी के एक शिष्य ने उनकी जीवनी भी ज़िन्दगीनामा के नाम से लिखी थी और ये किताब कृष्णा सोबती के उपन्यास के काफ़ी पहले प्रकाशित हो चुकी थी। ज़िन्दगीनामा को लेकर कैसी बौद्धिक सम्पदा का गुमान और उसको लेकर कैसा विवाद और केस मुक़दमा। बावजूद इसके कृष्णा जी ने वो सब किया। कृष्णा जी के इस

क़दम की जानकारी कायनात काजी को थी लिहाज़ा इस नवोदित लेखिका ने केस मुक़दमों के पचड़े में पड़ने की बजाय कृष्णा जी के फ़रमान को मानने में ही अपनी भलाई समझी और पुस्तक विमोचन और उस पर चर्चा के कार्यक्रम को रद्द कर दिया। पुस्तक विमोचन का रद्द होना सम्भव है मामूली घटना लगी, लेकिन इसकी अनुगूँज लम्बे समय तक सुनायी देगी।

शरीया के नाम पर जेल

ईरान से एक हैरतअंगेज़ ख़बर आयी थी, वहाँ एक लेखिका को कहानी लिखने के लिए छह साल जेल की सज़ा सुनायी गयी। गोलरोख इब्राहिमी ईराई नाम की इस लेखिका का जुर्म इतना भर था कि उसने अपनी कहानी में पत्थर मार कर मौत की सज़ा देने को विषय बनाया। उससे भी दिलचस्प बात थी कि गोलरोख इब्राहिमी ईराई की यह कहानी उस वक़्त तक कहीं प्रकाशित भी नहीं हुई थी। मसला ये कि यह कहानी ईरान के एक प्रशासनिक अधिकारी के हाथ लग गयी थी। उस अप्रकाशित कहानी को पढ़ने के बाद लेखिका गोलरोख इब्राहिमी ईराई और उसके पति अर्श सादेगी को पुलिस ने उठा लिया और उसके घर से उसका लैपटॉप, नोटबुक और कई सीडी ज़ब्त करके ले गये। सादेगी को तो ईरान की इवीन जेल में बन्द कर दिया गया जबकि उनकी पत्नी गोलरोख इब्राहिमी ईराई को अज्ञात जगह पर ले जाकर पूछताछ की गयी। बाद में उसको भी इवीन जेल भेजा गया और वहाँ बीस दिनों तक रेवोल्यूशनरी गार्ड्स ने घण्टों तक पूछताछ की। पूछताछ के दौरान उसको बार–बार ये कहा जाता था कि तुमने इस्लाम का अपमान किया है लिहाज़ा तुमको फाँसी की सज़ा दी जायेगी। दरअसल, गोलरोख इब्राहिमी ईराई पर आरोप था कि उन्होंने अपनी अप्रकाशित कहानी में पत्थर मारने की सज़ा के ख़िलाफ़ आवाज़ उठाकर इस्लाम और ख़ुदा का अपमान किया। ईरान में लागू शरीया क़ानून के मुताबिक़ बलात्कार के मुजरिम को पत्थर से मार–मार कर मार डालने की सज़ा का प्रावधान है। गोलरोख इब्राहिमी ईराई ने अपनी कहानी में ईरान की एक सच्ची घटना का ज़िक्र किया था। इस घटना में एक महिला फ़िल्म देखने जाती है जिसमें रेप के आरोपी को शरीया क़ानून के मुताबिक़ पत्थर से मार–मार कर मार डाला जाता है। इस दृश्य के फ़िल्मांकन से वो महिला बुरी तरह से आहत होती है और ग़ुस्से में धर्मग्रन्थ को जला देती है। इस काल्पनिक दृश्य का गोलरोख

इब्राहिमी ईराई ने अपनी अप्रकाशित कहानी में उल्लेख किया था। यह भी सम्भव था कि प्रकाशन के लिए भेजने से पहले उसका सम्पादन होता या अगले ड्राफ्ट में इस कथित ईशनिन्दा के प्रसंग को हटा दिया जाता, लेकिन ऐसा करने का मौक़ा नहीं मिला। गोलरोख इब्राहिमी ईराई को फ़ोन पर छह साल इवीन जेल में सज़ा काटने का फ़रमान सुनाया गया। ईरान के हिसाब से ये बात छोटी–सी लगती है लेकिन ये लेखकीय स्वतन्त्रता पर आघात था। क्या ईरान जैसे मुल्क में अगर किसी ने व्यक्तिगत तौर पर कुछ लिखकर रख लिया और किसी तरह वो सरकारी नुमाइन्दों के हत्थे चढ़ गया तो क्या उसको भी धर्म की कसौटी पर कसकर सज़ा दी जायेगी। इस पूरी घटना पर एमनेस्टी के अलावा किसी भी लेखक संगठन या पेन इण्टरनेशनल जैसी लेखकों की संस्था की प्रतिक्रिया नहीं आना चिन्ता की बात रही। भारत में एकाध छिटपुट घटनाओं के आधार पर सैकड़ों पृष्ठों की रिपोर्ट तैयार करने वाली संस्था पेन इण्टरनेशनल इस तरह की घटनाओं पर लगभग चुप्पी साधे रही।

दरअसल ईरान में पिछले सालों में अभिव्यक्ति की आज़ादी के लिए आवाज़ उठा रहे लोगों को ईशनिन्दा का दोषी मानने की शुरुआत हुई थी। इस्लाम के नाम पर इस तरह की ज़्यादतियाँ कितनी जायज़ हैं, इस पर पूरी दुनिया को विचार करने की ज़रूरत है। मशहूर इस्लामिक विद्वान आसिफ़ ए.ए. फैजी ने अपनी किताब 'अ माडर्न अप्रोच टू इस्लाम' में इन बातों पर गम्भीरता से विचार किया और उलेमाओं की मान्यताओं और व्याख्याओं को निगेट भी किया। उन्होंने लिखा कि–हमें इस बात का अहसास होना चाहिए कि अब आत्मविश्लेषण का समय आ गया है। इस्लाम की पुनर्व्याख्या की जानी चाहिए, वरना इसका पारम्परिक रूप इस कदर खो जायेगा कि उसका पुनरुद्धार करना असम्भव हो जायेगा। फैजी साहब के तर्कों में दम है और वो साफ़ तौर पर कहते हैं–'आदमी को आधुनिक संसार का सबसे बड़ा तोहफा आज़ादी है–सोचने की आज़ादी, बोलने की आज़ादी और आचरण की आज़ादी। वो इसके आधार पर सवाल खड़े करते हुए पूछते हैं कि इस्लाम क्या करता है–वह व्याख्या का द्वार बन्द कर देता है वह निर्धारित करता है कि विधिज्ञों को कुछ वर्गों में बाँट दिया जाये और कोई वैचारिक स्वतन्त्रता नहीं दी जाये। वो मानते हैं कि इकबाल और अब्दुर्रहीम ने इस सिद्धान्त के ख़िलाफ़ बगावत की लेकिन बावजूद उसके कोई व्यक्ति उलेमा के ग़ुस्से का सामना करने का साहस

नहीं रखता है।' फैजी ये बातें साठ के दशक के शुरू में लिख रहे थे। तब से लेकर हालात कितने बदले या बदतर हुए हैं इस पर इस्लामिक स्कॉलर्स को विचार करना चाहिए। असगर अली इंजीनियर साहब ने भी कई सवाल उठाये थे लेकिन उसके बाद क्या हुआ। किसी भी धर्म को तर्कों की कसौटी पर कसने से ही उसके अन्दर की कमियों को दूर किया जा सकता है। कुरान के नाम पर उलेमाओं ने जिस तरह की व्यवस्थाएँ दीं उससे भी जटिलताएँ बढ़ीं।

आज जब पूरी दुनिया इण्टरनेट के माध्यम से एक ग्लोबल गाँव की तरह हो गयी है, तब हमारे देश में गोलरोख इब्राहिमी ईराई को छह साल की सज़ा देने पर किसी तरह का कोई स्पन्दन क्यों नहीं हुआ था। लेखकीय अभिव्यक्ति को लेकर असीमित अधिकार के पैरोकारों ने भी गोलरोख इब्राहिमी ईराई की सज़ा पर एक शब्द भी बोलना उचित नहीं समझा था। न तो लेखक संगठनों ने और न ही किसी लेखक ने इसके ख़िलाफ़ कोई हस्ताक्षर अभियान चलाया था। यह घटना फिर से चुनिन्दा विरोध को उजागर करती है।

मशहूर अमेरिकी लेखिका और शिकागो विश्वविद्यालय में इतिहास और धर्म की प्रोफ़ेसर वेंडी डोनिगर की किताब 'द हिन्दूज : एन अल्टरनेटिव हिस्ट्री' को उसके प्रकाशक पेंग्विन बुक्स इण्डिया प्राइवेट लिमिटेड ने बाज़ार से वापस लेने और छपी हुई बाकी प्रतियों को नष्ट करने का फ़ैसला लिया था। यह फ़ैसला अदालत में उस किताब पर चल रहे केस के मद्देनज़र या शिक्षा बचाओ समिति के साथ समझौते के बाद हुआ था। दरअसल दिल्ली की एक संस्था को इस किताब के कुछ अंशों पर आपत्ति थी और उस संगठन से जुड़े दीनानाथ बत्रा ने दो हज़ार ग्यारह में इस किताब के कुछ अंशों को हिन्दुओं की भावनाएँ भड़काने का आरोप लगाते हुए केस दर्ज करवाया था। किताब के ख़िलाफ़ याचिका दायर होने के तीन साल बाद आउट ऑफ़ द कोर्ट एक समझौता हुआ जिसके तहत किताब को वापस लेने का फ़ैसला हुआ। इस किताब के छपने के बाद से ही विवाद शुरू हो गया था। इस किताब के छपने के बाद ही अमेरिका में इसके ख़िलाफ़ विरोध प्रदर्शन हुआ था, लन्दन में लेखिका पर अण्डे फेंके गये थे, साइबर दुनिया में भी इस किताब के ख़िलाफ़ अभियान चला था। इस मामले के सामने आने के बाद कई लोग इस बात पर छाती कूटने लगे कि ये अभिव्यक्ति की आज़ादी पर हमला है। कई लोग इसको हिन्दू

संगठनों की कथित फ़ासीवादी मानसिकता क़रार देने में जुट गये थे। सेक्युलरिज़्म के नाम पर अपनी दुकान चलाने वालों को हिन्दू संगठनों पर हमला करने का एक बहाना चाहिए होता है। प्रकाशक के इस फ़ैसले में उनको सम्भावना नज़र आयी और वो फ़ासीवाद–फ़ासीवाद चिल्लाने लगे। सवाल ये उठता है कि साल दो हज़ार नौ में किताब छपी, उसके पाँच साल बाद इस किताब को वापस लेने का फ़ैसला प्रकाशक ने लिया। इसमें फ़ासीवाद कहाँ से आ गया। क्या अब इस देश में किसी को भी अदालत का दरवाज़ा खटखटाने का अधिकार नहीं है? क्या शान्तिपूर्ण तरीक़े से कोई विरोध नहीं जताया जा सकता है? क्या अहिंसक तरीक़े से विरोध करना फ़ासीवाद है? इस तरह के मामले तो पूरे विश्व में होते रहे हैं कि अगर किसी को किसी किताब पर या उसके अंश पर आपत्ति है तो वो अदालत का दरवाज़ा खटखटाते हैं। इस किताब के ख़िलाफ़ याचिकाकर्ता ने भी भारतीय संविधान के तहत मिले अपने नागरिक अधिकारों का उपयोग करते हुए कोर्ट में केस किया था। अदालत में मुक़दमा चल ही रहा था कि दोनों पक्षों ने समझौता कर लिया, इसमें फ़ासीवाद और हिन्दू संगठनों की मनमानी कहाँ से आ गयी। ये तो किताब के प्रकाशक की कमज़ोरी है जो अदालती कार्यवाही के झमेले में नहीं पड़ना चाहता था। विश्व के सबसे बड़े प्रकाशकों में से एक, जिसके पास न तो पैसे की कमी है और न ही संसाधनों की, उसने अदालती कार्रवाई के झंझट से मुक्त होने के लिए समझौता किया। वैसे भी इण्टरनेट के इस युग में किसी भी कृति पर पाबन्दी सम्भव ही नहीं है। और इस मामले में तो अगर लेखक चाहे तो वो इसको छापने का अधिकार पेंग्विन से लेकर किसी अन्य प्रकाशक को दे सकता है। वो इसको छापने के लिए स्वतन्त्र होगा क्योंकि अदालत ने इस किताब के भारत में प्रकाशन और वितरण पर पाबन्दी नहीं लगायी है। हर देश के नागरिक को हक़ है कि वो अपने देश के क़ानून के मुताबिक़ काम कर सके। लेकिन छद्म धर्मनिरपेक्षतावादियों को न तो क़ानून में आस्था है और न ही अदालत में। कई बार ये उचित ही प्रतीत होता है कि प्रगतिशीलता का परचम लहराने वाले बग़ैर किसी बात के बतंगड़ बनाने में जुट जाते हैं। इस समझौते का विरोध करने वाले कई लोगों ने तो इस किताब को पढ़ा भी नहीं है और बग़ैर पढ़े ही उसके बारे में अपनी राय बनाये बैठे हैं।

ये बात तो हुई छद्म प्रगतिवादियों की जो बेवजह का वितण्डा

खड़ा कर रहे हैं। अब बात की जाये इस किताब और इसकी लेखिका की। भारत के धर्म और उनका धार्मिक इतिहास वेंडी डोनिगर की रुचि के केन्द्र में रहे हैं। वो संस्कृत और इण्डियन स्टडीज़ में पीएच.डी. कर चुकी हैं। संस्कृत में लिखे गये कई मशहूर ग्रन्थों का उन्होंने अनुवाद किया है। ऋग्वेद, मनुस्मृति और कामसूत्र का अनुवाद वो कर चुकी हैं। इसके अलावा शिवा, द इरोटिक एसेटिक, द ओरिजिन ऑफ़ एविल इन हिन्दू मायथोलॉजी जैसी विचारोत्तेजक कृतियाँ वेंडी डोनिगर ने लिखी हैं। 'द हिन्दूज : एन ऑल्टरनेटिव हिस्ट्री' की भूमिका में लेखिका ने स्वीकार किया है कि इस किताब को लिखने के पीछे उनका एजेण्डा तय है। वो यह बताना चाहती हैं कि जो समूह पारम्परिक रूप से विकास के लिए और अन्य सामाजिक स्थितियों के लिए ज़िम्मेदार माने जाते हैं दरअसल उनकी भूमिका कितनी और कैसी रही है। वेंडी डोनिगर साफ़ तौर पर कहती हैं कि उनका मानना है कि दलितों और महिलाओं ने हिन्दू धर्म के फैलाव और उत्थान में बड़ा योगदान किया है। महिलाओं और दलितों के इस योगदान को सदियों से नज़रअन्दाज़ किया जाता रहा है। वेंडी डोनिगर ने अपनी इस किताब में हाशिए के इन लोगों की नज़रों से इतिहास को देखने की कोशिश की है। इस किताब में वेंडी डोनिगर ने हिन्दू धर्म की अवधारणाओं और प्रस्थापनाओं को लेकर पश्चिमी मानकों और कसौटी पर कसा है। उनकी इन प्रस्थापनाओं पर कई विद्वानों में मतभेद हो सकते हैं लेकिन हमें यह नहीं भूलना चाहिए कि सदियों की विकास यात्रा को तय करते हुए हिन्दू धर्म बना है और देश की सर्वोच्च अदालत तो अब भी इसको धर्म के बजाय एक जीवन दर्शन मानती है। हिन्दुओं का धर्म तो सनातन धर्म है। हिन्दुत्व की बात करने पर जो दो चीज़ प्रमुखता से सामने आती हैं वो हैं कर्म और धर्म। ये दोनों अवधारणाएँ अलग–अलग कालखण्ड में हिन्दुत्व के केन्द्र में रही हैं। वेंडी डोनिगर के मुताबिक़ हिन्दू धर्म की ख़ूबसूरती उसकी जीवन्तता और विविधता है जो हर काल में अपने दर्शन पर डिबेट की चुनौती पेश करता है। हमारे धार्मिक ग्रन्थों के मुताबिक़ एक आदर्श हिन्दू वह है जो लगातार सवाल खड़े करता है, जवाब को तर्कों की कसौटी पर कसता है और किसी भी चीज़, अवधारणा और तर्क को अन्तिम सत्य नहीं मानता है। हिन्दू धर्म के इस आधारभूत गुण को आत्मसात करते हुए वेंडी डोनिगर ने कई व्याख्याएँ की हैं और कुछ असुविधाजनक सवाल खड़े किये हैं। इस किताब में कई

ऐसी बातें हैं जो संस्कृत में पहले से सुलभ हैं, उन्होंने उसको अंग्रेज़ी के पाठकों के सामने प्रस्तुत किया है। जैसे वो अपनी इस किताब में वैदिक काल में प्रचलित बहुदेववादी अवधारणा को एकेश्वरवाद का ही एक रूप मानती हैं। अपनी इस अवधारणा को अपने तर्कों के साथ इस तरह से पेश करती हैं कि वो कोई नयी बात कह रही हों जबकि संस्कृत में पहले से ही 'सर्वदेवा नमस्कार केशवम् प्रतिगच्छति' कहा गया है।

वेंडी डोनिगर को इस बात की आशंका थी कि इस किताब को लेकर कुछ हिन्दुओं को आपत्ति हो सकती है। उन्होंने इस किताब की भूमिका में इसका संकेत भी किया है। वेंडी ने लिखा है—कई हिन्दू धार्मिक नेता इस किताब को समुद्र में फेंक देना चाहेंगे क्योंकि उन्हें इसमें तथ्यों के साथ खिलवाड़, धार्मिक प्रसंगों की ग़लत व्याख्या आदि दिखायी देंगे। लेखिका इतने पर ही नहीं रुकती हैं, उन्होंने अपनी इसी किताब में ये भी लिखा है कि—हमें हिन्दू धर्म में मौजूद ज्ञान और दर्शन का उपयोग करना चाहिए क्योंकि यहाँ मौजूद साहित्य उच्च कोटि का है और हिन्दू धर्म सर्व को समाहित करता चलता है। इन बातों से लेखिका की मंशा और उसकी आशंका का पता चलता है। दिक्कत वहाँ होती है जहाँ पश्चिमी देशों के विद्वान किसी भी भारतीय मिथकीय प्रसंग की व्याख्या का आधार अपने समाज की रीतियों को बना लेते हैं। दरअसल होना यह चाहिए कि भारतीय मिथकीय चरित्रों की व्याख्या के तर्कों का आधार भारतीय समाज में उस वक़्त की या वर्तमान की मान्यताओं को ध्यान में रखकर किया जाना चाहिए। ताकि इस तरह के विवादों से बचा जा सके। इस किताब को वापस लेकर पेंग्विन इण्डिया ने ग़लती की थी।

आलोचक का बुढ़भस

'राग दरबारी' तो घटिया उपन्यास है। मैं उसे हिन्दी के पचास उपन्यासों की सूची में भी नहीं रखूँगा। पता नहीं 'राग दरबारी' कहाँ से आ जाता है? वह तीन कौड़ी का उपन्यास है। हरिशंकर परसाई की तमाम चीज़ें राग दरबारी से ज़्यादा अच्छी हैं। वह व्यंग्य बोध भी श्रीलाल शुक्ल में नहीं है जो परसाई में है। उनके पासंग के बराबर भी नहीं हैं श्रीलाल शुक्ल और उनकी सारी रचनाएँ—यह बात कही है हिन्दी के बुजुर्ग लेखक और कथालोचक विजय मोहन सिंह ने। महात्मा गाँधी अन्तरराष्ट्रीय विश्वविद्यालय की पत्रिका 'बहुवचन' में कृष्ण कुमार सिंह ने विजय मोहन सिंह

का साक्षात्कार किया था। इस इण्टरव्यू में विजय मोहन सिंह ने और भी कई ऐसी मनोरंजक बातें कही हैं। एक जगह विजय मोहन सिंह कहते हैं–'नागार्जुन का ज़िक्र मैंने अपनी किताब में काका हाथरसी के सन्दर्भ में भी किया था जो बाद में मैंने हटा दिया। केदार जी उसको पढ़कर दुखी हो गये थे। उन्होंने ही उसे निकलवा दिया। नागार्जुन की कमज़ोरियों का हाल तो यह है कि कई जगह उन्हें पढ़ते हुए लगा और मैंने लिखा भी कि वे बेहतर काका हाथरसी हैं। केदार जी इससे दुखी और कुपित हो गये थे कि ये क्या कर रहे हैं। मैंने वह वाक्य हटा ज़रूर दिया लेकिन मेरी ओरिजिनल प्रतिक्रिया यही थी। कुल मिलाकर नागार्जुन की कमज़ोरियाँ वह नहीं हैं जो निराला की हैं।' इस तरह की कई बातें और फतवे विजय मोहन जी के इस साक्षात्कार में हैं जहाँ वो प्रेमचन्द के गोदान से लेकर शिवमूर्ति तक को ख़ारिज करते हुए चलते हैं। विजय मोहन सिंह के इस पूरे इण्टरव्यू को पढ़ने के बाद लगता है कि वो हर जगह पर रचनाकारों का सतही मूल्यांकन करते हुए निकलना चाहते थे। उनका यह साक्षात्कार सामान्यीकरण के दोष का भी शिकार था।

जिस तरह से विजय मोहन सिंह ने श्रीलाल शुक्ल के कालजयी उपन्यास 'राग दरबारी' को घटिया और तीन कौड़ी का उपन्यास कहा, वह उनकी सामन्ती मानसिकता का परिचायक है। इस तरह की भाषा बोलकर विजय मोहन सिंह ने ख़ुद का स्तर थोड़ा नीचे कर लिया था। साहित्य में भाषा की एक मर्यादा होनी चाहिए। किसी भी कृति को लेकर किसी भी आलोचक का अपना मत हो सकता है, उसके प्रकटीकरण के लिए भी वह स्वतन्त्र होता है, लेकिन मत प्रकटीकरण मर्यादित तो होना ही चाहिए। अपनी किताब 'हिन्दी उपन्यास का इतिहास' में गोपाल राय ने भी 'राग दरबारी' को असफल उपन्यास क़रार दिया है। उन्होंने इसकी वजह उपन्यास और व्यंग्य जैसे दो परस्पर विरोधी अनुशासनों को एक–दूसरे से जोड़ने का प्रयास बताया है। गोपाल राय लिखते हैं–व्यंग्य के लिए कथा का उपयोग लाभदायक होता है पर उसके लिए उपन्यास का ढाँचा भारी पड़ता है। उपन्यास में व्यंग्य का उपयोग उसके प्रभाव को धारदार बनाता है पर पूरे उपन्यास को व्यंग्य के ढाँचे में फिट करना रचनाशीलता के लिए घातक होता है। व्यंग्यकार की सीमा यह होती है कि वह चित्रणीय विषय के साथ अपने को एकाकार नहीं कर पाता है। वह स्रष्टा से अधिक आलोचक बन जाता है। स्रष्टा अपने विषय से अनुभूति के स्तर

पर जुड़ा होता है जबकि व्यंग्यकार जिस वस्तु पर व्यंग्य करता है उसके प्रति निर्मम होता है। यहाँ गोपाल राय ने एक आधार प्रस्तुत किया और फिर उसके आधार पर 'राग दरबारी' को असफल उपन्यास क़रार दिया है। लेकिन उन्होंने भी इसे घटिया या तीन कौड़ी का क़रार नहीं दिया है। राग दरबारी को पहली बार आलोचकों ने अपने निशाने पर नहीं लिया है। 1968 में जब यह उपन्यास छपा था तब इसके शीर्षक को लेकर श्रीलाल शुक्ल पर हमले किये गये थे और उनके संगीत ज्ञान पर सवाल खड़े किये गये थे। आरोप लगाने वाले ने तो यहाँ तक कह दिया था कि श्रीलाल शुक्ल को न तो संगीत के रागों की समझ है और न ही दरबार की। लगभग आठ–नौ साल बाद जब भीष्म साहनी के सम्पादन में 1976 में आधुनिक हिन्दी उपन्यास का प्रकाशन हुआ तो उसमें श्रीलाल शुक्ल ने लिखा था–'दूसरों की प्रतिभा और कृतित्व पर राय देकर कृति बनने वाले हर आदमी को बेशक़ दूसरों को अज्ञानी और जड़ घोषित करने का हक़ है, कुछ हद तक यह उसके पेशे की मजबूरी भी है, फिर भी किताब पढ़कर कोई भी देख सकता है कि संगीत से इसका कोई सरोकार नहीं है और शायद मेरा समीक्षक भी जानता है कि यह राग उस दरबार का है जिसमें हम देश की आज़ादी के बाद और उसके बावजूद, आहत अपंग की तरह डाल दिये गये हैं या पड़े हुए हैं।'

हिन्दी के आलोचकों के निशाने पर होने के बावजूद राग दरबारी अब तक पाठकों के बीच लोकप्रिय बना हुआ है। अब भी पुस्तक मेलों में 'राग दरबारी' और 'गुनाहों का देवता' की जमकर बिक्री होती है। इसकी कोई तो वजह होगी कि अपने प्रकाशन के लगभग आधी सदी के बाद भी 'राग दरबारी' पाठकों की पसन्द बना हुआ है। अब तक इसके हार्ड बाउंड और पेपर बैक मिलाकर पचहत्तर से ज़्यादा संस्करण हो चुके हैं। यह सही है कि आज़ादी के बाद हिन्दी लेखन में सरकारी तन्त्र पर सबसे ज़्यादा व्यंग्य हरिशंकर परसाई ने किया और उनके व्यंग्य बेजोड़ होते थे, मारक भी। लेकिन हरिशंकर परसाई के व्यंग्य की तुलना श्रीलाल शुक्ल के 'राग दरबारी' के व्यंग्य से करना उचित नहीं लगता है और इस आधार पर राग दरबारी को घटिया और तीन कौड़ी का कह देना तो अनुचित ही है। रेणु के उपन्यासों में सरकारी तन्त्र का उल्लेख यदा–कदा मिलता है। कुछ अन्य लेखकों ने भी सरकारी तन्त्र को अपने कथा लेखन का विषय बनाया लेकिन पूरे उपन्यास के केन्द्र में सरकारी तन्त्र को रखकर

श्रीलाल शुक्ल ने ही लिखा। इसके बाद गिरिराज किशोर ने 'यथा प्रस्तावित' और गोविन्द मिश्र ने 'फूल इमारतें' और 'बन्दर' में सरकारी तन्त्र के अधोपतन को रेखांकित किया। इस पूरे उपन्यास को व्यंग्य के आधार पर देखने की भूल विजय मोहन सिंह जैसा आलोचक करे तो यह बढ़ती उम्र का असर ही माना जा सकता है। दरअसल, हिन्दी में आलोचकों को लम्बे अरसे से यह भ्रम हो गया है कि वो किसी लेखक को उठा या गिरा सकते हैं। इसी भ्रमवश आलोचक बहुधा स्तरहीन टिप्पणी कर देते हैं और विजय मोहन सिंह की 'राग दरबारी' और नागार्जुन के बारे में यह टिप्पणी उसकी एक मिसाल है।

आचार्य रामचन्द्र शुक्ल ने बहुत कोशिश की थी कि वो जायसी को हिन्दी कविता की शीर्ष त्रयी–सूर, कबीर और तुलसी–के बराबर खड़ा कर दें। रामचन्द्र शुक्ल ने जायसी पर बेहतरीन लिखा है, इसमें कोई दो राय नहीं लेकिन बावजूद इसके लोक या पाठकों के बीच वो जायसी को सूर, कबीर और तुलसी की त्रयी के बराबर खड़ा नहीं कर सके। दरअसल आलोचकों की दृष्टि वहाँ तक नहीं पहुँच पाती है जहाँ तक रचनाकारों की दृष्टि पहुँचती है। या फिर कहें कि आलोचकों की दृष्टि रचनाकारों के बाद वहाँ तक पहुँच पाती है। आलोचकों के उठाने–गिराने के खेल के बारे में विजय मोहन सिंह ने अपने इसी इण्टरव्यू में इशारा भी किया है। आलोचकों की अपनी एक भूमिका होती है, उनका एक दायरा होता है लेकिन जब उनके दम्भ से यह दायरा टूटता है तो फिर इस तरह की फ़तवेबाजी शुरू होती है कि फलाँ रचना दो कौड़ी या तीन कौड़ी की है। इसका एक दुष्परिणाम यह हुआ है कि आलोचना में संवाद कम वाद–विवाद ज़्यादा होने लगे हैं। यह वक़्त आलोचना और आलोचकों के लिए गम्भीर मन्थन का है कि क्योंकर वो साहित्य की धुरी नहीं रह गये हैं। एक ज़माने में सूर्यकान्त त्रिपाठी निराला ने कहा था कि 'यदि उनकी कविताएँ आचार्य रामचन्द्र शुक्ल सुन रहे हैं तो जैसे समूचा हिन्दी जगत सुन रहा है।' आज लेखकों और आलोचकों के बीच में यह विश्वास क्यों ख़त्म हो गया। क्या इसके पीछे आलोचक के पूर्वग्रह हैं या फिर विजय मोहन सिंह जैसी फ़तवेबाजी का नतीजा है। विजय मोहन सिंह ने अपने उसी इण्टरव्यू में कहा है कि मापदण्ड और कसौटी उनको कर्कश लगते हैं। उनके मुताबिक़ रचना की समझ के आधार पर रचना का मूल्यांकन किया जाता है। तो क्या यह मान लेना चाहिए कि विजय मोहन सिंह

न तो 'राग दरबारी' को समझ पाये और न ही नागार्जुन की अकाल पर लिखी कविता को। जिस तरह से उन्होंने अपने इण्टरव्यू में लेखकों के लिए शब्दों का इस्तेमाल किया है वह आपत्तिजनक है–राग दरबारी तीन कौड़ी की, नागार्जुन बेहतर काका हाथरसी, शिवमूर्ति औसत दर्जे का कहानीकार। आलोचना और रचना के बीच विश्वास कम होने की यह एक बड़ी वजह है।

विचारधारा की लड़ाई या यथार्थ की अनदेखी

असहिष्णुता के झण्डाबरदार बेनक़ाब

नरेन्द्र मोदी की अगुवाई में बनी केन्द्र सरकार को लेकर एक ख़ास विचारधारा के लेखकों के बीच बेचैनी दिखायी देती है। इस ख़ास विचारधारा के लोगों ने मई 2014 के बाद से देश में फ़ासीवाद से लेकर असहिष्णुता और अभिव्यक्ति की आज़ादी पर आसन्न ख़तरे को लेकर ख़ूब छाती कूटी। कई लेखकों और कलाकारों ने पुरस्कार वापसी समूह में शामिल होकर केन्द्र सरकार को घेरने का उपक्रम किया था। पुरस्कार वापसी से किसको क्या फ़ायदा और क्या नुक़सान हुआ यह तो देश के लोगों ने देखा। लेखकों–कलाकारों की विश्वसनीयता भी सवालों के दायरे में आयी। पुरस्कार वापसी के तमाशे के बाद दिल्ली यूनिवर्सिटी में गुरमेहर कौर को लेकर राजनीति हुई। पुरस्कार वापसी पार्ट वन के दौर में हिन्दी के एक लेखक ने ख़ूब सुर्ख़ियाँ बटोरी थीं। वह हिन्दी में कहानियाँ और कविताएँ लिखते हैं और उपन्यास की विधा में साहित्य अकादेमी पुरस्कार लेने में सफल रहे थे। यह उनकी प्रतिभा का ही कमाल था कि साहित्य अकादेमी ने उनकी लम्बी कहानी को उपन्यास मानते हुए उनको पुरस्कृत करने का फ़ैसला किया था। वह हिन्दी साहित्य में अपनी आस्था बदलने के लिए मशहूर रहे हैं। ख़ैर उनके साहित्यिक और ग़ैर–साहित्यिक कृत्यों पर आगे बात होगी। मुम्बई में आयोजित लिट–ओ–फ़ेस्ट में इस जादुई यथार्थवादी कहानीकार का असली चेहरा देखने को मिला था। वह 2015 के आसपास से असहिष्णुता और फ़ासीवाद के विरोध के गढ़े हुए नायक के तौर पर उभरने लगे थे। जिन लोगों ने उनकी मेहनत के साथ उनकी इस छवि का निर्माण किया उनको या तो उनके अतीत के बारे में पता नहीं था या यह नहीं पता था कि विकल्पहीनता के चलते उन्होंने इस तरह का क़दम उठाया।

यह उस वजह से कह रहा हूँ कि वह अपनी कहानियों के साथ–साथ सार्वजनिक जीवन में भी जादुई यथार्थ गढ़ते चलते हैं, वैसा यथार्थ जो उनके सामने मुनाफ़े के द्वार खोलता चलता है।

मुम्बई लिट–ओ–फ़ेस्ट के दौरान उन्होंने ख़ुद का फ़ासीवादी और असहिष्णु चेहरा सामने रखा जब उन्होंने मेरे साथ सत्र में बैठने से इनकार कर दिया। पूरा क़िस्सा कुछ इस तरह का रहा कि फ़ेस्टिवल शुरू होने के पहले वे मुम्बई पहुँचे और वहाँ पहुँचते ही उनको पता चला कि अन्य वक्ताओं के साथ वह भी उस सत्र में हैं जिसका संचालन मुझको करना था। यह पता चलते ही वह भड़क गये और उन्होंने आसमान सिर पर उठा लिया और आयोजकों तक यह सन्देश भिजवाया कि वे वापस लौटना चाहते हैं। देर रात तक मान–मनौव्वल का दौर चलता रहा। आयोजकों की ओर से मुझे ये जानकारी मिल रही थी कि उन्होंने सामान पैक कर लिया है और वह वापस लौटना चाहते हैं। आयोजक मुझसे यह जानने की कोशिश कर रहे थे कि दरअसल वह मुझसे ख़फ़ा क्यों हैं क्योंकि लेखक ने साफ़ कर दिया था कि वह किसी भी क़ीमत पर उस सत्र में नहीं बैठने वाले हैं जिसका संचालन मुझे करना था। उन्होंने मेरे बारे में कई आपत्तिजनक बातें भी कहीं। आयोजक पर यह दबाव बनने लगा था कि वे होटल में आकर उनसे मिलें और उनको मनाने की कोशिश करें। लिट–ओ–फ़ेस्ट की आयोजक स्मिता पारिख टस से मस नहीं हो रही थीं और वे अन्ततः उनको मनाने नहीं आयीं। मुझे बताया गया कि उन्होंने यह संकेत दे दिया कि दोनों उनके सम्मानित अतिथि हैं और अगर किसी को तकलीफ़ है तो वह अपने फ़ैसले लेने के लिए स्वतन्त्र हैं। इसके बाद मामला किसी तरह शान्त हुआ और वह अगले दिन शाम को वापस दिल्ली लौट गये। जब से असहिष्णुता का विवाद चला है तब से यह मुझे हवा–हवाई मुद्दा लगता था लेकिन पहली बार मेरी मुलाक़ात असहिष्णुता से हुई और साहित्यिक अस्पृश्यता का अनुभव हुआ। असहिष्णुता का प्रतिनिधित्व वह शख़्स कर रहा था जिसने साहित्य अकादेमी पुरस्कार को वापस करने का ऐलान कर सुर्ख़ियाँ बटोरी थीं।

दरअसल इनकी पीड़ा यह रही है कि पुरस्कार वापसी के दौर में भी और उसके पहले भी मैंने उनके दोहरे चरित्र को लगातार उजागर किया है। जब उन्होंने गोरखपुर में गोरक्षपीठ के कर्ता–धर्ता और तब बीजेपी सांसद रहे योगी आदित्यनाथ के हाथों पहला 'नरेन्द्र स्मृति

सम्मान' लिया था तो उस वक़्त भी मैंने लेख आदि लिखकर उनकी प्रतिबद्धता को उजागर किया था। वह सार्वजनिक जीवन में कई दशकों से वामपन्थी आदर्शों की दुहाई देते रहे हैं लेकिन योगी से सम्मान ग्रहण करने के बाद उनकी नैतिक आभा निस्तेज हो गयी थी। उनको नज़दीक से जानने वालों का दावा है कि वह हमेशा से अवसरवादी रहे हैं और जब भी, जहाँ भी मौक़ा मिला है उन्होंने इसे साबित भी किया है। परिस्थितियों के अनुसार वह अपनी प्राथमिकताएँ और प्रतिबद्धताएँ तय करते हैं, नैतिक आवरण में ढँक कर। उन्होंने अपनी एक कृति को लगभग दर्जन भर साहित्यकारों को समर्पित किया था। यह एक साथ दर्जन भर से ज़्यादा साहित्यकारों–आलोचकों को साधने की कोशिश थी। वह भारत भवन की पत्रिका 'पूर्वग्रह' से भी जुड़े रहे हैं, जब उन्हें पूर्वग्रह से बाहर होना पड़ा था तो उन्होंने अशोक वाजपेयी और उनकी मित्रमण्डली को 'भारत भवन के अल्सेशियंस' तक कह डाला था। वह अपनी आलोचना बर्दाश्त नहीं कर पाते हैं और साहित्यिक मर्यादा भूलकर अपने विरोधियों पर बिलो द बेल्ट हमला करते हैं। रवि भूषण ने जब इनकी कहानियों पर विदेशी लेखकों की छाया की बात की थी तो मामला क़ानूनी दाँव–पेंच में भी उलझा था।

वर्तमान साहित्य के मई 2001 के अंक में उपेन्द्र कुमार की कहानी 'झूठ का मूठ' छपी थी तो उस वक़्त भी विवाद हुआ था। उस कहानी पर सुधीश पचौरी ने लिखा था–'अरसे से हिन्दी कथा लेखन में एक न्यूरोटिक लेखक कई लेखकों को अपने मनोविक्षिप्त उपहास का पात्र बनाता आ रहा था। पहले उसने एक महत्त्वपूर्ण कवि की जीवनगत असफलताओं को अपनी एक कहानी में सार्वजनिक मज़ाक़ का विषय बनाया। फिर वामपन्थी गीतकार की असफल प्रेमकथा का सैडिस्टिक उपहास उड़ाने के लिए कहानी लिखी। किसी ने रोका नहीं तो, जोश में कई हिन्दी अध्यापकों और आलोचकों के निजी जीवन पर कीचड़ उछालने वाली शैली में कविताएँ भी लिख डालीं। किसी दीक्षित मनोविक्षिप्त की तरह उसने ये समझा कि उसे सबका शिकार करने का लाइसेंस हासिल हो गया है। उसके शिकारों में से उक्त गीतकार तो आत्महत्या तक कर बैठा। हिन्दी के कई पाठक उसकी आत्महत्या के पीछे का कारण इस सैडिज़्म को भी मानते हैं। यह लेखक दरअसल स्वयं एक 'माचोसैडिस्ट' है जो दूसरों को अपने 'मर्दवादी परपीड़क विक्षेप' में जलील

करता और सताता आया है। यह पहली कहानी है जिसने एक दुष्ट शिकारी का सरेआम शिकार किया है। शठ को शठता से ही सबक दिया है।'

उन्हें साहित्य अकादेमी पुरस्कार उनकी लम्बी कहानी को उपन्यास बताकर दिया गया। ज्यूरी में अशोक वाजपेयी, चित्रा मुद्गल और मैनेजर पाण्डेय थे। बैठक शुरू होने पर अशोक वाजपेयी ने रमेशचन्द्र शाह का नाम प्रस्तावित किया था लेकिन उस पर मैनेजर पाण्डेय और चित्रा मुद्गल को आपत्ति थी। जब शाह के नाम पर सहमति नहीं बनी तो अशोक वाजपेयी ने उदय प्रकाश का नाम प्रस्तावित कर दिया था। मैनेजर पाण्डेय ने ज़ोरदार विरोध किया क्योंकि वो उदय प्रकाश की कहानी 'पीली छतरी वाली लड़की' से आहत थे। मैनेजर पाण्डेय ने मैत्रेयी पुष्पा का नाम अकादेमी पुरस्कार के लिए बढ़ाया। अब चित्रा जी के पास अशोक जी का समर्थन करने के अलावा कोई चारा नहीं था। इस तरह उदय प्रकाश को एक के मुक़ाबले दो मतों से साहित्य अकादेमी पुरस्कार मिला।

जुटान के बहाने प्रतिरोध का पाखण्ड

किसी भी चुनाव की आहट होते ही वामदलों से सम्बद्ध लेखकों और लेखक संगठनों को उनके राजनीतिक आका काम पर लगा देते हैं। इन कामों का प्रकटीकरण कई बार अलग–अलग रूपों में होता है। बिहार चुनाव के पहले पुरस्कार वापसी से लेकर असहिष्णुता का शोर–शराबा, चुनाव ख़त्म होते ही आन्दोलित लेखक शान्त, गोया नीतीश के चुनाव में विजय के बाद देश में अमन–चैन कायम हो गया हो और असहिष्णुता नेपथ्य में तिरोहित! एक तरफ़ जहाँ सारे राजनीतिक दल गुजरात, हिमाचल प्रदेश जैसे राज्यों में चुनाव प्रचार में लगे थे वहीं वाम दलों के स्वयंसेवक लेखक 2019 के लोकसभा चुनाव में अपने दलों के पक्ष में और भारतीय जनता पार्टी के विरोध में माहौल बनाने में जुटे हुए थे। लेखकों के चोले में वामपन्थी दलों के इन कार्यकर्ताओं ने 'जुटान' के नाम से एक संगठन बनाया, जिसके तहत वो देश भर में विचार गोष्ठियाँ आयोजित करके केन्द्र सरकार के ख़िलाफ़ माहौल बनाने की कोशिश करने में जुटे। दिन भर की एक गोष्ठी दिल्ली में हुई थी जिसमें कथित तौर पर प्रतिरोध का स्वर बुलन्द करने की कोशिश की गयी थी। इस कार्यक्रम में इस बात

पर ज़ोर दिया गया था कि देश भर में प्रतिरोध के बिखरे हुए स्वर को एकजुट करने की ज़रूरत है। इसमें फिर से वही घिसा–पिटा रिकॉर्ड भी बजा जिसमें ये बताया गया कि साहित्य का मतलब ही प्रतिरोध होता है, वह सत्ता के साथ नहीं होता है आदि। पर अतीत में वामपन्थी कार्यकर्ता लेखकों ने जो किया उससे उनकी कथनी और करनी का भेद साफ़ तौर पर जनता के सामने है।

सत्ता के प्रतिरोध की बात करते–करते वो कब सत्ता सुख का आस्वादन करने लगते हैं, इसका पता आम जनता को होने नहीं देते हैं। लम्बे समय तक चले प्रतिरोध के इस पाखण्ड ने ईमानदार प्रतिरोध को निस्तेज कर दिया। चुनावों के वक़्त इस तरह के संगठनों को राजनीतिक दलों, ख़ासतौर पर सीपीएम और सीपीआई से जीवनी शक्ति मिलती है। इस जीवनी शक्ति को प्राप्त करते ही ये फिर से खड़े होने लगते हैं लेकिन ये अपने ही खेमे की अरुन्धति राय की बात भूल जाते हैं जब वो कहती हैं–फण्ड लेकर क्रान्ति नहीं हो सकती है। ट्रस्टों और फ़ाउण्डेशनों की कल्पनाओं से कोई असली बदलाव नहीं आयेगा। अरुन्धति जब यह बात कहती हैं तो उनके मन के किसी कोने में वामपन्थी संगठन थे या नहीं, यह कहा नहीं जा सकता है लेकिन चाहे–अनचाहे उन्होंने जो भी कहा हो वो उनके वैचारिक दोस्तों पर भी लागू होता है।

एक और उदाहरण से वामपन्थी दलों के इन छद्म कार्यकर्ताओं की बात समझी जा सकती है। मीडिया में छपी रिपोर्ट के मुताबिक़ 'जुटान' की दिल्ली की गोष्ठी में कहा गया था कि सिर्फ़ लिखने से नहीं चलेगा काम, सड़क पर उतरना होगा। इस वक्तव्य के बाद से इन छद्म कार्यकर्ताओं के चेहरे से मुखौटा हट गया। कहना न होगा कि उनके अन्दर सत्ता हासिल करने की जो बेचैनी है, सत्ता छिन जाने का जो ग़म है, वो उनको लेखकीय खोल से बाहर आने के लिए मजबूर कर रहा है। लुकाच ने समाजवादी परिप्रेक्ष्य की काफ़ी चर्चा की थी। इस चर्चा से मार्क्सवादी लेखक का राजनीति से एक तरह का सम्बन्ध बनता चलता है। लुकाच के अलावा ब्रेख्त और बेंजामिन ने भी लेखकों के राजनीति से सम्बन्ध पर अपनी–अपनी स्थापनाएँ दी हैं। इन सबका मानना है कि लेखक और राजनीति का सम्बन्ध होना चाहिए लेकिन इनकी आड़ लेकर वामपन्थी लेखक मित्र खुलकर राजनीति के मैदान में आने को जायज़ नहीं ठहरा सकते। यह भूल जाते हैं कि ऊपर जिन भी लेखकों का नामोल्लेख किया

गया है वो सब द्वितीय विश्वयुद्ध के वक़्त के लेखक थे और इस वक़्त लेखकों पर फ़ासीवाद कहर बनकर टूटा था। इन्हीं लेखकों के मन्तव्यों की आड़ में इस सिद्धान्त का प्रतिपादन किया गया कि लेखकों के राजनीतिक होने में कोई हर्ज़ नहीं है। इसमें किसी को कोई आपत्ति भी नहीं होनी चाहिए क्योंकि जो भी इन्सान सजग होगा और जिसकी भी लोकतन्त्र में आस्था होगी वो राजनीतिक होगा। लेखक भी इन्सान ही होता है लिहाज़ा उसका राजनीतिक होना आपत्तिजनक नहीं होता है। आपत्ति तब शुरू होती है जब वो अपनी राजनीति को ख़ास दल के साथ जोड़कर अपने लेखन में प्रतिपादित करना शुरू कर देता है। अज्ञेय से लेकर मुक्तिबोध तक ने लेखकों में राजनीतिक चेतना की वकालत की, लेकिन दलगत राजनीति की वकालत करने वाला बड़ा लेखक सामने नहीं आया है। बल्कि दलगत राजनीति करने का विरोध ही होता आया है, बावजूद इसके वामपन्थी लेखक इससे बाज नहीं आते हैं।

'जुटान' की अध्यक्षता करते हुए हिन्दी के कवि इब्बार रब्बी ने कहा था कि ये बेहद ख़तरनाक समय है और फ़ासीवादी ताक़तें देश को मध्यकाल में ले जाना चाहती हैं। इब्बार रब्बी के अलावा अधिकतर वक्ताओं ने 'राग–फ़ासीवाद' गाया। कुछ लेखकों को एक बार फिर से दाभोलकर, कलबुर्गी और गोविन्द पानसरे हत्याकाण्ड की याद आयी लेकिन जिस वक्ता को इन सारी हत्याओं की याद आ रही थी उनको मुज़फ़्फ़रनगर दंगे की याद और उसमें उस वक़्त के सूबे की सरकार की भूमिका की याद नहीं आ रही थी। दरअसल लखटकिया पुरस्कार में बहुत ताक़त होती है और वो लेखकों को सुविधाजनक तर्क ढूँढ़ने के लिए मजबूर करता रहता है। लेखकों की स्वामीभक्ति का यह चरम है। जिसको ये लेखक फ़ासीवाद कह रहे हैं वो फ़ासीवाद नहीं है बल्कि उनके हाथ से सत्ता जाने का दुख है। अगर वामपन्थियों के हाथों में इन साहित्यिक, सांस्कृतिक संगठनों की सत्ता बरकरार रहती तो सम्भव है देश पर फ़ासीवाद का ख़तरा पैदा नहीं होता।

2015 के बिहार विधानसभा चुनाव के वक़्त वामपन्थी संगठनों से जुड़े लेखकों ने बड़ा मुद्दा बनाकर प्रदर्शन आदि शुरू कर दिया था। उस वक़्त राष्ट्रवादी लेखकों ने भी जवाबी प्रदर्शन किया था। वामपन्थी संगठनों से जुड़े लेखक लगातार केन्द्र सरकार के ख़िलाफ़ प्रदर्शन करते रहे लेकिन राष्ट्रवादी लेखकों का वो जमावड़ा फिर कभी दिखायी नहीं दिया। दरअसल होता यह है कि जब कोई संगठन तात्कालिक के दबाव में बनाया जाता

है तो वो दीर्घजीवी नहीं होता है। राष्ट्रवादी लेखकों के उस जुटान का भी वही हुआ। लेखकों का एक बड़ा वर्ग है जो वामपन्थी या मार्क्सवादी विचारधारा से सहमत नहीं है लेकिन उनके पास वैकल्पिक प्लेटफॉर्म नहीं है और वामपन्थियों की तरह का संरक्षण–तन्त्र भी नहीं है। इन दोनों के अभाव में जो लेखक मार्क्सवादियों के विरोधी होते हैं वो भी खुलकर सामने नहीं आते हैं। इससे लगता है कि लेखकों के बीच वामपन्थियों का ही दबदबा है। लेखकों के बीच विचार–विनिमय के लिए भी यह आवश्यक है कि कोई वैकल्पिक मंच बने जहाँ मार्क्सवाद से इतर विचारधारा के लोग भी मिल–बैठकर आपस में संवाद कर सकें। भारत और भारतीयता की बात करने वाली विचारधारा के बीच संवाद होना आवश्यक है क्योंकि इसी तरह के संवाद से कई तरह के भ्रमों को फैलने या फैलाने का मौक़ा नहीं मिलेगा। अब वामपन्थी लेखकों का एक तबका यह कहकर मज़ाक़ उड़ाता है कि हिन्दुओं ने वेदों में ही प्लास्टिक सर्जरी की खोज कर ली थी वर्ना हमारे एक देवता का सिर हाथी का कैसे होता। इस तरह की बात फैलाने के बाद यह आरोप भी लगाते हैं कि इससे बातचीत का सार्वजनिक स्तर गिरता है। वामपन्थियों को तो किसी बात को गढ़ने और उसको अपने कैडर के माध्यम से हर जगह फैलाने में महारथ हासिल है, लिहाज़ा वो इसको भी उसी विश्वास के साथ फैलाते हैं। अगर वैकल्पिक विचारधारा के लेखक बैठकर आपस में संवाद करने लगेंगे तो इस तरह की ऊलजलूल बातों को फैलने से रोका जा सकता है। आवश्यकता इस बात की है कि वैकल्पिक विचारधारा से जुड़े लेखकों को पहल करनी होगी। उनको अपना एक संगठन बनाना होगा और उस संगठन को सरकारी संरक्षण न भी मिले तो उसके साथ सौतेला व्यवहार नहीं हो। लाख फ़ासीवाद की बातें की जायें, संस्थाओं पर संकट की बातें हों, लेकिन वामपन्थी विचारधारा के कार्यकर्ता सरकारी और ग़ैर–सरकारी पदों पर बैठे हैं जो इन वैकल्पिक साहित्यिक विचारों के एक जगह इकट्ठा होने में बाधा डाल सकते हैं। यह नहीं भूलना चाहिए कि देश में लेफ़्ट की राजनीति कमज़ोर हुई है लेकिन ख़त्म नहीं हुई है। लेफ़्ट से जुड़े लेखकों को दिल्ली की केजरीवाल सरकार से लेकर बीजेपी के साथ फिर से जाने के पहले तक बिहार की नीतीश कुमार सरकार से भी संरक्षण मिलता रहा था। विचारों की इस लड़ाई में लेखक कार्यकर्ताओं को बेनक़ाब करना उचित है।

वैचारिक स्वतन्त्रता का सम्मान

नरेन्द्र मोदी के प्रधानमन्त्री बनने के बाद से ही साहित्य जगत में इस बात को लेकर काफ़ी शोरगुल मच रहा है कि देश में फ़ासीवाद आ गया है। अभिव्यक्ति की आज़ादी पर बढ़ रहे ख़तरे को लेकर भी ख़ूब हो–हल्ला मचा। उस वक़्त इस बात की आशंका भी जतायी गयी थी कि नयी सरकार संस्थाओं का भगवाकरण करने में जुट जायेगी। कालान्तर में इस बात को लेकर भी विरोध प्रदर्शन आदि हुए कि सरकार कला, साहित्य, शिक्षा और संस्कृति की स्वायत्त संस्थाओं पर कब्ज़ा करना चाहती है। पुणे के फ़िल्म संस्थान से लेकर इन्दिरा गाँधी राष्ट्रीय कला केन्द्र में हुई नियुक्तियों पर सवाल खड़े होने लगे। सीताराम येचुरी ने राम बहादुर राय की नियुक्ति पर सवाल उठाया था। इस बात की आशंका भी व्यक्त की गयी थी कि सरकार देश का इतिहास बदलने की मंशा से काम कर रही है। शिक्षा व्यवस्था में बदलाव की आहट को लेकर भी विरोधी सक्रिय हो गये थे और सरकार पर भगवा एजेण्डे को थोपने का आरोप लगने लगा था। आरोप था कि संस्थाओं को सरकार नष्ट कर रही है और अभिव्यक्ति की आज़ादी से लेकर खाने–पीने की आज़ादी पर अपनी मर्ज़ी थोपना चाहती है। सांस्कृतिक संस्थाओं में किसी तरह की नियुक्ति का इतना विरोध होता था कि सरकार ने इन संस्थाओं में नियुक्तियाँ धीमी कर दीं।

मोदी सरकार पर यह आरोप लगता रहा है कि साहित्यिक, सांस्कृतिक संस्थाओं से लेकर विश्वविद्यालयों तक में राष्ट्रीय स्वयंसेवक संघ की मर्ज़ी और सलाह से ही नियुक्तियाँ होती हैं। लेकिन दो नियुक्तियों ने इस आरोप की हवा निकाल दी। विरोधियों के वो आरोप भी धराशायी हो गये कि संस्थाओं पर सरकार अपनी विचारधारा के लोगों को थोपना चाहती है। या सरकार संस्थाओं और विश्वविद्यालयों में अपनी मर्ज़ी के लोगों को चुन चुन कर बिठा रही है। बिलासपुर विश्वविद्यालय के कुलपति के तौर पर बनारस हिन्दू विश्वविद्यालय के हिन्दी विभाग के प्रोफ़ेसर सदानन्द शाही की नियुक्ति की गयी। सदानन्द शाही जी केदारनाथ सिंह और गोरखपुर के प्रेमचन्द शोध संस्थान से जुड़े रहे हैं। उनकी विचारधारा साहित्य जगत में ज्ञात है। उनकी नियुक्ति के बाद अखिल भारतीय विद्यार्थी परिषद ने कड़ा प्रतिवाद किया और परिषद का आरोप है कि सदानन्द शाही पुरस्कार वापसी कर रहे लेखकों के समर्थन में थे और बनारस हिन्दू विश्वविद्यालय

में उन्होंने नक्सलियों के समर्थक कवि वरवर राव की रचनाओं का पक्ष लिया था। अखिल भारतीय विद्यार्थी परिषद ने राज्यव्यापी आन्दोलन की धमकी दी थी जिसके बाद तकनीकी कारणों से प्रोफ़ेसर सदानन्द शाही की नियुक्ति को टाल दिया गया। बार–बार इस बात को भी फैलाया जाता है कि संघ से हरी झण्डी के बाद ही नियुक्ति होती है। अब सवाल यही उठता है कि अगर नियुक्तियों में संघ का दख़ल होता तो प्रोफ़ेसर शाही की नियुक्ति कैसे हो जाती है। सरकार पर इस तरह के आरोप ग़लत हैं कि वो सिर्फ़ अपनी वैचारिक पृष्ठभूमि वाले लोगों को महत्त्वपूर्ण पदों पर नियुक्ति दे रही है।

केन्द्र सरकार पर इस तरह के आरोप किस कदर मिथ्या हैं इसका एक और सबूत है इलाहाबाद के जी.बी. पन्त सामाजिक विज्ञान संस्थान के निदेशक के पद पर प्रोफ़ेसर बदरी नारायण तिवारी की नियुक्ति। प्रो. तिवारी जाने माने प्रगतिशील लेखक रहे हैं। 2009 में प्रकाशित उनकी किताब 'फैसिनेटिंग हिन्दुत्व : सैफ्रन पॉलिटिक्स एण्ड दलित मोबलाइजेशन' का हिन्दी अनुवाद 2014 में 'हिन्दुत्व का मोहिनी मन्त्र' के नाम से छपा था। 'हिदुत्व का मोहिनी मन्त्र' की प्रस्तावना में बदरी नारायण जी लिखते हैं–'2014 के चुनाव परिणाम ने इस पुस्तक के शोध के परिणाम की ओर इशारा कर इस पुस्तक की प्रासंगिकता बढ़ा दी है, जो शायद मैं नहीं चाहता था। वस्तुतः जिस ख़तरे की ओर इशारा करने के उद्देश्य से यह पुस्तक लिखी गयी थी, उस ख़तरे को टाला नहीं जा सका। किन्तु, हमारा राजनीतिक वर्ग इस ख़तरे के प्रति सजग हो दलित समूह के एक वर्ग के भगवाकरण को रोक पाता, ऐसा नहीं हुआ। इस पुस्तक की जो प्रासंगिकता मैं चाहता था, वह न होकर उल्टा हुआ और हिन्दुत्ववादी शक्तियों के वर्षों के सतत एवं सघन प्रयास से 2014 के चुनाव में दलित समूह का एक वर्ग भाजपा की ओर उन्मुख होता दिखा। यहीं यह लगता है कि अकादमिक शोध किसी ख़तरे की तरफ़ सिर्फ़ इशारा कर सकते हैं, उसे सीधे रोक नहीं सकते।' बदरी जी जिस ख़तरे की ओर इशारा कर रहे हैं वह है भारतीय जनता पार्टी का उभार। तो जो प्रोफ़ेसर भारतीय जनता पार्टी के उभार या बहुमत को ख़तरा मानता हो उसको ही महत्त्वपूर्ण पद पर नियुक्त किया जाना सरकार पर लग रहे आरोपों को नकारता है। इसी पुस्तक में एक जगह बदरी नारायण भारतीय जनता पार्टी के बारे में लिखते हैं–'अपने जन्म से ही यह पार्टी साम्प्रदायिक

राजनीति के लिए जानी जाती है।' इस तरह की टिप्पणियाँ इस पुस्तक में कई जगह दिखायी देती हैं। अगर यह सरकार बदले की भावना से काम करती या फिर अपने विरोधियों को हाशिए पर डालती होती तो बदरी नारायण को मानव संसाधन विकास मन्त्रालय पाँच साल के लिए निदेशक के पद पर नियुक्ति कैसे देता। बदरी नारायण के प्रतिरोध के स्वर तो पुरस्कार वापसी के दौर से लेकर अख़लाक की हत्या के बाद तक बहुत मुखर थे। अगर अपने विरोधियों को नियुक्ति नहीं देने का कोई अघोषित फ़ैसला होता तब भी बदरी नारायण की नियुक्ति नहीं हो सकती थी। बदरी नारायण की नियुक्ति इस बात का उदाहरण है कि मोदी सरकार नियुक्तियों में भेदभाव नहीं करती है।

अपनी विचारधारा वाले या उससे नज़दीकी लोगों की नियुक्तियाँ हर सरकार करती रही है। आम आदमी पार्टी ने भी अपनी पार्टी से सहानुभूति रखने वालों को हिन्दी अकादेमी से लेकर हर जगह नियुक्ति दी। सरकारों को इस बात का हक़ भी है कि वो अपनी विचारधारा को बढ़ावा दें। विचारधारा को मज़बूती देने के लिए यह आवश्यक भी होता है कि अपने से जुड़े लोगों को मज़बूत किया जाये। केन्द्र की मोदी सरकार इस मायने में थोड़ी अलग है। यह वामपन्थियों की तरह अपनी विरोधी विचारधारा मानने वालों को अस्पृश्य नहीं मानती है। उनसे दूरी नहीं बनाती या सायास उनको हाशिए पर धकेलने के लिए संगठित प्रयास नहीं करती है। ज़्यादा पुरानी बात नहीं है जब भारतीय जनता पार्टी या राष्ट्रीय स्वयंसेवक संघ के विचार से सहमत विद्वानों को सरकारी संस्थाओं में प्रवेश तक नहीं था। उनका मज़ाक़ उड़ाया जाता था। फेलोशिप से लेकर तमाम तरह की नियुक्तियों में प्राथमिक शर्त यह होती थी कि वो उनकी विचारधारा को मानने वाला हो। यहाँ तक कि गोष्ठियों में भी इस बात का ख़ास ध्यान रखा जाता था कि हिन्दुत्व की विचारधारा को मानने वाले मंच पर नहीं बैठें। साहित्य अकादेमी से लेकर अन्य अकादमियों के पुरस्कारों में विरोधी विचारधारा के विद्वानों के नाम पर पुरस्कारों के लिए विचार ही नहीं होता था। दिन–रात फ़ासीवाद–फ़ासीवाद की रट लगाने वालों को इस बात पर गौर करना चाहिए कि मोदी के प्रधानमन्त्री बनने के बाद ऐसी स्थिति नहीं है। हर विचारधारा वाले को मंच मिलता है, नियुक्ति मिलती है और अन्य तरह की सहूलियतें भी। सवाल यही उठता है कि जो लोग संघ की आड़ लेकर सरकार पर हमले करते रहे

हैं उनको बहुत ध्यान से आरोप लगाने चाहिए अन्यथा इन आरोपों से उनकी ही किरकिरी होती है।

हिन्दी के चन्द कवियों और लेखकों ने देश भर में असहिष्णुता को इतना बड़ा मुद्दा बना दिया था कि वित्त मन्त्री अरुण जेटली और बाद में प्रधानमन्त्री नरेन्द्र मोदी को भी इस पर बयान देना पड़ा था। साहित्य अकादेमी को भी आपात बैठक बुलानी पड़ी थी। इस बात के लिए अशोक वाजपेयी को दाद देनी होगी कि उन्होंने देश भर में एक सरकार के ख़िलाफ़ माहौल बना दिया था। उस माहौल के बाद बिहार विधानसभा चुनाव में भारतीय जनता पार्टी बुरी तरह से परास्त हुई। महागठबन्धन की जीत के बाद नीतीश कुमार ने बिहार की कमान सँभाली। पुरस्कार वापसी अभियान के लोगों से उनकी मुलाक़ातें होती रहीं। इस समूह के रहनुमाओं ने नीतीश कुमार को विधानसभा चुनाव नतीजों के बाद ये जताने में कोई कसर नहीं छोड़ी कि महागठबन्धन की जीत में उनके द्वारा निर्मित माहौल का भी हाथ था। दिल्ली में इस समूह के सदस्यों और नीतीश कुमार की एक बैठक हुई थी जिसमें समान विचारधारा के लेखकों को एक मंच पर लाने की कोशिश करने की बात हुई। देश भर के इस तरह के लेखकों से नीतीश कुमार की मुलाक़ातें करवाने की बात भी तय हुई थी। इतनी लम्बी पृष्ठभूमि बताने की भी वजह पुरस्कार वापसी समूह की मंशा को उजागर करना है।

विश्व कविता समारोह का सच

देश में फैल रही असहिष्णुता के ख़िलाफ़ पुरस्कार वापसी समूह के मुखिया अशोक वाजपेयी की लम्बे समय से इच्छा थी कि वो देश में विश्व कविता समारोह का आयोजन करें। इस तरह के कार्यक्रमों में करोड़ों रुपये ख़र्च होते हैं लिहाज़ा आयोजन का भार कोई सरकार या सरकारी संस्था ही उठा सकती है। अशोक वाजपेयी ने भारत सरकार को 2014 में भी इस तरह के आयोजन का प्रस्ताव दिया था जो परवान नहीं चढ़ सका था। दरअसल उस वक़्त सरकार ने अशोक वाजपेयी के उस प्रस्ताव को साहित्य अकादेमी के पास भेज दिया था जिसे साहित्य अकादेमी ने ठुकरा दिया था। साहित्य अकादेमी ने अशोक वाजपेयी के प्रस्ताव को नकारते हुए साफ़ कर दिया था कि वो किसी के साथ साझीदारी में इतना बड़ा आयोजन करने की बजाय ख़ुद इस तरह का आयोजन कर सकती है। साहित्य अकादेमी ने विश्व कविता समारोह का आयोजन किया भी था।

पुरस्कार वापसी अभियान और नीतीश की जीत के बाद अशोक वाजपेयी ने बिहार सरकार को विश्व कविता समारोह के आयोजन के लिए तैयार कर लिया था। बिहार सरकार ने इस आयोजन का ज़िम्मा बिहार संगीत नाटक अकादमी को सौंपा। उस वक़्त इस संस्था के अध्यक्ष कवि आलोक धन्वा थे। विश्व कविता सम्मेलन के लिए जिस आयोजन समिति का गठन किया गया था उसमें सरकारी नुमाइन्दों के अलावा राष्ट्रीय जनता दल के नेता रामश्रेष्ठ दीवाना, साहित्य अकादेमी पुरस्कार से सम्मानित कवि अरुण कमल, रामवचन राय और अशोक वाजपेयी को रखा गया। इस कमेटी की एक बैठक हुई जिसमें तय किया गया कि 2016 में पटना में विश्व कविता समारोह का आयोजन किया जायेगा। सूबे के संस्कृति मन्त्री शिवचन्द्र राम के मुताबिक़ इस समारोह में चालीस देशों के कवियों को शिरकत करनी थी। राम ने यह भी कहा था कि आयोजन समिति के फ़ैसले के मुताबिक़ पटना और सूबे के अन्य ऐतिहासिक शहरों में ये समारोह आयोजित होगा। इसके लिए दिल्ली में एक अस्थायी कार्यालय खोलने पर भी सहमति बनी थी। उस कार्यालय को अशोक वाजपेयी की देख–रेख में चलना था।

नामवर सिंह के नब्बे साल के मौक़े पर पत्रिका बहुवचन के विशेष अंक में अशोक वाजपेयी ने एक लम्बा लेख लिखकर नामवर सिंह के दुर्गुणों को गिनाया। अशोक वाजपेयी के मुताबिक़ विचारधारा के अतिरेक के अलावा नामवर सिंह के यहाँ तीन और अतिचार सक्रिय हैं–वाचिकता, अवसरवादिता और सत्ता का आकर्षण। अशोक वाजपेयी ने नामवर सिंह पर सत्ता के आकर्षण का आरोप लगाते हुए कहा कि वो सत्ताधारियों के मंच पर होने पर बहुत विनम्र हो जाते हैं। अशोक वाजपेयी ने नामवर सिंह पर तो सत्ता के आकर्षण का आरोप जड़ा लेकिन कहावत है न कि अगर आप किसी की ओर एक उँगली उठाते हैं तो आपकी ओर भी कुछ उँगलियाँ उठती हैं। यह कहावत अशोक वाजपेयी पर भी लागू होती है। अशोक जी को न तो कभी सत्ता से परहेज़ रहा और न ही कभी उन्होंने सत्ताधारियों से निकटता से कोई परहेज़ किया। चाहे वो समाजवादी पार्टी के सांसद धर्मेन्द्र यादव के साथ मंच साझा करना हो या फिर नीतीश कुमार के साथ। पुरस्कार वापसी अभियान के बाद तो नीतीश कुमार से उनकी निकटता काफ़ी बढ़ गयी थी। अशोक वाजपेयी खेमे के लेखकों की नीतीश कुमार के साथ लम्बी बैठकें भी हुई थीं जिसमें देश भर के

लेखकों के साथ नीतीश की मुलाक़ातें तय करवाने का बीड़ा उठाया गया था। क्या ये सत्ता का आकर्षण नहीं है कि अशोक वाजपेयी जैसे हिन्दी के वरिष्ठ और बेहद आदरणीय लेखक को उस कमेटी में रखा गया है जिसमें लालू यादव की पार्टी के सांस्कृतिक प्रकोष्ठ के मुखिया भी थे। क्या ऐसी कमेटी की सदस्यता स्वीकार करना अवसरवादिता नहीं थी।

बिहार में विश्व कविता सम्मेलन करने की बात हो रही थी लेकिन पर्दे के पीछे सारा खेल इसको दिल्ली में आयोजित करवाने को लेकर भी खेला गया था। अशोक वाजपेयी और बिहार संगीत नाटक अकादमी के तत्कालीन अध्यक्ष आलोक धन्वा इस पक्ष में थे कि विश्व कविता के इस आयोजन को दिल्ली में करवाया जाये। दिल्ली में आयोजन के लिए तर्क ढूँढ़े गये थे। एक तर्क तो ये था कि विश्व के चालीस देशों के कवियों के रुकने का पटना में इन्तज़ाम कैसे हो सकता है। दूसरा तर्क ये गढ़ा जा रहा था कि दिल्ली में इस आयोजन से नीतीश कुमार की छवि को देश भर में मज़बूती मिलेगी और एक संवेदनशील और सहिष्णु विकल्प के रूप में उनको पेश किया जायेगा। इन तर्कों से ज़्यादा तो इस तर्क में दम था कि विश्व कविता महोत्सव अगर बिहार में करवाया गया तो रसरंजन कैसे होगा। बिहार में पूर्ण शराबबन्दी है और ऐसे में कविता सुनाने के बाद कवियों के सामने संकट पैदा हो सकता है। इसकी काट के तौर पर भी इस आयोजन को दिल्ली करवाने की व्यूह रचना की गयी थी।

बिहार संगीत नाटक अकादमी के विश्व कविता महोत्सव के आयोजन पर क़रीब चार–पाँच करोड़ रुपये के बजट पर भी सवाल खड़े हुए थे। बिहार में होने वाले अखिल भारतीय कविता समारोह और कहानी समारोह को सरकार ने बन्द कर दिया जिसमें बमुश्किल 25–30 लाख रुपये ख़र्च होते थे। पटना लिटरेचर फ़ेस्टिवल भी किन्हीं वजहों से आयोजित नहीं हो पा रहा था। सवाल यह था कि विश्व कविता महोत्सव के आयोजन पर करोड़ों ख़र्च करने का औचित्य क्या है। इससे बिहार की जनता को या बिहार की रचनात्मकता को क्या फ़ायदा होना है। इस बात का आकलन सरकार के स्तर पर किया गया या सिर्फ़ अशोक वाजपेयी को पुरस्कार वापसी मुहिम के लिए पुरस्कृत करने के लिए इस आयोजन को स्वीकृति दी गयी थी। तब इस बात को भी प्रचारित किया गया था कि गाँधी जी के चम्पारण सत्याग्रह के सौ साल पूरे होने के जश्न के तौर पर भी इसका आयोजन होगा।

विरोध का पाखण्ड पर्व

नयनतारा सहगल अंग्रेज़ी साहित्य का बड़ा नाम है। माना जाता है कि आज़ाद भारत की पहली भारतीय अंग्रेज़ी लेखिका हैं जिन्हें इतनी शोहरत मिली। साठ और सत्तर के दशक में उन्होंने अपने स्तम्भों से भारतीय राजनीति में अपनी पारिवारिक विरासत से इतर अपनी पहचान बनायी थी। नयनतारा सहगल जवाहरलाल नेहरू की बहन विजयलक्ष्मी पण्डित की बेटी हैं। उन्होंने भी साहित्य अकादेमी पुरस्कार लौटाने का ऐलान कर सुर्ख़ियाँ बटोरी थीं। नयनतारा सहगल का मानना था कि देश का माहौल ठीक नहीं है और यहाँ आतंक का राज है। उनके शब्द हैं–रेन ऑफ़ टेरर। नयनतारा के मुताबिक़ देश में असहमति के स्वर को साज़िशन दबाया जा रहा है और विरोध की आवाज़ का क़त्ल किया जा रहा है। नयनतारा सहगल ने अपने बयान में कहा था कि मौजूदा वक़्त में असहमति के अधिकार की लड़ाई लड़ने वालों को भय के वातावरण में जीना पड़ रहा है। भारत की बहुलतावादी संस्कृति पर आये इस ख़तरे के विरोध स्वरूप उन्होंने साहित्य अकादेमी पुरस्कार लौटाने का फ़ैसला किया था। नयनतारा सहगल का कहना था कि साहित्य अकादेमी अभिव्यक्ति की स्वतन्त्रता को बचाने के लिए कुछ नहीं कर रही है और साहित्य अकादेमी की ख़ामोशी उनको पुरस्कार लौटाने को मजबूर कर रही है। नयनतारा सहगल की अपेक्षा थी कि साहित्य अकादेमी उन हालातों में लेखकों के पक्ष में खड़े होकर उसकी सियासत का हिस्सा बने। नयनतारा सहगल की इस चाहत पर आगे बात होगी लेकिन पहले कुछ तथ्यों पर नज़र डाले लेते हैं। दरअसल नयनतारा सहगल को उन्नीस सौ छियासी में साहित्य अकादेमी पुरस्कार से नवाज़ा गया था। यह सम्मान उनको उनकी अंग्रेज़ी में छपी किताब 'रिच लाइक अस' पर दिया गया था। साहित्य अकादेमी पुरस्कार मिलने के क़रीब तीन दशक के बाद नयनतारा सहगल की संवेदना जागी थी और उन्होंने देश के उस वक़्त के हालात के मद्देनज़र विरोध दर्ज करवाने का फ़ैसला लिया था। अब ज़रा कुछ और तथ्यों पर गौर करते हैं। उन्नीस सौ छियासी में नयनतारा सहगल को साहित्य अकादेमी ने अपने पुरस्कार से नवाज़ा। उसके दो साल पहले उनकी ममेरी बहन और उस वक़्त की प्रधानमन्त्री इन्दिरा गाँधी को उनके सुरक्षा गार्डों ने गोलियों से भून डाला था। इन्दिरा गाँधी की हत्या के विरोध में दिल्ली समेत देश के कई हिस्सों

में सिख विरोधी दंगे हुए थे। दिल्ली के सिख विरोधी दंगों में हज़ारों सिखों का क़त्ल कर दिया गया था। उनमें से कइयों को ज़िन्दा जला दिया गया था। इन्दिरा गाँधी की हत्या के बाद हुए सिख विरोधी दंगों के बाद देश के प्रधानमन्त्री राजीव गाँधी ने बयान दिया था कि जब बड़ा पेड़ गिरता है तो आसपास की ज़मीन हिलती ही है। सिखों के नरसंहार और उसके बाद उस वक़्त के प्रधानमन्त्री के इस संवेदनहीन बयान के बाद भी नयनतारा सहगल जी की संवेदना नहीं जगी थी। सम्भव है कि हाल में मिला साहित्यिक पुरस्कार और उससे मिल रहा यश उनकी संवेदना पर भारी पड़ गया हो। ख़ैर, नयनतारा सहगल की संवेदना तो उनको पुरस्कार मिलने के तीन साल बाद भागलपुर में हुए साम्प्रदायिक दंगों के बाद भी नहीं जगी। भागलपुर दंगे में भी सैकड़ों लोग मारे गये थे। इस तरह के हादसों की बड़ी लम्बी फेहरिस्त है। दो हज़ार दो के गुजरात दंगों के वक़्त भी वो ख़ामोश रहीं। अब पुरस्कार मिलने के उनतीस साल बाद साहित्य अकादेमी पुरस्कार लौटाने का ऐलान करना सवाल खड़े करता है। उन्होंने साहित्य अकादेमी पुरस्कार लौटाने के अपने बयान में दादरी हत्याकाण्ड से लेकर नरेन्द्र डाभोलकर, गोविन्द पानसरे, एम.एम. कलबुर्गी तक की हत्या पर चिन्ता जतायी थी। उनकी चिन्ता जायज़ है। किसी भी सभ्य समाज में हिंसा का कोई स्थान नहीं होता है। विचारों की लड़ाई सिर्फ़ और सिर्फ़ क़लम से लड़ी जानी चाहिए। उसमें गोली–बन्दूक का कोई स्थान नहीं होना चाहिए। गोली–बन्दूक से विचारों की लड़ाई लड़ने का इतिहास या तो वामपन्थियों के नाम है या फिर इन दिनों आतंकवादी संगठन आईएसआईएस के नाम। इसी तरह से हिंसा के बाद उस पर सियासत करना या उसको आधार बनाकर सुर्ख़ियाँ बटोरने की कोशिश करना भी उचित नहीं है। नयनतारा सहगल ने अपनी संवेदना आहत होने की जो वजह बतायी है वो कम से कम उन्नीस सौ चौरासी के सिख दंगे और भागलपुर या गुजरात के साम्प्रदायिक दंगे से कम भयावह है। उस वक़्त देश का जो माहौल था क्या अब उससे अधिक ख़राब है। अतीत को आधार बनाकर वर्तमान की गड़बड़ियों को सही नहीं ठहराया जा सकता है लेकिन जब संवेदना जगने की बात होगी तो तुलनात्मक विश्लेषण होना तय है।

नयनतारा सहगल ने अपने बयान में प्रधानमन्त्री नरेन्द्र मोदी पर भी निशाना साधा और दादरी से लेकर प्रोफ़ेसर कलबुर्गी की हत्या तक पर

उनकी ख़ामोशी पर सवाल खड़े किये। सवाल खड़े करने के बाद भी वे नहीं रुकीं और उन्होंने प्रधानमन्त्री मोदी को अपनी विचारधारा का समर्थन करने वाले शैतानों तक के ख़िलाफ़ नरमी बरतने वाला क़रार दिया या कहें कि उन्होंने साफ़ कर दिया कि अगर शैतान भी मोदी की विचारधारा का समर्थन करता हो तो मोदी उसके ख़िलाफ़ कार्रवाई से आँखें मूँद लेंगे। दरअसल नयनतारा सहगल का संघ विरोध पुराना है। उन्नीस सौ उनहत्तर–सत्तर में उन्होंने अपने एक स्तम्भ में जनसंघ के नारे–'हिन्दी–हिन्दू–हिन्दुस्तान' पर जमकर वार किया था और इसको भारतीय लोकतन्त्र के लिए ख़तरा क़रार दिया था। उसके बाद भी उन्होंने लगातार जनसंघ और राष्ट्रीय स्वयंसेवक संघ पर अपने स्तम्भों में हमले किये। कालान्तर में वे इन्दिरा गाँधी के विरोध में लग गयी थीं जो कि एक अवान्तर और बेहद लम्बा प्रसंग है। अपने बयान में नयनतारा सहगल ने कहा है कि इस वक़्त देश में आतंक का राज है। नयनतारा सहगल बहुत ही अनुभवी पत्रकार, स्तम्भ लेखक और राजनीति को बेहद क़रीब से देखने वाली रही हैं। वे जब इस तरह के शब्दों या जुमलों का इस्तेमाल कर रही थीं तो हैरानी स्वाभाविक है। अचरज इस बात पर होता है कि इतनी वरिष्ठ लेखिका भारतीय लोकतन्त्र को इतना कमज़ोर समझती हैं कि कोई भी शख़्स पूरे देश में आतंक का राज कायम कर लेगा। नयनतारा सहगल ने तो इमरजेंसी और उसके बाद के हालात को बहुत क़रीब से देखा है और उस पर एक किताब भी लिखी है। उन्हें इस तरह की ग़लतफ़हमी किस वजह से हो रही थी ये समझ से परे है। नयनतारा सहगल और उनके ऐलान के बाद उनको लाल सलाम कर लहालोट होने वाले उनके समर्थकों को यह समझने की आवश्यकता है कि हर घटना को अभिव्यक्ति की आज़ादी से जोड़कर देखने का चुनिन्दा फ़ैशन बन्द होना चाहिए। नयनतारा सहगल की संवेदना उस वक़्त क्यों नहीं जागी जब वामपन्थी सरकार ने तसलीमा नसरीन के साथ अन्याय किया, वोट बैंक की ख़ातिर उनको राज्य से बाहर का रास्ता दिखा दिया। कांग्रेस ने भी उसको कायम रखा।

पुरस्कार लौटाने के पाखण्ड पर्व की शुरुआत करने वाले जादुई यथार्थवादी कथाकार का जिक्र पहले भी किया जा चुका है। साहित्य अकादेमी से लेखकों की अपेक्षा थी कि वह हत्या और हिंसा के विरोध में प्रस्ताव पारित करे। दरअसल ऐसी माँग करने वाले लेखक और लोग साहित्य

अकादेमी की परम्परा और उसके संविधान आदि से अनजान हैं। लेखकों से साहित्य अकादेमी की अपेक्षा विशुद्ध राजनैतिक है और वे अपनी राजनीति को साहित्य अकादेमी के कन्धे पर चलाना चाहते हैं। क्या ये सम्भव है? इन लेखकों को डी.एस. राव की किताब 'फाइव डिकेड्स ऑफ़ साहित्य अकादेमी' पढ़नी चाहिए जिसमें उन्होंने विस्तार से अकादेमी के गठन और उसकी परम्परा का उल्लेख किया है। यह अलहदा बात है कि वामपन्थी विचारधारा के लोग जब कांग्रेस के बौद्धिक प्रकोष्ठ की तरह काम कर रहे थे उस दौर में ही साहित्य अकादेमी का पतन शुरू हुआ था। साहित्य अकादेमी पर वाम विचारधारा के लोगों ने कब्ज़ा जमाये रखा और उसके बाद भी ऐसी व्यवस्था कर दी कि लेखकों की बजाय विश्वविद्यालयों के शिक्षकों का कब्ज़ा रहेगा। विश्वविद्यालयों के उन शिक्षकों का जिनका समकालीन साहित्य में कम से कम लेखन के माध्यम से कोई हस्तक्षेप नहीं है। अब उन लोगों से यह अपेक्षा करना कि वे सरकार के ख़िलाफ़ या किसी घटना विशेष के ख़िलाफ़ तनकर खड़े हो जायेंगे, बेमानी है, बचपना है। पुरानी कहावत है कि बोया पेड़ बबूल का तो आम कहाँ से होय। साहित्य अकादेमी के पतन के ज़िम्मेदार लोग आज अकादेमी से उच्च मानदण्डों की अपेक्षा कर रहे हैं। इसी अपेक्षा की बुनियाद पर खड़ा विरोध हवाई लगता है।

पहले उदय प्रकाश, फिर नयनतारा सहगल और उसके बाद अशोक वाजपेयी ने साहित्य अकादेमी पुरस्कार लौटाने का ऐलान कर साहित्य जगत को झकझोरने की कोशिश की। तीनों लेखकों के विरोध का आधार कमोबेश एक ही था। इन तीनों को लगता था कि देश का वातावरण बहुत ख़राब हो गया है और साहित्यकारों को प्रतिरोध में उठ खड़ा होना चाहिए। गोविन्द पानसरे, प्रोफ़ेसर कलबुर्गी आदि की हत्या और दादरी काण्ड में गोमांस की अफ़वाह के चलते हुई हत्या के बाद प्रधानमन्त्री नरेन्द्र मोदी की चुप्पी पर भी नयनतारा सहगल और अशोक वाजपेयी ने सवाल खड़े किये। नयनतारा सहगल ने तो यहाँ तक कह दिया कि उस वक़्त देश में आतंक का राज था। इन तीनों को लगता था कि साहित्य अकादेमी को इस आतंक के माहौल में लेखकों के साथ खड़ा होना चाहिए। यह ठीक है हर किसी की अपनी अपेक्षा और अपनी चाहत होती है लेकिन जब आपकी चाहत सार्वजनिक हो या जब आप अपनी चाहत से एक बड़े समुदाय को प्रभावित करने की आकांक्षा रखते हों तो उसकी परख आवश्यक है।

अब ज़रा अकादेमी पुरस्कार लौटाने वालों के तर्क को देखिए। उनका कहना था कि साहित्य अकादेमी स्वायत्त संस्था है लिहाज़ा उसको इस वक़्त के कथित ख़राब माहौल के ख़िलाफ़ प्रस्ताव आदि पास कर विरोध जताना चाहिए। चूँकि साहित्य अकादेमी ऐसा नहीं कर रही थी लिहाज़ा वे पुरस्कार वापस कर रहे हैं। दूसरी तरफ़ यह भी कहा जा रहा था कि विरोध की वजह प्रधानमन्त्री का मौन है। एक तरफ़ तो आप अकादेमी को स्वायत्त मानते हैं और दूसरी तरफ़ सरकार के कृत्यों के लिए भी उसको ज़िम्मेदार मानते हैं। साहित्य अकादेमी का पुरस्कार सरकार नहीं देती है। पुरस्कार के लिए लेखकों का चुनाव लेखकों की ही एक कमेटी करती है। पुरस्कार लौटाना एक तरह से उन लेखकों का भी अपमान है जिन्होंने आपको उस वक़्त पात्र माना था। जवाहरलाल नेहरू ने साहित्य अकादेमी को राजनीतिक दख़लअन्दाज़ी से मुक्त रखा था। उनका साफ़ कहना था कि प्रधानमन्त्री भी इस मसले में दख़ल नहीं दे सकता है। जवाहरलाल नेहरू जब अकादेमी से जुड़े थे तब भी उन्होंने इसके कामकाज में कोई दख़ल आदि नहीं दिया था।

दूसरी बात ये कि पुरस्कार लौटाने वाले लेखक और उनके समर्थकों ने इस तरह का माहौल बना दिया था कि जो लेखक पुरस्कार नहीं लौटायेंगे या फिर पुरस्कार लौटाने वालों का समर्थन नहीं करेंगे वो संघी या भाजपाई हैं। उन्हें यह कहकर लांछित आदि करने का प्रयास किया जा रहा था कि वे कट्टरपन्थी हिन्दूवादी ताक़तों का समर्थन कर रहे हैं। इस तरह का माहौल बनाना उचित नहीं था। एक तरफ़ तो असहमति के अधिकार की लड़ाई लड़ने का दावा कर रहे थे लेकिन परोक्ष रूप से असहमत होने वालों को कठघरे में भी खड़ा कर रहे थे। लेखकों के लिए पुरस्कार आदि लौटाने का ऐलान कर सनसनी फैलाने से ज़्यादा ज़रूरी था कि वो अपनी लेखनी से इस तरह के माहौल का मुक़ाबला करते। दरअसल अगर हम देखें तो पिछले चार–पाँच दशकों में लेखकों ने अपनी साख को कम किया है। सार्वजनिक मसलों पर राय प्रकट नहीं कर या फिर चुनिन्दा मसलों पर लिख या बोलकर लेखकों ने अपनी क्रेडिबिलिटी कम कर ली है। राजेन्द्र यादव के बाद हिन्दी में कोई सार्वजनिक बुद्धिजीवी बचा नहीं। अशोक वाजपेयी कभी–कभार बोलते–लिखते रहे हैं। इसके अलावा अगर हम देखें तो लेखकों ने देश और समाज के मसलों पर लिखना–बोलना कम कर दिया है। अपनी विचारधारा वाली पार्टी के

पिछलग्गू बनकर लेखकों ने अपनी साख को दाँव पर लगा दिया। उसका ही नतीजा हुआ है कि साहित्य अकादेमी पुरस्कार आदि लौटाने के फ़ैसलों पर सवाल खड़े हो रहे हैं। साहित्य अकादेमी पुरस्कार लौटाने के बाद अशोक वाजपेयी ने कहा कि वह काफ़ी दिनों से अपने स्तम्भ में सरकार की नीतियों के ख़िलाफ़ लिख रहे थे लेकिन कहीं कोई हलचल नहीं हो रही थी इस वजह से उन्होंने कुछ नाटकीय करने की सोची और पुरस्कार लौटा दिया। वाजपेयी जी बेहद सम्मानित लेखक हैं, बहुपठित भी, लेकिन अगर उनका साहित्य अकादेमी पुरस्कार लौटाने का क़दम नाटकीय है तो फिर इसका उतना ही असर होना था जितना कि किसी भी नाटकीय क़दम का हो सकता था, और वही हुआ भी।

साहित्य अकादेमी पुरस्कार लौटाने के तीन लेखकों के फ़ैसलों के बाद एक बार फिर से अकादेमी पुरस्कार के चयन को लेकर बातें शुरू हो गयी थीं। कहते हैं न कि बात निकलेगी तो दूर तलक जायेगी। उदय प्रकाश से लेकर कई लेखकों को साहित्य अकादेमी पुरस्कार दिये जाने पर सवाल खड़े होते रहे हैं। विवाद भी हुए हैं। कई लेखकों को पुरस्कार मिलने के पहले से ही उनके नाम सार्वजनिक होते रहे हैं। बात तो यहाँ तक सामने आती रही है कि अमुक लेखक को इस साल पुरस्कार देने का आश्वासन अध्यक्ष या सम्बन्धित भाषा के संयोजक ने दे दिया है। दरअसल ये पूरा विवाद विचारधारा की लड़ाई है। हिन्दी के एक वरिष्ठ आलोचक से जब मैंने बातों–बातों में कहा कि ये विचारधारा की लड़ाई है तो उन्होंने कहा कि विचारधारा के साथ–साथ स्वार्थ की भी लड़ाई है। हर कोई अपनी गोटी सेट करना चाहता है और फिट नहीं होने की स्थिति में बाग़ी हो जाता है। हम ये तो नहीं कह सकते क्योंकि इस बात के प्रमाण हमारे पास नहीं हैं लेकिन अकादेमी पुरस्कार लौटाने के फ़ैसले पर लेखक समाज में ही मतभेद थे। लेखकीय स्वतन्त्रता और अभिव्यक्ति की आज़ादी पर मँडरा रहे ख़तरे, अगर कोई ख़तरा है तो, को लेकर लेखकों को एकजुट किया जाना चाहिए था। इसका असर भी व्यापक होता।

फ़ासीवाद का डर

नरेन्द्र मोदी के सत्ता में आते ही देश में फ़ासीवाद आ जायेगा। नरेन्द्र मोदी हिटलर की तरह हैं। नरेन्द्र मोदी के आने से देश में साम्प्रदायिक ताक़तें मज़बूत होंगी। नरेन्द्र मोदी उस विचारधारा के पोषक हैं जो देश

को बाँटती है। यह चुनाव मुद्दों की लड़ाई नहीं है विचारधारा की लड़ाई है। लोकसभा चुनाव के दौरान इस तरह के आरोप नरेन्द्र मोदी और भारतीय जनता पार्टी पर लगातार लग रहे हैं। नरेन्द्र मोदी और भारतीय जनता पार्टी के पक्ष में हवा के रुख़ को भाँपते हुए आलोचकों और विरोधियों के हमले और तीखे हो रहे हैं। सबसे संगीन इल्ज़ाम जो लग रहा है वह है कि मोदी के आते ही देश में फ़ासीवाद आ जायेगा और तानाशाही प्रवृत्ति का बोलबाला हो जायेगा। मोदी के विरोधी उत्साह में भले ही मोदी की तुलना हिटलर से कर दें लेकिन वो तथ्यात्मक और सैद्धान्तिक दोनों रूप में ग़लत हैं। आज के भारत की तुलना हिटलर के उत्थान के समय के जर्मनी से नहीं की जा सकती है। उस वक़्त जर्मन साम्राज्य के पतन के सिर्फ़ पन्द्रह साल हुए थे और जर्मनी एक नवजात राष्ट्र के तौर पर खड़ा होने की कोशिश कर रहा था। उस वक़्त जर्मनी के लोग देश की ख़राब आर्थिक हालात की वजह से बुरी तरह से परेशान थे और वहाँ की लड़खड़ाती सरकार उसे सँभालने में नाकाम हो रही थी। आज जब पूरे विश्व की अर्थव्यवस्था पर संकट है ऐसे में भी भारत लगभग पाँच फ़ीसदी के ग्रोथ रेट के साथ मज़बूती से अपनी अर्थव्यवस्था को सँभाले हुए है। जनता की वर्तमान सरकार से नाराज़गी है लेकिन यह साफ़ है कि कोई भी अगर उसके नागरिक अधिकारों के हनन की कोशिश करेगा तो उसे वह बर्दाश्त नहीं करेगी। इसके अलावा एक राष्ट्र के तौर पर भारत की जो संरचना है वो भी जर्मनी से अलहदा है। अलग–अलग राज्यों में अलग–अलग दलों की चुनी हुई सरकारें हैं। कुछ मसले ऐसे हैं जिनमें केन्द्र का दख़ल नहीं हो सकता है। भारत में लोकतन्त्र की जड़ें इतनी गहरी हो चुकी हैं कि अगर हिटलर भी आ जाये तो उसे उखाड़ कर नहीं फेंक सकता है। इस देश ने इन्दिरा गाँधी को भी देखा था जिन्होंने उन्नीस सौ पचहत्तर में भारतीय लोकतन्त्र के इतिहास में इमरजेंसी का काला अध्याय जोड़ा। तमाम ताक़त और ज़ोर लगा देने के बावजूद जनविरोध के आगे इन्दिरा को झुकना पड़ा और दो साल में ही इमरजेंसी ख़त्म करनी पड़ी थी। उन्नीस सौ पचहत्तर और अब की स्थितियाँ और भी बदल चुकी हैं। अब मीडिया पहले से ज़्यादा ताक़तवर है और जनता अपने अधिकारों को लेकर पहले से ज़्यादा जागरूक। दरअसल हमारे देश में फ़ासीवाद एक ऐसा जुमला है जिसका डर सदियों से दिखाकर राजनीति की रोटियाँ

सेंकी जा रही हैं। फ़ासीवाद का जुमला सबसे ज़्यादा इस देश में कार्ल मार्क्स के अनुयायी उछालते रहे हैं। यहाँ यह याद दिलाने की ज़रूरत है कि कार्ल मार्क्स हमेशा से चुनाव, चुनाव करने की स्वतन्त्रता और चुनी हुई संस्थाओं का विरोध करते थे। उनका मानना था कि जब तक आर्थिक समानता नहीं हो तो चुनाव बेमानी हैं।

अब अगर दूसरे आरोप हिन्दू साम्प्रदायिकता की बात करें जिसके प्रचण्ड होने की आशंका जतायी जा रही है तो इस शब्द की अवधारणा ही ग़लत है। हिन्दू धर्म का आधार ही सर्वधर्म समभाव और सहिष्णुता है। अस्सी के दशक के अन्त में और नब्बे के दशक की शुरुआत में इसी तरह से हिन्दू राष्ट्रवाद की बात फैलायी गयी थी। उस वक़्त यह प्रचारित किया गया था कि हिन्दू राष्ट्रवाद का मतलब है देश की एकता और अखण्डता को कायम रखना और हिन्दू राष्ट्र का निर्माण करना। अब ज़रा इस पर गहराई से विचार करिए। हिन्दू राष्ट्रवाद के ये दोनों उद्देश्य एक–दूसरे के ख़िलाफ़ हैं। हिन्दू राष्ट्र की कल्पना करते हुए देश की एकता और अखण्डता कायम नहीं रखी जा सकती है। अगर हिन्दू राष्ट्र थोपने की बात होती तो देश में हिंसा का ऐसा दौर चलता कि देश की एकता और अखण्डता ख़तरे में पड़ जाती। दरअसल हिन्दू राष्ट्रवाद के सिद्धान्त का प्रतिपादन और प्रचार करके समाज में भ्रम फैलाने की गहरी साज़िश की गयी थी जिसमें तर्कों के लिए कोई जगह नहीं बची थी। दोनों तरफ़ से उन्माद फैलाने का काम किया गया था। पहले हिन्दू राष्ट्रवादियों का भय पैदा किया गया था और बाद में उसके ख़िलाफ़ धर्मनिरपेक्षता की दुहाई देकर राजनीतिक फ़ायदा उठाया गया था। धर्मनिरपेक्ष साम्प्रदायिकता के ख़िलाफ़ प्रचार का एक ऐसा वितान खड़ा किया गया था जिससे जनता भयाक्रान्त होकर किसी पार्टी विशेष के पक्ष में मतदान कर सके। हुआ भी यही था। हिन्दू राष्ट्रवाद और धर्मनिरपेक्ष साम्प्रदायिकता के ख़िलाफ़ बोलने वालों को हिन्दू साम्प्रदायिक क़रार दे दिया जा रहा था। अब एक बार फिर से उसी तरह का भय का माहौल पैदा कर सियासी फ़सल काटने की तैयारी की जा रही है। यहाँ एक और उदाहरण प्रासंगिक होगा। इन दिनों धर्मनिरपेक्षता की वकालत करने वालों को लालकृष्ण आडवाणी बहुत अच्छे लगने लगे हैं। तथाकथित धर्मनिरपेक्ष विचारकों को लगता है कि लालकृष्ण आडवाणी अपेक्षाकृत कम कट्टर हैं। हमें अपने इन विचारकों की बदलती राय पर तरस आता है। यह वही जमात है जो बाबरी विध्वंस

के बाद आडवाणी को देश का सामाजिक ताना–बाना ध्वस्त करने का ज़िम्मेदार मान रही थी। ये वही लोग हैं जो उस वक़्त आडवाणी को कट्टर और अटल बिहारी वाजपेयी को उदार छवि का मानते थे। उनके तर्कों के आधार तब भी ग़लत थे और अब भी ग़लत हैं।

दरअसल हमारे देश में नेहरू के बाद सही मायने में धर्मनिरपेक्षता को ज़ोरदार तरीक़े से बढ़ावा देने वाला कोई नेता हुआ ही नहीं। नेहरू का मानना था कि राष्ट्रवाद की भावना को धर्म नहीं बल्कि संस्कृति मज़बूत कर सकती है। उनकी किताब 'डिस्कवरी ऑफ़ इण्डिया' में अशोक, अकबर, कबीर और गुरु नानक को नायक के तौर पर याद किया गया है। गाँधी को भी। क्योंकि गाँधी ने भी धर्म को राष्ट्र से अलग किया था। उन्होंने कहा था कि अगर हिन्दू सोचते हैं कि यह सिर्फ़ उनका देश है तो वो सपनों की दुनिया में हैं। भारत को जिन हिन्दू, मुस्लिम, सिख, ईसाई ने अपना देश चुना है वो सभी भाई हैं। नेहरू के बाद इन्दिरा गाँधी की धर्मनिरपेक्षता अलग किस्म की थी और उसके बाद राजीव गाँधी की धर्मनिरपेक्षता को तो सारे देश ने देखा था जब उन्होंने अयोध्या में शिला पूजन किया था। राजीव गाँधी के बाद देश की बागडोर सँभालने वाले नरसिम्हाराव पढ़े–लिखे समझदार प्रधानमन्त्री माने जाते हैं लेकिन बाद के दिनों में जिस तरह से धर्म को लेकर उनकी पसन्द और नापसन्द का खुलासा हुआ उससे तो यही लगता है कि उनकी आत्मा एक धर्मविशेष की तरफ़ झुकी हुई थी। सामाजिक न्याय के मसीहाओं की धर्मनिरपेक्षता को देश ने नब्बे के दशक में देखा। किस तरह से धर्मनिरपेक्षता के नाम पर समाज को बाँटने का ख़तरनाक खेल खेला गया। बाद के दिनों में समुदाय के नाम पर राजनीति का रंग और गाढ़ा हुआ और अब हालात यह है कि देश के दो प्रमुख दलों के अध्यक्ष धर्मगुरुओं के आशीर्वाद के आकांक्षी हो रहे हैं। अन्त में सिर्फ़ इतना कहा जा सकता है कि इस महान देश में कोई भी तानाशाह पैदा नहीं हो सकता। तानाशाही को देश की जनता क्षण भर भी बर्दाश्त नहीं करेगी और एक क्या हज़ार मोदी भी इस देश में फ़ासीवाद नहीं थोप सकते हैं। आग्रह सिर्फ़ इतना है कि देश में भय की राजनीति बन्द होनी चाहिए और भयाक्रान्त कर वोट लेने की कोशिशों को जनता भी नाकाम करे।

स्वार्थ की सियासत

2014 के लोकसभा चुनाव में भारतीय जनता पार्टी की ऐतिहासिक जीत और वामपन्थी दलों की ऐतिहासिक हार के बाद हिन्दी साहित्य जगत का एक खेमा सदमे में था। कुछ लेखक खीज मिटाने के चक्कर में उन दिनों फेसबुक जैसे सोशल साइट्स पर अपनी और अपनी विचारधारा की डफली बजाते घूम रहे थे। उनकी टिप्पणियों में थोड़ा क्षोभ और खिसियाहट ज़्यादा दिखायी देता था। उन्हीं दिनों ज्ञानपीठ पुरस्कार से सम्मानित वरिष्ठ कन्नड़ लेखक यू.आर. अनन्तमूर्ति को कथित हिन्दू संगठनों की धमकी के बाद सुरक्षा प्रदान की गयी थी। इसके बाद जनवाद की शव–साधना कर रहे जनवादी लेखक संघ को इसमें सम्भावना नज़र आयी और आनन–फानन में इस मृतप्राय लेखक संगठन ने एक बयान जारी कर विरोध जता दिया। अपने बयान में जनवादी लेखक संघ ने कहा था कि आम चुनावों के परिणाम के आते ही अनन्तमूर्ति को डराने–धमकाने की जो हरकतें सामने आयी हैं वो निन्दनीय है। उनके मुताबिक़ ये हरकतें असहमति के अधिकार के प्रति इन राजनीतिक शक्तियों की असहिष्णुता का परिचायक हैं। असहमति का अधिकार लोकतन्त्र के सबसे बुनियादी उसूलों में से एक है। इस अधिकार पर हमला लोकतन्त्र की बुनियाद पर हमला है। यू.आर. अनन्तमूर्ति जैसे कद्दावर लेखक को किसी भी प्रकार की धमकी या उनको डराने–धमकाने की कोशिशों की न सिर्फ़ निन्दा की जानी चाहिए बल्कि ऐसी कोशिशों के लिए ज़िम्मेदार लोगों और संगठनों को सलाख़ों के पीछे होना चाहिए। इस पूरे विवाद के पीछे अनन्तमूर्ति का एक बयान था जो उन्होंने लोकसभा चुनाव के पहले दिया था जिसमें कथित तौर पर उन्होंने कहा था कि अगर मोदी देश के प्रधानमन्त्री बने तो वे देश छोड़ देंगे। हालाँकि बाद में उन्होंने सफ़ाई भी दी थी।

यू.आर. अनन्तमूर्ति एक बड़े लेखक थे और उनकी लोकतान्त्रिक मूल्यों में आस्था भी थी लिहाज़ा मोदी की जीत के बाद उन्होंने स्वीकार किया था–'मेरा मानना है कि मोदी युवाओं के बीच ख़ासे लोकप्रिय थे और देश के युवा चीन, अमेरिका की तरह मज़बूत राष्ट्र चाहते थे।' अनन्तमूर्ति के मुताबिक़ 'यही राष्ट्रीय भावना मोदी को सत्ता के शिखर तक पहुँचाने में सहायक रही।' अनन्तमूर्ति का बुनियादी विरोध मज़बूत राष्ट्रवाद से था। उनका मानना था कि राष्ट्रवाद की आड़ में झूठ को फैलाया जा सकता

है और यही उनके विरोध की वजह भी। यू.आर. अनन्तमूर्ति को इसका हक़ था क्योंकि वो दुनिया के सबसे बड़े लोकतन्त्र के नागरिक थे और यहाँ का संविधान उन्हें अपने विचार रखने और उसके पक्ष में खड़ा होने की इजाज़त देता था। लेकिन उन लोगों का क्या जिनकी आस्था भारतीय संविधान से ज़्यादा लाल किताब में है, एक विचारधारा में है। इस तरह के लोग एक अवसर की तलाश में रहते हैं जिसका फ़ायदा उठाकर वो दुनिया में अपने होने की दुन्दुभि बजा सकें। हिन्दी के इन बयानवीर लेखक संगठनों को बजाय बयान जारी करने के लेखकों के हितों में कुछ ठोस क़दम उठाने चाहिए। देश भर की अकादमियों में फैली अव्यवस्था के ख़िलाफ़ आवाज़ बुलन्द करनी चाहिए। लेखकों–प्रकाशकों के बीच बढ़ती खटास को कम करने से लेकर रॉयल्टी और करारनामे के मसले पर क़दम बढ़ाने चाहिए। यह इनका मूल काम होना चाहिए लेकिन सिर्फ़ अभिव्यक्ति की आज़ादी के पक्ष में खड़े होने और काग़ज़ी विरोध जताने की आदत का त्याग करना होगा। हमारे देश का लोकतन्त्र इतना मज़बूत है कि कोई भी शख़्स हमसे हमारे बुनियादी और संवैधानिक अधिकार नहीं छीन सकता है। इसके लिए बुक्का फाड़ने की ज़रूरत नहीं है।

2014 के लोकसभा चुनाव में मिले जनादेश के मुताबिक़ भारतीय जनता पार्टी के नेता नरेन्द्र मोदी देश के प्रधानमन्त्री बने। इस जनादेश से न सिर्फ़ देश की सियासी तस्वीर बदली बल्कि इसका असर साहित्य और संस्कृति पर भी पड़ा। भारतीय जनता पार्टी की इस जीत तक हमारे देश में कमोबेश सभी साहित्यिक और सांस्कृतिक संस्थाओं पर वामपन्थी सोच और विचार वाले लेखकों, साहित्यकारों और विश्वविद्यालय शिक्षकों का कब्ज़ा रहा। सरकारी पैसे से चलने वाली इन संस्थाओं में स्वायत्तता के नाम पर उन्हीं का एजेण्डा चलता रहा। देश में बदले सियासी हालात में इन संस्थाओं के सत्ता समीकरण पर भी असर पड़ा। वामपन्थी दलों और कांग्रेस से उनकी वफ़ादारी का सुख भोगने वाले लोग जो इन संस्थाओं में लम्बे समय से कायम थे। उनके माथे पर लोकसभा चुनाव नतीजों के बाद से शिकन आना स्वाभाविक था। अगर हम देश की इन साहित्यिक संस्थाओं के इतिहास पर नज़र डालते हैं तो सबसे पहले साहित्य अकादेमी पर नज़र जाती है। उन्नीस सौ चौवन में जब साहित्य अकादेमी का गठन किया गया था तो जवाहर लाल नेहरू उसके पहले अध्यक्ष बनाये गये थे। नेहरू को एक लेखक के तौर पर अकादेमी का

अध्यक्ष बनाया गया था प्रधानमन्त्री के तौर पर नहीं। यह वह दौर था जब हमारे देश के राजनेता पढ़ते–लिखते थे। कालान्तर में साहित्य अकादेमी एक ख़ास विचारधारा के लोगों के हाथों में चली गयी। जब इमरजेंसी में प्रगतिशील लेखक संघ ने इन्दिरा गाँधी का समर्थन कर दिया तो उसके बाद तो कांग्रेस ने इस तरह की संस्थाओं को वामपन्थी बुद्धिजीवियों के हवाले कर दिया। सत्तर और अस्सी के दशक में इन वामपन्थियों ने योजनाबद्ध तरीक़े से इन संस्थाओं पर कब्ज़ा किया और अपने समर्थकों को आगे बढ़ाना शुरू कर दिया। विरोधियों को चुनचुन कर इस तरह की संस्थाओं से निकालना शुरू किया। साहित्य अकादेमी ने जब अपने साठ साल पूरे होने के मौक़े पर डी.एस. राव के सम्पादन में एक कॉफी टेबल बुक का प्रकाशन किया, तो प्रोडक्शन के लिहाज़ से इस शानदार किताब में साहित्य अकादेमी के उद्देश्यों और बाद के दिनों में उसके क्रियाकलापों के बारे में कई दिलचस्प टिप्पणियाँ देखने को मिलीं। इस किताब को शुरू से लेकर अन्त तक पलटने और पढ़ने के बाद यह बात साफ़ हो जाती है कि साहित्य अकादेमी का स्तर कैसे उत्तरोत्तर गिरता गया।

वामपन्थी साहित्यकारों और कथित विचारकों में एक और दुर्गुण यह भी है कि वो दूसरी विचारधारा की आवाज़ को दबाने के लिए किसी भी हद तक जा सकते हैं। विश्वविद्यालयों में पीएच.डी. की डिग्री देने से लेकर नौकरी तक में ये खेल खुलकर खेला जाता है। मैं बहुधा इसे वामपन्थी फ़ासीवाद कहता हूँ। इस तरह की फ़ासीवादी विचारधारा के पोषकों को दिल्ली दरबार में सत्ता परिवर्तन से फ़र्क़ पड़ सकता है। वाराणसी के चुनाव में धुर मोदी विरोधी तीस्ता शीतलवाड़ के नेतृत्व में या कह सकते हैं उनके साथ कन्धे से कन्धा मिलाकर इन धुर वामपन्थियों ने अपने इरादे तो साफ़ कर ही दिये थे। क़रीब दो दर्जन साहित्यकारों ने मोदी के ख़िलाफ़ चुनाव प्रचार किया और इस तरह का माहौल बनाने की कोशिश की कि मोदी के आने से लेखकों और बुद्धिजीवियों पर ख़तरा बढ़ जायेगा। यह हताशा और निराशा अभिव्यक्ति की आज़ादी को बचाने के लिए नहीं बल्कि अपनी मलाईदार कुर्सियों और साहित्य अकादेमी जैसी संस्थाओं से लाभ लेने के ख़त्म होने के डर से उपजी थी। वाल्टेयर ने एक बार कहा था कि वो हज़ारों चूहों के कुतरे जाने से ख़त्म होने की बजाय एक शेर के निगल जाने से ख़त्म होने को पसन्द करेंगे।

कहते हैं कि बग़ैर काशी जाये मोक्ष नहीं मिलता है। लेकिन 2014 में राजनीतिक मोक्ष के लिए तमाम दलों के राजनेता काशी में डट गये। काशी यानी बनारस में राजनीतिक मोक्ष की तलाश में पहुँचे नेताओं ने देश की रचनात्मकता को विभाजित कर दिया। काशी की सियासी जंग में भारतीय जनता पार्टी के प्रधानमन्त्री पद के उम्मीदवार नरेन्द्र मोदी के कूदने से हिन्दी साहित्य के एक वर्ग विशेष के लेखकों को एतराज़ रहा। उनका आरोप था कि मोदी के बनारस आने से बनारस का मिज़ाज बदल जायेगा। देश के कई नामचीन लेखकों ने मोदी को हराने के लिए बनारस में कबीर के नाम तले एक मोर्चा बनाया और भाषण इत्यादि भी हुए। इस मोर्चे में हिन्दी के वरिष्ठ उपन्यासकार काशीनाथ सिंह, पूर्व पुलिस अधिकारी और लेखक विभूतिनारायण राय के अलावा ज्यां द्रेज़, सामाजिक कार्यकर्ता तीस्ता शीतलवाड़ आदि शामिल थे। पहले यह ख़बर आयी थी कि काशीनाथ सिंह ने कहा है कि मोदी के बनारस से जीतने के बाद वहाँ के विकास में तेज़ी आयेगी। बीबीसी में काशीनाथ सिंह के इस साक्षात्कार के बाद साहित्य जगत में भूचाल आ गया था। सोशल मीडिया पर उनकी लानत–मलामत होने लगी। बाद में काशीनाथ सिंह ने सफ़ाई दी कि उनके बयान को तोड़–मरोड़कर पेश किया गया। उसके बाद काशीनाथ सिंह लगातार सक्रिय रहे ताकि पूर्व में उनके हवाले से छपी बातों का उनके क्रियाकलापों से प्रतिकार हो सके। हालाँकि उनके विरोधियों का आरोप था कि काशीनाथ सिंह मोदी की तारीफ़ कर कुछ ऐसा हासिल करना चाहते थे, पुरस्कार या सम्मान, जिससे उन्हें और बड़ा क़द हासिल हो सके। काशीनाथ सिंह पर इस तरह के आरोप लगाने वालों को काशीनाथ सिंह की प्रतिबद्धता के बारे में पता नहीं है। उधर साहित्य में एक विशेष विचारधारा के विरोधी रहे लेखकों ने नरेन्द्र मोदी के पक्ष में बयान जारी कर उनके बनारस से उम्मीदवार होने का समर्थन जताया।

ऐसा नहीं है कि यह विभाजन सिर्फ़ साहित्य में था। मोदी के मुद्दे पर बॉलीवुड में भी दो खेमा हो गया। महेश भट्ट और जावेद अख़्तर सरीखे कलाकार मोदी के विरोध में तो निर्देशक मधुर भंडारकर और गायिका ऋचा शर्मा उनके समर्थन में। दिल्ली में एक कार्यक्रम में प्रख्यात नृत्यांगना सोनल मान सिंह की अगुवाई में कलाकारों और गायकों ने मोदी को समर्थन का ऐलान किया था। बनारस के प्रसिद्ध गायक छन्नू महाराज तो मोदी के नामांकन के दौरान उनके प्रस्तावक के तौर पर वहाँ मौजूद ही रहे थे।

स्वस्थ लोकतन्त्र के लिए लेखकों, कलाकारों और गायकों का स्वतन्त्र मत रखना और उसे ज़ाहिर करना बेहतर स्थिति है। दिक्कत तब होती है जब कुछ ख़ास लेखकों की तरफ़ से ऐसा अभियान शुरू होता है जिसमें दूसरे को अस्पृश्य साबित करने की तिकड़में शुरू हो जाती हैं। किसी भी लेखक का जितना हक़ मोदी का विरोध करने का है, दूसरे लेखक को उतना ही हक़ मोदी के समर्थन का है। मैं कई बार यह कह चुका हूँ कि विचार को धारा बनाना ठीक है लेकिन उसी धारा में सबके बहने का दुराग्रह विचारधारा के लिए उचित नहीं है और कालान्तर में उसके लिए ही घातक सिद्ध होता है। यह लोकतन्त्र की ख़ूबसूरती और मैच्योरिटी का प्रतीक है कि किसी भी व्यक्ति या विचारधारा पर हर तरह के लोग खुलकर अपनी बात रखते हैं, विचारों को अभिव्यक्त करते हैं। विचार की विशेष धारा को बहने का दुराग्रह भी तो फ़ासीवाद ही है। हमारे देश की जनता लोकतान्त्रिक अधिकारों को लेकर इतनी सजग है कि वो किसी भी प्रकार के फ़ासीवाद को न केवल पहचान लेती है बल्कि उसकी आहट को भी भाँप लेती है। लिहाज़ा किसी भी प्रकार की फ़ासीवादी चालाकी पनप नहीं पाती है।

खण्डित यथार्थ का प्रोपगण्डा

झारखण्ड के पाकुड़ में नक्सलियों ने एक बार फिर से बड़ी वारदात को अंजाम दिया और ज़िले के पुलिस अधीक्षक को गोलियों से भून डाला। इसके पहले हाल ही में नक्सलियों ने छत्तीसगढ़ में कांग्रेस के क़ाफ़िले को घेर कर उनके नेताओं समेत कई लोगों की हत्या कर दी। इसके बाद नक्सलियों के एक गुट ने बिहार के जमुई के पास एक ट्रेन पर हमला किया और सुरक्षा बलों के हथियार लूट ले गये। इन बड़ी वारदातों के अलावा छोटे–मोटे अपराध को नियमित अन्तराल पर अंजाम दिया जा रहा है। इन वारदातों को गिनाने का मकसद सिर्फ़ इतना बताना है कि देश के कई हिस्सों में क़ानून के राज पर ग्रहण लगा हुआ है। केन्द्र सरकार और प्रधानमन्त्री कई बार इस बात को दुहरा चुके हैं कि नक्सली इस देश के लिए बड़ा ख़तरा है। तमाम दावों और बयानों के बावजूद उनसे निबटने के उपायों पर सख़्ती से अमल करने की इच्छा शक्ति दिखायी नहीं देती, बल्कि सरकार की नाकामी ही उजागर होती है। नक्सलियों से निबटने को लेकर प्रधानमन्त्री के बयान खोखले लगते हैं। दरअसल कांग्रेस के कुछ

नेताओं और केन्द्र सरकार के कई मन्त्रियों को नक्सलियों से सहानुभूति है। उन्हें अब भी लगता है कि नक्सल समस्या एक सामाजिक समस्या है और उसका हल उसी को आधार मानकर किया जाना चाहिए। लेकिन इस ऊहापोह के बीच और किसी ठोस रणनीति के अभाव में नक्सली बार–बार बड़ी वारदातों को अंजाम देकर केन्द्र सरकार को चुनौती दे रहे हैं। नक्सलियों ने जिस तरह से अपने प्रभाव वाले इलाकों में रंगदारी, वसूली, लड़कियों को जबरन उठाकर शादी करने की घटनाओं को अंजाम दिया है उसकी जड़ में न तो विचारधारा हो सकती है और न ही किसी लक्ष्य को हासिल करने का संघर्ष। कौन–सी विचारधारा इस बात की इजाज़त दे सकती है कि शिक्षा के मन्दिर स्कूल को बम से उड़ा दिया जाये और आदिवासी इलाकों के बच्चों को शिक्षा से वंचित कर दिया जाये। दरअसल नक्सलियों की एक रणनीति यह भी है कि आदिवासियों को शिक्षित नहीं होने दो ताकि उनको आसानी से बरगलाया जा सके। अधिकारों के नाम पर बन्दूक उठाने के लिए अशिक्षित आदिवासियों को प्रेरित करना ज़्यादा आसान है। इन सबके पीछे सिर्फ़ और सिर्फ़ अपराध की मानसिकता है और सरकार को नक्सलियों से अपराधी और हत्यारे की तरह सख़्ती के साथ निबटना चाहिए।

सरकार के अलावा इस देश के तथाकथित व्यवस्था विरोधी बुद्धिजीवी नक्सलियों के रोमांटिसिज़्म से ग्रस्त हैं और नक्सलियों के वैचारिक समर्थन को जारी रखने की बात करते हैं। उन्हें नक्सलियों की हिंसा में अराजकता नहीं बल्कि एक ख़ास किस्म का अनुशासन नज़र आता है। नक्सलियों की हिंसा को वो सरकारी कार्रवाई की प्रतिक्रिया या फिर अपने अधिकारों के न मिल पाने की हताशा में उठाया गया क़दम क़रार देते हैं। नक्सल मित्रों को सुरक्षा बलों के तथाकथित अत्याचार नज़र आते और उनकी कार्रवाई को राज्य सत्ता की संगठित हिंसा तक क़रार देते हैं। नक्सलियों की विचारधारा के रोमांटिसिज़्म से ग्रस्त ज़्यादातर लोग मार्क्सवाद के बड़े पैरोकार हैं या वैसा होने का दावा करते हैं। मार्क्सवादियों के साथ सबसे बड़ी दिक्कत है कि उनकी दीक्षा ही हिंसा और हिंसक राजनीति में होती है। उन्नीस सौ साठ में विभाजन के बाद सीपीआई तो लोकतान्त्रिक आस्था के साथ काम करती रही लेकिन सीपीएम सशस्त्र संघर्ष के बल पर भारतीय गणतन्त्र को जीतने के सपने देखती रही। चेयरमैन माओ का नारा लगाने वाली पार्टी चीन के तानाशाही के मॉडल

को इस देश पर लागू करने–करवाने का जतन करती रही। चीन में जिस तरह से राजनीतिक विरोधियों को कुचल डाला जाता है, विरोधियों का सामूहिक नरसंहार किया जाता है वही इनका रोल मॉडल बना। उसी चीनी कम्युनिस्ट विचारधारा की बुनियाद पर बनी पार्टी भारत में भी लगातार क़त्ल और बन्दूक की राजनीति को जायज़ ठहराने में लगी रही। पिछले साल केरल में एक मार्क्सवादी नेता ने खुले आम सार्वजनिक सभा में हिंसा और मरने–मारने की बात की थी।

अब वक़्त आ गया है कि हमें देखना होगा कि जिनकी दीक्षा ही हिंसा और हिंसक राजनीति से शुरू होती है और जिनकी आस्था अपने देश से ज़्यादा दूसरे देश में हो, उनकी बातों को कितनी गम्भीरता से लिया जाना चाहिए। मेरा मानना है कि मार्क्स और माओ के इन अनुयायियों की बातों का बेहद गम्भीरता से प्रतिकार किया जाना चाहिए। देश की जनता को उनके प्रोपगण्डा और उसके पीछे की मंशा को बताने की ज़रूरत है। जब यह मंशा उजागर होगी तो उनके खण्डित यथार्थ का असली चेहरा सामने आयेगा। आज देश के बुद्धिजीवियों के सामने नक्सल मित्रों और उनकी चालाकियों को सामने लाने की बड़ी चुनौती है। इसमें बहुत ख़तरे हैं। मार्क्सवाद के नाम पर अपनी दुकान चलाने वाले लोग बेहद शातिराना ढंग से आपको साम्प्रदायिक, संघी आदि क़रार देकर बौद्धिक वर्ग में अछूत बनाने की कोशिश करेंगे। अतीत में उन्होंने कई लोगों के साथ ऐसा किया भी है। लेकिन सिर्फ़ इस वजह से हिंसा की राजनीति को बढ़ावा देने वालों और उसको जायज़ ठहराने वालों को बेनक़ाब करने से पीछे हटना अपने देश और उसकी एकता और अखण्डता के साथ छल करना है।

ख़त्म होता नक्सलियों का ख़ौफ़

जनलोकपाल बिल पर सरकार और टीम अन्ना के बीच जारी बवाल, रिटेल में विदेशी निवेश पर सरकार, उसके सहयोगी दलों और विपक्ष के बीच मचे घमासान और गृहमन्त्री चिदम्बरम पर एक के बाद एक लग रहे आरोपों के बीच देश में कई अहम ख़बरें गुम–सी हो गयीं। हर दिन या तो अन्ना हजारे कोई ऐलान करते हैं या कांग्रेस का कोई नेता अन्ना पर हमला करता है या फिर किसी न किसी वजह से संसद में हंगामा हो जाता है या फिर अदालत कोई ऐसा फ़ैसला सुना देती है या फिर कोई

टिप्पणी कर देती है जो सुर्ख़ियाँ बन कर मीडिया में छा जाता है। देश भर में हुए हालिया उपचुनावों के नतीजों के कई गम्भीर निहितार्थ निकले जिस पर मीडिया में न तो मन्थन हो पाया और न ही ढंग से उन पर चर्चा हो सकी। अख़बारों में कहीं किसी कोने अन्तरे में वैसी ख़बरें दब गयीं और न्यूज़ चैनलों में तो तवज्जो ही नहीं मिल पायी। अगर हम ओडिशा विधानसभा के लिए हुए उपचुनावों के नतीजों का विश्लेषण करें तो साफ़ तौर पर यह देखा जा सकता है कि ओडिशा में माओवादियों का असर कम होना शुरू हो गया है। जिन इलाकों में माओवादियों को लम्बे समय से आदिवासियों से हर तरह का समर्थन मिल रहा था वहाँ भी अब वो लगभग बेअसर होने लगे हैं। ओडिशा के आदिवासी बहुल ज़िले नवरंगपुर के उमरकोट विधानसभा चुनाव के नतीजों पर नज़र डालें तो नक्सलियों के समर्थन में आ रही इस कमी को साफ़ तौर पर परिलक्षित किया जा सकता है। चुनाव के ऐन पहले माओवादियों ने नक्सल प्रभावित उमरकोट विधानसभा में आदिवासियों से वोटिंग का बहिष्कार करने का फ़रमान जारी कर दिया। लेकिन नक्सलियों के फ़रमान को धता बताते हुए भारी संख्या में आदिवासियों ने मतदान किया और चुनाव आयोग के आँकड़ों के मुताबिक़ पचहत्तर फ़ीसदी से ज़्यादा आदिवासियों ने वोट डाले। इसी विधानसभा के छत्तीसगढ़ की सीमा से लगे रायगढ़ इलाके में, जो दशकों से माओवादियों का गढ़ माना जाता है, सबसे ज़्यादा मतदान हुआ। गौरतलब है कि यह वही रायगढ़ है जहाँ बीजू जनता दल के विधायक जगबन्धु माझी की माओवादियों ने एक जनसभा के दौरान नृशंस तरीक़े से हत्या कर दी थी। माझी की मौत के बाद हो रहे इस उपचुनाव में नक्सलियों के मतदान के बहिष्कार के फ़रमान के बावजूद इतनी बड़ी संख्या में वोटिंग होना उस इलाके में नक्सलियों के कमज़ोर पड़ने की निशानी है। इस पूरे इलाके में ज़बरदस्त वोटिंग का फ़ायदा सत्तारूढ़ बीजू जनता दल के उम्मीदवार को हुआ जिसने तकरीबन बीस हज़ार वोटों से जीत हासिल की। माओवादियों ने वोट के बहिष्कार के साथ–साथ बीजू जनता दल के ख़िलाफ़ भी अपनी राय ज़ाहिर की थी। जो लगभग बेअसर रही।

उपचुनावों के नतीजों और नक्सलियों के वोट के बहिष्कार के अलावा भी ओडिशा में काफ़ी कुछ घटित हो रहा है जिसको अगर रेखांकित किया जाये तो माओवादियों के लगातार कमज़ोर होते जाने की तस्वीर सामने आती है। माओवादियों के बड़े नेता किशन जी को जब पुलिस ने

एनकाउण्टर में मार गिराया था तो माओवादियों ने दो दिनों के बन्द का ऐलान किया। इस बन्द का भी ओडिशा और झारखण्ड के कई इलाकों में असर देखने को नहीं मिला। मलकानगिरी, जो ओडिशा का सबसे ज़्यादा नक्सल प्रभावित क्षेत्र माना जाता है, में ये बन्द लगभग बेअसर रहा। आदिवासी इलाकों के लड़के–लड़कियाँ अपने स्कूल पहुँचे। बन्द के दौरान छात्रों का ऐसा व्यवहार अब तक इस इलाके में कभी नहीं देखा गया था। मलकानगिरी जैसे नक्सलियों के गढ़ में तो बन्द के ऐलान के बाद कर्फ्यू जैसे हालात हो जाते थे। सड़कों पर सन्नाटा और पूरे इलाके में कामकाज ठप। नक्सलियों का ख़ौफ़ इतना ज़्यादा होता था कि बन्द के दौरान माँ–बाप अपने बच्चों को घर से बाहर तक नहीं निकलने देते थे। यही हाल झारखण्ड के डाल्टनगंज और पलामू ज़िलों में देखने को मिला। दो दिन के बन्द के दौरान स्कूलों में छात्र पहुँचे। लोग सड़कों पर निकले अपने कार्यालय पहुँचे। सड़कों पर गाड़ियाँ चलीं। सबसे आश्चर्यजनक बात तो ओडिशा के नुआपाड़ा में देखने को मिली। वहाँ नक्सलियों ने यातायात बन्द करने के लिए पेड़ काटकर सड़क पर डाल दिया था। स्थानीय नागरिकों ने नक्सलियों से बग़ैर डरे सड़क से पेड़ हटाकर उसे यातायात के लिए खोल दिया। पहले यह काम सुरक्षा बल किया करते थे। स्थानीय जनता के इस क़दम को भी नक्सलियों के घटते प्रभाव के तौर पर देखा गया।

दरअसल यह सब दो वजहों से हो रहा है। एक तो राज्य और केन्द्र सरकार ख़ामोशी के साथ मिलकर उन इलाकों में नक्सलियों का प्रभाव कम करने की दिशा में काम कर रहे थे जिसका थोड़ा बहुत नतीजा अब दिखायी देने लगा है। नक्सल प्रभावित इलाकों में केन्द्र और राज्य सरकारों ने मिलकर समग्र विकास के प्रयास किये। आदिवासियों को सत्ता के भय से मुक्त किया और उनके शोषण पर लगाम लगाकर उनका विश्वास हासिल करने में आंशिक सफलता भी हासिल की। अर्धसैनिक बलों ने नक्सल प्रभावित इलाकों में आदिवासियों का विश्वास जीतने के फॉर्मूले पर काम किया और बहुत हद तक सफलता भी पायी। सरकार के रणनीतिकारों का मानना है कि आदिवासियों का जितना भरोसा सरकार या सत्ता पर बढ़ेगा उतना ही नक्सलियों को समर्थन मिलना कम होगा।

नक्सलियों का समर्थन कम होने की एक और सामाजिक वजह जो है वह यह कि अब इस आन्दोलन में अपराधी तत्त्वों का प्रवेश हो

गया है जो आन्दोलन के नाम पर इलाके में वसूली करते हैं। पैसे वालों का अपहरण करके फिरौती वसूलते हैं। इस तरह की भी कई ख़बरें सामने आयीं जहाँ पता चला कि माओवादियों ने लड़कियों को जबरन अपने साथ रखकर उनका बलात्कार किया। सिद्धान्त और विचारों का स्थान लूटपाट और चोरी, डकैती ने ले लिया। जबरन हफ़्ता वसूली, फिरौती, लड़कियों और महिलाओं के साथ बढ़ती बदसलूकी, आन्दोलन के नाम पर हत्या जैसी वारदातों ने आम जनता के मन में नक्सलियों के प्रति नफ़रत का भाव पैदा कर दिया। जो आदिवासी नक्सलियों को तन–मन–धन से समर्थन दे रहे थे वो अब डर से समर्थन देने लगे। लेकिन डर, ख़ौफ़ या भय से मिला समर्थन ज़्यादा दिन चलता नहीं है और जैसे ही मौक़ा मिलता है वही समर्थन विरोध का स्वर बनकर खड़ा हो जाता है। माओवादियों के साथ भी वही हुआ। जैसे ही आदिवासी इलाके की जनता का माओवादियों से मन टूटा और राज्य सत्ता में भरोसा कायम हुआ वैसे ही विरोध के स्वर उठने लगे और जब भी मौक़ा मिला विरोध या तो मुखर या फिर मौन के रूप में सामने आया। अब ज़रूरत इस बात की है कि इस बदलाव की अहमियत को समझते हुए राज्य सत्ता आदिवासियों का भरोसा तो जीते ही उनके दिल को जीतने की भी कोशिश करे ताकि नक्सल समस्या का जड़ से अन्त किया जा सके। लेकिन ऐसा लगता है कि लोकपाल के शोरगुल में इस देश के शासक वर्ग और जनता दोनों का इस समस्या से ध्यान लगभग हट–सा गया है। नक्सलवाद हमारे देश के लिए एक ऐसी समस्या है जो लगभग नासूर की शक्ल अख़्तियार कर चुका है।

ऐसे में इस समस्या में अगर थोड़ा भी सकारात्मक बदलाव दिखायी देता है तो उसका प्रचार–प्रसार होना चाहिए। इसका फ़ायदा यह होगा कि नक्सल प्रभावित दूसरे इलाकों में सरकार के प्रति लोगों का भरोसा बढ़ेगा और नक्सलियों के प्रति भरोसा घटेगा। भरोसे के इसी घटत और बढ़त में इस समस्या का समाधान निकलेगा। लेकिन उस वक़्त केन्द्र में सरकार चला रही पार्टी कांग्रेस अपनी कामयाबियों को जनता तक पहुँचाने के लिए प्रयत्नशील ही नहीं रही। कांग्रेस पार्टी के बड़े नेता जनता से संवाद नहीं कर पा रहे थे। अपनी कामयाबियों को जनता तक नहीं पहुँचा पा रहे थे। पार्टी ने अपने दर्जन भर नेताओं की एक सूची जारी की जो मीडिया में पार्टी का पक्ष रखते लेकिन वो कहीं नज़र

नहीं आये। नतीजा यह हुआ कि सरकार के प्रयत्नों से समाज में जो सकारात्मक बदलाव आये थे उसका प्रचार नहीं हो सका। वहीं विपक्ष ने बढ़–चढ़कर मनमोहन सरकार की नाकामियों को मीडिया के ज़रिए जनता तक पहुँचाया। इसके बाद सरकार ने दस युवा मन्त्रियों को अपनी उपलब्धियाँ जनता तक पहुँचाने का ज़िम्मा दिया, लेकिन ये युवा मन्त्री भी गाहे–बगाहे ही नज़र आये। नक्सलियों के बड़े नेता किशन जी को मारकर माओवादियों की कमर तोड़ दी गयी। लेकिन इन कामयाबियों को नक्सल इलाकों में पहुँचाकर वहाँ की जनता का विश्वास जीतने का प्रयास नहीं किया गया।

विचारधारा की जकड़न में आलोचना

हिन्दी साहित्य में हर दौर में आलोचना को लेकर लम्बी बहस होती रही है। बहुधा आलोचकों पर आरोप लगते हैं कि अपना काम ठीक से नहीं कर रहे हैं। पर हाल के दिनों में रचनाकारों के आलोचकों को सर्टिफिकेट देने की प्रवृत्ति काफ़ी बढ़ी है। हालाँकि हिन्दी आलोचना के अभी इतने बुरे दिन नहीं आये हैं कि उनको रचनाकारों के प्रमाण–पत्र की आवश्यकता पड़े। अगर हम गम्भीरता से विचार करें तो रचनाकार और आलोचक के बीच के झगड़े का कोई अर्थ नहीं है। कुछ उत्साही लेखक तो आलोचना को रचना का परजीवी तक क़रार दे देते हैं। उनके तर्क होते हैं कि रचना न हो तो आलोचना कैसे होगी। सतह पर या प्रत्यक्ष रूप से यह तर्क ठीक प्रतीत हो सकता है लेकिन रचना और आलोचना के सम्बन्धों को जानने वालों की राय अलग होती है। रचना के बग़ैर आलोचना के अस्तित्व को नकारने वाले यह भूल जाते हैं कि बग़ैर आलोचना के रचना भी नहीं हो सकती है। प्रत्यक्ष और अप्रत्यक्ष के इस सम्बन्ध को पहचान नहीं पाने की भूल अकसर साहित्य से जुड़े लोगों से हो जाती है। रचना और आलोचना को आमने–सामने खड़ा करना भी लगभग अज्ञानता की ही बात है। अगर हम विचार करें तो आलोचना जहाँ रचना के अन्दर की संवेदना के रेशे–रेशे को अलग कर देखने का प्रयत्न है वहीं रचना में संवेदना अपने अखण्ड रूप में सृजित होती है। एक जगह पर आकर रचना और आलोचना दोनों मिलती हैं वह है भाषा। कई बार जो आनन्द रचना की भाषा को पढ़कर होता है वैसा ही आनन्द आलोचना की भाषा में भी प्राप्त होता है और कई बार तो आलोचना को पढ़ते हुए रचना का आस्वाद भी मिल जाता है। एक आलोचक ने लिखा भी है–'आलोचना रचना है'। इसका एक अर्थ यह भी है कि अच्छी आलोचना रचना की तरह ही भाषा का शास्त्रीय नहीं बल्कि सृजनात्मक उपयोग करती है,

जिससे उसे पढ़ते समय एक स्तर पर रचना को पढ़ने का आनन्द मिलता है। जैसे रचना की एक रचना प्रक्रिया होती है, वैसे ही निश्चित रूप से आलोचना की भी। उदाहरण के तौर पर नामवर सिंह जब साठ के दशक में नयी कहानियाँ में स्तम्भ लिखते थे तो उस वक़्त उसको पढ़ते हुए पाठकों को रचना का आस्वाद मिलता था। इसी तरह से अगर हम विजयदेव नारायण साही का लेख—शमशेर की काव्यानुभूति की बनावट को पढ़ें तो ऐसा लगता है कि कोई बेहतरीन रचना पढ़ रहे हों। यह लेख सृजनात्मक आलोचना का बेहतरीन नमूना माना जा सकता है। हालाँकि कुछ आलोचक इसके कथ्य को लेकर सवाल खड़े करते रहे हैं। इसी तरह से नामवर सिंह की किताब 'दूसरी परम्परा की खोज' भी सृजनात्मक आलोचना का शिखर है। रचनात्मक भाषा को छोड़कर आलोचना ने रूढ़ भाषा को आलिंगनबद्ध कर लिया। इसके अलावा एक और दोष का शिकार हिन्दी आलोचना हुई। हिन्दी के आलोचकों ने अपने लेखों में अपने पाण्डित्य का प्रदर्शन करना शुरू कर दिया और विदेशी विद्वानों के हवाले से एक ऐसी शब्दावली विकसित कर दी जो हिन्दी के आम पाठकों की समझ से बाहर की चीज़ होने लगी। विश्वविद्यालयों के शिक्षकों का इस तरह की आलोचना में मुख्य योगदान है। पूरी तैयारी के साथ आलोचना लेखन का स्थान सरसरी तौर पर रचना का परिचय देने और सार संक्षेप बताने तक सीमित होने लगा। यह वैसा ही हुआ कि हाईवे पर जाने की बजाय हिन्दी आलोचना ने आसान पगडण्डियाँ ढूँढ़नी शुरू कर दीं ताकि कठिन रास्ते से जाने का श्रम न करना पड़े। आलोचकों और समीक्षकों ने भी हाल के दिनों में साहस के साथ लिखना छोड़ दिया है। मैंने इस पुस्तक में पहले भी जिक्र किया है कि कुछ साल पहले हिन्दी की वरिष्ठ आलोचक निर्मला जैन ने कहा था कि अब रचनाकारों में अपनी आलोचना सुनने पढ़ने का धैर्य नहीं रहा और अपनी रचना के ख़िलाफ़ लिखा उनको पसन्द नहीं आता है। इस नापसन्दगी की मार आलोचक को झेलनी पड़ती है क्योंकि रचनाकार उनसे दुश्मनी पाल बैठते हैं। तब भी मैंने लिखा था कि आलोचक का बिगाड़ के डर से ईमान की बात कहना छोड़ देना साहित्य के लिए अच्छी स्थिति नहीं है।

दरअसल आलोचना को जब से नारेबाज़ी की शक्ल दी गयी या जब से आलोचना ने अपनी दृष्टि संकुचित कर ली तब से उसके पाठक कम होने लगे। हमारे आलोचक यह भी भूलने लगे कि आलोचना राजनीति नहीं

है जिसमें समझौते की कोशिश की जाये या दोनों पक्षों की सहूलियतों का ध्यान रखा जाये। आलोचना का रास्ता दायित्व और विवेक का रास्ता है जिसको बेहतर ढंग से समझकर उसको अपने लेखन में अपनाया जाये। लेकिन मार्क्सवाद के सोवियत संस्करण के प्रभाव में लिखी जाने वाली आलोचना इस बात को समझ नहीं पायी। विचारधारा की जकड़न और गुलामी में लिखी गयी आलोचना पथभ्रष्ट होती चली गयी। कालान्तर में सोवियत मार्क्सवाद के प्रभाव में ज़्यादातर आलोचना उद्धरणों की विधा बनकर रह गयी। अगर आप हिन्दी के कई आलोचकों का लेखन देखें तो विदेशी विद्वानों के, विदेशी आलोचकों के एक–एक पन्ने का उद्धरण, फिर उसको आगे बढ़ाने के लिए एक वाक्य और फिर एक पन्ने का उद्धरण। इस तरह की आलोचना का एक नुक़सान यह हुआ कि पाठक उसको पढ़ने के बाद ख़ुद को ठगा हुआ महसूस करने लगा। उसको लगने लगा कि उसने तो अमुक का नाम देखकर किताब ख़रीदी थी लेकिन इसमें ज़्यादातर राय तो दूसरे या विदेशी विद्वानों की है। इसके अलावा इस पद्धति का एक और दोष जो सामने आया वो ये कि इसने अपनी परम्परा और समृद्ध साहित्यिक विरासत को हाशिए पर डालकर आलोचना की एक ऐसी पद्धति अपनायी जो विदेशी विद्वानों की अवधारणाओं पर आधारित हो गयी। विचारधारा विशेष के प्रभाव में लिखी जा रही आलोचना ने जानबूझकर भारतीय क्लासिक्स को दरकिनार करना शुरू कर दिया। उससे उद्धरण लेने की ज़रूरत ही महसूस नहीं हुई। कोई भी आलोचक यह कहने का साहस नहीं जुटा पाया कि महाभारत पूरी दुनिया में किसी भी भाषा में लिखा गया सबसे बड़ा क्राइम थ्रिलर है। महाभारत का इस आधार पर मूल्यांकन नहीं होने का नतीजा यह रहा कि हमारी विरासत की इस अहम कृति को वैश्विक स्तर पर वह मान्यता नहीं मिल पायी जिसकी वह हक़दार है। अब जब अंग्रेज़ी के लेखकों ने छोटे–छोटे महाभारत लिखकर शोहरत कमाना प्रारम्भ कर दिया है तब भी हमारे आलोचकों की तन्द्रा भंग नहीं हो पायी है। एक और विवाद उठाने की कोशिश की गयी कि हिन्दी में रचनाकार आलोचकों की कमी है। रचनाकार आलोचना की ओर नहीं जाते हैं। इसकी वजह को समझने की ज़रूरत है। रचनाकार जब आलोचना लिखता है तो उसके अवचेतन मन में अपनी ख़ुद की रचना होती है। जो उसको अपने बाड़े से आगे जाने से बार–बार रोकती है जिसका नतीजा उसके लेखन का स्वकेन्द्रित हो जाना होता है। अगर आलोचना को एक विधा के तौर

पर मज़बूत करना है तो उसको विचारधारा की जकड़न, गुलामी से तो मुक्त होना ही होगा साथ ही उद्धरणों से आगे जाकर अपनी बात कहने का हुनर भी विकसित करना होगा।

शोध से दूर हिन्दी की रचनात्मकता

आज़ादी के सत्तर साल हो गये हैं और सत्तर साल की वय किसी के भी मूल्यांकन का बेहतर मौक़ा तो होता ही है। हिन्दी की रचनात्मकता की बात करें तो सत्तर साल के सफ़र पर बात करने से हमें बहुत आशाजनक तस्वीर नज़र नहीं आती है। हिन्दी में आज़ादी के पूर्व और आज़ादी के कुछ दिनों बाद जिस तरह की रचनाएँ आ रही थीं धीरे–धीरे उनका ह्रास होता चला गया। हम तो अपने व्याकरण पुरातत्व, वैदिक और पौराणिक वांग्मय, संस्कृत काव्य को नये सिरे से व्याख्यायित करने की ओर भी ध्यान नहीं दे पा रहे हैं। भारतीय धर्मशास्त्रों को नये सिरे से उद्घाटित करने का उपक्रम भी नहीं दीखता है। वेद और पुराणों को लेकर शोध भी लगभग नहीं के बराबर हो रहे हैं, यह जानने की कोशिश भी नहीं हो रही है कि जिस वेदव्यास ने महाभारत की रचना की थी उसी वेदव्यास ने पुराणों की रचना की थी। यह प्रश्न भी हिन्दी के शोधार्थियों को नहीं मथता है कि अकेले वेदव्यास सभी पुराणों के रचयिता कैसे हो सकते हैं। पुराणों के रूप में जो क़रीब चार लाख श्लोकों का विशाल साहित्य मौजूद है उससे मुठभेड़ का साहस लेखक क्यों नहीं कर पाता है। भारतीय धर्म के ज्ञानकोश वेद को लेकर भी हमारे साहित्यकार उत्साहित नज़र नहीं आते हैं। वासुदेव शरण अग्रवाल जैसा विभिन्न विषयों पर विपुल लेखन करने वाला लेखक भी हिन्दी में इस समय कोई नज़र नहीं आता है। अगर कोई है तो हिन्दी समाज का दायित्व है कि ऐसे लेखक को विशाल हिन्दी पाठक वर्ग से जोड़ने का उपक्रम किया जाये। पौराणिक चरित्रों को लेकर जिस तरह से लेखन किया जा रहा है वह युवा वर्ग के पाठकों के बीच लोकप्रिय तो हो रहा है लेकिन वह भी भ्रम पैदा करता है। राम–सीता और कृष्ण के चरित्रों के साथ जिस तरह से छेड़छाड़ की जा रही है उस पर भी कहीं से किसी तरह की गम्भीर लेखकीय आपत्ति का नहीं आना भी खेदजनक है।

उधर विदेशों में पौराणिक भारतीय साहित्य को लेकर बेहद उत्साहजनक रचनात्मकता दिखायी देती है। अमेरिका से लेकर जर्मनी

तक में भारतीय पौराणिक साहित्य से मुठभेड़ करते विद्वान नज़र आते हैं। सम्भव है कि उनमें से कई लेखकों की राय पर अन्य लोगों को आपत्ति हो लेकिन वो काम तो कर रहे हैं। ऐसी ही एक छिहत्तर साल की लेखिका हैं–वेंडी डोनिगर। इतिहास और धर्म की प्रोफ़ेसर रहीं वेंडी डोनिगर की किताब–'द हिन्दूज : एन ऑल्टरनेटिव हिस्ट्री' को लेकर भारत में काफ़ी विरोध हुआ था। विरोध के बाद प्रकाशक ने उसको वापस ले लिया फिर किसी अन्य प्रकाशक ने उसको छापा। दरअसल हिन्दू धर्म और उसका धार्मिक इतिहास वेंडी डोनिगर की रुचि के केन्द्र में रहे हैं। ऋग्वेद, मनुस्मृति और कामसूत्र का उन्होंने अनुवाद किया है। इसके अलावा शिवा : द इरोटिक एसेटिक, द ओरिजिन ऑफ़ एविल इन हिन्दू मायथोलॉजी जैसी विचारोत्तेजक कृतियाँ भी वेंडी डोनिगर के खाते में हैं। 'द हिन्दूज, एन ऑल्टरनेटिव हिस्ट्री' में वेंडी डोनिगर ने हिन्दू धर्म की अवधारणाओं और प्रस्थापनाओं को पश्चिमी मानकों और कसौटी पर कसा है। वेंडी डोनिगर के मुताबिक़ हिन्दू धर्म की ख़ूबसूरती उसकी जीवन्तता और विविधता है जो हर काल में अपने दर्शन पर डिबेट की चुनौती पेश करता है। हिन्दू धर्म पर प्रचुर लेखन करने के बाद अब उनकी एक और दिलचस्प किताब आयी 'द रिंग ऑफ़ ट्रुथ : एण्ड अदर मिथ ऑफ़ सेक्स एण्ड जूलरी'। अपनी इस किताब में डोनिगर ने जूलरी का बिज़नेस करने वाले अपने मामा के अनुभवों के आधार पर कई सिरों को जोड़कर उसकी व्याख्या की है। वेंडी डोनिगर ने माना है कि उन्होंने अँगूठियों और गहनों पर क़रीब दो सौ लेख लिखे हैं और कई लेक्चर में उन्होंने इसको विषय बनाया है। वेंडी के मुताबिक़ जब भी वो इस विषय पर कोई लेक्चर देती थीं तो कोई न कोई उनके पास आता था और अपनी रिंग फिंगर को दिखाकर उससे जुड़ी कोई कहानी सुनाता था। सबकी अपनी–अपनी कहानी थी। इसके बाद जब उन्होंने ग्रीक और संस्कृत साहित्य पढ़ना और पढ़ाना शुरू किया तो उन्हें इस विषय पर इतने उदाहरण मिले कि वो चकित रह गयीं। और उन्होंने उनको सहेजना और जोड़ना प्रारम्भ कर दिया। हमारे प्राचीन और पौराणिक ग्रन्थों में अँगूठी को लेकर बहुत कुछ कहा गया है। राजा जब ख़ुश होता था तो अँगूठी उतारकर दे देता था, राजा के हाथ में जो अँगूठी होती थी वो उसके राजा होने की जानकारी भी देती थी आदि। अपनी इस कृति में वेंडी इस सवाल का जवाब तलाशती हैं कि अँगूठियों का कामेच्छा से क्या सम्बन्ध रहा है और स्त्री–पुरुष सम्बन्धों में

उसकी इतनी महत्ता क्यों रही है। क्यों पति–पत्नी से लेकर प्रेमी–प्रेमिका और विवाहेतर सम्बन्धों में अँगूठी इतनी महत्त्वपूर्ण हो जाती है। अँगूठी प्यार का प्रतीक तो है इसके मार्फ़त वशीकरण की कहानी भी जुड़ती चली जाती है। बहुधा यह ताक़त के प्रतीक के अलावा पहचान के तौर पर भी देखी जाती रही है।

इस पुस्तक में यह देखना बेहद दिलचस्प है कि किस तरह से वेंडी डोनिगर पूरी दुनिया के धर्मग्रन्थों से लेकर शेक्सपियर, कालिदास और तुलसीदास तक की कालजयी रचनाओं में अँगूठी के उल्लेख को जोड़ती चलती हैं। ग्रीक और रोमन इतिहास में भी अँगूठियों को स्त्री–पुरुष के प्रेम से जोड़कर देखा गया है। चर्च ने भी अँगूठी को वैवाहिक बन्धन के चिह्न के रूप में मान्यता दी थी। वो इस बारे में पन्द्रह सौ उनसठ के बुक ऑफ़ कॉमन प्रेयर का ज़िक्र करती हैं। वो बताती हैं कि किस तरह से सोलहवीं शताब्दी में इटली में पुरुष जो अँगूठियाँ पहनते थे उसमें लगे पत्थरों में नग्न स्त्रियों के चित्र उकेरे जाते थे। माना जाता था कि इस तरह की अँगूठी को पहनने वाले स्त्रियों को अपने वश में कर लेते थे। अँगूठी और सम्बन्धों के बारे में मिथकों में क्या कहा गया है, अपनी इस खोज के सिलसिले में लेखिका ने जितना शोध किया है वह आश्चर्यजनक है। प्राचीन भारतीय ग्रन्थों से उसने इतना कुछ उद्धृत किया है कि पाठक चमत्कृत रह जाते हैं और उनके मन में यह सवाल भी कौंधता है कि हिन्दी में इस तरह की किताबें क्यों नहीं लिखी जाती हैं।

वेंडी डोनिगर के मुताबिक़ क़रीब हज़ारों साल पहले जब सभ्यता की शुरुआत हुई थी तभी से कविताओं में गहनों का ज़िक्र मिलता है। उन कविताओं में स्त्री के अंगों की तुलना बेशक़ीमती पत्थरों से की गयी थी। जब नायिका के बालों को सोने जैसा बताया गया था। वेंडी डोनिगर इस क्रम में जब भारत के मिथकीय और ऐतिहासिक चरित्रों की ओर आती हैं तो वो सीता का उदाहरण देती हैं। इस सन्दर्भ में ये भी कहती हैं कि अपने पति की अनुपस्थिति में गहने पहनने वाली औरतों को उस वक़्त के समाज में अच्छी नज़रों से नहीं देखा जाता था। सीता चूँकि राजकुमारी थीं, इसलिए गहने उनके परिधान का आवश्यक अंग थे, इसलिए अपने पति से अलग निर्वासन में रहने पर भी सीता के गहने पहनने पर किसी तरह का सवाल नहीं उठा था। सीता के अलावा वह दुष्यन्त का भी उदाहरण देती हैं कि कैसे अँगूठी को देखकर उसको अपनी पत्नी शकुन्तला की

याद आती है। तो आप देखें कि किस तरह से एक शोध के सिलसिले में कालिदास से लेकर तुलसीदास की रचनाओं का उल्लेख मिलता है। इसके अलावा लेखिका जिस कालखण्ड में विचरण करती हैं वो कितना बड़ा है। इतने बड़े कालखण्ड को अपने लेखन में साधने के लिए कितने कौशल और ज्ञान की ज़रूरत होती है इसका सहज अन्दाज़ लगाया जा सकता है।

इन दिनों मिथ या पौराणिक पात्रों पर इतना अधिक लिखा जा रहा है और जनश्रुतियों और लोककथाओं के आधार पर उपन्यास पर उपन्यास लिखे जा रहे हैं उससे यह लगता है कि मिथक या पौराणिक पात्रों के पाठक बहुत हैं। जिस तरह से भारतीय अंग्रेज़ी लेखकों ने पौराणिक पात्रों पर लिखा है उससे यह प्रतीत होने लगा है कि पौराणिक पात्रों को अपने तरीक़े से तोड़ने–मरोड़ने की छूट वो लेते हैं और फिर सँभाल नहीं पाते हैं। वेंडी डोनिगर की यह किताब बताती है कि पौराणिक पात्रों और मिथकीय चरित्रों और परिस्थितियों पर लिखने के लिए कितनी मेहनत की आवश्यकता होती है। अपने तर्कों के समर्थन में कितने उदाहरण देने पड़ते हैं। जिस तरह से वेंडी डोनिगर ने अपनी इस किताब में मेसोपोटामिया की सभ्यता से लेकर हिन्दी, जैन, बौद्ध, ईसाई और इस्लाम धर्म के लेखन से तथ्यों को उठाया है और उसको व्याख्यायित किया है वो अद्‌भुत है। आज़ादी के सत्तर साल बाद आज हम हिन्दी के लोगों को इस पर गम्भीरता से विचार करना होगा कि हिन्दी में स्तरीय शोध आधारित लेखन को कैसे बढ़ावा दिया जाये।

साज़िश, गॉसिप और साहित्य

लेखक पर हमला हो जाये तो, पत्रकार पर हमला हो जाये तो, किसी का लेख किसी भी वजह से न छप पाये तो, ट्विटर के कमेण्ट पर कोई ट्रोल हो जाये तो, फेसबुक पर किसी बात पर विवाद हो जाये तो सहिष्णुता और असहिष्णुता जैसे शब्द हवा में गूँजने लगते हैं। लेकिन हमारे साहित्यकार अपने व्यवहार में कितने असहिष्णु हो गये हैं उस पर किसी का ध्यान नहीं जाता, उसको कोई रेखांकित नहीं करता। आप फेसबुक पर आधे घण्टे का वक़्त बितायें तो आपको पता चल जायेगा कि साहित्य जगत में कितनी असहिष्णुता है। पुराने लेखकों में नये लेखकों को लेकर सम्मान भाव के दर्शन ही दुर्लभ हो गये हैं, वरिष्ठ लेखकों में भी अपने से अपेक्षाकृत कनिष्ठ पीढ़ी के लेखकों को लेकर सदाशयता की कमी देखने को मिलती

है। जनवरी 2018 में विश्व पुस्तक मेले के दौरान मैत्रेयी पुष्पा और अपेक्षाकृत युवा लेखिकाओं के बीच जिस तरह का अप्रिय विवाद हुआ था उसकी गूँज अब भी गाहे–बगाहे फेसबुक पर दिख जाती है। यह तो सिर्फ़ एक उदाहरण मात्र है, ऐसे कई मसले साहित्य में दिखते रहते हैं जहाँ सहिष्णुता के कम होते जाने का संकेत मिलता रहता है। पहले भी दो पीढ़ियों के लेखकों के बीच साहित्य विवाद होते रहे हैं, रचनात्मकता के स्तर पर उसका जवाब दिया जाता रहा है लेकिन व्यक्तिगत टिप्पणियाँ नहीं होती थीं। अब हालात बहुत अलग हो गये हैं।

नयी और पुरानी पीढ़ी का द्वन्द्व भी हर दौर में देखने को मिलता रहा है। नयी पीढ़ी ख़ुद को परम्परा या विरासत के डण्डे से हाँके जाने को लेकर विरोध भी प्रकट करती रही है। कभी उग्र होकर तो कभी शान्ति से तो कभी अपनी रचनाओं से पुरानी पीढ़ी से लम्बी लकीर खींचकर। इस परिपाटी का निर्वाह कमोबेश हर युग में हुआ है लेकिन समकालीन साहित्यिक परिदृश्य में एक अलग ही किस्म की रस्साकशी देखने को मिल रही है। हिन्दी साहित्य में आमतौर पर यह माना जाता है कि दस साल में लेखकों की एक नयी पीढ़ी सामने आ जाती है। लेखकों की जो नयी पीढ़ी सामने आती है वह अपने से पुरानी पीढ़ी के लेखन का अपनी रचनात्मकता से विस्तार करती है। अब तक तो यही होता आया है कि अपेक्षाकृत नयी पीढ़ी अपने से पहले वाली पीढ़ी को रचनात्मक स्तर पर चुनौती देती रही है। चाहे वो नयी कहानी का दौर रहा हो या फिर बीटनिक पीढ़ी का या किसी भी अन्य पीढ़ी को देखें तो यह साफ़ तौर पर नज़र आता है। युवावस्था की दहलीज़ को पार चुकी पीढ़ी ख़ुद को परम्परा और विरासत के नाम पर हाँके जाने के ख़िलाफ़ तो नज़र आती है लेकिन उसको अपने से पुरानी पीढ़ी को रचनात्मकता के नाम पर नकारने की बेचैनी नहीं दिखायी देती है। ऐसी स्थिति में अन्तोनियो ग्राम्शी का एक कथन याद आता है कि–'युद्ध क्षेत्र में दुश्मन के सबसे कमज़ोर मोर्चे पर हमला करके जीत हासिल कर लेना भले ही सफल रणनीति हो, पर बौद्धिक क्षेत्र में सबसे मज़बूत और मुश्किल मोर्चे पर विजय ही असली विजय है।' बीच की पीढ़ी को सबसे मज़बूत मोर्चे पर फ़तह के बारे में सोचना होगा।

अगर हम भारतेन्दु युग से लेकर अब तक के परिदृश्य पर नज़र डालें तो लगभग इसी तरह की प्रवृत्ति को रेखांकित किया जा सकता है। तो

अब क्यों कर ऐसा हो रहा है कि रचनात्मक स्तर पर अपेक्षित यह पीढ़ियों का संघर्ष एक अलग ही रूप लेता जा रहा है। रचनाओं के माध्यम से होने वाले संघर्ष की बजाय यह व्यक्तिगत संघर्ष में तब्दील हो गया है जो साहित्यिक माहौल में एक अलग ही किस्म की कटुता के वातावरण का निर्माण कर रहा है। यह गंभीर चिन्ता का विषय है। साहित्य की इस प्रवृत्ति पर विचार करने की आवश्यकता है। दस साल में अगर पीढ़ियों के बदल जाने या नयी पीढ़ी के साहित्यिक परिदृश्य पर आगमन के सिद्धान्त को मानें तो इस वक़्त हिन्दी साहित्य में क़रीब आठ पीढ़ियाँ सक्रिय हैं। रामदरश मिश्र जैसे नब्बे पार लेखकों से लेकर श्रद्धा थवाइत तक। इसको हम हिन्दी की रचनात्मकता की ताक़त मान सकते हैं।

फिर इसकी क्या वजह है कि बीच की दो–तीन पीढ़ी अपनी मौजूदगी को लेकर या साहित्यिक परिदृश्य में अपनी उपस्थिति को लेकर इतनी संवेदनशील हो रही है। उसको अपने से वरिष्ठ पीढ़ी से अपने लेखन की वैधता पर मुहर क्यों चाहिए। क्या यही वजह है कि एक पत्रिका वरिष्ठ लेखिका नासिरा शर्मा से साहित्यिक विरासत को सँभालने वाले लेखकों की एक सूची जारी करवाती है। मैत्रेयी पुष्पा से उनकी दो पीढ़ी बाद की लेखिकाओं को प्रमाण–पत्र क्यों चाहिए। बीच की पीढ़ी की कुछ लेखिकाओं के अन्दर मिड एज क्राइसिस जैसी रचनात्मक क्राइसिस दिखायी देती है। उस पीढ़ी के लेखकों–लेखिकाओं को अपने लेखन पर भरोसा करते हुए साहित्यिक विरासत या वसीयत की फ़िक्र नहीं करनी चाहिए। अगर हम संजीदगी से इस पर विचार करते हैं तो यह लगता है कि यह मामला इतना सरल नहीं है और इसको इस तरह से देखने पर यह समस्या के विश्लेषण का सरलीकरण हो सकता है। बीच की पीढ़ी के लेखकों के बीच अपनी रचनाओं की मान्यता को लेकर जो बेचैनी दिखायी देती है दरअसल वो इस वजह से है कि उस पीढ़ी के पास अपना कोई आलोचक नहीं है। आज के दौर के ज़्यादातर लेखक आलोचकों को नकारने में लगे रहते हैं। बहुधा मुक्तिबोध की पंक्ति 'तोड़ने ही होंगे सारे गढ़ और मठ' को नारे की तरह इस्तेमाल करते हुए। आलोचकों को नकारने की यह प्रवृत्ति इन दिनों ज़्यादा बढ़ गयी है।

आलोचना की अपनी दिक्कतें हैं, वो सतही हो गयी हैं, उसमें पूर्वग्रह ज़्यादा दिखायी देता है आदि। बावजूद इसके साहित्य में इस विधा की अपनी एक अहमियत है जिसको नकारने की न तो आवश्यकता है और न

ही गढ़ और मठ तोड़ने की नारेबाज़ी की। आलोचना की ग़लत प्रवृत्तियों पर रचनात्मक तरीक़े से बात होनी चाहिए। आलोचना के ख़िलाफ़ जिस तरह का माहौल बनाया जा रहा है वह साहित्य की विधाओं के लिए नुक़सानदेह हो सकता है। जो पीढ़ी इन दिनों अपने से पुरानी पीढ़ी से विरासत और वसीयत की माँग कर रही है अगर उस पीढ़ी के लेखकों की रचनाओं पर गम्भीरता से विचार होता तो यह दिक्कत नहीं आती। सालों से लिख रहे लेखकों/लेखिकाओं के रचनाकर्म पर गम्भीरता से विचार करने वाला कोई समर्थ आलोचक सामने नहीं आ रहा है। जो ख़ुद के आलोचक होने का दावा करते हैं वो उतनी तैयारी के साथ इस कर्म में नहीं उतरते हैं। आलोचना के लिए जिस अध्ययन की आवश्यकता होती है या फिर जिस तरह से वैश्विक प्रवृत्तियों के बरअक्स देसी रचनाओं को रखकर तुलनात्मक विश्लेषण की आवश्यकता होती है उसका सर्वथा अभाव दिखता है। जिन लोगों के सिर पर युवा आलोचक की कलगी लगायी जा रही है उनके लेखन को देखकर भी निराशा होती है। या तो वो मार्क्सवाद के भोथरे औज़ारों से आलोचना करने में लगे हैं या फिर अलग–अलग लेखकों से समीक्षानुमा टिप्पणी लिखवाकर किताब का सम्पादन कर आलोचक बने बैठे हैं। मामला यहीं तक नहीं रुकता है। कई बार आलोचनात्मक लेखों को पढ़ने के बाद मन में यह सवाल उठता है कि आलोचक की राय क्या है। होता यह है कि वो लिखना शुरू करते ही उद्धरण देना शुरू कर देते हैं। नेम ड्रापिंग कर–कर के अपने लेख को वज़नदार बनाने के चक्कर में उनका ख़ुद का कोई मत सामने आ नहीं पाता है। इसका सबसे ज़्यादा नुक़सान उस लेखक का होता है जिसकी रचनाओं पर उस लेख में विचार किया जाता है। न तो रचना पर बात हो पाती है न ही रचना के क्राफ्ट आदि पर। अगर कोई आलोचक सामने आकर उक्त पीढ़ी की लेखिकाओं/लेखकों पर गम्भीरता से विचार करेगा तो पीढ़ीगत संघर्ष दिखायी नहीं देगा। इसके अलावा उस पीढ़ी को यह भी करना होगा कि वो अपनी पीढ़ी के साथी लेखकों की रचनाओं पर लिखना शुरू करे। इसका एक फ़ायदा ये होगा कि उनकी रचनाओं पर बात शुरू हो जायेगी। राजेन्द्र यादव, कमलेश्वर और मोहन राकेश की त्रयी ने भी यही किया था जिसका उनके लेखन को कितना फ़ायदा हुआ ये तो इतिहास में दर्ज है। अपने साथी लेखकों की रचनाओं को ख़ारिज करने की बजाय वो उस पर विमर्श की शुरुआत करें, कटुता भी घटेगी और स्वीकार्यता भी बढ़ेगी। आवश्यकता

तो इस बात की भी है कि साहित्यिक साज़िशों, गॉसिपों से आगे जाकर रचनात्मक विमर्श को तवज्जो दी जाये ताकि कुछ सकारात्मक निकले और बाद की पीढ़ी के सामने एक मिसाल पेश हो।

लेखक समुदाय में रचना का असहिष्णु व्यामोह

समकालीन हिन्दी साहित्य के परिदृश्य पर अगर हम बात करते हैं तो यह बात साफ़ तौर पर उभर कर सामने आती है कि कवियों से लेकर कथाकारों तक में अपनी आलोचना सुनने–सहने की क्षमता का उत्तरोत्तर ह्रास हो रहा है। किसी भी कृति पर आलोचनात्मक टिप्पणी करने से पहले कई बार सोचना पड़ता है। अगर आप तर्क के साथ भी किसी कृति की स्वस्थ आलोचना करते हैं तो लेखक उसको अपनी आलोचना मानकर टिप्पणीकार से खफ़ा हो जाते हैं। उसके बाद खफ़ा लेखक इस ताक में रहते हैं कि रचना की आलोचना करने वाले टिप्पणीकार से कैसे बदला चुकाया जाये। आलोचनात्मक टिप्पणी करने वाले और रचनाकार के बीच बातचीत बन्द हो जाना तो आम बात है। यह हिन्दी साहित्य समाज में लेखकों के बीच बढ़ रही असहिष्णुता का संकेत है। इसको सोशल मीडिया ख़ासकर फेसबुक ने और हवा दी। फेसबुक पर आलोचकों को आमतौर पर निशाना बनाया जाता है और फिर माफिया की तरह घेरकर उन पर हमले होते हैं। आलोचक के अतीत से लेकर वर्तमान तक को खँगालकर उड़ेल दिया जाता है। घर–परिवार, नातेदार–रिश्तेदारों की बातें शुरू हो जाती हैं। कई मसले पर तो यह भी देखा गया है कि चरित्र हनन का खेल भी शुरू हो जाता है। सोशल मीडिया पर इसके पीछे की वजह साफ़ तौर पर रेखांकित की जा सकती है। आज इस वजह से हिन्दी में समीक्षा की हालत बहुत ख़राब हो गयी है। समीक्षक सत्य कहने से डरने लगे हैं। कालान्तर में कंई लेखकों ने लेखकों के बीच बढ़ती इस असहिष्णु प्रवृत्ति को पुख्ता किया। आज ज़्यादातर लेखकों की अपेक्षा होती है कि उनकी रचनाओं को कालजयी इत्यादि घोषित कर दिया जाये। दो–चार कहानी लिखकर, एकाध संग्रह छपवाकर, दन्द–फन्द से पुरस्कार आदि हासिल करने वाले कहानीकारों की अपेक्षा होती है कि उसकी कहानियों को प्रेमचन्द की कहानियों के बराबर मान लिया जाये। अगर ये न हो सके तो कम से कम प्रेमचन्द और रेणु की परम्परा का लेखक तो घोषित कर ही दिया जाये। इसी तरह से उपन्यासकारों की आकांक्षा

होती हैं कि उनको भी रेणु, अमृतलाल नागर के बराबर न भी माना जाये तो कम से कम कमलेश्वर, मोहन राकेश या फिर राजेन्द्र यादव के बराबर तो खड़ा कर ही दिया जाये। ऐसा नहीं होने पर बात बिगड़ने लगती है। लेखकों के बीच बढ़ती इस प्रशंसा–पिपासा के उदाहरण इस वक़्त हिन्दी में यत्र–तत्र–सर्वत्र मिल जायेंगे। इन दिनों हिन्दी में व्हाट्सएप पर कई साहित्यिक ग्रुप सक्रिय हैं। वहाँ भी आलोचना की कोई गुंज़ाइश नहीं है। अगर आप व्हाट्सएप पर चलने वाले समूहों के सदस्य हैं तो आपको इस बात का अन्दाज़ होगा कि वहाँ किस तरह से तू पन्त मैं निराला का दौर चलता है। ख़ुदा ना ख़ास्ता अगर किसी ने किसी रचना पर सवाल खड़े कर दिये तो उसकी ख़ैर नहीं। आपको नकारात्मक सोच से लेकर हर वक़्त मीन–मेख निकालने वाला क़रार दे दिया जायेगा। फेसबुक आदि की तरह इन समूहों में भी लेखक संगठित होकर आलोचना करने वालों पर वार करते हैं और उसको इतना अपमानित करते हैं कि वो समूह छोड़ने पर मजबूर हो जाता है। अगर फिर भी हिम्मत करके आलोचनात्मक टिप्पणी करने वाला शख़्स इन समूहों में बना रहता है तो गाहे–बगाहे उसके विवेक पर सवाल खड़ा किया जाता रहता है। अपनी आलोचना ना सहने की प्रवृत्ति का विकास हाल के दिनों में युवा लेखकों के बीच वायरल की तरह फैला है। अब अगर हम इसके पीछे की वजह की पड़ताल करें तो पाते हैं कि सोशल मीडिया के फैलाव और फेसबुक के लाइक बटन ने रचनाकारों में अपनी आलोचना सुनने की क्षमता ही विकसित नहीं होने दी। कोई भी रचनाकार फेसबुक पर अपनी रचना डालता है तो उसको सौ दो सौ लोग लाइक कर देते हैं। सौ–पचास टिप्पणियाँ वाह–वाह की मिल जाती हैं। लेखकों को यह लगने लगता है कि वो हिन्दी का महान लेखक हो गया। इस मानसिकता से गुज़र रहे लेखक का सामना जब आलोचनात्मक टिप्पणी से होता है तो वह इसको बर्दाश्त नहीं कर पाता है और टिप्पणीकार को अपनी सफलता की राह में बाधा की तरह देखने लगता है। फिर वो वही सारे काम करता है जो कोई भी अपनी राह के रोड़े को हटाने के लिए करता है। इसके अलावा हिन्दी में थोक के भाव बँट रहे पुरस्कारों ने भी कई युवा लेखकों का दिमाग़ ख़राब कर दिया है। जुगाड़ से हासिल पुरस्कार को वो अपने लेखन से जोड़कर छद्म की ज़मीन पर खड़ा होना चाहता है। छद्म की ज़मीन को सबसे बड़ा ख़तरा आलोचना या समीक्षा से ही रहता है।

आज अगर हिन्दी में समीक्षा पर सवाल उठ रहे हैं तो उसके पीछे की वजहों को जानने की ज़रूरत है। एक वजह तो यही है जिस पर ऊपर विस्तार से लिखा गया है। समीक्षक खुलकर अपनी बात कहने से घबराने लगे हैं। कोई भी अपने व्यक्तिगत रिश्ते ख़राब नहीं करना चाहता है। नतीजा यह होता है कि किताब के बारे में परिचयात्मक लेख लिखे जाते हैं। पहले लेखक के बारे में एक पैरा फिर किताब का सारांश और अन्त में बग़ैर कुछ कहे या फिर बीच का रास्ता निकालते हुए समीक्षक अपनी बात ख़त्म कर देता है। यह स्थिति हिन्दी साहित्य के लिए अच्छी नहीं है। लेखकों के बीच बढ़ रही असहिष्णुता से एक विधा पर उसके ख़त्म होने का ख़तरा मँडराने लगा है। इसको बचाने की आवश्यकता है। लेखकों को उदार और सकारात्मक तरीक़े से स्वस्थ आलोचना का स्वागत करना चाहिए। अगर किसी समीक्षक ने तर्कों के साथ अपनी बात रखी है तो उसकी बातों का सम्मान होना चाहिए। विमर्श हो तो और भी बेहतर है।

नामवर पर निशाना

हिन्दी आलोचना के शिखर पुरुष नामवर सिंह जब नब्बे साल के हुए थे तो दिल्ली के इन्दिरा गाँधी राष्ट्रीय कला केन्द्र में दिन भर के एक समारोह का आयोजन किया गया था। इस समारोह में गृहमन्त्री राजनाथ सिंह और संस्कृति मन्त्री महेश शर्मा के अलावा पूरे देश भर के कई अहम साहित्यकारों ने शिरकत की थी। इन्दिरा गाँधी राष्ट्रीय कला केन्द्र द्वारा आयोजित इस कार्यक्रम को लेकर प्रगतिशील लेखकों के पेट में दर्द शुरू हो गया था। साहित्य में वामपन्थ का डण्डा–झण्डा उठाने वाले साहित्यकारों ने नामवर जी से अनुरोध करना शुरू कर दिया था कि वो इस कार्यक्रम में नहीं जायें क्योंकि ये राष्ट्रीय स्वयंसेवक संघ और मोदी की गोद में जाकर बैठ जाने जैसा होगा। प्रगतिशीलता के नाम पर दुकानदारी चलाने वाले कुछ लेखकों ने उनके घर जाकर धरना आदि की धमकी भी दी। नामवर जी टस से मस नहीं हुए थे। तय वक़्त पर कार्यक्रम में गये, दिन भर वहाँ बैठे रहे। कार्यक्रम सम्पन्न हो गया। उन पर भाषण आदि हुए और किताबों–पत्रिकाओं का विमोचन भी हुआ। महात्मा गाँधी अन्तरराष्ट्रीय हिन्दी विश्वविद्यालय के प्रोफ़ेसर कृष्ण कुमार सिंह ने बहुवचन पत्रिका के नामवर सिंह पर केन्द्रित अंक का सम्पादन किया था, जिसे इस मौक़े पर जारी किया गया। नामवर सिंह पर केन्द्रित यह अंक

बेहतरीन है और कई ज्ञानपीठ पुरस्कार प्राप्त लेखकों ने नामवर जी पर इसमें लेख आदि लिखे हैं। राजनाथ सिंह और महेश शर्मा के अलावा कई घोर प्रगतिवादियों ने भी इस कार्यक्रम में शिरकत की। जब नामवर सिंह के बोलने की बारी आयी थी तो उन्होंने अपना अन्दाज़ नहीं छोड़ा। नब्बे की उम्र में उनका यही अन्दाज़ उनको नामवर बनाता था। नामवर सिंह ने बग़ैर राजनाथ सिंह और महेश शर्मा का नाम लिए मंच को सम्बोधित किया। साथ ही यह भी कह डाला कि यहाँ हुई बातों को सुनने के बाद उनकी इच्छा सौ साल जीने की है ताकि वो इनकी छाती पर मूँग दल सकें। अब इस कथन के निहितार्थ को पकड़ने और व्याख्यायित करने की आवश्यकता है। कई लोग अपने–अपने तरीक़े से इसको व्याख्यायित करते हुए नामवर सिंह को संघी क़रार दे रहे थे। लेकिन नामवर सिंह का अपना तरीका था और वे उसी हिसाब से चलते थे और हर मंच पर साहस के साथ अपनी बात कहते थे।

इसी तरह का वाक़या है जब हरिवंश राय बच्चन की किताबों का विमोचन हो रहा था। तत्कालीन प्रधानमन्त्री इन्दिरा गाँधी मंच पर मौजूद थीं। नामवर जी भी मंच पर थे और जब उनके बोलने की बारी आयी तो उन्होंने इन्दिरा गाँधी का नोटिस ही नहीं लिया। उन्होंने बोलना शुरू किया– आदरणीय बच्चन जी और सभागार में उपस्थित साहित्य प्रेमियो। मंच पर प्रधानमन्त्री बैठी हों और उनको नोटिस में नहीं लेना साहस का काम था। ये वाक़या क़रीब पैंतीस–सैंतीस साल पहले का है लेकिन इतना लम्बा अरसा बीत जाने के बाद और नब्बे की उम्र पार करने के बाद भी वही साहस। मुझे तो हिन्दी के अन्य प्रगतिशील लेखकों में इस तरह का साहस नज़र नहीं आता है। स्नॉबरी अवश्य दिखायी देती है जहाँ सार्वजनिक रूप से नैतिकता की बड़ी–बड़ी बातें करने वाले लोग पर्दे के पीछे नेताओं की ख़ुशामद में लगे रहते हैं। पद और कमेटियों में नामांकित होने की जुगत में दिखते हैं।

नामवर सिंह के नब्बे साल के होने पर इन्दिरा गाँधी राष्ट्रीय कला केन्द्र के आयोजन में उपस्थित होने के बाद प्रगतिशील लेखक संघ ने ऐलान किया और कहा कि वो अपने को नामवर सिंह से अलग करते हैं। प्रगतिशील लेखक संघ के महासचिव जावेद अली ने एक बयान जारी कर नामवर सिंह के कृत्यों से प्रलेस को अलग कर लिया। उस बयान में यह कहा गया कि दो हज़ार बारह में प्रगतिशील लेखक संघ के अध्यक्ष पद से हटने के बाद नामवर सिंह प्रलेस के किसी कार्यक्रम में शामिल नहीं हुए।

प्रगतिशील लेखक संघ के महासचिव ने कहा कि उनके संगठन के पास नामवर सिंह को रोकने का कोई अधिकार नहीं है लेकिन वह संगठन को नामवर सिंह से अलग तो कर ही सकते हैं। अब यहाँ ये देखना आवश्यक है कि प्रगतिशील लेखक संघ ने नामवर सिंह के लिए क्या किया। हिन्दी पट्टी में प्रगतिशील लेखक संघ को मज़बूत करने का काम नामवर सिंह ने किया। सीपीआई के इस बौद्धिक प्रकोष्ठ को हिन्दी के लेखकों के बीच लोकप्रिय बनाने में नामवर सिंह की भूमिका को नज़रअन्दाज़ किया गया। दरअसल प्रगतिशील लेखक संघ का यही चाल और चरित्र रहा है, चेहरा भले ही अलग रहा हो। दूसरी बात ये कि प्रगतिशील लेखक संघ तब भी नामवर सिंह के बहाने से ही अपनी सार्थकता सिद्ध करने में लगा था। प्रगतिशील लेखक संघ को पूछता और जानता कौन है जो वह नामवर सिंह से ख़ुद को अलग करने का ऐलान कर रहा है। नामवर सिंह के सहारे से राजनीति नहीं होनी चाहिए थी। अली जावेद भले ही प्रगतिशील लेखक संघ के महासचिव हों लेकिन वामपन्थी राजनीति के मँझे हुए खिलाड़ी प्रतीत होते हैं। तभी तो उन्होंने एक नॉन इश्यू को मुद्दा बनाकर अपने संगठन को खड़ा करने की कोशिश की, इस काम में कथित प्रगतिशीलों को महारथ हासिल है।

कुछ वामपन्थी लेखकों ने नामवर सिंह को वहाँ जाने से रोकने के लिए बाकायदा फ़ोन किया और इशारों–इशारों में उनके घर के बाहर धरना देने की धमकी भी दी थी। ये लोग शायद ये भूल गये कि नामवर किस मिट्टी के बने थे। मिट्टी पुरानी भले ही हो गयी थी कमज़ोर नहीं हुई थी कि इस तरह की धमकियों के आगे झुक जायें। दरअसल ये वही जमात है जो कि बिहार विधानसभा चुनाव के पहले पुरस्कार वापसी के वक़्त सक्रिय दिखायी दे रही थी और बाद में नीतीश कुमार के लेखकों से मिलने के कार्यक्रम की ज़मीन तैयार कर रही थी। इन लेखकों को ये समझना चाहिए नामवर सिंह के बहाने ये लोग जो राजनीति करना चाहते थे वो पहले ही दिन से एक्सपोज़्ड थे। राजनीति करना बुरी बात नहीं है और पढ़े–लिखे प्रोफ़ेसरों का राजनीति में स्वागत भी किया जाना चाहिए। लेकिन जब ऐसे लोग ख़ुद के लेखक होने की आड़ में राजनीति के खेल को अंजाम देते हैं तो बहुधा लेखक नाम की संस्था को अविश्वास के दायरे में खड़ा कर देते हैं। लेखकों की नैतिकता की आड़ में राजनीति के इन प्यादों की चालें बेहद ख़तरनाक होती हैं और भोली–भाली जनता

उनके झाँसे में फँस जाती है। जनता को ये ही पता चल पाता है कि वो अपने राजनैतिक आकाओं के कहने पर इस तरह के प्रपंच रचते हैं, कभी असहिष्णुता के नाम पर, कभी अभिव्यक्ति की आज़ादी के ख़तरे में होने की बात उठाकर तो कभी साहित्य सांस्कृतिक संस्थाओं पर भगवा कब्ज़ा की बातें फैला कर। दरअसल होता यह है कि जब तक इनको लाभ मिलता रहता है तो ये ख़ामोश रहते हैं लेकिन जैसे ही दूसरों को तवज्जो मिलने लगती है तो ये तिलमिलाने लगते हैं। इसका एक उदाहरण इस पुस्तक में पहले भी दिया जा चुका है जिसमें रायपुर साहित्य महोत्सव का जिक्र है। उस आयोजन में जिन प्रगतिशील लेखकों को नहीं बुलाया गया था उन्होंने बहुत छाती कूटी थी और साथी लेखकों को सवालों के कठघरे में खड़ा करने की कोशिशें की गयी थीं। तब ये लगा था कि भारतीय जनता पार्टी की सरकार के आयोजन में ये लेखक शिरकत नहीं करेंगे। छत्तीसगढ़ सरकार के आयोजन के दो साल भी नहीं बीते थे कि झारखण्ड सरकार के सहयोग से साहित्य पर एक बड़ा आयोजन राँची विश्वविद्यालय में हुआ था। कथा पावस नाम के इस आयोजन में आमन्त्रित लेखकों की सूची से साफ़ है कि तमाम क्रान्तिकारी, प्रगतिशील और खुद को उच्च नैतिक मानदण्ड पर रखकर अपनी मार्केटिंग करने वाले कई लेखक वहाँ जुटे। तब उन्हें ये याद नहीं रहा कि झारखण्ड में गौरक्षकों ने सरेआम हत्या की थी, झारखण्ड में पत्रकार की गोली मारकर हत्या कर दी गयी थी, भारतीय जनता पार्टी सरकार गौ रक्षा के नाम पर गुण्डों को शह दे रही थी, आदि–आदि। 'कथा पावस' में शिरकत करते वक़्त तमाम क्रान्तिकारी ये सब भूल जाते हैं क्योंकि उनकी भागीदारी है। अब अगर यहाँ उनको नहीं बुलाया जाता तो फिर इनका विलाप देखने योग्य होता। इसमें से कई लेखक तो ऐसे भी हैं जिन्होंने रायपुर के आयोजन पर सवाल खड़े करते हुए लेख लिखे थे, फेसबुक पर टिप्पणी की थी। प्रगतिशीलता के इस छद्म खेल को देश की जनता समझती है इस वजह से ही उनकी प्रासंगिकता ख़त्म हो गयी है और विश्वसनीयता सन्दिग्ध।

संस्कृति पर हो बहस

रामधारी सिंह दिनकर ने साफ़ तौर पर लिखा है–'साहित्य के क्षेत्र में हम न तो किसी गोयबेल्स की सत्ता मानने को तैयार हैं, जो हमसे नाजीवाद का समर्थन लिखवाये और न ही किसी स्टालिन की ही, जो हमें साम्यवाद

से तटस्थ रहकर फूलने–फूलने नहीं दे सकता। हमारे लिए फ़रमान न तो क्रेमलिन से आ सकता है और न आनन्द भवन से ही। अपने क्षेत्र में तो हम उन्हीं नियन्त्रणों को स्वीकार करेंगे जिन्हें साहित्य की कला अनन्त काल से मानती चली आ रही है।' ये था दिनकर का साहस और ये थी उनकी साफ़गोई। ये बातें दिनकर उस वक़्त कह रहे थे जब पूरा देश वामपन्थ और नेहरू के रोमांटिसिज़्म के प्रभाव में था। आज़ादी के बाद भारतीयता और राष्ट्रवाद की बात हो रही थी तो उस वक़्त दिनकर ने एक किताब 'संस्कृति के चार अध्याय' लिखी। पहले संस्करण पर उनकी भूमिका में 5 जनवरी 1956 की तारीख़ है। इस किताब के प्रकाशन के साठ साल पूरे होने के मौक़े पर देश भर में साल भर तक दिनकर पर केन्द्रित कार्यक्रमों की योजना पूर्व केन्द्रीय मन्त्री सी.पी. ठाकुर ने बनायी थी। साल भर चलने वाले इन कार्यक्रमों की शुरुआत दिल्ली के विज्ञान भवन में हुई जहाँ प्रधानमन्त्री नरेन्द्र मोदी ने इसका आग़ाज़ किया था। रामधारी सिंह दिनकर आधुनिक हिन्दी कविता के उत्तर छायावादी दौर के बेहतरीन कवि थे। उनकी कविता की ख़ास बात यह थी कि उनका रेंज बहुत व्यापक था और एक कवि के रूप में दिनकर ने लगातार अपने आपको परिमार्जित किया। कवि के अलावा दिनकर ने गद्य लेखन भी किया। दरअसल अगर हम देखें तो नयी कविता के दौर में और उसके बाद भी दिनकर जी की कविताओं को वो प्रतिष्ठा नहीं मिली जिसके वह हक़दार थे। साज़िशन उनको सरकारी कवि के तौर पर पेश करके उनकी अनदेखी की जाती रही, खासतौर पर जब प्रगतिशीलता का बोलबाला था। लेकिन कहते हैं कि प्रतिभा और श्रेष्ठ रचना को कोई रोक नहीं सकता। बाद के दिनों में नामवर सिंह भी ये कहने को मजबूर हो गये थे कि कुल मिलाकर दिनकर जी का रचनात्मक व्यक्तित्व निराला की तरह है। राष्ट्रकवि रामधारी सिंह दिनकर हिन्दी साहित्य के उन विरले रचनाकारों में से हैं जिनकी कविताओं में एक साथ राष्ट्रीयता, देशभक्ति, सामाजिकता, प्रेम, अध्यात्म सभी मौजूद है। दिनकर जी ने विपुल लेखन किया। किसी ख़ास विचारधारा को नहीं मानने की वजह से उनके लेखन का उचित मूल्यांकन नहीं हो सका। दिनकर की किताब 'संस्कृति के चार अध्याय' दरअसल एक बार फिर से बहस की माँग करती है। दिनकर ने अपनी इस किताब में भारत में चार क्रान्तियों का ज़िक्र किया है। उनका मानना है कि देश की सांस्कृतिक क्रान्ति का इतिहास उन्हीं

चार सांस्कृतिक क्रान्तियों का इतिहास है। दिनकर के मुताबिक़ पहली क्रान्ति तब हुई जब आर्य भारत आये और उनका सम्पर्क आर्येतर जातियों से हुआ। दूसरी क्रान्ति तब हुई जब महावीर और बुद्ध ने स्थापित धर्मों के विरुद्ध विद्रोह किया और उपनिषदों की चिन्ताधारा को खींचकर वो अपनी दिशा में ले गये। संस्कृति के चार अध्याय में दिनकर ने कहा है कि चौथी क्रान्ति तब हुई जब इस्लाम, विजेताओं के धर्म के रूप में भारत पहुँचा और हिन्दुत्व से उसका सम्पर्क हुआ। चौथी क्रान्ति तब हुई जब भारत में यूरोप का आगमन हुआ। 'संस्कृति के चार अध्याय' में जिस तरह से सांस्कृतिक इतिहास को कालखण्डों में विभाजित कर दिनकर ने लिखा है वह इतिहासकारों के सामने एक बड़ी चुनौती के रूप में अपने प्रकाशन के साठ साल बाद भी खड़ा है। दरअसल दिनकर जब हिन्दू और मुसलमान के बीच सांस्कृतिक एकता और समान संस्कृति की बात करते हैं तो यह कथित प्रगतिशील इतिहासकारों को नागवार गुज़रता है लिहाज़ा उन्होंने इसको गम्भीरता से नहीं लिया। इस किताब के प्रकाशन के छह साल के अन्दर जब इसका तीसरा संस्करण प्रकाशित हुआ तो उसकी भूमिका में दिनकर ने लिखा–'घटनाओं को स्थूल रूप से कोई भी देख सकता है, लेकिन, उनका अर्थ वही पकड़ता है, जिसकी कल्पना सजीव हो। इसलिए, इतिहासकार का सत्य नये अनुसन्धानों से खण्डित हो जाता है, लेकिन कल्पना से प्रस्तुत चित्र कभी खण्डित नहीं होते।' दिनकर जी ख़ुद को इतिहासकार नहीं मानते थे बल्कि संस्कृति के चार अध्याय के बारे में तो उन्होंने लिखा–'यह महल साहित्य और दर्शन का है। इतिहास की हैसियत यहाँ किरायेदार की है। किरायेदार का आदर तो मैं करता हूँ पर महल पर उसे कब्ज़ा देने की बात मैं सोच भी नहीं सकता हूँ।' दिनकर जी ने साफ़ किया है कि संस्कृति के चार अध्याय इतिहास नहीं है लेकिन जिस तरह से उन्होंने राष्ट्रीयता और सांस्कृतिक क्रान्तियों को परखा है वो पुनःपाठ के लिए पुख़्ता ज़मीन तैयार करती है। अपनी इस किताब में दिनकर ने भारत में हिन्दू मुसलमान सम्बन्धों को बहुत गहनता से परखा है। दिनकर ने लिखा है–'भारत में एक विशेषता रही है कि वह अनेक जातियों को घोंटकर एक जाति बना देता है, अनेक धर्मों को मिलाकर एक धर्म तैयार कर देता है और अनेक संस्कृतियों के मिश्रण से एक संस्कृति पैदा कर देता है। नीग्रो, औष्ट्रिक, द्रविड़ और आर्य, कम से कम ये चार जातियाँ थीं, जिनके परस्पर मिश्रण और मिलन

से एक महाजाति पैदा हुई जिसे हम हिन्दू जाति कहते हैं। हिन्दू कहलाने वाली संस्कृति इन चारों जातियों की संस्कृतियों के मिलन से पैदा हुई...। यह समन्वित संस्कृति जब उपनिषदों के धरातल पर पहुँची तब वहाँ से धर्म और विचार अनेक धाराएँ फूट पड़ीं, जिनमें कुछ आस्तिक थीं, कुछ नास्तिक, कुछ वेद को मानने वाली, कुछ वेद को नहीं मानने वाली। यह एक तरह की बौद्धिक अराजकता थी, एक तरह का चिन्तन का कोलाहल था, जिसे बाँधकर एक ओर ले चलना आसान नहीं था। इसलिए एक ही काल में आस्तिक और नास्तिक दर्शन की रचना होने लगी और सारा देश चिन्तकों के तरह–तरह के विचारों से जगमगा उठा।' दिनकर की इस अवधारणा के प्रकाशन के साठ साल बाद तक इस पर यथोचित ध्यान नहीं दिया गया। बजाय दिनकर की रचनाओं और अवधारणाओं पर बात करने के एक बार फिर से दिनकर को एक जाति विशेष से जोड़कर देखने की कोशिशें शुरू हो गयी थीं।

सवाल यही उठता है कि हमारा कथित प्रगतिशील बौद्धिक समाज हर चीज़ को किसी न किसी चश्मे से देखना शुरू कर देता है। हमारे यहाँ की बौद्धिक प्रगतिशीलता का आधार ही यही रहा है कि जो आपकी विचारधारा के साथ न चले या जो आपकी विचारधारा का अनुयायी न हो उसको बदनाम करना शुरू कर दो। बदनाम भी इस हद तक कि उसको साहित्य की दुनिया में अस्पृश्य कर दो। संवाद ख़त्म कर दो। यह इतनी बड़ी साज़िश होती है कि किसी भी रचनाकार पर संवाद की प्रक्रिया ही बाधित या बन्द कर दो। नतीजा यह होगा कि न उसकी रचना पर संवाद होगा और न उसकी रचनाओं की आलोचना होगी। यह खेल लम्बे समय तक चला। दिनकर जी को वामपन्थियों के इस खेल का भली भाँति अहसास था तभी तो वह बहुधा उन पर चोट भी करते चलते थे। दिनकर ने कहा था–'किसी भी कृति को मार्क्सवादी सिद्धान्तों की कसौटी पर कसकर उसे क्रान्तिकारी अथवा श्रेष्ठ करने की चेष्टा अयुक्तियुक्त और अन्यायपूर्ण है।' दिनकर हमेशा से समालोचना को कवित्व के बराबर मानते हैं जब वो कहते हैं कि–'जो लोग यह समझते हैं कि समालोचना सीखने की चीज़ है वे ग़लती करते हैं। यह भी उसी प्रकार जन्मजात है जैसे कवित्व।' तभी तो डॉ. नगेन्द्र ने कहा था–यह उनके व्यक्तित्व की सजीवता का प्रमाण है कि उन्होंने किसी एक विचार पद्धति को सर झुकाकर स्वीकार नहीं कर लिया। दिनकर की साहित्य में उपेक्षा की यह बड़ी वजह है।

राजेन्द्र स्मरण से उठे सवाल

दिल्ली स्थित हिन्दी भवन का सभागार। तिथि अट्ठाईस अक्तूबर 2014। वक़्त शाम के क़रीब साढ़े सात बजे। मौक़ा हिन्दी के मशहूर साहित्यकार राजेन्द्र यादव की पहली पुण्य तिथि पर स्मरण आयोजन। कार्यक्रम के ख़त्म होने के बाद तमाम साहित्यप्रेमी बाहर लॉबी में एक–दूसरे से बातें कर रहे थे। वहीं नामवर जी भी खड़े थे और लोगों का अभिवादन स्वीकार करते हुए आशीर्वाद दे रहे थे। कुछ साहित्यप्रेमी नामवर जी के साथ सेल्फी ले रहे थे तो कुछ लोग उनको किसी कार्यक्रम आदि में आने का निमन्त्रण दे रहे थे। किसी बात पर अचानक से नामवर जी ने कहा कि इस वक़्त उनसे ज़्यादा अकेला कौन है। नामवर जी ने पता नहीं किस रौ में ये बात कही। उनके इस कथन से मेरे ज़ेहन में पूरे हिन्दी साहित्य के अस्सी पार लेखकों का अकेलापन और उसका दंश एक झटके से कौंध गया। नामवर जी ने जब अकेलेपन की बात की तो साहित्यिक पत्रिका पाखी के तत्कालीन सम्पादक प्रेम भारद्वाज की किताब 'हाशिए पर हर्फ़' का एक लेख स्मरण हो आया। अपनी इस नयी किताब में प्रेम भारद्वाज ने आलोचक के अकेलेपन के बहाने से नामवर जी के व्यक्तित्व की गाँठें खोलने की कोशिश की है। अपने उस लेख में प्रेम भारद्वाज ने नीत्शे को उद्धृत कर कहा है कि आदमी अन्ततः अकेला होता है। उसी लेख में प्रेम भारद्वाज ने नामवर सिंह के एक भाषण को उद्धृत किया है। आलोचना का भविष्य विषय पर बोलते हुए उक्त भाषण की शुरुआत नामवर सिंह ने अज्ञेय की कविता से की थी–एक तनी हुई रस्सी है जिस पर मैं नाचता हूँ/मैं केवल उस खम्भे से इस खम्भे तक दौड़ता हूँ/कि इस या उस खम्भे से रस्सी खोल दूँ/कि तनाव चूके ढीले, मुझे छुट्टी हो जाये/पर तनाव ढीलता नहीं/और इस खम्भे से उस खम्भे तक दौड़ता/पर तनाव वैसे ही बना रहता है/सब कुछ वैसा ही बना रहता है/और मेरा नाच है जिसे सब देखते हैं/मुझे नहीं। रस्सी को नहीं/खम्भे को नहीं/रोशनी को नहीं। तनाव को नहीं/देखते हैं नाच। अज्ञेय की इस कविता के बहाने नामवर जी ने अपने दर्द को तो सामने रखा ही अपनी पूरी पीढ़ी के दंश को संकेतों में उजागर कर दिया। नामवर सिंह हिन्दी के वो हीरामन थे जिनके आसपास भी उस वक़्त कोई दूसरा दिखायी नहीं देता था। उम्र के उस पड़ाव पर काल से होड़ लेता हिन्दी आलोचना का यह शिखर

शख़्सियत बिल्कुल अकेला था। अकेलेपन के दंश को झेलते हुए भी अपने आप को साहित्य की सेवा में होम कर रहा था। नामवर जी दिल्ली में अकेले रहते थे और उनकी सबसे बड़ी साथी किताबें और पत्र–पत्रिकाएँ थीं। नामवर जी ने कभी कहा था कि मामला 'मरजाद' का है इसलिए मुँह नहीं खोल सकता। नामवर जी ने उस 'मरजाद' का अंत समय तक निर्वाह किया। लेकिन हम बृहद् हिन्दी समाज की कृतघ्नता पर तो सवाल खड़े कर ही सकते हैं। नामवर जी के नहीं लिखने पर सवाल खड़े करने वालों को नामवर जी के योगदान का न तो अन्दाज़ है और न ही उनके कामों का ज्ञान। जिस तरह से लगभग दो दशक से वो अपने भाषणों से नयी पीढ़ी को हिन्दी में संस्कारित कर रहे थे वह अद्वितीय था। नामवर जी हिन्दी की धरोहर थे जिनको सँभाल कर रखने की ज़िम्मेदारी पूरे हिन्दी जगत की थी। दिल्ली में रहते हुए भी अगर हिन्दी का सबसे बड़ा आदमी अपने अकेलेपन की बात करता था तो यह गम्भीर चिन्ता का विषय था। दरअसल अगर हम हिन्दी के साहित्य समाज को देखें तो उसमें वरिष्ठ लेखकों के प्रति एक उपेक्षा का भाव दिखायी देता है, ख़ासकर महानगर में रहने वाले साहित्यकार महानगरीय व्यस्तता के बहाने से वरिष्ठ लेखकों की उपेक्षा कर जाते हैं। यह हमारे समाज के पश्चिमी प्रभाव में आते जाने का संकेत है जहाँ सम्बन्धों की गरमाहट या ऊष्मा स्वार्थ या डॉलर की गरमाहट से तय होती है। हिन्दी समाज हमेशा से संयुक्त परिवार की तरह रहा है जहाँ हम अपने बुजुर्गों का न केवल सम्मान करते हैं बल्कि उनकी ज़रूरतों का ध्यान भी रखते हैं। मौक़े–बेमौक़े उनसे सलाह–मशविरा भी लेते रहते हैं। हिन्दी साहित्य का जो हमारा महानगरीय समाज है वो अपने वरिष्ठ और बुज़ुर्ग लेखकों को अकेलेपन के बियावान में छोड़ देता है। एक बार राजेन्द्र यादव से मैंने पूछा था कि उन्हें कभी अकेलापन नहीं लगता है। ज़ोरदार ठहाके के बाद उन्होंने कहा था कि मैं तो हर रोज़ अकेलेपन से होड़ लेता रहता हूँ। उनके ठहाके के पीछे के अकेलेपन को उस वक़्त मैंने महसूस किया था। अकेलेपन से उसी होड़ का नतीजा था कि यादव जी ने अपने आपको युवाओं से जोड़ लिया था। अकेलेपन की इसी होड़ की वजह से वो काल से होड़ लेने लगे। उन्होंने युवाओं में अपने आपको इतना रमाना शुरू कर दिया कि गाहे–बगाहे विवाद की वजह बनने लगे। अपने जीवन के अन्तिम क्षण तक वे विवादित बने रहकर अकेलेपन को परास्त करते रहे थे। अकेलेपन से होड़ लेने की ज़िद में वे

काल से होड़ नहीं ले पाये। दरअसल अगर हम मनोविज्ञान की दृष्टि से देखें तो अकेलापन एक बहुत ही जटिल मानसिक स्थिति है। मनोविज्ञान के मुताबिक़ अकेलेपन का दंश भीड़ में रहने के बावजूद महसूस किया जा सकता है। ऐसा भी नहीं है कि जो शख़्स सफलता की बुलन्दियाँ हासिल कर लेता है वो अकेलेपन का शिकार नहीं होता है। शिखर पर पहुँचने वाला और दुनिया के तमाम सुख–सुविधाओं का उपभोग करने वाला भी अकेला हो सकता है। इस अकेलेपन में अगर अपने समाज की उपेक्षा भी शामिल हो जाये तो फिर वह घातक हो सकती है। मनोविज्ञान के अलग–अलग शोध में यह नतीजा निकला है कि एक ख़ास प्रकार के समूह में रहते हुए भी अगर कोई व्यक्ति अकेलापन महसूस करता है तो इस बात की सम्भावना रहती है कि उस समूह के अन्य सदस्य भी उसका शिकार हो जायें। इस तरह से इसके फैलने की आशंका ज़्यादा रहती है।

यह सिर्फ़ नामवर सिंह या राजेन्द्र यादव का मसला नहीं है, यह अस्सी पार लेखकों के पूरे समूह का मामला है, चाहे वे दिल्ली में रह रहे हों या देश के अलग–अलग शहरों में। आज अगर हम हिन्दी साहित्य जगत को देखें तो सिर्फ़ दिल्ली में अस्सी पार के बारह–चौदह लोग इस वक़्त हैं। यह दिल्ली के हिन्दी समाज के लिए गौरव की बात है कि एक साथ इतने वरिष्ठ लोगों का सान्निध्य यहाँ के साहित्य समाज को हासिल है। वरिष्ठ साहित्यकारों से सीखने की बजाय कुछ नये लेखक इन पर कीचड़ उछालकर अपनी प्रसिद्धि का रास्ता तलाश रहे हैं। बड़े साहित्यकारों की आलोचना या उन पर साहित्यिक हमले कर मशहूर होने की ललक थोड़ी कम हुई है। राजेन्द्र यादव की पहली पुण्य तिथि पर हुए आयोजन में तीस–पैंतीस लोगों का जुटना वरिष्ठ लेखकों के प्रति साहित्य समाज की उपेक्षा का सूचक है। उस समारोह में नामवर सिंह ने इस ओर इशारा भी किया था। उन्होंने उपस्थित लोगों को राजेन्द्र यादव से सच्चा प्यार करने वाला क़रार दिया था और कम उपस्थिति पर हैरानी जतायी थी। हमें अपने बुज़ुर्ग साहित्यकारों को क़दम–क़दम पर अहसास करवाना होगा कि वे हमारे लिए अहम हैं। हम हिन्दी के नये पाठक तैयार करने में इन बुज़ुर्ग लेखकों का इस्तेमाल कर सकते हैं जिसकी कोई पहल दिखायी नहीं देती है। कोई ऐसा आयोजन नहीं होता जहाँ इन लेखकों के अनुभवों से नयी पीढ़ी को लाभ मिल सके। साहित्य समाज इनका उपयोग नहीं कर पा रहा है। वो अपने घर में रहते और वहीं से साहित्य को ओढ़ते–बिछाते

अकेलेपन से संघर्ष करते रहते हैं। अस्सी पार लेखकों के अलावा दिल्ली में इस वक़्त सत्तर और अस्सी के बीच भी दर्जन भर लेखक हैं। उनसे भी नयी पीढ़ी को साहित्य में दीक्षित करवाने का काम किया जा सकता है। इस वय के धवलकेशी साहित्यकारों में अशोक वाजपेयी और गंगाप्रसाद विमल ने कार्यक्रमों आदि में अपनी भागीदारी से ख़ुद को प्रासंगिक बनाया हुआ है। लेकिन ये इन दोनों का व्यक्तिगत प्रयास है। आज ज़रूरत इस बात की है कि हम अपने बुज़ुर्ग साहित्यकारों को सम्मान देने के अलावा उनका साथ भी दें। उन्हें हम अपने कार्यों में सहभागी बनायें और उन्हें अकेलेपन के जबड़े से बाहर निकालने का श्रम करें। सरकारी संस्था और मृतप्राय लेखक संगठनों से यह अपेक्षा करना व्यर्थ है। साहित्य अकादेमी जैसी संस्थाएँ इस दिशा में निजी संस्थाओं को जोड़कर सार्थक पहल कर सकती हैं। अगर ऐसा हो पाता है तो हम हिन्दी का एक नया समाज गढ़ सकेंगे।

साहित्यिक बाज़ार, मेला और लेखकीय छद्म

पौराणिक चरित्रों से परहेज़ क्यों?

जब अमीष त्रिपाठी की किताब 'सीता : द वॉरियर ऑफ़ मिथिला', आने वाली थी तो सोशल मीडिया पर इस किताब को लेकर जमकर चर्चा हुई थी। केन्द्रीय मन्त्री स्मृति ईरानी ने लेखक अमीष त्रिपाठी के साथ घण्टे भर की बातचीत इस किताब को केन्द्र में रखकर की थी। दोनों की इस बातचीत को फेसबुक पर हज़ारों लोगों ने देखा था। अमीष लगातार अपने पाठकों से सोशल मीडिया से लेकर हर उपलब्ध मंच पर चर्चा कर रहे थे। फिर किताब का ट्रेलर जारी किया गया जिसमें सीता को योद्धा के रूप में दिखाया गया। ट्रेलर देखकर और पुस्तक के शीर्षक को एक साथ मिलाकर देखने से अमीष ने सीता का जो चित्रण किया होगा उसके बारे में अन्दाज़ लगाया गया था। इन बातों की चर्चा सिर्फ़ इस वजह से हुई कि लेखक अपनी किताब को लेकर बेहद सक्रिय रहे। हर तरह के माध्यम का उपयोग करके वे अपने विशाल पाठक वर्ग तक इसको पहुँचाने में लगे रहे थे। अमीष को मालूम है कि इस वक़्त हमारे देश में ख़ासकर अंग्रेज़ी के पाठकों के बीच मिथकीय और पौराणिक चरित्रों के बारे में जानने–पढ़ने की ख़ासी उत्सकुता है। अंग्रेज़ी के पाठकों में मिथकों या पौराणिक चरित्रों को लेकर जो उत्सकुता है उसने लेखकों के लिए अवसर का आकाश सामने रख दिया है। अंग्रेज़ी के कई लेखक अलग–अलग चरित्रों पर लिख रहे हैं और तकरीबन सबकी किताबों की जमकर बिक्री हो रही है। अमीष की ही सीता पर आने वाली किताब से पहले जब 'इममॉरटल ऑफ़ मेलुहा', 'नागा' और 'वायुपुत्र' प्रकाशित हुई थीं तो उसने बिक्री के सारे रिकॉर्ड तोड़ दिये थे। 'इममॉरटल ऑफ़ मेलुहा' के प्रकाशन को लेकर भी बेहद दिलचस्प कहानी है। दो हज़ार दस में जब ये किताब पहली बार प्रकाशित हुई थी तो उसके पहले प्रकाशकों ने इसको क़रीब

डेढ़ दर्जन बार छापने से मना कर दिया था। तमाम संघर्षों के बाद जब यह किताब छपकर आयी तो इसने बिक्री के सारे रिकॉर्ड तोड़ दिये और इतिहास रच दिया। अमीष त्रिपाठी की इन किताबों के पाठक अब भी बाज़ार में हैं और उनकी लगातार बिक्री हो रही है। अमीष की इन किताबों का विश्व की कई भाषाओं में अनुवाद भी हो चुका है। अमीष त्रिपाठी देश के सबसे प्रतिष्ठित प्रबन्धन संस्थान आईआईएम से पढ़े हैं और वित्तीय क्षेत्र की नौकरी के बाद लेखन में उतरे। लेखन की दुनिया में इतने रमे कि बस लेखक होकर रह गये। इसके पहले भी अशोक बैंकर ने रामायण पर एक पूरी शृंखला लिखी थी जो बेहद लोकप्रिय हुई थी। बहुत प्रामाणिकता के साथ कहना मुश्किल है लेकिन बैंकर को अंग्रेज़ी में पौराणिक चरित्रों पर योजनाबद्ध तरीक़े से लिखने की शुरुआत का श्रेय दिया जा सकता है।

अंग्रेज़ी में पौराणिक चरित्रों पर लेखन का इतना बड़ा बाज़ार है इसको सिर्फ़ अमीष की पुस्तकों की बिक्री से समझना उचित नहीं होगा। अश्विन सांघी ने भी अपने लेखन में पौराणिक चरित्रों को अपने तरीक़े से व्याख्यायित कर वाहवाही लूटी और देश के बेस्ट सेलर लेखकों की सूची में शामिल हो गये। उनकी कृति 'सियासकोट सागा', 'चाणक्या'ज चैंट' आदि की जमकर बिक्री हुई। 2016 में अश्विन सांघी से मुम्बई लिट–ओ–फ़ेस्ट में मुलाक़ात हुई थी। वहाँ सांघी ने अपनी पहली किताब छपने की बेहद दिलचस्प कहानी बतायी। उन्होंने कहा कि एक–दो बार नहीं बल्कि सैंतालीस बार प्रकाशकों ने उनकी किताब को रिजेक्ट किया था और बड़ी मुश्किल से उनकी किताब छप पायी थी। आज अश्विन सांघी अन्तरराष्ट्रीय स्तर पर मशहूर और प्रतिष्ठित लेखकों के साथ मिलकर लेखन करने में जुटे हैं। ऐसा प्रतीत होता है कि जिस लेखक को प्रकाशक जितना नकारते हैं वह उतना ही हिट होता है। अमीष की तरह ही अश्विन सांघी भी कारोबार की दुनिया से ही लेखन की दुनिया में आये। एक और शख़्स जो साहित्य की दुनिया की परिधि से बाहर था उसने भी भारतीय पौराणिक चरित्रों पर अंग्रेज़ी में लिखकर ख़ासी शोहरत हासिल की, उनका नाम है देवदत्त पटनायक। देवदत्त पटनायक कुछ मायनों में अमीष और अश्विन से अलग तरह का लेखन करते हैं। देवदत्त पटनायक लोककथाओं या पूर्व में स्थानीय स्तर पर लोककथाओं के आधार पर जो लेखन हो चुका है, उसको अपने शोध का हिस्सा

बनाकर प्रामाणिकता के साथ पेश करने की कोशिश करते हैं। इससे उनके बारे में यह धारणा बनती है कि वे अपनी रचनाओं को लोकेल के ज़्यादा क़रीब ले जाते हैं लेकिन उनके लेखन पर बहुधा सवाल भी उठते हैं। बावजूद उसके वे लोकप्रिय हैं। देवदत्त पटनायक, अमीष त्रिपाठी, अश्विन सांघी के अलावा भी दर्जन भर से ज़्यादा अंग्रेज़ी के लेखक अलग–अलग पौराणिक चरित्रों पर लिख रहे हैं। पौराणिक कथाओं को अपने लेखन का आधार बना रहे हैं।

अब हमें इस पर भी विचार करना चाहिए कि अंग्रेज़ी में पौराणिक कथाओं, मिथकीय चरित्रों और प्राचीन ग्रन्थों के पात्रों पर लिखकर लेखकों को प्रसिद्धि, पैसा, पहचान और प्रतिष्ठा मिल रही है लेकिन हिन्दी में हालात बिल्कुल अलग हैं। अमीष त्रिपाठी रामचन्द्र सीरीज़ में पहले 'सियॉन ऑफ़ इक्ष्वाकु' लिख चुके हैं और 'सीता' उनकी दूसरी किताब है लेकिन उनको कोई रामकथा लेखक नहीं कहता है। न ही इससे अमीष की प्रतिष्ठा और आय पर कोई असर पड़ा है। इसी तरह से केरल के इंजीनियर आनन्द नीलकण्ठन ने भी रामायण और महाभारत को आधार बनाकर 'असुर' से लेकर 'काली' तक पर लेखन किया। उनके लेखन को सराहा गया। आनन्द की किताबें ख़ूब जमकर बिकीं, देश–विदेश की पत्र–पत्रिकाओं ने उन पर, उनके लेखन पर लम्बे–लम्बे लेख छापे। लेकिन हिन्दी में स्थिति इससे बिल्कुल उलट है। हिन्दी में राम पर विपुल लेखन करने वाले नरेन्द्र कोहली को विचारधारा विशेष के लेखकों और आलोचकों ने 'रामकथा लेखक' कहकर हाशिए पर डालने की कोशिश की। ये तो नरेन्द्र कोहली के लेखन की ताक़त और निरन्तरता थी कि उन्होंने अपना एक पाठकवर्ग बनाया जिसे विचारधारा से कोई मतलब नहीं था। नरेन्द्र कोहली को कभी भी तथाकथित मुख्यधारा का लेखक नहीं माना गया क्योंकि वो धर्म पर लिख रहे थे और किसी लेखक को मुख्यधारा का मानने या न मानने का काम जिनके ज़िम्मे था वो धर्म को अफ़ीम मानते रहे थे। कोहली जी को कभी भी साहित्य अकादेमी पुरस्कार के योग्य ही नहीं माना गया। एक कार्यक्रम में जब मैंने यह सवाल उठाया तो वहाँ एक मार्क्सवादी आलोचक ने कहा कि अब यही दिन देखने को रह गये हैं कि कोहली जैसे लेखकों को साहित्य अकादेमी मिलेगा। सवाल यही उठता है कि रामायण, महाभारत, विवेकानन्द आदि पर विपुल लेखन करने वाले नरेन्द्र कोहली को अकादेमी पुरस्कार के योग्य क्यों

नहीं माना गया, इस पर विमर्श होना चाहिए। साहित्य अकादेमी के पास भूल सुधार का मौक़ा है।

नरेन्द्र कोहली जैसे बड़े लेखक को रामकथा लेखक कहने से हिन्दी का नुक़सान हुआ क्योंकि पौराणिक चरित्रों और पात्रों पर लिखने का काम हिन्दी में कम हुआ। उन परिस्थितियों और उन लोगों को चिन्हित किया जाना चाहिए जिन्होंने हिन्दी का नुक़सान किया। नतीजा यह हुआ कि नये लेखकों ने विचारधारा के ख़ौफ़ में उधर यानी मिथकीय लेखन का रुख़ ही नहीं किया। भगवान सिंह ने 'अपने–अपने राम' लिखा पर उस कृति पर भी अच्छा–ख़ासा विवाद हुआ था। रमेश कुंतल मेघ ने 'विश्वमिथक सरित्सागर' जैसे ग्रन्थ की रचना की थी। रमेश कुंतल मेघ ने इस किताब को लिखने में कितनी मेहनत की होगी इसका अन्दाज़ लगाना कठिन है। इस किताब पर हिन्दी में ठीक से विचार नहीं हुआ है, आगे होगा इसमें मुझे सन्देह है क्योंकि अकादमियों आदि में अब भी उसी विचारधारा वालों का बोलबाला है। फ़ासीवाद–फ़ासीवाद का हल्ला मचाकर ये लोग अपने से अलग विचार रखने वालों को बैकफुट पर रखते हैं। यह उनकी रणनीति है जिसको समझने की ज़रूरत है। फ़ासीवाद का हौवा खड़ा करके सामने वाले को रक्षात्मक मुद्रा में लाकर अपना उल्लू सीधा करने की चाल बहुत पुरानी है, लेकिन जानते–बूझते भी उसको रोकने का काम नहीं किया जाना भी दुर्भाग्यपूर्ण है। मिथकीय और पौराणिक चरित्रों पर लेखन करने से रोकने की प्रवृत्ति को समझना इसलिए भी आवश्यक है कि इस प्रवृत्ति से हिन्दी का, हमारी पारम्परिक चिन्तन पद्धति का विकास अवरुद्ध हो गया है। जो काम अंग्रेज़ी, मलयालम या तमिल में हो सकता है और वहाँ उसको प्रतिष्ठा मिल सकती है वो हिन्दी में क्यों नहीं हो सकता है। हिन्दी को अपनी परम्परा से अपनी विरासत से अपने समृद्ध लेखन से दूर करने वालों ने साहित्य के साथ आपराधिक कृत्य किया है। इस कृत्य को करने वालो को अगर समय रहते चिह्नित कर उनसे सवाल नहीं पूछे गये तो वह दिन दूर नहीं जब हिन्दी के पाठक अपनी विरासत को जानने–समझने के लिए दूसरी भाषा का रुख़ करने लगेंगे। वह स्थिति हिन्दी के लिए बहुत विकट होगी और जो नुक़सान होगा फिर उसको रोक पाना मुमकिन हो पायेगा, इसमें सन्देह है।

बाज़ार और साहित्य

साहित्य और बाज़ार, यह एक ऐसा विषय है जिसको लेकर हिन्दी के साहित्यकार बहुधा बचते हैं या फिर मौक़ा मिलते ही बाज़ार की लानत–मलामत करने में जुट जाते हैं। बाज़ार एक ऐसा पंचिंग बैग है जिस पर हिन्दी साहित्य के पुरोधा से लेकर नौसिखिया लेखक तक आते–जाते मुक्का मारते हुए निकल जाते हैं। साहित्यकारों ने जिस तरह से बाज़ारवाद के विरोध का झण्डा बुलन्द किया हुआ है उससे साहित्य का लगातार नुक़सान हो रहा है। बजाय इस नुक़सान को समझने के अपने को साबित करने और ख़ुद को आदर्शवादी साबित करने की होड़ में बाज़ार का विरोध जारी है। सार्वजनिक मंचों पर बाज़ार का विरोध करना बौद्धिक होने का इंस्टैंट लाइसेंस है, ठीक उसी तरह जैसे भारतीय जनता पार्टी और नरेन्द्र मोदी की आलोचना करना सेक्युलरिज़्म का लाइसेंस है। राजनीति की बात अलहदा है लेकिन साहित्य में बाज़ारवाद के विरोध ने लेखकों की राह मुश्किल कर दी और नतीजा यह हुआ कि साहित्य को बाज़ार ने हाशिए पर डाल दिया। हाशिए पर जाने से यह हुआ कि किताबों की दुकानें और बिक्री लगभग ख़त्म हो गयी। इसका बड़ा नुक़सान यह भी हुआ कि प्रकाशकों का ध्यान साहित्य से ज़्यादा साहित्येतर किताबों की ओर चला गया है। अब कई प्रकाशक कहानी, कविता, उपन्यास आदि से इतर विधाओं की किताबों में ज़्यादा रुचि लेने लगे हैं। उनका तर्क है कि साहित्य से ज़्यादा साहित्येतर विषयों की किताबें बिकती हैं। सम्भव है इस वक़्त एक साथ साहित्य में कवियों की कई पीढ़ियाँ सक्रिय हैं–रामदरश मिश्र से लेकर बाबुषा कोहली तक। लेकिन प्रकाशक हैं कि कविता संग्रह छापने को तैयार नहीं हैं। उनका साफ़ कहना है कि कविता का बाज़ार नहीं है, कविता–संग्रह बिकते नहीं हैं। क्या यह स्थिति किसी भी भाषा के साहित्य के लिए उत्तम कही जा सकती है? कदापि नहीं। साहित्य को बाज़ार से अलग करने की ऐतिहासिक वजहें हैं। बाज़ार का विरोध करने वाले कमोबेश वही लोग हैं जो पूँजीवाद का विरोध करते रहे हैं और पूँजीवाद का विरोध मार्क्सवाद के अनुयायी करते रहे हैं। साहित्य में लम्बे समय तक और बहुत हद तक अभी भी मार्क्सवादियों का बोलबाला है, लिहाज़ा बाज़ार का विरोध होता रहता है। अगर हम वस्तुनिष्ठ होकर इस विरोध का आकलन करें तो हमें इसमें बुनियादी दोष नज़र आता है।

लेखक लिखता है और फिर वो प्रकाशक को छापने के लिए देता है। किताब के छपने के बाद प्रकाशक और लेखक दोनों की इच्छा होती है कि उसकी बिक्री हो। प्रकाशक अपने कारोबार के लिए तो लेखक पाठकों तक पहुँचने और बेहतर रॉयल्टी की अपेक्षा में बिक्री की इच्छा रखता है। अब देखिए विरोधाभास यहीं से शुरू हो जाता है। जो लेखक बाज़ारवाद को पानी पी–पी कर कोसता है वही अपनी किताब को उसी बाज़ार में सफल होते देखना चाहता है, उसी बाज़ार से बेहतर रॉयल्टी की चाहत रखता है। अब यह कैसे सम्भव है। आप जिसका विरोध करेंगे वही आपको फ़ायदा पहुँचाएगा? बाज़ार की चाहत होने के बावजूद लेखकों ने बाज़ार का विरोध करना शुरू कर दिया, नतीजा यह हुआ कि बाज़ार ने भी लेखकों को उपेक्षित कर दिया और अन्ततः साहित्य का नुक़सान हो गया।

बाज़ार का विरोध एक हद तक उचित हो सकता है लेकिन सुबह–शाम, उठते–बैठते बाज़ार को गाली देने का फ़ैशन नुक़सानदेह है। जब मार्क्सवाद का प्रतिपादन किया गया था या उसके बाद जब कई देश उसके रोमांटिसिज़्म में थे उस वक़्त बाज़ार का विरोध उचित लगता था। कालान्तर में मार्क्सवाद की ज़्यादातर अवधारणाओं को लोगों ने ठुकरा दिया लेकिन लेखकों ने बाज़ार का विरोध जारी रखा। बदले वैश्विक परिवेश में बाज़ार एक हक़ीक़त है, आप चाहें तो उसको कड़वी हक़ीक़त मान लें। इस हक़ीक़त का विरोध कर या उसे ठुकराकर प्रासंगिकता बरकरार रखना लगभग मुश्किल है। हिन्दी के लोगों को याद होगा चन्द सालों पहले दक्षिण कोरिया की एक कम्पनी ने साहित्य अकादेमी के साथ मिलकर लेखकों को पुरस्कृत करने की एक योजना बनायी थी। साहित्यकारों ने इतना हो–हल्ला मचाया कि उस कम्पनी ने साहित्य से ही तौबा कर ली। पूँजीवाद और बाज़ारवाद का विरोध करने वाले हिन्दी के साहित्यकारों को धन्ना सेठों से लखटकिया पुरस्कार लेने में संकोच नहीं होता है लेकिन अगर कोई बहुराष्ट्रीय कम्पनी साहित्य के लिए कुछ करना चाहती है तो ये उनको साम्राज्यवाद, बाज़ारवाद, साहित्य को उपनिवेश बनाने की कोशिश आदि लगने लगता है। बाज़ार की हक़ीक़त को स्वीकार करते हुए उसको साहित्य के और अपने हित में इस्तेमाल करने की कोशिश की जानी चाहिए। हमारे यहाँ तो साहित्य में जो एक साँचा बन जाता है, और अगर वो ज़रा भी सफल हो जाता है तो चीज़ें या रचनात्मकता भी उसी में ढलती रहती हैं। वसुधा के फ़रवरी 1957 के अंक में हरिशंकर

परसाई ने ढलवाँ साहित्य शीर्षक से लिखा था–'जैसे एक साँचे में ढले गहने होते हैं, वैसा ही कुछ साहित्य विशेष प्रकार के साँचों में ढलकर बनता है। साँचे में सुभीता होता है–सुनार को सोचने का काम नहीं करना पड़ता। साँचे में नुक़सान भी है–एक किस्म का माल ढलता है, कारीगर की कला–प्रतिभा व्यर्थ चली जाती है, बदलती जनरुचि उसी के माल को कुछ दिनों बाद नापसन्द करने लग जाती है।' बाज़ारवाद के विरोध का भी यही हश्र हुआ। पहले तो यह लोगों को लुभाता था, आकर्षक लगता था। क्रान्ति आदि की आहट महसूस होती थी लेकिन कालान्तर में जनरुचि बदली लेकिन साहित्य के अलंबरदारों ने बाज़ारवाद के विरोध का साँचा नहीं बदला। लगातार उसी में माल ढलता रहा और कलाकार की कला प्रतिभा जनरुचि को पकड़ने में नाकाम रही। हरिशंकर परसाई अपने उसी लेख में लिखते हैं–कई यथार्थवादी लेखक, यथार्थ जीवन में प्रवेश किये बिना, जनजीवन से सीधा और संवेदनात्मक सम्पर्क स्थापित किये बिना, एक साँचे पर ढलाई कर रहे हैं। इसमें मनुष्य कहीं दिखता नहीं है। कुछ समझते हैं कि सुर्ख़ मेंहदी, सुर्ख़ सूरज, लाल कमीज़, सुर्ख़ धरती आदि लिख देने से यह प्रगतिवाद कहलाने लगेगा। या किसी ने किसी की प्रेमिका को 'सुर्ख़ रूमाल' भेंट दिलवाने–मात्र से क्रान्ति हुए बिना नहीं रहेगी। इन रचनाओं में ठप्पेदार शब्दों के सिवा कुछ नहीं रहता। जीवन तत्त्व ग़ैर–हाजिर! संवेदना लुप्त!! बाज़ार और बाज़ारवाद का विरोध भी कुछ इसी तर्ज पर होता रहा है। अपने फ़ायदे के लिए बाज़ार का विरोध वह भी उन्हीं घिसे–पिटे तर्कों के आधार पर। यह तो नहीं कहा जा सकता कि बाज़ार का विरोध करने वाले साहित्यकार बदलते वक़्त को नहीं पहचान पा रहे हैं लेकिन इतना अवश्य कहा जा सकता है कि अपने फ़ायदे के लिए बाज़ारवाद के विरोध की दुन्दुभि बजाना नहीं छोड़ रहे।

चालीस–पचास सालों बाद अब स्थितियाँ कुछ बदलती नज़र आ रही हैं। कुछ युवा लेखकों ने बाज़ार को ध्यान में रखकर किताबें भी लिखनी शुरू की हैं और उसको पाठक वर्ग तक पहुँचाने का उद्यम भी शुरू किया है। यह एक अच्छी सोच है और इसका समर्थन किया जाना चाहिए। अंग्रेज़ी में हमेशा से यह होता रहा है। मुझे याद आता है कि जब दो हज़ार सात में भारतीय स्वतन्त्रता संग्राम के डेढ़ सौ साल हो रहे थे तो हिन्दी के प्रकाशनों ने योजनाबद्ध तरीक़े से कई किताबें एक के बाद एक जारी की थीं। उससे लेखकों को भी लाभ हुआ और प्रकाशकों को तो हुआ ही।

इसी तरह 26 जून को इमरजेंसी के चालीस साल हो रहे हैं। अंग्रेज़ी के प्रकाशकों ने उसको ध्यान में रखते हुए वरिष्ठ पत्रकार कूमी कपूर की किताब जारी कर दी। अब इस साल जब भी जहाँ भी इमरजेंसी की बात हो रही है तो कूमी की किताब की चर्चा हो जा रही है। इससे किताबों का बाज़ार बनता है। हिन्दी के प्रकाशक और लेखक दोनों इस तरह से योजना बनाकर किसी ख़ास तिथि को ध्यान में रखते हुए न तो किताब लिखते हैं और न ही छापते हैं। बाज़ार को भुनाने के लिए योजनाबद्ध तरीक़े से काम करने की ज़रूरत है। स्वान्तः सुखाय लेखन के बजाय बहुजन हिताय की ओर क़दम बढ़ाने की आवश्यकता है। अंग्रेज़ी में दो–चार किताबें लिखकर लेखक का जीवन चल जाता है लेकिन हिन्दी में नहीं। क्यों वजह साफ़ है। दीवार पर लिखी इबारत को भी अगर हम नहीं पढ़ पा रहे हैं तो यह सब कुछ देखकर अनदेखा करने जैसी स्थिति है। आज के युवा लेखकों को भी यह समझना होगा कि बाज़ारवाद का विरोध करके साहित्य के चन्द मठाधीशों का आशीर्वाद उनको प्राप्त हो सकता है, कुछ प्रसिद्धि आदि भी मिल सकती है लेकिन पाठकों का प्यार नहीं हासिल हो सकता है। पाठकों तक पहुँचने का माध्यम बाज़ार ही है। अंग्रेज़ी में एक कहावत है–च्वॉइस इज़ योर्स। तय कर लीजिए।

पाठकों की कमी का ज़िम्मेदार कौन?

एक लम्बे अर्से से हिन्दी साहित्य में पाठकों की कमी का रोना रोया जाता रहा है। इस बात को हर सभा गोष्ठी में बहुत ज़ोर–शोर से रेखांकित किया जाता रहा है कि हिन्दी साहित्य के पाठक घट रहे हैं, लिहाज़ा साहित्य पर बड़ा संकट आन पड़ा है। यह बहुत हद तक सही भी हो सकता है क्योंकि बहुत सारे मित्रों का अनुभव है कि जब भी रचनाएँ छपती हैं तो उस पर ज़्यादातर प्रतिक्रियाएँ साठ पार के पाठकों की आती हैं। ऐसे लोगों का कहना है कि युवा पाठकों को जोड़ने का काम हिन्दी साहित्य में नहीं किया जा रहा है। हो सकता है इसमें सचाई हो लेकिन इसका एक और पक्ष भी है। वह है साहित्यकारों की युवा मन को पकड़ पाने में नाकामी। आज भी हमारे देश के हिन्दी साहित्य में रुचि रखने वाले युवा धर्मवीर भारती का उपन्यास–'गुनाहों का देवता' और मनोहर श्याम जोशी का उपन्यास 'कसप' पढ़ते हैं। ये दोनों उपन्यास जब लिखे गये थे तब भारती और जोशी दोनों पाठकों को समझ रहे थे। हिन्दी साहित्य

के पाठकों की कमी का रोना रोने वाले लेखकों को समझना होगा कि वो पाठकों की न तो रुचि को समझ पा रहे हैं और न ही देशकाल और परिस्थिति के मुताबिक़ लेखन कर रहे हैं। पाठकों की रुचि का उत्तरोत्तर विकास होता जा रहा है और हमारी कहानियाँ अब भी 'यथार्थ की नयी ज़मीन' तोड़ रही हैं। क़रीब साल भर पहले पटना पुस्तक मेले के एक सेमिनार में मैंने कह दिया था कि हिन्दी का लेखक लगभग तानाशाह होता है। मेरे इस कथन पर उस वक़्त बहुत लानत–मलामत हुई थी लेकिन अब तो कमोबेश इसी तरह के स्वर अशोक वाजपेयी जैसे लेखकों की लेखनी से भी उठने लगे हैं। लेखकों के तानाशाह होने का अर्थ है कि उनको पाठकों की रुचि आदि का ध्यान नहीं है, वे बस अपने मन मुताबिक़ लेखन करते चलते हैं। यह तर्क ठीक हो सकता है कि लेखन पाठकों की रुचि को ध्यान में रखकर नहीं किया जा सकता है, वह तो लेखक की संवेदना और जीवन जगत के अनुभवों के आधार पर ही होता है। लेकिन यह भी उतना ही वाज़िब है कि लेखक को ज़माने के साथ कदमताल करना चाहिए। अगर ज़माना आगे बढ़ता चला जा रहा है और आप अपने अनुभवों और संवेदनाओं के साथ उसी जगह पर स्थापित होकर अपनी बात कह रहे हैं तो बहुत सम्भव है कि आप पिछड़ जायें। कमोबेश हिन्दी साहित्य लेखन के साथ यही हो रहा है। पाठकों की रुचियाँ पंख लगाकर उड़ रही हैं और लेखक अपने यथार्थ को थामे बैठे हैं। दूसरी बात जो पाठकों को साहित्य से दूर कर रही है वो है भाषा को लेकर प्रयोग करने की झिझक। अब अगर आप इन दिनों भी भारतेन्दु युग की या फिर किशोरी दास वाजपेयी के वक़्त की भाषा का इस्तेमाल करेंगे तो पाठकों को दिक्कत होगी क्योंकि वो उस भाषा में संस्कारित नहीं हो रहा है। अब सरिता, नदी और जल, पानी बन चुका है। ये तो सिर्फ़ उदाहरण हैं। भाषा के साथ खिलवाड़ का पक्षधर मैं भी नहीं हूँ, लेकिन भाषा के साथ खिलंदड़ी तो होनी चाहिए। समय की नब्ज़ पर हाथ रखने वाले लेखक अपनी भाषा को इस तरह से इस्तेमाल करते हैं कि वो आधुनिक हो जाती है और अब तो उत्तर–आधुनिक काल भी पीछे छूटता नज़र आ रहा है। दूसरे, हिन्दी के लेखकों, जब मैं लेखकों कहता हूँ तो उसमें कहानीकार, उपन्यासकार के अलावा कवि भी शामिल होते हैं, को एक ख़ास किस्म के फॉर्मूलाबद्ध विचारधारा के बोझ तले लेखन की गुलामी से भी ख़ुद को मुक्त करना होगा। कविताओं में नारेबाज़ी और कहानियों में वर्ग संघर्ष के

चित्रण से बचना होगा। कहना न होगा कि इन दो चीज़ों का लम्बे समय तक ओवरडोज़ पाठकों को साहित्य से दूर लेकर गया। इसका मतलब यह नहीं है कि रचना विचारशून्य हो, लेकिन विचार–प्रधान रचनाओं की बहुलता साहित्य के लिए घातक साबित हुई है और अब भी हो रही है। नतीजा यह है कि अब साहित्य के प्रकाशकों ने कविता–संग्रह छापने से लगभग तौबा कर ली है। कहानी–संग्रह को छापने को लेकर भी उनके अन्दर ख़ासा उत्साह नहीं देखने को मिलता है। हाँ साहित्य से इतर विषयों को लेकर प्रकाशक अब भी उत्साहित रहते हैं। इसकी वजह की पड़ताल की आवश्यकता नहीं है। प्रकाशक तो कारोबारी है उसको जहाँ लाभ दिखायी देगा वो उसको छापेगा।

पिछले कई दशकों में कुछ प्रकाशकों और लेखकों ने मिलकर पाठकों को ज़बरदस्त तरीक़े से ठगा है। इस शब्द के इस्तेमाल पर दोनों समुदाय के लोगों को आपत्ति हो सकती है लेकिन यह हुआ है। उदाहरण के तौर पर अगर हम हिन्दी कहानी को लें तो पहले किसी कहानीकार का संग्रह छपता है, थोड़े दिनों बाद किसी अन्य प्रकाशक से मेरी प्रिय कहानियाँ नाम से संग्रह छपकर आता है, फिर थोड़े वक़्त के बाद मेरी चुनिन्दा कहानियाँ छपकर आता है, फिर प्रतिनिधि कहानियाँ, चर्चित कहानियाँ आदि के नाम से संग्रह छपकर आते हैं। इन सभी संग्रहों में कहानियाँ लगभग वही रहती हैं। मतलब यह कि अगर आपने दस कहानियाँ लिखी हैं तो इस बात की सम्भावना आपके सामने है कि आपके बारह संग्रह छप सकते हैं। इतना सब होने के बाद सम्पूर्ण कहानियों के साथ सभी कहानियाँ एक जिल्द में छपकर आ जाती हैं। अब अगर पाठक किसी लेखक की प्रिय कहानियाँ ख़रीद लेता है और साल भर बाद, या उससे पहले भी उसी लेखक की चर्चित कहानियाँ ख़रीदता है तो अपने को ठगा महसूस करता है क्योंकि उसकी ज़्यादातर कहानियाँ उसने पढ़ी होती हैं। यह गड़बड़ी क्यों होती है? इसके लिए कौन ज़िम्मेदार है ? इस पर अगर विचार करते हैं तो लेखक और प्रकाशक दोनों कठघरे में नज़र आते हैं। प्रकाशक इस तरह की जुगत इस वजह से करते हैं ताकि पाठकों को अपनी ओर आकृष्ट करते हुए मुनाफ़ा कमा सकें। प्रकाशक कारोबारी है लिहाज़ा उनका दोष कम है, लेकिन उनको भी समझना होगा कि इस तरह के शॉर्टकट कालान्तर में उनको नुक़सान पहुँचा सकते हैं। परन्तु लेखकों का यह कृत्य समझ से परे है। सतह पर जो दिखता है वो है लेखक का लालच। लेखक की भी आकांक्षा पैसे कमाने

की होती है, लिहाज़ा वो इस तरह की ठगी को न केवल प्रोत्साहित करता है बल्कि उसके साथ भी हो जाता है। लेखक पैसे कमाने की अपनी चाहत को भले ही बृहत्तर पाठक समुदाय तक पहुँचने के तर्क के आवरण में ढकें, लेकिन वो हास्यास्पद होता है। अब तो एक और नया ट्रेण्ड शुरू हो गया है कि कोई बड़ा लेखक अपनी पसन्द की कहानियाँ छाँट कर किताबें बना दे रहा है जिनमें कई कहानीकारों की कहानियाँ होती हैं।

अंग्रेज़ी के सलेक्टेड वर्क्स की तर्ज पर हिन्दी में भी संचयन छपने लगे हैं। संचयन हिन्दी में अंग्रेज़ी के रास्ते आया है जहाँ सलेक्टेड वर्क्स की लम्बी और समृद्धशाली परम्परा रही है। हिन्दी में संचयन को बहुत कैजुअली लिया जाता है और किताब बनाने की गरज से संचयन छाप दिया जाता है। संचयन के सम्पादनकर्ता लेखक को समग्रता में देख–पढ़कर उसमें से उनकी रचनाएँ छाँटने में अब तक लगभग असफल रहे हैं या उसको करना नहीं चाहते हैं ये शोध का विषय है। हिन्दी में संचयन के प्रकाशन की परम्परा का पूर्णतः विकास होना शेष है। इसके अलावा संचयन के साथ जो एक बड़ी दिक्कत है वो है उसकी क़ीमत की। किसी लेखक के संचयन और उसके समग्र में ज़्यादा का फ़र्क़ नहीं है। उदाहरण के तौर पर अगर हम मुक्तिबोध संचयन और मुक्तिबोध रचनावली को देखें तो संचयन सात सौ रुपये में मिल रहा है और छह खण्डों में प्रकाशित पेपरबैक रचनावली की क़ीमत बारह सौ रुपये है। अब मुक्तिबोध के पाठकों के सामने द्वन्द्व की स्थिति होती है। प्रिय, चर्चित, पसन्दीदा, दस, ग्यारह आदि के नाम से प्रकाशित होने के बाद संचयन और सब कुछ चुक जाये तो समग्र या सम्पूर्ण कहानियाँ प्रकाशित होती हैं और उसके बाद रचनावली। यह क्या है। क्या कभी लेखकों ने इस पर विचार करने की जहमत उठायी? क्या कभी जनपक्षधरता के पैरोकारों ने आम पाठकों के लिए इस तरह की आवाज़ बुलन्द की? क्या कभी किसी लेखक संगठन के वार्षिक सम्मेलन आदि में पाठकों के साथ इस छल के ख़िलाफ़ प्रस्ताव पारित हुआ? साहित्य के किसी फोरम पर इस पर बात हुई? रॉयल्टी के नाम पर छाती कूटने वाले भी इस ठगी पर ख़ामोश रहे। लम्बे समय तक ठगा जाने वाला पाठक अगर अब साहित्य से दूर जा रहा है तो इसकी ज़िम्मेदारी किस पर है। अब वक़्त आ गया है कि हिन्दी साहित्य से जुड़े तमाम लोग इस साहित्यिक गड़बड़झाले पर विमर्श करें और इसको रोकने की पहल भी शुरू की जानी चाहिए।

फेसबुकिया महत्त्वाकांक्षा

दिल्ली का विश्व पुस्तक मेला ख़त्म होता है और मौसम बदलने लगता है। देश की राजधानी दिल्ली ठण्ड की आगोश में चली जाती है। दिल्ली विश्व पुस्तक मेले में जो रचनात्मक ऊर्जा और ऊष्मा साहित्य जगत में पैदा होती है उस पर भी मौसम का असर दिखने लगता है। साहित्यकारों और लेखकों के बीच पुस्तक मेले में हुए विमर्श की गर्माहट भी ग़ायब–सी होने लगती है। यह बात सही है कि मौसम का असर जनजीवन पर पड़ता है लेकिन विचारों और विमर्श का सिकुड़ना चिन्ता का सबब होता है। चिन्ता इस बात की भी होती है अगर इस वैचारिकी में इतना तेज़ था तो उसकी गूँज लम्बे वक़्त तक सुनायी पड़नी चाहिए थी। यह सम्भव नहीं है कि विमर्श का जो कोलाहल था वह भोर में चिड़ियों की कलरव की माफ़िक था कि सूरज के चढ़ते ही वह शान्त होता चला जाता है और दिन निकलते ही ख़ामोशी छा जाती है। हर वर्ष विश्व पुस्तक मेले के दौरान नौ दिनों तक अलग–अलग विषयों और पुस्तकों के विमोचन के बहाने से तकरीबन सौ गोष्ठियाँ और संवाद होते हैं। पुस्तक मेले में हिन्दी, अंग्रेज़ी और अन्य भारतीय भाषाओं के लेखकों का सिर्फ़ जमावड़ा ही नहीं था बल्कि उन्होंने पाठकों के साथ अपने विचार भी साझा किये। हिन्दी महोत्सव तक आयोजित किये गये। पुस्तक मेले के आयोजक नेशनल बुक ट्रस्ट ने पिछले वर्षों में मेले का चरित्र बदलने की भरसक कोशिश की। कुछ हद तक उसको बदलने में उनको सफलता भी मिली। पुस्तक मेले के इस बदले हुए स्वरूप को देखकर मुझे ये कहने में कोई हिचक नहीं है कि ये मेला पुस्तकों के अलावा साहित्योत्सव के लिए भी मंच प्रदान कर रहा था। बावजूद इसके पुस्तक मेले में हुई इन गोष्ठियों के बाद जो एक वैचारिक ऊष्मा पैदा होनी चाहिए थी वो महसूस नहीं की जा रही है। हिन्दी के प्रकाशकों को कई बार यह शिकायत रहती है कि हिन्दी का हॉल प्रगति मैदान के एक कोने में लगा था जहाँ कुछ प्रकाशक ऊपर तो कुछ नीचे थे। अगर हम हिन्दी के हॉल की बात करें तो वो काफ़ी व्यवस्थित था। प्रकाशकों के स्टॉल पर पुस्तक विमोचनों के वक़्त ठेलमठेल नहीं मच रही थी। हॉल के अन्दर ही साहित्य मंच से लेकर सेमिनार कक्ष होते हैं, जहाँ पुस्तक विमोचन और चर्चा होती है। साहित्य मंच पर तो एक के बाद एक अनवरत रूप से विषय विशेष पर

भी चर्चा और कविता पाठ होता है। साहित्य मंच से ही शुरू होती है हिन्दी साहित्य को लेकर चिन्ता। पुस्तक मेला लेखकों की महत्वाकांक्षाओं का उत्सव था, ख़ासतौर पर वैसे लेखकों का जिन्हें लेखक होने का भ्रम है और वो सोशल मीडिया पर अपनी रचनाओं की बाढ़ से पाठकों को आप्लावित करते रहते हैं। हिन्दी में इस तरह के लेखकों को फेसबुकिया लेखक कहा जाने लगा है। अगर आप फेसबुक पर सक्रिय हैं और साहित्य से आपका लेना–देना है तो ऐसे लेखकों की आसानी से पहचान की जा सकती है। आज के इण्टरनेट के इस दौर में ये लेखक थोक के भाव से कविताएँ लिखते हैं और फेसबुक पर दनादन पोस्ट करते रहते हैं। इन औसत दर्जे के लेखकों का एक पूरा गिरोह फेसबुक पर है जो एक–दूसरे की वाहवाही में प्राणपण से जुट जाता है। यह बात ठीक है कि फेसबुक ने इस तरह के लेखकों को एक ऐसा मंच दिया है जो उनकी साहित्यिक और लेखकीय क्षुधा को शान्त कर देता है। ये गिरोह के मित्रों से प्रशंसा हासिल कर दुनिया में अपनी लोकप्रियता साबित करने का भ्रम भी पाल लेते हैं। पुस्तक मेले में फेसबुकिया लेखकों का ही ज़ोर होने लगा है और यही हमारी चिन्ता का विषय है। हालात यहाँ तक पहुँच गये हैं कि इन लेखकों में वरिष्ठ साहित्यकारों के साथ फ़ोटो खिंचवाने और उसे फौरन फेसबुक पर पोस्ट करने की होड़ लगी रहती है। किसी भी गोष्ठी या पुस्तक विमोचन की तस्वीरें कार्यक्रम के दौरान ही दनादन फेसबुक पर पोस्ट होती हैं। फेसबुक पर प्रतिष्ठा पाने के लिए इस तरह के लेखक ज़्यादा से ज़्यादा फ़ोटो खिंचवा लेना चाहते हैं। इसमें कोई हर्ज़ भी नहीं है। मैं तो हमेशा से इस बात की वकालत करता रहा हूँ कि हिन्दी के लेखकों को तकनीक का फ़ायदा उठाना चाहिए। पुस्तक मेले के दौरान ही मीडिया में साहित्य की उपेक्षा पर ज्ञानपीठ की गोष्ठी में मैंने इस बात को प्रमुखता से रेखांकित करने की कोशिश की थी। लेकिन सोशल मीडिया के इन उत्सवधर्मी और प्रचार–पिपासु लेखकों ने जिस तरह से पुस्तक मेले को हाईजैक कर लिया वह हिन्दी साहित्य के लिए चिन्ता का विषय होना चाहिए। गम्भीरता की जगह फूहड़ता ने ले ली थी और विमर्श की जगह आत्मप्रशंसा और आत्मप्रचार ने। पुस्तक मेले के आयोजन से जुड़े अफ़सरों को भी चिंता नहीं। ऐसा प्रतीत होता है कि अफसर सिर्फ़ अपने प्रयोग को सफल होते देखना चाहते हैं। गुणवत्ता पर ध्यान नहीं है। हिन्दी के एक वरिष्ठ लेखक, जिनका उपन्यास भी एक पुस्तक मेले में जारी

हुआ था, ने मुझसे कहा कि उन्हें पहली बार इस बात का अहसास हुआ कि वह कितने लोकप्रिय हैं। उन्होंने बताया कि कई कवयित्रियाँ उनके साथ फ़ोटो खिंचवा कर गयी हैं लेकिन उनको उनमें से किसी कवि या कवयित्री का नाम याद नहीं था।

अब इसका दूसरा पक्ष भी सामने आया। इस तरह के फेसबुकिया लेखकों की महत्वाकांक्षा ने कुछ छोटे प्रकाशकों के लिए सम्भावना के द्वार खोल दिये। हिन्दी के इस तरह के प्रकाशकों ने इन लेखकों की हिलोरें ले रही महत्वाकांक्षा को जमकर भुनाया। पहले तो इन फेसबुकिया लेखकों की महात्वाकांक्षा को जमकर हवा दी गयी और फिर जब वो चने की झाड़ पर जा बैठे तो उनको इस बात के लिए राजी किया गया कि वे पैसे देकर अपनी किताबें छपवायें। प्रसिद्ध होने की महत्त्वाकांक्षा के शिकार इन लेखकों ने जमकर पैसे लुटाये। बताया यह गया कि कविता संग्रह छापने के लिए पच्चीस हज़ार और फिर विमोचन समारोह करवाने का अलग रेट है। उसमें भी प्रकाशकों ने चालाकी यह की कि लेखक को बताया कि पुस्तक मेले का दबाव बहुत ज़्यादा है लिहाज़ा वो कम प्रतियाँ छाप पायेंगे। इस तरह से कम्प्यूटर से पचास–साठ प्रिण्ट निकालकर उसे बाइण्ड करवाया गया। कम्प्यूटर से कवर निकालकर लेखकों के हाथ में किताब थमा दी गयी। अब किताब छपकर आयी तो फिर विमोचन भी होना था। प्रकाशकों ने मेले में घूम रहे कुछ बड़े लेखकों को पकड़ा उनके साथ खड़े करवा कर लेखक की किताब विमोचन की फ़ोटो खिंचवा दी। फेसबुकिया लेखकों को और क्या चाहिए था फेसबुक पर डालने के लिए आदर्श तस्वीर और प्रकाशक को मिले हज़ारों रुपये। इस तरह से पुस्तक मेले में कई प्रकाशकों ने इस जुगत से जमकर कमाई की। सवाल यही कि इससे हिन्दी साहित्य की तो छोड़ें इन लेखकों का कितना भला होगा। इस तरह से पैसे देकर किताबें छपवाने और क्षणिक प्रसिद्धि लेखकों का नुक़सान तो करवाती ही है साहित्य का भी नुक़सान होता है। साहित्य का नुक़सान यूँ होता है कि कोई नया पाठक इस प्रचार के झाँसे में पड़कर किताब ख़रीद लेता है और उसको पढ़ने के बाद वह जो धारणा हिन्दी साहित्य को लेकर बनाता है उसके दूरगामी परिणाम निकलते हैं। प्रकाशक तो कारोबारी हैं उन पर हम ज़्यादा तोहमत नहीं लगा सकते, हाँ उनसे यह अपेक्षा ज़रूर कर सकते हैं कि वे लोग सिर्फ़ कारोबारी नहीं हैं। देश में पाठक और पुस्तक संस्कृति बनाने में उनकी भी ज़िम्मेदारी है लिहाज़ा वो लाभ के चक्कर में तो रहें लोभ के चक्कर में

न पड़ें। हिन्दी के ही कई प्रतिष्ठित प्रकाशकों को इस ज़िम्मेदारी का इल्म है लिहाज़ा वे इसका निर्वाह भी करते हैं लेकिन मेले के समय पैदा हुए प्रकाशक हिन्दी के लिए घातक साबित हो रहे हैं। ज़रूरत इस बात की है कि प्रकाशक संघ इसको रोकने के लिए पहल करे। उधर फेसबुकिया लेखकों से आग्रह ही किया जा सकता है कि वे अपनी महत्त्वाकांक्षा और प्रचार–पिपासा पर लगाम लगायें। उन्हें यह समझना होगा कि साहित्य सचमुच साधना है और साधना के लिए श्रम बेहद आवश्यक है।

प्रगतिशीलता की ओट में राजनीतिक आखेट

पांच साल में ढाई कोस

दो हज़ार चौदह में केन्द्र में नरेन्द्र मोदी की सरकार बनने के बाद साहित्य, संस्कृति और कला के क्षेत्र में बदलाव की आहट सुनायी दी थी। आज़ादी के बाद पहली बार केन्द्र में किसी ग़ैर–कांग्रेसी सरकार को जनता ने पूर्ण बहुमत से सत्ता सौंपी थी। बहुमत के अलावा एक और बात जिसको रेखांकित किया जाना आवश्यक है वह ये कि इस सरकार को बौद्धिक समर्थन के लिए वामपन्थियों की आवश्यकता नहीं थी। केन्द्र में बनी नयी सरकार का वैचारिक धरातल भी कांग्रेस से अलग था। आज़ादी के बाद से कला, साहित्य और संस्कृति से जुड़े संस्थानों पर वामपन्थ की तरफ़ झुकी विचारधारा, लेखकों, कलाकारों आदि का बोलबाला था। दो हज़ार चौदह के लोकसभा चुनाव के नतीजों के बाद यह तय हो गया था कि इन संस्थाओं में भी बदलाव होंगे। हुए भी, लेकिन जिस तरह का बदलाव अपेक्षित था, वह सरकार बनने के लगभग पाँच साल बाद तक भी हो नहीं पाया। सरकार पर आरोप लगे कि वो राष्ट्रीय स्वयंसेवक संघ से जुड़े लोगों को चुन–चुन कर इन संस्थाओं की कमान सौंप रही है। यहाँ यह याद दिलाना आवश्यक है कि जब गजेन्द्र चौहान को फ़िल्म इंस्टीट्यूट पुणे का चेयरमैन नामित किया गया तो ख़ासा हो–हल्ला मचा था। गजेन्द्र चौहान की योग्यता पर सवाल उठाये गये। कहा गया कि गजेन्द्र की एकमात्र योग्यता उनका बीजेपी और संघ से जुड़ा होना है और उन्होंने महाभारत सीरियल में युधिष्ठिर की भूमिका निभायी थी। सम्भव है कि गजेन्द्र चौहान में उतनी योग्यता नहीं रही हो, लेकिन जो लोग योग्यता को आधार बनाकर गजेन्द्र की आलोचना कर रहे थे उनको अपना अतीत शायद याद नहीं था। वामपन्थी मित्रों

से योग्यता के आधार पर नियुक्ति की बात सुनना बहुत ही हास्यास्पद लगता है। उन्होंने हमेशा से योग्यता पर प्रतिबद्धता को तरजीह दी है। अपनी विचारधारा में दीक्षित होने वालों को पहले वे सहेजते थे। बहुधा अपने प्रतिबद्ध लेखकों को बड़ा बनाने का सारा उपक्रम करने के बाद फिर नियुक्ति आदि करते थे। पहले किसी लेखक को चुनते थे और उसको पुरस्कार, सम्मान आदि देकर बड़ा बना देते थे और फिर किसी संस्थान को उनके ज़िम्मे सौंप देते थे। यह इतना योजनाबद्ध तरीक़े से होता था कि लगे कि सरकार ने प्रतिबद्धता को नहीं बल्कि प्रतिभा को जगह दी है। पर यह कोई नियम नहीं था। कई बार तो मनमाने तरीक़े से भी नियुक्तियाँ कर दी जाती थीं। यहाँ यह स्मरण करना उचित होगा कि मार्च दो हज़ार नौ में सुरभि बनर्जी को कोलकाता विश्वविद्यालय का कुलपति नियुक्त कर दिया गया था। उस वक़्त सुरभि बनर्जी की ज्ञात योग्यता इतनी थी कि उन्होंने ज्योति बसु की जीवनी लिखी थी। तब किसी कोने अन्तरे से इस नियुक्ति को लेकर आवाज़ नहीं उठी थी। तब योग्यता आदि के बारे में भी सवाल नहीं उठे थे। न ही सरकार पर किसी तरह का कोई आरोप लगा था। यह तो एक उदाहरण है, इस तरह की न जाने कितनी नियुक्तियाँ हुई होंगी। राष्ट्रीय स्वयंसेवक संघ पर आरोप लगाने वाले यह भी भूल जाते हैं कि उस वक़्त नियुक्तियों में अजय भवन के सन्देश के क्या मायने हुआ करते थे। या प्रगतिशील लेखक संघ, जनवादी लेखक संघ और जन संस्कृति मंच की नीतियाँ और नियुक्तियाँ कहाँ से तय होती थीं। ये सब अपने राजनीतिक आकाओं के कृपाकांक्षी हुआ करते थे। कृपा मिलती भी थी।

नरेन्द्र मोदी की सरकार पर दूसरा बड़ा आरोप, जो वामपन्थियों का है वो है पाठ्यपुस्तकों आदि में बदलाव करने की योजना पर काम करने का। उनका आरोप है कि मौजूदा सरकार की मंशा देश के इतिहास को बदलने की है। इतिहास के पुनर्लेखन को लेकर विवाद उठाने की कोशिश लगातार की जाती रही है। सवाल यही है कि अगर इतिहास लेखन में एक पक्ष रेखांकित होने से रह गया तो क्या उसको देश के इतिहास में जगह देने की कोशिश करना ग़लत है। क्या भारतीय चिन्तन पद्धति से इतिहास लेखन में कोई बुराई है। सरकार पर इतिहास के भगवाकरण का आरोप लगाने वाले इन मित्रों को पश्चिम बंगाल सरकार के वर्षों पूर्व जारी एक प्रपत्र को देखना चाहिए। पश्चिम बंगाल सरकार ने अट्ठाईस

अप्रैल उन्नीस सौ नवासी को अपने पत्रांक एसवाईएल/89/1 के द्वारा राज्य के सभी माध्यमिक विद्यालयों के प्रधानाध्यापकों को निर्देश जारी किया था। उस निर्देश में लिखा था–'मुस्लिम काल की कोई आलोचना या निन्दा नहीं होनी चाहिए, मुस्लिम शासकों और आक्रमणकारियों द्वारा मन्दिर तोड़े जाने का ज़िक्र कभी नहीं होना चाहिए।' इसके साथ ही यह आदेश भी दिया गया था कि इतिहास की पुस्तकों से क्या–क्या हटाना है। क्या यह स्पष्ट करना आवश्यक है कि उस समय पश्चिम बंगाल में किस विचारधारा या पार्टी की सरकार थी। अब अगर पूर्व में इतिहास के साथ इस तरह की छेड़छाड़ की गयी हो तो इतिहास का पुनर्लेखन करने की योजना बनाना कैसे ग़लत हो सकता है। इतिहास के तथ्यों के साथ इस तरह की अक्षम्य छेड़छाड़ की गयी लेकिन फिर भी उस वक़्त का बौद्धिक वर्ग ख़ामोश रहा था। क्या राजनीति के आगे मशाल बनकर चलने वाला साहित्य विचारधारा का पिछलग्गू बन गया था। या प्रत्यक्ष और परोक्ष फ़ायदे के लिए चुप रह गया था। या राजनीतिक आका के फ़ैसलों पर उँगली उठाने की हिम्मत नहीं कर पाया था।

दरअसल वामपन्थी दलों के शासन काल के दौरान पश्चिम बंगाल के विद्यालयों से लेकर विश्वविद्यालयों में नियुक्ति आदि ही नहीं, उनका रोज़मर्रा का संचालन भी पार्टी ही करती थी। यहाँ तक कि किसी विश्वविद्यालय आदि की परीक्षा की तिथि बढ़ानी चाहिए या नहीं, यह भी पार्टी ही तय करती थी। उन्नीस सौ निन्यानबे में कोलकाता के एक प्रमुख अंग्रेज़ी अख़बार ने इस बारे में विस्तार से आकलन प्रस्तुत किया था, प्रमाण भी पेश किये थे। अब ये लोग अगर मौजूदा सरकार पर शिक्षा के भगवाकरण और संस्थाओं की स्वायत्तता ख़त्म करने आदि का आरोप लगाते हैं तो उन आरोपों में नैतिक दम नहीं दिखता है, बल्कि अपनी सत्ता जाने या मनचाहा नहीं कर पाने की खीज दिखायी देती है। आरोपों का असर भी कम होता है।

अब अगर हम इन आरोपों से इतर हटकर पिछले करीब पाँच सालों में साहित्यिक और सांस्कृतिक संस्थाओं के कामकाज पर नज़र डालें तो बहुत ज़्यादा फ़र्क़ दिखायी नहीं पड़ता है। साहित्य अकादेमी में तो चुने हुए अध्यक्ष होते हैं। वहाँ किसी तरह के बदलाव की ज़्यादा गुंज़ाइश है नहीं। जो भी बदलाव वहाँ देखने को मिल सकता था वो सामान्य परिषद के चुनाव में देखने को मिला। सरकार के नॉमिनी चुनाव हार गये। ललित

कला अकादमी में काफ़ी दिनों तक विवाद आदि चला। नयी सरकार आने के बाद बर्खास्त किये गये विवादित सचिव सुधाकर शर्मा की बहाली फिर उनको हटाये जाने को लेकर संस्कृति मन्त्रालय भी विवादों के घेरे में आया। ललित कला अकादमी इतनी विवादित हो चुकी थी कि जब उसका नियन्त्रण सरकार ने अपने हाथों में लिया तो ज़्यादा हो–हल्ला नहीं हुआ। हर बात को अभिव्यक्ति की आज़ादी के ख़तरे से जोड़कर देखने वाले और सांस्कृतिक संगठनों पर भगवा झण्डा फहराने का आरोप जड़ने वाले बयानवीर भी इस मसले पर लगभग ख़ामोश रहे।

दरअसल इन अकादमियों में स्वायत्तता के नाम पर जारी अराजकता को रोके जाने की सख़्त आवश्यकता है। मैं पहले भी कह चुका हूँ कि साहित्य और कला को लेकर जिस तरह की स्वायत्त संस्था की कल्पना की गयी थी उसका इमरजेंसी के बाद क्षरण हो गया। भीष्म साहनी की अगुवाई में प्रगतिशील लेखक संघ ने इमरजेंसी में इन्दिरा गाँधी का समर्थन किया। जिसके एवज़ में इन्दिरा गाँधी ने साहित्यिक–सांस्कृतिक संस्थाओं को कालान्तर में वामपन्थियों के हवाले कर दिया। उसके बाद इन संस्थाओं में पुरस्कारों से लेकर विदेश यात्राओं की रेवड़ियाँ अपने–अपनों को बँटने लगीं। ललित कला अकादमी के पूर्व अध्यक्ष अशोक वाजपेयी की उस वक़्त की विदेश यात्राओं को लेकर कई बातें सामने आयी हैं जिनकी जाँच किये जाने की ज़रूरत है। साहित्य और कला को लेकर जिस तरह की स्वायत्तता की कल्पना इनकी स्थापना के वक़्त की गयी थी उसको फिर से स्थापित करने की ज़रूरत है। यूपीए सरकार के दौरान इन संस्थाओं के कामकाज को लेकर एक हाई पावर कमेटी का गठन हुआ था। उसके पहले संसदीय कमेटी ने इन संस्थाओं के क्रियाकलापों पर अपनी रिपोर्ट प्रस्तुत की थी। इस रिपोर्ट में कई तरह की गड़बड़ियों की ओर इशारा किया गया था। उस वक़्त भी इन संस्थाओं में पारदर्शिता और जवाबदेही की बात तो हुई थी पर इस पर कितना काम हो पाया यह कम से कम सार्वजनिक तो नहीं ही हो पाया है। इस सरकार के सामने अब चुनौती ये है कि नियुक्तियों से आगे जाकर इन संस्थाओं के कामकाज को ठीक करे। यहाँ व्याप्त गड़बड़ियों पर उँगली रखने की ज़रूरत है। अगर ऐसा हो पाता है तो साहित्य–संस्कृति के लिए बड़ा काम होगा अन्यथा तो सब चल ही रहा है और चलता भी रहेगा।

पुरस्कार वापसी के पुरस्कार से परहेज़ कहाँ

2017 में बिहार सरकार के कला, संस्कृति और युवा विभाग के सांस्कृतिक कार्य निदेशालय ने 2017–18 के लिए अपना सांस्कृतिक कैलेण्डर जारी किया। इस कैलेण्डर में विभाग द्वारा आयोजित तमाम सांस्कृतिक कार्यक्रमों के नाम, उसको आवंटित राशि, सम्भावित बजट, स्थान, माह के अलावा नोडल एजेंसी के नाम का उल्लेख है। इस कैलेण्डर में क्रमांक सैंतीस पर लिखा है सत्याग्रह विश्व कविता समारोह। आयोजन स्थल पटना। सम्भावित बजट–तीन करोड़ साठ लाख रुपये और नोडल एजेंसी के तौर पर, विभाग और बिहार संगीत नाटक अकादमी का नाम उल्लिखित है। भूलवश आयोजन का माह जनवरी दो हज़ार सत्रह छप गया है। दरअसल इस आयोजन को होना था जनवरी दो हज़ार अठारह में। इस पूरे कैलेण्डर में इस आयोजन का सम्भावित बजट सबसे अधिक था। अगर जोड़ा जाये तो पूरे बजट का क़रीब पाँचवाँ हिस्सा सिर्फ़ एक आयोजन के लिए आवंटित किया गया था। बिहार सरकार के इस सांस्कृतिक कैलेण्डर के जारी होते ही विश्व कविता समारोह को लेकर एक बार फिर से सुगबुगाहट शुरू हो गयी थी। इस किताब में पहले भी इस बात का जिक्र मैं कर चुका हूँ कि हिन्दी के वरिष्ठ कवि अशोक वाजपेयी बिहार सरकार के सहयोग से विश्व कविता सम्मेलन करवाना चाहते थे। उस वक़्त यह बात सामने आयी थी कि अशोक जी ये आयोजन दिल्ली में करवाना चाहते हैं, आयोजन को कॉर्डिनेट करने के लिए अशोक वाजपेयी को दिल्ली में स्टाफ और दफ़्तर बिहार सरकार की तरफ़ से मुहैया करवाया जायेगा आदि–आदि। पहली बैठक में इन विषयों पर बातचीत हुई भी थी।

बिहार सरकार ने इस विश्व कविता समारोह को पटना में सत्याग्रह विश्व कविता के नाम से आयोजित करने का फ़ैसला किया। चूँकि अशोक वाजपेयी इस योजना से शुरू से जुड़े रहे थे लिहाज़ा इस बात की चर्चा एक बार फिर से शुरू हो गयी थी कि अशोक वाजपेयी को ही पटना में आयोजित होने वाले विश्व कविता समारोह का ज़िम्मा सौंपा जा सकता है। बिहार की वरिष्ठ रचनाकार उषाकिरण खान और कर्मेन्दु शिशिर ने तब फेसबुक पर ये लिखा भी था कि अशोक वाजपेयी को ही ये ज़िम्मा दिया जा रहा है। उषाकिरण खान जी ने तो साफ़ तौर पर लिखा कि बिहार सरकार के कला संस्कृति विभाग ने अशोक वाजपेयी जी को ज़िम्मा सौंपा

है विश्व कविता सम्मेलन करने के लिए। कर्मेन्दु शिशिर जी ने लिखा कि 'नीतीश जी जब दिल्ली गये थे तो अशोक वाजपेयी और मंगलेश डबराल वग़ैरह उनसे मिलने गये थे। पहले तो वो नहीं मिले। मामला के.सी. त्यागी से मिलने तक ही रहा। मगर बाद में मिले। पवन वर्मा जी की भी भूमिका रही।' बाद में उन्होंने लिखा कि ऐसा उनको किसी ने बताया। इस मुलाक़ात के बारे में कितनी सचाई है ये तो पता नहीं लेकिन इन टिप्पणियों से ये हुआ कि विश्व कविता सम्मेलन के संयोजक के तौर पर अशोक वाजपेयी का नाम खुल गया।

अशोक वाजपेयी ने विश्व कविता सम्मेलन के बारे में कहा था कि उन्होंने एक समारोह में मुख्यमन्त्री को इस आयोजन का सुझाव दिया था। सम्भव है कि बिहार के मुख्यमन्त्री समारोह में दिये गये सुझावों पर अमल करवा देते हों। लेकिन बाद में इस आयोजन को लेकर बैठक हुई तो वहाँ अशोक वाजपेयी की तरफ़ से औपचारिक प्रस्ताव पर विचार किया गया था। वाजपेयी उस बैठक में शामिल होने पटना गये। बैठक में उनके अलावा आलोक धन्वा, अरुण कमल और आरजेडी के नेता दीवाना भी शामिल हुए थे। उस बैठक में तय हुआ था कि समारोह पटना और बिहार के किसी एक शहर में आयोजित किया जायेगा। उस बैठक के बाद विश्व कविता समारोह के आयोजन में अशोक वाजपेयी की भूमिका को पुरस्कार वापसी के पुरस्कार के तौर पर देखा गया था। अशोक वाजपेयी ने लेख लिखकर इसका खण्डन भी किया था और कहा था कि इस समारोह का पुरस्कार वापसी से कोई लेना–देना नहीं है।

सम्भव है अशोक जी की बातें सही हों लेकिन अगर कर्मेन्दु शिशिर की उपर्युक्त बातों में सचाई है तो अशोक वाजपेयी के साथ मंगलेश डबराल भी इस आयोजन को सुनिश्चित करवाने के लिए नीतीश कुमार से मिले थे। गौरतलब है कि मंगलेश डबराल भी पुरस्कार वापसी समूह में शामिल थे। यह अलहदा बात है कि बाद के दिनों में मंगलेश डबराल साहित्य अकादेमी के कार्यक्रमों में शिरकत करते नज़र आये थे। विरोध का ये वामपन्थी तरीका है, जहाँ आप प्रचार और लाभ हासिल करने के लिए नैतिकता आदि की आड़ लेते हैं लेकिन जैसे ही आपको किसी लाभ का प्रस्ताव मिलता है तो आप अपना विरोध त्यागकर उसे स्वीकार कर लेते हैं। पुरस्कार वापसी करने वाले लेखकों के साथ यही हो रहा है। अगर बिहार सरकार का सत्याग्रह विश्व कविता सम्मेलन पुरस्कार वापसी का

पुरस्कार नहीं है तो फिर क्या है? अशोक वाजपेयी चाहे लाख सफ़ाई दें लेकिन यह सचाई है। फेसबुक और सोशल मीडिया पर हो रही चर्चा इस बात को पुष्ट भी करती है। जब संस्कृति विभाग का कैलेण्डर जारी हुआ तो यह बात भी प्रकारान्तर से सामने आने लगी थी कि अशोक वाजपेयी ने विश्व कविता समारोह को लेकर उन पर हो रहे हमलों से आहत होकर इससे अलग होने का मन बना लिया है। इस तरह की बात भी सामने आयी कि उन्होंने महीने भर पहले इस आयोजन से ख़ुद को अलग कर लिया था। बिहार सरकार के संस्कृति विभाग के आला अफ़सरों से बात करने पर पता चला कि उन्हें अशोक वाजपेयी के इस समारोह से अलग होने की तब तक कोई जानकारी नहीं थी। बल्कि विभागीय अफ़सरों ने इस बात को स्पष्ट किया कि विश्व कविता समारोह का मूल प्रस्ताव अशोक वाजपेयी का ही था और विभाग चाहता है कि अशोक वाजपेयी ही इस आयोजन का ज़िम्मा सँभालें। सारी औपचारिकताएँ पूरी हो चुकी थीं बस शासन के सर्वोच्च स्तर से उस पर अप्रूवल मिलना शेष था। तब तक अशोक वाजपेयी के इस समारोह से अलग होने की बात बिहार सरकार के संस्कृति मन्त्रालय तक पहुँची नहीं थी। न ही उनका कोई पत्र पहुँचा था। इस बीच राजनीतिक पाला बदल हुआ और नीतीश कुमार एनडीए के साथ हो लिए।

पुरस्कार वापसी के पुरस्कार से भी बड़ा मुद्दा था कि विभाग के अन्य आयोजनों को पर्याप्त धनराशि का नहीं दिया जाना। इसके अलावा दूसरी बात ये थी कि बिहार में तमाम सांस्कृतिक, साहित्यिक संस्थाएँ बदहाल थीं, उनके कर्मचारियों के सामने बहुधा वेतन तक का संकट पैदा हो जाता था। विश्व कविता सम्मेलन के आयोजन का ज़िम्मा जिस संगीत नाटक अकादमी को मिला था उसके अध्यक्ष तक नहीं हैं। इस बात पर गम्भीरता से विचार करना होगा कि जब तक कला और संस्कृति के लिए इंफ्रास्ट्रक्चर नहीं विकसित किया जायेगा, स्थानीय प्रतिभाओं को अपने–अपने क्षेत्र में आगे बढ़ने का अवसर उपलब्ध नहीं करवाया जायेगा तब तक इस तरह के महँगे आयोजनों का कोई अर्थ नहीं। साहित्य अकादेमी ने दिल्ली में विश्व कविता समारोह का आयोजन किया था उसमें साहित्यिक लोगों की भागीदारी नगण्य थी। वैश्विक स्तर पर अलग–अलग भाषाओं के कवियों ने अपनी भाषा में कविताएँ पढ़ी थीं, जिसको लेकर किसी तरह का उत्साह नहीं दिखा था। बिहार का संस्कृति विभाग अगर सच में साहित्य, कला,

संस्कृति के विकास और अन्तरराष्ट्रीय स्तर पर उसकी पहचान बनाने के लिए प्रतिबद्ध है तो उसको इस तरह के व्यक्तिगत महत्वाकांक्षी प्रस्तावों पर विचार करने के पहले स्थानीय स्तर पर उसकी स्वीकार्यता और आयोजन से स्थानीय प्रतिभाओं को होने वाले लाभ का आकलन भी करना चाहिए। अन्यथा होगा ये कि इस तरह के आयोजन एक साल होकर, व्यक्ति या संस्था विशेष को लाभ पहुँचाकर बन्द हो जायेंगे।

बिहार में विश्व कविता समारोह का प्रस्तावित आयोजन और उसमें अशोक वाजपेयी की केन्द्रीय भूमिका लम्बे समय तक साहित्य जगत में चर्चा के केन्द्र में रही। फेसबुक पर अशोक वाजपेयी ने 'कुछ तथ्य' के अन्तर्गत लिखा–बिहार में 'सत्याग्रह' नाम से विश्व कविता समारोह का प्रस्ताव मैंने पिछले वर्ष जून 2016 में दिया था। उस पर विचार धीमी गति से हुआ। जब वित्तीय अनुमोदन हो गया तो आगे की कार्रवाई बहुत मन्द गति से हुई। त्रस्त होकर मैंने 14 जून 2017 को ही अपने को उससे अलग कर लिया। इस दौरान श्री नीतीश कुमार का स्पष्ट रुख़ साम्प्रदायिकता–असहिष्णुता–हिंसा आदि के विरुद्ध मुखर और सक्रिय था। अच्छी बात है कि अशोक जी ने लिखित रूप से ये स्वीकार किया। अब तक तो वो इससे पल्ला ही झाड़ते रहे थे। पहले अशोक वाजपेयी ये कहते रहे थे कि उन्होंने एक समारोह में मुख्यमन्त्री नीतीश कुमार को विश्व कविता सम्मेलन के आयोजन का सुझाव दिया था। तब भी इस बात पर हैरत जतायी गयी थी कि किसी आयोजन में मंच पर दिये गये सुझाव पर मुख्यमन्त्री नीतीश कुमार ने इतना त्वरित फ़ैसला कैसे लिया। ज़ाहिर सी बात है कि इसको मानना बेहद कठिन था कि ये असहिष्णुता की मुहिम का इनाम था।

अफ़सरशाही की औपचारिकताओं में उलझकर ये कार्यक्रम टलता रहा। इस बात को लेकर भी काफ़ी मन्थन हुआ कि विश्व कविता सम्मेलन बिहार में करवाया जाये या फिर इसका आयोजन दिल्ली में हो। विश्व कविता सम्मेलन में कवियों की भागीदारी को लेकर भी फ़ैसला नहीं हो पा रहा था। जब इस आयोजन का ज़िम्मा बिहार संगीत नाटक अकादमी को सौंपा गया था उस वक़्त बिहार में नीतीश–लालू की पार्टी की साझा सरकार थी। संस्कृति विभाग राष्ट्रीय जनता दल के कोटे में था और शिवचन्द्र राम उस महकमे के मन्त्री थे। उनका और आयोजन समिति में शामिल आरजेडी के नेता रामश्रेष्ठ दीवाना का मानना था कि बिहार के

कवियों का तो कोटा हो ही, कुछ दलित कवियों को भी इसमें शामिल किया जाये। कुल मिलाकर इस आयोजन को लेकर उस वक़्त नीतीश कुमार का सहयोगी राष्ट्रीय जनता दल भी उत्साहित नहीं था। आरजेडी इसको नीतीश के व्यक्तिगत समारोह की तरह देखता था और बग़ैर किसी उत्साह के इसको धीमी गति से चला रहा था।

अशोक जी ने लिखा भी है कि वित्तीय अनुमोदन होने के बाद मन्द गति से वे त्रस्त हो गये थे इसलिए समारोह से अलग हो गये। उन्होंने ईमेल से बिहार सरकार को अपनी मंशा अवश्य बता दी थी लेकिन सरकार की तरफ़ से अशोक जी को ज़िम्मेदारी से मुक्त करने का कोई फ़ैसला हो नहीं पाया था। बाद में सियासत ने करवट बदली और नीतीश कुमार बीजेपी के साथ आ गये। संस्कृति मन्त्री बीजेपी के कोटे से बनाये गये। मन्त्री जी ने कार्यभार सँभालते ही विश्व कविता समारोह को रद्द कर दिया। इस तरह से हिन्दी का हाल के दिनों में सबसे चर्चित आयोजन, जो हो न सका, का पटाक्षेप हो गया।

अपनी उसी सफ़ाई में अशोक वाजपेयी ने आगे लिखा–'जवाहर कला केन्द्र, जयपुर को मैंने कोई प्रस्ताव नहीं दिया। उसने मुझसे कविता पर केन्द्रित एक बड़ा आयोजन करवाने का आग्रह किया और मैंने मुक्तिबोध शती के दौरान उनकी पुण्यतिथि को शामिल कर 'समवाय' की रूपरेखा बनायी। कवियों और आलोचकों के नाम, विचार के लिए विषय आदि सुझाये जो सभी केन्द्र ने मान लिये। कुछ लेखकों के अपने को अलग करने के बावजूद पूरी तैयारी सुचारु रूप से चल रही थी। उसे स्थगित करने का निर्णय परिस्थितिवश केन्द्र ने, बिना मुझसे पूछे लिया।' जवाहर कला केन्द्र में अशोक जी की अगुवाई या रहनुमाई में आयोजित कविता केन्द्रित कार्यक्रम रद्द हुआ। इसको लेकर अशोक वाजपेयी के समर्थक प्रगतिशील लेखक संघ पर आक्रामक हो रहे थे। 'जनवादी' मंगलेश डबराल हाल ही में 'कलावादी' अशोक वाजपेयी के समर्थक बने हैं। अशोक वाजपेयी की सफ़ाई पर उन्होंने लिखा–'मेरा अनुभव यह है कि झूठ और दुष्प्रचार पर आमादा लोगों से कोई तर्क नहीं किया जा सकता, उन्हें समझाना नामुमकिन है और उनका कोई वैचारिक पक्ष भी नहीं है। यह देखकर दुःख ज़रूर होता है कि प्रगतिशील लेखक संघ और भी अधिक निर्वासन में जाना चाहता है और साहित्य में एक संयुक्त पहल नहीं चाहता।' पता नहीं कविवर किस संयुक्त पहल की बात कर रहे हैं। क्या कोई साहित्यिक

पहल हो रही थी या फिर साहित्य की आड़ में राजनीति का खेल जवाहर कला केन्द्र में खेला जाना था। आमन्त्रित कवियों, लेखकों आदि की सूची से साफ़ था कि वहाँ मुक्तिबोध के नाम पर क्या होता। जिस भी वजह से ये कार्यक्रम रद्द हुआ लेकिन वसुन्धरा सरकार के लिए आसन्न अप्रिय स्थिति टल गयी।

तीसरी सफ़ाई अशोक जी ने रायपुर में होने वाले कार्यक्रम को लेकर दी थी–'रायपुर में मुक्तिबोध शती के अवसर पर दो दिनों का जो समारोह 'अँधेरे में अन्तःकरण' नाम से 12–13 नवम्बर 2017 को होने जा रहा था। वह पूरी तौर से रज़ा फ़ाउण्डेशन का, मुक्तिबोध परिवार के साथ मिलकर किया जा रहा आयोजन है। उसमें छत्तीसगढ़ सरकार से कोई मदद न माँगी गयी न ली जा रही है, न उसकी कोई दरकार। अज्ञेय–शमशेर–मुक्तिबोध और कविता को तरह–तरह से सार्वजनिक मंच, विमर्श और संवाद में प्रक्षेपित करने का प्रयत्न मैं पिछले 50 वर्षों से, बिना कोई राजनैतिक, अवसरवादी, वित्तीय समझौता किये, सारे अपवाद और लांछनों के बावजूद, करता रहा हूँ–आजीवन करता रहूँगा।' इस बात से किसी को भी कोई एतराज़ नहीं हो सकता है कि अशोक जी साहित्य के लिए समर्पित रहे हैं। विभूति नारायण राय लाख उनको साहित्य का इवेंट मैनेजर कहें लेकिन साहित्य को लेकर अशोक जी की प्रतिबद्धता पर सवाल नहीं खड़ा किया जा सकता है। पहचान सीरीज़ से लेकर हाल ही में दिल्ली में आयोजित युवा सम्मेलन तक।

अशोक वाजपेयी के इस दावे पर दो तरह के मत हो सकते हैं कि उन्होंने राजनैतिक समझौते नहीं किये, अवसरवादी समझौते नहीं किये। अशोक वाजपेयी को लम्बे समय से जानने वाले लोग कहते हैं कि उनको न तो कभी सत्ता से परहेज़ रहा और न ही कभी उन्होंने सत्ताधारियों की निकटता से कोई परहेज़ किया। चाहे वो समाजवादी पार्टी के सांसद धर्मेन्द्र यादव के साथ मंच साझा करना हो या फिर नीतीश कुमार के साथ। पुरस्कार वापसी अभियान के बाद तो नीतीश कुमार से उनकी निकटता काफ़ी बढ़ गयी थी। कहने वाले तो यहाँ तक कहते हैं कि अशोक वाजपेयी जैसे हिन्दी के वरिष्ठ और बेहद आदरणीय लेखक उस कमेटी में रहने को राजी क्यों और कैसे हो गये... लालू यादव की पार्टी के सांस्कृतिक प्रकोष्ठ के मुखिया हैं। विश्व कविता सम्मेलन के लिए बनायी गयी उस कमेटी की सदस्यता स्वीकार करने को भी साहित्य जगत में अवसरवादिता माना

गया था। रही बात समझौते की तो उसको लेकर भी अशोक वाजपेयी अछूते नहीं हैं। साहित्य जगत में यह बात आम है कि उन्होंने संस्कृति मन्त्रालय में संयुक्त सचिव रहते अपने मातहत विभाग साहित्य अकादेमी का पुरस्कार लिया। आरोप लगाने वाले तो यहाँ तक कहते हैं कि उन्होंने इसके लिए तमाम तरह की घेरेबन्दी भी की। अब आरोप लगाने वालों का तो मुँह बन्द नहीं किया जा सकता लेकिन इतना तय है कि अशोक जी ने जितने आयोजन हिन्दी में किये उतना करने वाला दूसरा कोई नहीं है। अफ़सर साहित्यकार बहुत हुए, साधन–सम्पन्न भी कई थे लेकिन अशोक जी जैसा साहित्यिक उत्सवधर्मी हिन्दी में अब तक दूसरा नहीं है। और जब आप इतने बड़े काम करेंगे तो कभी न कभी, कहीं न कहीं थोड़े–बहुत समझौते करने पड़ते हैं। बिहार में विश्व कविता सम्मेलन के बारे में आंशिक ही सही लेकिन उनकी सफ़ाई ने उनके समर्थकों को वाह–वाह करने का मौक़ा दे दिया है। फेसबुक पर उनके 'भक्त' जयकारा कर रहे हैं क्योंकि सबको मालूम नहीं जन्नत की हक़ीक़त।

हिन्दी के वरिष्ठ कथाकार और साहित्यिक पत्रिका 'हंस' के यशस्वी सम्पादक राजेन्द्र यादव हमेशा आपसी बातचीत में और अपने साक्षात्कारों में कहते थे कि देश के विश्वविद्यालयों के हिन्दी विभाग रचनात्मकता की क़ब्रगाह हैं। उनका कहना था कि विश्वविद्यालयों के हिन्दी विभागों के शिक्षक नया कुछ भी नहीं कर पाते हैं और सूर, कबीर, तुलसी और मीरा से आगे नहीं बढ़ पाते हैं। राजेन्द्र यादव ने उपन्यास समीक्षा के औज़ारों और प्रणाली पर लिखा था–'यह समीक्षा विश्वविद्यालयों के आसपास मँडराती है और एक डॉक्टर दूसरे डॉक्टर के उपन्यासों पर अभ्यास करता है। इस प्रकार की समीक्षाओं को बाद में एक जिल्द में समेटकर कोई भारी–भरकम डरावना–सा नाम दे दिया जाता है। सम्पादक होते हैं कोई उपन्यासकार–समीक्षक डॉक्टर।' राजेन्द्र यादव के इस तंज को समझा जा सकता है। यहाँ वो पीएच.डी. वाले प्रोफ़ेसरों को डॉक्टर कह कर सम्बोधित करते हैं क्योंकि अब भी विश्वविद्यालयों में एक–दूसरे को डॉक साब कहने की परम्परा है। कालान्तर में राजेन्द्र यादव ने अपना दायरा बढ़ा लिया था और उनको लगने लगा था कि भारत के विश्वविद्यालय रचनात्मकता की क़ब्रगाह हैं। वो उन शिक्षकों को गाहे–बगाहे आड़े हाथों लेते रहते थे जो कि शिक्षण कार्य की बजाय साहित्य की राजनीति में मशरूफ़ रहते थे, गोष्ठियों से लेकर नेताओं की गणेश परिक्रमा में लगे रहते थे। दिल्ली के

जवाहरलाल नेहरू विश्वविद्यालय में जारी विवाद के बीच राजेन्द्र यादव का कथन सही ही लगता है। इसी जवाहरलाल नेहरू विश्वविद्यालय के हिन्दी के एक शिक्षक के ख़िलाफ़ छात्रों ने पर्चे आदि छपवाकर बाँटे थे। उन पर आरोप था कि वे शिक्षण कार्य से इतर सभी कामों में गम्भीरता से लगे रहते हैं। इन दिनों उनको भी जेएनयू की चिन्ता सता रही है। यही हाल देश भर के कमोबेश सभी विश्वविद्यालयों का है। देश के चन्द विश्वविद्यालयों को छोड़ दिया जाये तो हर जगह हालात इतने बुरे हैं जिसकी कल्पना नहीं की जा सकती। दिल्ली के ही जवाहरलाल नेहरू विश्वविद्यालय की स्थापना जिन उद्देश्यों के लिए की गयी थी वो कहाँ हासिल किया जा रहा है। हाल के दिनों में इस तरह का कोई शोध सामने नहीं आया है जिसकी अन्तरराष्ट्रीय स्तर पर तो छोड़िए राष्ट्रीय स्तर पर भी चर्चा हुई हो। क्या जेएनयू की स्थापना का उद्देश्य सिविल सर्विसेज़ की तैयारी कर रहे छात्रों को सुविधा मुहैया करवाना था। अगर ये था तो इलाहाबाद और पटना विश्वविद्यालय क्या बुरे थे।

दरअसल जेएनयू के माहौल और कामकाज पर विचार करें तो यहाँ शोधादि से ज़्यादा चर्चा उसके कार्यक्रमों और प्रदर्शनों की होती है। अभिव्यक्ति की आज़ादी के नाम पर विश्वविद्यालय कैम्पस में अभिव्यक्ति की अराजकता जैसा माहौल है। विश्वविद्यालय की स्थापना काल से ही वहाँ वामपन्थी विचारों का दबदबा रहा है, लिहाज़ा सेमिनारों के विषय और वक्ता भी उसी विचारधारा के अनुरूप तय किये जाते हैं। तर्क ये दिया जाता है कि छात्रों के बीच तर्कशक्ति के विकास और उनकी सोच को पैना करने के लिए इस तरह का माहौल सबसे मुफ़ीद है। तर्क की आड़ में विचारधारा का प्रचार होता है। सम्भव है यह दलील ठीक हो लेकिन इसी जेएनयू में दूसरी विचारधारा के साथ अस्पृश्यता भी देखने को मिलती है। यह अस्पृश्यता सिर्फ़ सेमिनार और भाषणों में नहीं दिखायी देती है बल्कि छुआछूत की ये प्रवृत्ति शोध प्रबन्ध आदि में भी देखने को मिलती है। इस बात के कई ऐसे प्रमाण मौजूद हैं जब वामपन्थी विचारधारा के ख़िलाफ़ शोध करने वालों को कोर्ट से जाकर इन्साफ़ की गुहार लगानी पड़ी। कोर्ट के आदेश के बाद उनके रिसर्च को मान्यता दी गयी और फिर डिग्री भी। 2014 में केन्द्र में सत्ता बदलने के बाद देश में फ़ासीवाद आने का ऐलान करने वाली वामपन्थी जमात को यह समझना होगा कि नरेन्द्र मोदी लोकतान्त्रिक तरीक़े से चुनी गयी सरकार के मुखिया हैं और जनता

ने उनको पाँच सालों के लिए चुना है। उनका राजनीतिक विरोध करना विपक्ष का अधिकार है। लोकतन्त्र की मज़बूती के लिए यह आवश्यक भी है लेकिन अपनी राजनीति के लिए विश्वविद्यालयों और छात्रों का इस्तेमाल करना बिल्कुल उचित नहीं है। वामपन्थियों के लिए फ़ासीवाद का मतलब है बीजेपी, आरएसएस और नरेन्द्र मोदी। उनके लिए स्कूलों में योग शिक्षा भी फ़ासीवाद है, उनके लिए स्कूलों में वन्दे मातरम् गाना भी फ़ासीवाद है, उनके लिए सरस्वती वन्दना भी फ़ासीवाद है, उनके लिए अकादमियों या सरकारी पदों से उनको हटाया जाना भी फ़ासीवाद है, उनके लिए इतिहास अनुसन्धान परिषद में बदलाव की कोशिश भी फ़ासीवाद है। दरअसल उनके लिए वामपन्थ की चौहद्दी से बाहर किसी भी तरह का कार्य फ़ासीवाद है। इस तरह का शोरगुल इन्होंने अटल बिहारी वाजपेयी सरकार के वक़्त भी मचाया था। सरकार बदलने के कई साल बाद तक देश भर की अकादमियों से लेकर कई सरकारी, ग़ैर–सरकारी पदों पर वामपन्थी विचारधारा के ध्वजवाहक ही राज कर रहे हैं बस उनके सामने हटाये जाने का ख़तरा मँडराता रहता है। दरअसल जब तक कांग्रेस की सरकार रही तो इन अकादमियों और विश्वविद्यालयों पर कमोबेश वामपन्थियों का ही कब्ज़ा रहा और वो अपनी मनमानी चलाते रहे। अब इन मनमानियों पर से परदा उठने लगा तो उनको फ़ासीवाद नज़र आने लगा है। अगर मार्क्सवादियों के अतीत पर नज़र डालें तो ये साफ़ तौर पर सामने आता है तमाम वामपन्थी अपनी कार्यप्रणाली से लेकर मन–मिजाज़ तक में तानाशाह होते हैं या यों कहे कि फ़ासीवादी होते हैं। देश के तमाम विश्वविद्यालय इस बात के गवाह हैं कि वैकल्पिक विचारधारा के लोगों को नौकरी आदि से किस तरह से वामपन्थियों ने वंचित किया था और अब भी कर रहे हैं। लेनिन ने कभी कहा भी था कि कम्युनिस्टों की राजनीति को कोई नैतिकता या फिर क़ानून रोक नहीं सकता है। चीन और रूस इस बात के जीते जागते सबूत हैं। कम्युनिज़्म के नाम पर वहाँ तानाशाही नहीं तो क्या है।

इस बात पर देशव्यापी बहस होनी चाहिए कि करदाताओं के पैसे से चलने वाले जवाहरलाल नेहरू विश्वविद्यालय में सिर्फ़ एक ख़ास विचारधारा के पोषकों को ही बार–बार जगह क्यों दी जाती है। असहिष्णुता और देशप्रेम पर सवाल खड़े करने वालों ने कभी भी इस सवाल से टकराने की जहमत क्यों नहीं उठायी। एक ख़ास विचारधारा को छात्रों के बीच बढ़ाने

और उसको प्रचारित करने वालों के ख़िलाफ़ कभी किसी भी कोने अन्तरे से आवाज़ नहीं आयी। इस बात का विश्लेषण किया जाना चाहिए कि क्या इस तरह से एक विचारधारा को प्रचारित करने और मज़बूत करने की वजह से ही वहाँ कश्मीर की आज़ादी और भारत विरोधी नारा लगाने वालों को खाद पानी मिला। पड़ताल तो इस बात की भी होनी चाहिए कि इस खाद पानी का इन्तज़ाम करने वाले कौन लोग थे। जेएनयू में वो कौन–सी परिस्थितियाँ थीं कि डेमोक्रैटिक स्टूडेंट्स यूनियन जैसा संगठन वहाँ पनपा जिसको कि पूर्ववर्ती कांग्रेस सरकार ने बैन कर दिया। वो कौन लोग थे जो नक्सलियों के समर्थन में काम करने वाली इस संस्था के मेंटॉर थे। इस बात को भी उजागर करना चाहिए कि उक्त छात्र यूनियन ने क्या किया था कि केन्द्र सरकार को उसको बैन करना पड़ा था। वो कौन लोग थे जो दन्तेवाड़ा में जवानों की शहादत पर जश्न मनाते थे। जेएनयू छात्र संघ के अध्यक्ष कन्हैया कुमार की गिरफ़्तारी के ख़िलाफ़ नोम चोमस्की, ओरहम पॉमुक समेत दुनिया भर के क़रीब एक सौ तीस बुद्धिजीवियों ने बयान जारी किया। उनके बयान के शब्दों से साफ़ है कि उन्हें किस बात से दिक्कत है। अमेरिका, कनाडा, यू.के. समेत कई देशों के प्रोफ़ेसरों ने इस बात पर आपत्ति जतायी है कि भारत की मौजूदा सरकार असहिष्णुता और बहुलतावादी संस्कृति पर हमला कर रही थी। उन्होंने जेएनयू में कन्हैया कुमार की गिरफ़्तारी को शर्मनाक घटना क़रार दिया था। अब नोम चोमस्की की प्रतिबद्धता तो सबको मालूम ही है। इन शिक्षाविदों ने जिस तरह की भाषा लिखी थी वो उनके पूर्वग्रह को साफ़ तौर पर सामने लाने वाला था। उनके बयान में लिखा था कि जेएनयू परिसर में कुछ लोगों ने जिनकी पहचान विश्वविद्यालय के छात्र के तौर पर नहीं हो सकी, कश्मीर में भारतीय सेना की ज़्यादतियों के ख़िलाफ़ नारेबाज़ी की। नोम चोमस्की को शायद ये ब्रीफ़ नहीं दिया गया कि वहाँ भारत की बर्बादी के भी नारे लगाये गये थे। बयान पर हस्ताक्षर करने वाले सभी प्रोफ़ेसरों से ये सवाल पूछा जाना चाहिए कि किस आधार पर उन्होंने दावा किया कि भारत की बर्बादी और कश्मीर की आज़ादी का नारा लगाने वाले जेएनयू के छात्र नहीं थे। दरअसल उनको तो अपनी विचारधारा की रक्षा में खड़ा होना है। एक ही वक़्त पर कश्मीर से लेकर जेएनयू और दिल्ली के प्रेस क्लब में अफज़ल को हीरो बनाने की कोशिश के पीछे की मंशा को उजागर किया जाना चाहिए।

प्रगतिशीलता का ढोंग

कोलकाता में प्रगतिशीलता को लेकर ऐसी भ्रम की स्थिति बनी कि उसने एक बार फिर से प्रगतिशील लेखकों के संविधान विरोधी चेहरे को बेनक़ाब कर दिया। इस पूरे वाक़ये से फिर साबित हो गया कि प्रगतिशीलता के आवरण में संविधान विरोध है। दरअसल कोलकाता के भारतीय भाषा परिषद के सभागार में एक आयोजन किया गया था जिसमें पश्चिम बंगाल के राज्यपाल केशरीनाथ त्रिपाठी का काव्यपाठ और उपन्यास विवेचना होनी थी। इस आयोजन के निमन्त्रण–पत्र पर आयोजक के तौर पर ग्यारह संगठनों के नाम छपे थे जिसमें बंगीय हिन्दी परिषद से लेकर भारतीय भाषा परिषद आदि के नाम थे। इनके अलावा आयोज़नकर्ता में प्रगतिशील लेखक संघ का भी नाम छपा था। बस यहीं से विवाद की शुरुआत हो गयी। प्रगतिशीलता और जनवाद की ध्वजा थामे हिन्दी जगत में विचरण करने वालों को ये बात नागवार गुज़री कि इस आयोजन में प्रगतिशील लेखक संघ कैसे सह–आयोजक हो सकता है। सोशल मीडिया पर भी इसके ख़िलाफ़ मुहिम शुरू हो गयी। फेसबुक पर बेहद सक्रिय कोलकाता विश्वविद्यालय के हिन्दी विभाग के पूर्व प्रोफ़ेसर जगदीश्वर चतुर्वेदी ने भी प्रगतिशील लेखक संघ पर सवाल खड़े करते हुए लिखा–पश्चिम बंगाल के हिन्दीभाषी लेखकों–संस्कृतिसेवियों के संगठन किस तरह आरएसएस के नेता के लिए लाल कारपेट बिछाकर सेवा में लगे हैं यह निमन्त्रण–पत्र उसका आदर्श नमूना है, इस निमन्त्रण–पत्र का सबसे अपमानजनक पहलू है प्रगतिशील लेखक संघ का आरएसएस के नेता के इस आयोजन का हिस्सा बनना, कायदे से संगठन के केन्द्रीय नेतृत्व को बंगाल इकाई के ख़िलाफ़ क़दम उठाना चाहिए। इस टिप्पणी के साथ जगदीश्वर चतुर्वेदी ने इस आयोजन का निमन्त्रण–पत्र भी लगाया। अब ज़रा इसकी भाषा को देखिए जिसमें प्रोफ़ेसर चतुर्वेदी ने एक प्रदेश के राज्यपाल को आरएसएस का नेता क़रार दिया है। हो सकता है कि केशरीनाथ त्रिपाठी आरएसएस से जुड़े हों लेकिन हमारा संविधान राज्यपाल के पद को संवैधानिक पद मानता है और उस पद पर बैठे व्यक्ति को दलगत राजनीति से इतर और ऊपर मानता है। ऐसा नहीं है कि इस बात की जानकारी लोगों को नहीं है लेकिन तथ्यों को छिपाकर प्रचार करना तो प्रगतिशीलता की बुनियाद रही है। पहली आपत्तिजनक बात तो ये है कि किसी भी प्रदेश के राज्यपाल

को किसी संगठन विशेष का सदस्य क़रार देकर उनके बहिष्कार आदि की परोक्ष माँग की जाए। दूसरी बात ये कि किसी दूसरी विचारधारा के लेखक को अस्पृश्य ना माना जाए। यहाँ एक बार फिर से संविधान का अपमान है जो कि देश में अस्पृश्यता के ख़िलाफ़ है और जो जाति–धर्म आदि के आधार पर किसी भी विभेद को मंजूरी नहीं देता है।

फेसबुक पर इस बात के आते ही चन्द कथित प्रगतिशील लेखकों ने छाती कूटना प्रारम्भ कर दिया। किसी ने इसको प्रगतिशील लेखक संघ का वैचारिक पतन तो किसी ने इसको प्रगतिशील लेखक संघ की अवसरवादिता क़रार दिया। बताया जा रहा है कि सोशल मीडिया पर इस विवाद के उछलते ही प्रगतिशील लेखक संघ ने इस आयोजन से ख़ुद को अलग करने का ऐलान कर दिया और ये भी दावा किया गया कि संगठन ने भारतीय भाषा परिषद से विरोध भी दर्ज करवा दिया है। प्रगतिशील लेखक संघ की तरफ़ से ये बात भी फैलायी गयी कि उनके संगठन से जुड़े एक शख़्स ने मौखिक तौर पर इस आयोजन से जुड़ने की सहमति दे दी और निमन्त्रण–पत्र पर आयोजक के दर्जन भर नामों में प्रगतिशील लेखक संघ का नाम भी छाप दिया गया। कोलकाता में निमन्त्रण–पत्र बाँट भी दिये गये लेकिन प्रगतिशील लेखक संघ को पता नहीं चला। संघ को तो पता तब चला जब कि फेसबुक पर उसकी लानत–मलामत शुरू हुई। संघ मतलब प्रगतिशील लेखक संघ। सवाल यही उठता है कि क्या प्रगतिशील लेखक संघ के कार्य करने का तरीका इतना लचर हो चुका है कि उसे पता ही नहीं चलता कि उसके कार्यकर्ता क्या कर रहे हैं। या फिर वहाँ इतनी अराजकता है कि कोई भी कुछ भी फ़ैसला ले सकता है। सोशल मीडिया पर तो ये भी बात सामने आयी कि भारतीय भाषा परिषद की कुसुम खेमानी ने प्रगतिशील लेखक संघ के सेराज खान बातिश से मौखिक स्वीकृति ली थी और कार्ड पर नाम छप कर बँट गये। ये तो ख़ैर आरोप–प्रत्यारोप की बात है सचाई तो ऐसे मामलों में कभी सामने आती नहीं है क्योंकि क़रार मौखिक था और जब तक दोनों पक्ष स्वीकार न कर लें तो माना जाना कठिन है।

परन्तु इस पूरे विवाद में ये तो सचाई है कि प्रगतिशीलता का ताना–बाना ओढ़े लोगों को आरएसएस या फिर किसी अन्य की विचारधारा से कितनी तकलीफ़ है। फ़ासीवाद की बात करने वाले लोग ख़ुद की विचारधारा का फ़ासीवाद स्थापित करना चाहते हैं। लोकतन्त्र की स्थापना

और उसकी मज़बूती की बात करने वाले लोग लोकतन्त्र को किस तरह से एकतन्त्र में तब्दील करना चाहते हैं उसके संकेत इस तरह की घटनाओं से मिलते हैं। दरअसल प्रगतिशील विचारधारा को ख़ुद के सैनिकों से ख़तरा है। प्रगतिशीलता को ओढ़कर अपनी राजनीति चमकाने वाले ज़्यादातर लोग अवसरवादी थे और जब देश में प्रगतिशील विचारधारा का बोलबाला था तो वो उनके ध्वजवाहक बनकर लाभ उठा रहे थे। अब वही लोग दूसरी विचारधारा के साथ हो लिए हैं या फिर हो लेने की फिराक में हैं क्योंकि उन जैसों के लिए तो अवसर ही विचार हैं। इसी अवसर की तलाश में सम्भव है कि एक राज्यपाल के कार्यक्रम को आयोजकों ने स्वीकार कर लिया हो। वैसे अगर देखें तो जहाँ लाभ आदि की गुंज़ाइश नज़र आती है वहाँ प्रगतिशीलता नेपथ्य में चली जाती है। चाहे वो भारतीय सांस्कृतिक सम्बन्ध परिषद के माध्यम से विदेश यात्रा का आनन्द उठाना हो या फिर संस्कृति मन्त्रालय के अनुदान से किसी कार्यक्रम का आयोजन करना हो। केशरीनाथ त्रिपाठी जिस विचारधारा से आते हैं उसी विचारधारा को मानने वाले हमारे देश के संस्कृति मन्त्री डॉ. महेश शर्मा भी हैं लेकिन महेश शर्मा के मन्त्रालय के अनुदान से आयोजित होने वाले समारोह में प्रगतिशील लेखकों को जाने में कोई दिक्कत नहीं है। वो राजी खुशी वहाँ जाते हैं। उसी विचारधारा के डॉ. रमन सिंह जब रायपुर में साहित्य महोत्सव करते हैं तो प्रगतिशीलता के कई तिलकधारी वहाँ नज़र आते हैं। तो फिर ये स्नॉबरी क्यों, ये दोहरा रवैया क्यों।

प्रतीत तो ये भी होता है कि प्रगतिशील विचारधारा के पोषक अन्य विचारधारा को मुख्यधारा में आने नहीं देना चाहते हैं क्योंकि उनको लगता है कि अगर कोई अन्य विचारधारा मज़बूती से सामने आ गयी तो उनकी विचारधारा के अन्तर्विरोध एक्सपोज़ हो जायेंगे। ख़ुद की इस कमज़ोरी को छुपाने के लिए तरह–तरह के तर्कों का सहारा लिया जाता है। कभी फ़ासीवादी तो कभी नफ़रत की विचारधारा क़रार देकर उनसे दूरी बनाने के कोशिश की जाती है। ये दाँव वहीं चला जाता है जहाँ से किसी प्रकार का कोई लाभ नहीं होता है। ये पूरा मामला वही है कि गुड़ खायें लेकिन गुलगुले से परहेज़। दरअसल अगर हम गम्भीरता से विचार करें तो मोदी सरकार विचारधारा के मामले में काफ़ी उदार नज़र आती है। हर वर्ष जुलाई में आयोजित हंस पत्रिका के कार्यक्रम में मोदी सरकार को जमकर कोसा जाता रहा है लेकिन उस आयोजन के लिए संस्कृति

मन्त्रालय आर्थिक मदद करता है। इतना ही नहीं हंस साहित्योत्सव के लिए भी संस्कृति मन्त्रालय ने आर्थिक मदद दी। कहीं कोई विवाद नहीं, कहीं कोई विरोध नहीं। यही तो है अवसरवादी विचारधारा को मानने वालों का असली चरित्र और चेहरा। हमारे देश में लोकतन्त्र की जड़ें बहुत गहरी हैं और बहुलतावादी संस्कृति और विचार इसकी ताक़त हैं। केशरीनाथ त्रिपाठी या किसी अन्य के कार्यक्रम का विचारधारा के आधार पर बहिष्कार कर देने से लोकतन्त्र को कमज़ोर ही किया जा रहा है। होना तो ये चाहिए कि सभी विचारधारा के लोग साथ बैठें और जमकर बहस करें। एक–दूसरे की विचारधारा की कमियों को सामने लायें, तर्क के आधार पर सिद्धान्तों को ध्वस्त करें लेकिन इससे भागने से किसी का हित सधने वाला नहीं है। विमर्श को बाधित करने से वही होगा कि हमारी चिन्तन पद्धति कमज़ोर होगी। अस्पृश्यता को बढ़ावा देने वाली इसी विचारधारा के मज़बूत होने का नतीजा है कि आज जब व्याकरण की बात होती है तो हमारे देश की नयी पीढ़ी को पाणिनि का नाम तक याद नहीं पड़ता है। वे तो व्याकरण का नाम सामने आते ही रेन एण्ड मार्टिन की माला जपने लगते हैं। भारतीय संस्कृति का नाम आते ही उसको पिछड़ा और दकियानूसी क़रार देने लग जाते हैं। हमारे देश की चिन्तन पद्धति के विकास के लिए यह आवश्यक है कि सभी विचारधारा के लोग खुले मन से एक साथ बैठें और विचार–विनिमय करें क्योंकि अलग–अलग विचारों को मानने वाले विरोधी तो हो सकते हैं दुश्मन नहीं होते हैं। और अगर दुश्मन नहीं हैं तो साथ बैठने में क्या आपत्ति। ज़रा इस पर भी प्रगतिशील लोग विचार करें।

कला के नाम पर खेल

हंस पत्रिका या अन्य सरकारी और साहित्यिक–सांस्कृतिक कार्यक्रमों को सरकारी आर्थिक मदद एक परम्परा का हिस्सा है। कलाएँ सरकारी संरक्षण में ही फलती–फूलती और विस्तार पाती हैं। इसका एक लम्बा इतिहास भी रहा है। कलाओं को राजा–रजवाड़ों ने ख़ूब सहेजा। राजा के दरबार में कलाकार, संगीतज्ञ आदि को संरक्षण मिलता था। आज़ादी के बाद जब रजवाड़े ख़त्म हुए तो कलाकारों और कलाओं को सँभालने का ज़िम्मा भारत सरकार पर आ गया। भारत सरकार में अलग से संस्कृति मन्त्रालय का गठन हुआ। कला अकादमियाँ बनायी गयीं। संस्कृति मन्त्रालय हर साल

कलाकारों को फेलोशिप देती है लेकिन वह राशि पर्याप्त नहीं है और ना ही पर्याप्त है फेलोशिप की संख्या। फिर उसमें जिस तरह से चयन होता है वह भी बहुधा सवालों के घेरे में आता रहता है। इतने विशाल देश में जिसकी इतनी समृद्ध विरासत हो, वहाँ कलाओं को सहेजने का काम बहुत गम्भीरता से नहीं हो रहा है। साहित्य और कला अकादमियों का हाल सबके सामने है। ये अकादमियाँ चन्द अफ़सरों या फिर विश्वविद्यालयों के शिक्षकों की ज़मींदारी बन गयी हैं जहाँ कलाकारों के बजाय उन अफ़सरों और अकादेमी के सदस्यों का भला होता है। ललित कला अकादमी में पिछले दिनों जिस तरह से भ्रष्टाचार के गम्भीर मसले सामने आये उससे तो साफ़ हो गया है कि कला के विकास के नाम पर उस संस्था में लम्बे वक़्त से लूट चल रही थी। स्वायत्तता का ढोल पीटने वालों ने उसकी आड़ में ललित कला अकादमी में जमकर मलाई काटी। कलाकार बेचारा ग़रीब रहा। इन अनियमितताओं के मद्देनज़र भारत सरकार ने ललित कला अकादेमी को अपने अधीन कर लिया, तो एक बार फिर स्वायत्तता ख़त्म होने का शोर मचना शुरू हो गया है। स्वायत्तता के नाम पर छाती कूटने वालों ने कभी इस बात को लेकर हल्ला मचाया या कोई आन्दोलन किया कि लेखकों को या फिर कलाकारों को इन अकादमियों से मदद नहीं मिलती है, ये ज्ञात नहीं है। ललित कला अकादमी से कई ऐतिहासिक पेंटिंग्स गायब हो गयीं उस पर तो कभी हो–हल्ला नहीं मचा। हमें बेहद संजीदगी से ये सवाल उठाना चाहिए कि क्या स्वायत्तता की आड़ में लूट की इजाज़त दी जा सकती है। साहित्य अकादेमी का हाल भी सबके सामने है। अभी हाल ही में साहित्य अकादेमी की आम सभा के सदस्यों की एक बैठक गुवाहाटी में हुई। लगभग आधे घण्टे की बैठक के लिए देश भर से लोग जुटे लेकिन उस बैठक में क्या निकला, ये शोध का विषय है। इस तरह की बैठकों पर जितना पैसा ख़र्च होता है उसमें कई लेखकों को आर्थिक सुरक्षा दी जा सकती है। लेखकों के हितों को लेकर कई सार्थक योजनाएँ बनायी जा सकती हैं। इस बात की गम्भीरता से पड़ताल होनी चाहिए कि हमारे देश में कलाकारों और साहित्यकारों की आर्थिक स्थिति इतनी बुरी क्यों है। सरकार को भी इस दिशा में व्यापक विमर्श के बाद एक ठोस और नयी सांस्कृतिक नीति बनानी चाहिए जिसमें कलाकारों और साहित्यकारों की आर्थिक सुरक्षा का ध्यान रखा जाना चाहिए। इस वक़्त तो हालात यह हैं कि कई कलाकार गुमनामी में अपनी ज़िन्दगी

शुरू करते हैं और गुमनामी में ही उनकी ज़िन्दगी खत्म हो जाती है। भारत कला और संगीत को लेकर भी बहुत समृद्ध है लेकिन उस समृद्ध सांस्कृतिक विरासत को सहेजने और फिर उसको बढ़ाने में हम लगभग नाकाम रहे हैं। जब तक किसी भी विधा में आर्थिक सुरक्षा नहीं होगी उस तरफ़ नये लोग अपना क़दम नहीं बढ़ायेंगे और जब तक किसी भी विधा से नये लोग नहीं जुड़ेंगे तब तक उस विधा को लम्बे वक़्त तक जिलाये रखना मुश्किल होगा।

संगीत हमारे समाज में बच्चे के जन्म से लेकर मृत्यु तक का अंग है, अलग–अलग रूप में, अलग–अलग ध्वनियों के साथ। जीवन में संगीत की इस अहमियत को हम नहीं समझ पा रहे हैं, लिहाज़ा संगीतकारों को उचित सम्मान मिल भी जाता है लेकिन उनको आर्थिक सुरक्षा नहीं मिल पाती है। इन्हीं स्थितियों की अभिव्यक्ति बिस्मिल्लाह खाँ और दिनकर के कथन में मिलती है। भारत रत्न बिस्मिल्लाह खाँ को जब एक बार कोई पुरस्कार मिला था तो उन्होंने कहा था कि सम्मान और पुरस्कार से कोई फ़ायदा नहीं होता है इसकी बजाय धन मिल जाता तो बेहतर होता। बाद में बिस्मिल्लाह खाँ को भारत रत्न मिला लेकिन उनकी और उनके परिवार की आर्थिक स्थिति उनके जीवनकाल तक बहुत बेहतर नहीं हो पायी। बनारस में उनसे मिलने जाने वाले उनकी मृत्यु के कई साल बाद तक उनकी आर्थिक बदहाली और कला के इस महान साधक की पीड़ा के बारे में बातें करते रहते थे। देश के सबसे बड़े नागरिक सम्मान पाने वाले शहनाई के जादूगर की पीड़ा सबके सामने है लेकिन उसको लेकर क्या किया गया ये सोचने वाली बात है। कुछ इसी तरह की बात रामधारी सिंह दिनकर के बारे में भी कही जाती है। उनको जब साहित्य के सबसे बड़े पुरस्कारों में से एक भारतीय ज्ञानपीठ पुरस्कार मिला था तब उन्होंने सम्भवतः अपनी डायरी में लिखा था या किसी से कहा था कि चलो पुरस्कार की राशि से उनके घर की एक लड़की का ब्याह हो जायेगा। भारत रत्न बिस्मिल्लाह खाँ और राष्ट्रकवि रामधारी सिंह दिनकर के बयान में शब्दों का हेर–फेर हो सकता है लेकिन भाव लगभग समान हैं। एक पुरस्कार में धन की आकांक्षा कर रहा है तो दूसरा पुरस्कार में धन मिलने से इस वजह से ख़ुश है कि घर की एक बेटी का ब्याह हो जायेगा। एक भारत रत्न से सम्मानित कलाकार और दूसरा ज्ञानपीठ और साहित्य अकादेमी से सम्मानित राष्ट्रकवि। यह सोच कल्पना से परे है कि जब इतने बड़े

कलाकार और लेखक की यह स्थिति है तो मंझोले और छोटे कलाकारों, लेखकों की आर्थिक स्थिति कैसी होगी। क्या हमारी भाषा, हमारी संस्कृति, हमारी कला, हमारे कलाकार इतने समर्थ नहीं हो पा रहे हैं कि वे अपने हुनर के बूते एक सम्मानित ज़िन्दगी जी सकें। हम लाख अपनी समृद्ध सांस्कृतिक विरासत की बात करें, हम लाख इस बात का ढिंढोरा पीटें कि हमारी संस्कृति, हमारी भाषा, हमारी कला विश्व में श्रेष्ठ है लेकिन अगर ये श्रेष्ठ कला कलाकारों को सम्मान से जीने लायक माहौल और धन मुहैया नहीं करवा पाती है तो फिर उसका कोई अर्थ रह जाता है क्या, इस पर गम्भीरता से विचार करने की ज़रूरत है।

संगीतकारों की मदद के लिए कुछ निजी प्रयास पहले भी होते रहे हैं, अब भी हो रहे हैं। मुम्बई की संगीतम संस्था देश भर के पचास ज़रूरतमन्द कलाकारों को एक लाख रुपये का जीवन बीमा करवाती है। मुम्बई में आयोजित कार्यक्रम से इकट्ठा किया गया धन संगीतकार खय्याम और ग़ज़ल गायक राजेन्द्र मेहता को दिया गया था। अच्छी बात यह है कि युवा कवयित्री स्मिता पारिख और सौरभ दफ़्तरी के इस प्रयास में गायक हरिहरन, भजन सम्राट अनूप जलोटा और ग़ज़ल गायक तलत अज़ीज़ का सहयोग हासिल है। इस तरह के निजी प्रयासों का स्वागत किया जाना चाहिए। इस साल भी मुम्बई में जगजीत सिंह की याद में आयोजित होने वाले कार्यक्रम 'रहमतें' से होने वाली आय से कलाकारों की मदद की जायेगी। देश भर के ज़रूरतमन्द कलाकारों की सूची विशेषज्ञों की एक कमेटी बनाती है। स्मिता और सौरभ दफ़्तरी के इस साझा प्रयास की तरह ही इस मुहिम को देश भर में फैलाने की ज़रूरत है। अब अगर हमें बिहार की मधुबनी पेंटिंग को बचाना है तो उसके कलाकारों को आर्थिक मदद तो देनी होगी। अगर उस कला को वैश्विक मंच देना है तो उसके लिए राज्य सरकारों के अलावा निजी कारोबारी संस्थाओं को भी अपने सामाजिक दायित्व के निर्वाह के तहत आगे बढ़कर काम करना होगा। अगर भारत में संगीत और कला को आगे बढ़ाकर कलाकारों को आर्थिक रूप से मज़बूत करना है तो इसके लिए सरकार, निजी संस्थाएँ और कारोबारी समूहों को साझा तौर पर काम करना होगा। इसके अलावा ललित कला अकादमियों और साहित्य अकादेमी को अफ़सरों और ग़ैर–साहित्यकारों, कलाकारों के चंगुल से मुक्त करना होगा। संस्कृति मन्त्रालय को निजी प्रयासों को प्रोत्साहित करना होगा, अकादमियों में जारी मनमानी पर रोक लगानी

होगी। ललित कला अकादमी और संगीत नाटक अकादमी को कलाकारों के हितों के लिए काम करने वाली संस्था के तौर पर पुनर्स्थापित करना होगा। संस्कृति नीति को इस तरह से बनाना होगा कि नये कलाकारों को प्रोत्साहन मिले और पुराने कलाकारों को आर्थिक सुरक्षा मिल सके। अगर हम ऐसा कर पाते हैं तो यह एक बेहतर स्थिति होगी वर्ना भारत रत्न से सम्मानित कलाकार भी मुफ़लिसी में ज़िन्दगी बिताने और ग़रीबी में मर जाने को अभिशप्त रहेगा।

इतिहास लेखन की चुनौतियाँ

2014 में केन्द्र में नयी सरकार के गठन और उसके बाद भारतीय इतिहास अनुसन्धान परिषद से लेकर अन्य संस्थाओं में नयी नियुक्तियों को लेकर इस बात पर ख़ूब विमर्श हो रहा है। कोशिश ये साबित करने की भी हो रही है कि सरकार भारत के इतिहास को बदलना चाहती है। पहले भी जब अटल बिहारी वाजपेयी की सरकार बनी थी तब भी इस तरह के आरोप उछले थे और इस बार भी उछले। भारत के इतिहास के पुनर्लेखन को साम्प्रदायिकता से जोड़ने का खेल भी शुरू हो गया है। तर्कों के आधार पर बात होनी चाहिए कि क्यों नहीं प्राचीन भारत से लेकर मध्यकालीन भारत और आधुनिक भारत का इतिहास फिर से लिखा जाना चाहिए। इतिहास पुनर्लेखन के ख़िलाफ़ बात करने वालों का एक ही तर्क होता है कि यह पुराने धर्मनिरपेक्ष लेखन को दरकिनार करने की साज़िश है। तर्क तो यह भी दिया जाता है कि ज़बरदस्ती हिन्दू राजाओं और हिन्दू शासकों के बहाने से हिन्दू धर्म को बढ़ावा देने के लिए इतिहास को फिर से लिखने की कोशिश की जाती रही है। इन तर्कों के समर्थन में सबसे आसान होता है राष्ट्रीय स्वयंसेवक संघ को शामिल करना। बहुधा यह कहा जाता है कि संघ के इशारे पर ही सरकार पाठ्यक्रमों में पढ़ाये जाने वाले इतिहास को बदलने की कोशिश कर रही है। यही तर्क तब भी दिये गये थे जब अटल बिहारी वाजपेयी भारत के प्रधानमन्त्री बने थे। जब मशहूर इतिहासकार बिपन चन्द्रा की अगुवाई में चल रहे शोध 'टूवर्ड्स फ्रीडम' का प्रोजेक्ट रोक दिया गया था। तब भी इन्हीं तर्कों के सहारे उस वक़्त की सरकार को कठघरे में खड़ा करने की कोशिश की गयी थी। दरअसल इतिहास लेखन पर जिस तरह से राजनीति होती है और जिस तरह से पक्ष–विपक्ष एक–दूसरे के आमने–सामने आ जाते हैं उसमें

असली मुद्दा दबकर रह जाता है। तर्क राजनीतिक बयानबाजी का शिकार होकर रह जाते हैं। एक पक्ष इतिहास लेखन की बात करता है या फिर उसको फिर से लिखवाने की मंशा ज़ाहिर करता है तो विरोधी उन पर साम्प्रदायिकता या धर्म विशेष का पक्षधर होने का आरोप लगाना शुरू कर देते हैं। बजाय इन आरोपों में उलझने के पाठ्यपुस्तक इतिहास पुनर्लेखन की ज़रूरतों और पूर्व की ग़लतियों या कमियों को सामने रखना चाहिए। किस तरह से पूर्व के इतिहासकारों ने कुछ पक्षों की जानबूझकर या फिर अज्ञानतावश अनदेखी कर दी उसके बारे में जनता को बताना चाहिए। होता यह है कि विपक्षी दल भारतीय जनता पार्टी की हिन्दूवादी छवि की आड़ में तर्कों को दूसरी दिशा में मोड़ देते हैं। नतीजा यह होता है कि इतिहास लेखन की खामियों की ओर ध्यान नहीं जा पाता है और सारा हल्ला–गुल्ला साम्प्रदायिकता और धर्मनिरपेक्षता के भँवर में फँस जाता है। भारतीय इतिहास लेखन को देखें तो पाते हैं कि इसमें कई तरह की खामियाँ हैं। हमारे अब तक के इतिहास लेखकों ने इस बात पर ख़ासा ज़ोर दिया कि भारत में कौन–कौन से आक्रमणकारी आये, किसने हमारे देश को कितना लूटा, किसने कितने लोगों की हत्या की आदि–आदि। मोटे तौर पर छात्रों को आक्रमणकारियों और युद्ध का इतिहास पढ़ाया जाता है। क्या इतिहास लेखन में सिर्फ़ युद्ध का ही उल्लेख होना चाहिए। क्या किसी देश में बाहर से आये उन कारोबारियों का उल्लेख नहीं होना चाहिए जिन्होंने हमारे देश को, हमारे समाज को गहरे तक प्रभावित किया। आक्रमणकारियों का इतिहास लिखने में हम यह भूल जाते हैं कि पारसी और यहूदी कारोबारियों का हमारे देश के इतिहास में क्या स्थान है। क्या हमारे अब तक के इतिहासकारों ने उनके बारे में, उनके योगदान के बारे में सोचा। नहीं सोचा। अब अगर हम इससे थोड़ा अलग हटकर बात करें तो सवाल यह भी उठता है कि क्या किसी भी देश का इतिहास सिर्फ़ उसके शासकों के इर्द–गिर्द घूमता है। इस सवाल से मुठभेड़ करते हुए मशहूर इतिहासकार रामशरण शर्मा की अगुवाई में कई इतिहासकारों ने हाशिए के लोगों को भी इतिहास लेखन के केन्द्र में रखा। यह ठीक क़दम था। सबाल्टर्न का इतिहास लिखा गया। फिर से वही सवाल उठता है कि क्या किसी देश का इतिहास सिर्फ़ राजा और प्रजा, शासक और शासित या फिर राजा के ज़ुल्म और प्रजा की ज़ुल्म सहने की दास्ताँ होती है या फिर इससे इतर भी कुछ होता है। हमारे देश के इतिहास लेखकों ने

दरअसल अपना दायरा काफ़ी छोटा रखा। इतिहास की किताबों में मुख्य रूप से आक्रमणकारियों, राजाओं और बाद में मार्क्सवादी इतिहासकारों की वजह से आम लोगों को इतिहास का अंग माना गया और उसके आधार पर ही इतिहास लेखन किया गया। कभी हमने यह सोचने की कोशिश की कि क्या हमारे इतिहास में नदियों की धारा बदलने का कोई प्रभाव पड़ा। नदियों की धारा बदलने से एक तरफ़ जहाँ गाँव ख़त्म हुए वहीं दूसरी तरफ़ ज़मीन के बाहर आने से वहाँ नये गाँव बसे। इन सबका ज़िक्र हमारी इतिहास की किताबों में क्यों नहीं है। यह सवाल तो उठाया ही जाना चाहिए और इसके आधार पर शोध करते हुए इतिहास को दुरुस्त भी किया जाना चाहिए।

अब हम उन तर्कों को सामने रखते हैं जिसके आधार पर इतिहास पुनर्लेखन पर साम्प्रदायिक होने के आरोप लगते हैं। भारतीय विज्ञान का इतिहास लिखते वक़्त क्या हमने अपनी गौरवशाली परम्परा की अनदेखी नहीं की। गणित से लेकर आयुर्वेद तक में भारत की जो उपलब्धियाँ रहीं उसको जानबूझकर या फिर एक साज़िश के तहत अनदेखा नहीं किया। जिस देश में वैदिक गणित का लम्बा इतिहास रहा है उसको दरकिनार किया गया। जब इस तरह के इतिहास लेखकों पर सवाल उठे तो पुष्पक विमान जैसी मिथकीय चीज़ों को आगे कर उसका मज़ाक़ उड़ाया गया। अपनी कमी को ढँकने के लिए इस तरह की बात फैलायी गयी कि प्राचीन भारत में विज्ञान की बात करने वाले पुष्पक विमान और राक्षसों के हवा में उड़ने आदि की बात करते हैं। पौराणिक विज्ञान की बात करने वाले कुछ अज्ञानी किस्म के बाबाओं ने भी अनजाने इन तर्कों को बढ़ाया और मूल प्रश्न दबे रह गये। अब अगर हम ऐतिहासिक चरित्रों की बात करें तो वहाँ भी वस्तुनिष्ठता के साथ लेखन का साफ़ अभाव दिखता है। जिन चरित्रों को उभारना था, चाहे वो अशोक हो या अकबर उनके सिर्फ़ अच्छे कारनामों को आगे किया गया। सम्राट अशोक के चरित्र को अहिंसा का पुजारी और महान शासक के तौर पर गढ़ने में कलिंग युद्ध में उनकी सेना के द्वारा किये गये नरसंहार को भी उनके हृदय परिवर्तन से जोड़ दिया गया है। बग़ैर किसी ऐतिहासिक सबूत के यह बात गढ़ी गयी कि अशोक को उस नरसंहार के बाद बेहद अफ़सोस हुआ था। ठीक है हम एक मिनट को इतिहास के इस अध्याय को मान भी लें लेकिन क्या इतिहास कल्पना के आधार पर लिखा जाने वाला फिक्शन है या इतिहास

सबूतों और शिलालेखों पर मिले अवशेषों और संकेतों पर लिखा जाता है। यह बात अब तक सामने नहीं आयी है कि किस शिलालेख या किस दस्तावेज़ में अशोक के इस हृदय परिवर्तन की चर्चा है। बस एक कहानी प्रतिपादित कर दी गयी जो पीढ़ियों से पढ़ाई जा रही है। क्या इस बात की ज़रूरत नहीं है कि इस कहानी की पड़ताल की जाये।

भारत में इतिहास लेखन में एक और बात मुख्य रूप से देखने को मिलती है जहाँ इतिहासकार तथ्यों में अपनी राय को जोड़ते हुए उसका विश्लेषण करता है। ऐसा नहीं है कि सिर्फ़ भारत के इतिहासकारों ने इस पद्धति का उपयोग किया है। पूरी दुनिया के इतिहासकार इतिहास लेखन के वक़्त तथ्यों के साथ अपनी राय आरोपित करते चलते हैं। लेकिन भारत के मार्क्सवादी इतिहासकारों ने इस छूट का बेजा इस्तेमाल किया और बहुधा तथ्यों पर अपनी राय को हावी कर दिया। क्या इस बात की आवश्यकता नहीं है कि इतिहास लेखन में इतिहासकारों की राय को तथ्यों से अलग कर देखा जाये। तथ्यों की व्याख्या आवश्यक है लेकिन व्याख्या के बोझ तले तथ्यों को दबा देना अपराध है। अन्त में हम बात करते हैं इतिहास पुनर्लेखन पर लगने वाले साम्प्रदायिकता के आरोप की। दरअसल अगर हम देखें तो यह तर्क भी ग़लत है। हम पूरे परिदृश्य पर नज़र डालते हैं तो पाते हैं कि दक्षिण भारत से लेकर उत्तर–पूर्व तक के राजाओं को उतनी अहमियत नहीं दी गयी जितनी मध्य और उत्तर भारत के शासकों को दी गयी। क्या सिर्फ़ मध्य और उत्तर भारत के शासकों पर विस्तार से लिखकर भारत के इतिहास को समझा जा सकता है। अशोक और अकबर की तुलना में हमारे इतिहास में चोल वंश से लेकर सातवाहन या फिर अहोम राजवंश के बारे में कितना मिलता है। इन तर्कों की कसौटी पर इतिहास लेखन को कसने की ज़रूरत है तो फिर सारी धुन्ध ख़ुद–ब–ख़ुद साफ़ होती चली जायेंगी।

गजेन्द्र बहाना, विचारधारा निशाना

पुणे के फ़िल्म एण्ड टेलीविज़न संस्थान के चेयरमैन के तौर पर महाभारत सीरियल में युधिष्ठिर के तौर पर काम कर अपनी पहचान बना चुके गजेन्द्र चौहान की नियुक्ति पर जमकर विवाद हुआ था। संस्थान में लम्बे समय तक कामकाज और पढ़ाई–लिखाई ठप रही। गजेन्द्र के विरोधी ये तर्क दे रहे थे कि चौहान के पास इस प्रतिष्ठित संस्थान की रहनुमाई करने

के लिए अपेक्षित क़द और काम नहीं है। यह बात सही है कि गजेन्द्र ने टी.वी. सीरियल्स के अलावा सी ग्रेड फ़िल्मों में काम किया है। उनकी उच्च बौद्धिकता को लेकर भी सन्देह है। गजेन्द्र चौहान को फ़िल्म एण्ड टेलीविज़न संस्थान का चेयरमैन बनाने के पीछे सरकार की मंशा के बारे में आगे विस्तार से बात होगी। गजेन्द्र के विरोधियों का एक तर्क है कि जिस संस्थान के चेयरमैन पद को श्याम बेनेगल, अदूर गोपालकृष्णन, महेश भट्ट, यू.आर. अनन्तमूर्ति जैसे मूर्धन्य लोगों ने सुशोभित किया है उस पद पर गजेन्द्र कैसे बैठ सकते हैं। ये सही है कि गजेन्द्र चौहान के पास उन लोगों जितना अनुभव और उनके जैसा आभामण्डल नहीं है। लेकिन यहाँ पर यह भी सवाल उठता है कि श्याम बेनेगल, अदूर गोपालकृष्णन, महेश भट्ट और यू.आर. अनन्तमूर्ति जैसे दिग्गजों ने फ़िल्म संस्थान के लिए क्या किया? दिग्गजों के सालों तक इस संस्था के चेयरमैन रहते हुए भी इसका विकास आईआईटी या आईआईएम की तर्ज पर क्यों नहीं हो सका? उन्नीस सौ साठ में स्थापित हुए इस फ़िल्म संस्थान के अट्ठावन साल हो गये लेकिन क्या हम कह सकते हैं कि यह कोलम्बिया यूनिवर्सिटी के फ़िल्म स्कूल के आसपास भी पहुँच पाया। क्या विश्व सिनेमा जगत में यह संस्थान अपना स्थान बना पाया। विश्व सिनेमा जगत की बात ही छोड़िए क्या हम दावे के साथ कह सकते हैं कि इस संस्थान ने दक्षिण एशियाई देशों में अपना स्थान बनाया। क्या सिंगापुर के संस्थान की भी हम बराबरी कर पाये हैं। पिछले पचपन साल में क्या हम पचपन छात्रों का नाम गिना सकते हैं जिन्होंने इस संस्थान से पढ़ाई की और सिनेमा को अपनी विधा से प्रभावित किया। क्या हम निर्देशन, सिनेमेटोग्राफी, साउण्ड, म्यूज़िक, वीडियो एडिटिंग आदि विधा से चार–चार लोगों का नाम ले सकते हैं जिन्होंने अपनी प्रतिभा के बल पर लोगों को चौंकाया। साउण्ड में तो ले देकर रसूलपुकुट्टी को याद कर सकते हैं। अगर इन सवालों का उत्तर सकारात्मक होता तो हम कह सकते थे कि श्याम बेनेगल, अदूर गोपालकृष्णन, महेश भट्ट और यू.आर. अनन्तमूर्ति की प्रतिभा का लाभ इस संस्थान को मिला। लेकिन अफ़सोस कि इन सवालों का जवाब नकारात्मक है लिहाज़ा इन बौद्धिकों से ये सवाल तो किये ही जाने चाहिए कि आपने इस संस्था के लिए क्या किया। दरअसल हक़ीक़त यह है कि इन बड़े नामों के पास इस संस्था के लिए वक़्त ही नहीं था। श्याम बेनेगल के दौर में फ़िल्म इंस्टीट्यूट के डायरेक्टर और चेयरमैन की मुलाक़ात साल में

एक बार हो जाये तो संस्थान में चर्चा का विषय होती थी। एक डायरेक्टर के तौर पर श्याम बेनेगल की प्रतिभा और प्रतिष्ठा पर कोई उँगली नहीं उठा सकता है, इसी तरह से अदूर गोपालकृष्णन के भी निर्देशक, स्क्रिप्ट राइटर और प्रोड्यूसर के तौर पर कोई सवाल नहीं उठ सकता। महेश भट्ट और यू.आर. अनन्तमूर्ति पर भी नहीं। लेकिन फ़िल्म संस्थान के उनके योगदान पर तो प्रश्न उठते ही हैं। इन तमाम बड़े लोगों के कार्यकाल का आकलन करें तो इस नतीजे पर पहुँचते हैं कि इनमें से ज़्यादातर के पास संस्थान के लिए वक़्त ही नहीं था। बड़े नाम होने की वजह से इनकी नियुक्ति होती थी और कभी–कभार किसी सभा–संगोष्ठी में इनके दर्शन हो जाया करते थे। भला हो गजेन्द्र चौहान की नियुक्ति पर उठे विवाद का कि इस संस्थान के क्रियाकलाप पर बहस शुरू हो गयी। उनके कामकाज का हिसाब पूछा जाने लगा। इस संस्थान को इन बड़े लोगों से फ़ायदा हुआ हो या नहीं, इनके नाम के साथ ये चस्पाँ अवश्य हो गया कि ये इस संस्थान के पूर्व अध्यक्ष रह चुके हैं। यह जानकर हैरानी होती है कि इस संस्थान में कई छात्र दो हज़ार आठ से छात्रावासों में रह रहे हैं। यह नये छात्रों के साथ बेईमानी तो है ही उनके अधिकारों पर डाका भी है। यह संस्था भारत सरकार के अनुदान पर चलती है यानी कि इसमें हमारा आपका सभी करदाताओं का पैसा लगता है। हमारी गाढ़ी कमाई का इतना अपव्यय, इतने सालों से हो रहा था और ये तमाम बड़े नाम जो यहाँ गद्दीनशीं थे, ख़ामोश थे। यह जानकर तो और हैरानी होती है कि करोड़ों के बजट के बावजूद इस संस्थान के उपकरणों का आधुनिकीकरण नहीं किया गया। यह तो वैसी ही बात हुई कि दिल्ली विश्वविद्यालय के पत्रकारिता के पाठ्यक्रम में कुछ सालों पहले तक लैटर प्रेस और उसकी तकनीक पढ़ाई जाती थी। हमारे देश के विश्वविद्यालयों के कई विभाग प्रतिभा के क़ब्रगाह बने हुए हैं। उसी तरह से एफटीआईआई में भी पुरानी तकनीक और पुराने तरीक़े से स्क्रिप्ट राइटिंग सिखाई जा रही है। कुछ ऐसे प्रतिभाशाली लोग स्क्रिप्ट राइटिंग सिखा रहे हैं जिनकी स्क्रिप्ट की वजह से एक मशहूर निर्देशक को झटका लग चुका है।

दरअसल गजेन्द्र चौहान की नियुक्ति पर सरकार और वामपन्थी विचारधारा के लोगों के टकराव की वजह एकदम अलहदा है। इसके राजनीतिक कारण हैं। आज़ाद भारत के इतिहास में पहली बार, मैं ज़ोर देकर कह रहा हूँ, पहली बार ग़ैर–कांग्रेसी सरकार पूर्ण बहुमत के साथ

सत्ता में आयी। इस सरकार का नेतृत्व नरेन्द्र मोदी कर रहे हैं जिनके विचार अटल बिहारी वाजपेयी से मेल खा सकते हैं लेकिन मिज़ाज नहीं। अटल बिहारी वाजपेयी इस मामले में थोड़े सॉफ़्ट थे लेकिन नरेन्द्र मोदी विचारधारा को लेकर सजग ही नहीं हैं बल्कि उसको स्थापित करने के लिए मज़बूती के साथ प्रयत्नशील भी हैं। इस बार सरकार ने तय किया कि सभी संस्थानों पर अपने लोग बिठाये जायें। अब इन्हीं अपने लोगों को बिठाने की प्रक्रिया में गजेन्द्र चौहान जैसे लोगों की नियुक्तियाँ हुईं। विश्वविद्यालय के कुलपतियों से लेकर भाषा, कला और सांस्कृतिक संगठनों तक में। यह सच है कि बौद्धिक जगत में वामपन्थी विचारधारा की तुलना में दक्षिणपन्थी विचारधारा में विद्वानों की संख्या कम है। लेकिन जो हैं उसके आधार पर ही सब कुछ अपने माफ़िक करने की कोशिश हो रही है और आगे भी होती रहेगी। हम देखें तो दक्षिणपन्थी विद्वानों की संख्या इस वजह से कम नज़र आती है कि आज़ादी के पैंसठ साल बाद तक उनको अवसर से वंचित किया जाता रहा। जो भी राष्ट्रवादी बातें करता, या राष्ट्रवादी विषयों पर शोध करता या जो भी वामपन्थ से अलग हटकर भारत और भारतीयता की बात करता उसको आगे बढ़ने से रोक दिया जाता रहा। न तो विश्वविद्यालयों में उनकी नियुक्ति हो पाती थी और न ही किसी शोध–संस्थान में उनको शोध करने दिया जाता था। ऐसे सैकड़ों उदाहरण हैं जहाँ वामपन्थ से इतर सोच रखने वाले छात्रों और शोधार्थियों को बेवजह तंग किया गया और उनको समान अवसर से वंचित रखा गया। इस तरह की बौद्धिक अस्पृश्यता ने वामपन्थ से इतर विचार रखने वालों को हतोत्साहित किया। गजेन्द्र के मसले पर जारी संघर्ष का बृहत्तर अर्थ है। वामपन्थी विचारधारा वाले लोगों को यह लगने लगा कि ये सरकार आने वाले दिनों में उनके सांस्कृतिक साम्राज्य को ख़त्म कर देगी, लिहाज़ा वे भी आक्रामक हो गये। गजेन्द्र तो एक बहाना मात्र हैं जिनकी आड़ में वामपन्थी अपने ख़त्म होते साम्राज्य को बचाने की जुगत में लगे। दूसरी वजह यह है कि उनको यह भी लगने लगा था कि अगर उनकी विचारधारा के लोग सत्तानशीं नहीं रहे तो उनके कारनामे खुलेंगे। जैसे भारतीय इतिहास अनुसन्धान परिषद में सत्ता परिवर्तन के बाद यह बात सामने आयी कि किस तरह से करदाताओं के पैसों की लूट चल रही थी और एक–एक प्रोजेक्ट चार दशक से अधिक वक़्त से एक ही व्यक्ति कर रहा था। इस तरह के खुलासों से बचने के लिए गजेन्द्र जैसी

नियुक्तियों पर विवाद खड़े होते रहेंगे। नियुक्तियों की आड़ में खेले जा रहे इस खेल में छात्रों को मोहरा बनाया गया था। यह राजनीतिक लड़ाई है और उसी के औज़ारों से लड़ी भी जा रही है। राजनीति के इस खेल में यथास्थितिवाद को चुनौती देने से विरोध का बवण्डर उठेगा।

अकादेमी में पारदर्शिता का सवाल

जितने लोगों ने साहित्य अकादेमी पुरस्कार लौटाये हैं उनमें से ज़्यादातर वामपन्थी हैं और ये पूरा मामला कहीं न कहीं राजनीति से प्रेरित है। यह कहना है साहित्य अकादेमी से सम्मानित बुज़ुर्ग लेखक गोविन्द मिश्र का। इसके बाद हम गौर करें अरुण कमल के वक्तव्य पर जहाँ वो कहते हैं–साहित्य सभी तरह के पुरस्कारों, सम्मानों और सुविधाओं का प्रतिकार करता है। इसलिए पुरस्कार आदि वापस करना हमारा मुख्य मुद्दा है ही नहीं। मैंने अपने जीवन में अपने सिद्धान्तों को त्याग कर कभी भी पुरस्कार, सम्मान और लाभ अर्जित नहीं किया। अशोक वाजपेयी जैसे लेखक जो लगातार सत्ता विरोधी लेखकों को कमतर करके आँकते रहे हैं उनकी दृष्टि अभी भी साफ़ नहीं हो पायी है। साहित्य अकादेमी सम्मान से सम्मानित एक और लेखक, वरिष्ठ कवि लीलाधर जगूड़ी मानते हैं कि कुछ लेखकों के साहित्य अकादेमी पुरस्कार को लौटाने को लेकर वो कोई दबाव महसूस नहीं करते हैं। उनका कहना है कि साहित्यकार को सामाजिक और आर्थिक विषमताओं के मुद्दों पर आन्दोलन करना चाहिए। वह ज़ोर देकर कहते हैं कि इस बात को सामने आना चाहिए कि लेखक के सरोकार क्या हैं। लीलाधर जगूड़ी कहते हैं कि साहित्य अकादेमी का काम क़ानून व्यवस्था को ठीक करना नहीं है। ये तीन वरिष्ठ लेखकों के वक्तव्य हैं जो कि कमोबेश अलग–अलग धारा के हैं। अब इन वक्तव्यों के आलोक में हम साहित्य अकादेमी पुरस्कार लौटाने के पीछे की राजनीति की पड़ताल करते हैं तो वहाँ सियासत की एक अलग तरह की रेखा दिखायी देती है। सियासत केन्द्र सरकार के ख़िलाफ़ और सियासत साहित्य अकादेमी की स्वायत्तता के ख़िलाफ़। साहित्य अकादेमी पुरस्कार लौटाने की शुरुआत उदय प्रकाश ने की उस वक़्त मुद्दा था कलबुर्गी की हत्या के बाद साहित्य अकादेमी की संवेदनहीनता। तब यह भी प्रचारित किया गया था कि साहित्य अकादेमी से सम्मानित लेखक कलबुर्गी की हत्या के बाद साहित्य अकादेमी ने न तो विरोध जताया और न ही उन्होंने कोई शोक

सभा की। कालान्तर में यह बात भी झूठ साबित हुई जब यह बात सामने आयी कि साहित्य अकादेमी ने बेंगलुरू में कलबुर्गी की हत्या के बाद एक शोक सभा की थी जिसमें अकादेमी के तत्कालीन उपाध्यक्ष कंबार समेत कई स्थानीय लेखक मौजूद थे। अब इस बात पर विचार होना चाहिए कि पुरस्कार वापसी अभियान की शुरुआत की जो बुनियाद थी उसमें झूठ की भी एक ईंट थी। उदय प्रकाश के बाद दो धवलकेशी साहित्यकारों–अशोक वाजपेयी और नयनतारा सहगल ने भी साहित्य अकादेमी पुरस्कार लौटाने का ऐलान किया। अब तक साहित्यकारों पर हो रहे हमलों का प्रतिरोध हो रहा था लेकिन इन दो लेखकों ने इसमें बहुलतावादी संस्कृति पर ख़तरे को भी अपने प्रतिरोध से जोड़ दिया। इन्होंने दादरी हत्याकाण्ड और गोमांस विवाद पर प्रधानमन्त्री की चुप्पी पर सवाल खड़े कर दिये। अशोक वाजपेयी और नयनतारा सहगल के बाद तो क़रीब दो दर्जन साहित्यकारों ने साहित्य अकादेमी पुरस्कार लौटाने का ऐलान कर दिया। साहित्य अकादेमी पर भी दबाव बना और उसके अध्यक्ष ने तेईस अक्तूबर को कार्यकारिणी की बैठक बुलाने का ऐलान कर दिया। लेकिन अशोक वाजपेयी और नयनतारा सहगल के केन्द्र सरकार को इसमें घसीटने के बाद धीरे–धीरे विरोध करने वालों की मंशा साफ़ होने लगी। आज तक वामपन्थियों के निशाने पर रहे अशोक वाजपेयी अचानक से उनको अच्छे लगने लगे। लेकिन खेल इतना सीधा नहीं था। इस खेल के पीछे है केन्द्र सरकार पर हमले की आड़ में साहित्य अकादेमी में अराजकता पैदा करना। साहित्य अकादेमी की इस अराजकता की आड़ में उसके अध्यक्ष को अस्थिर करना। अब इस बात का ख़तरा पैदा हो गया है कि इस स्वायत्त संस्था पर इस अराजकता की आड़ में संस्कृति मन्त्रालय दख़ल दे और इसका हाल भी ललित कला अकादमी जैसा हो। हमारा साहित्य अकादेमी पुरस्कार लौटा कर प्रतिरोध जता रहे लेखकों से इस बात को लेकर ही विरोध है कि वे लोग परोक्ष रूप से सरकार की मदद कर रहे हैं। वे एक ऐसी ज़मीन तैयार करके सरकार को दे रहे हैं जो भविष्य में साहित्य अकादेमी की स्वायत्तता के लिए ख़तरा हो सकती है। यह बात इस वजह से कह रहा हूँ कि इन लेखकों ने पूर्व में साहित्य अकादेमी की गड़बड़ियों पर कभी भी रोष नहीं जताया। पुरस्कारों के लिए लेखकों के चयन में होने वाली धाँधली पर इन्होंने कभी भी एतराज़ नहीं जताया क्योंकि साहित्य अकादेमी में मिल–बाँट कर खाने की परम्परा चली आ

रही है। क्या इन लेखकों ने कभी साहित्य अकादेमी के संविधान में लम्बे समय से चली आ रही खामियों पर कोई सवाल उठाया। क्या पुरस्कार लौटाने वाले लेखकों ने कभी भी साहित्य अकादेमी की सामान्य सभा के सदस्यों के चुनाव में होने वाली धाँधली पर सवाल खड़े किये। क्या कभी इन लेखकों ने साहित्य अकादेमी की गतिविधियों में पारदर्शिता लाने की माँग करते हुए कोई आवाज़ उठायी। क्या इन लेखकों ने साहित्य अकादेमी के लेखकों के हित में काम करने के लिए दबाव बनाने के लिए कुछ किया। हर सवाल का जवाब मिलेगा, नहीं। लिहाज़ा, अब जब वो साहित्य अकादेमी को घेरने की कोशिश कर रहे हैं तो अपेक्षित माहौल नहीं बन पा रहा है।

साहित्य अकादेमी के गठन के बाद से ही उसके संविधान में कई गड़बड़ियाँ हैं। भारत के संविधान में काल और परिस्थिति के हिसाब से क़रीब सौ संशोधन हो चुके हैं लेकिन अकादेमी के संविधान में कितने संशोधन हुए हैं ये ज्ञात नहीं है। 1954 में जब साहित्य अकादेमी की स्थापना की गयी थी तो कौशल विकास और शोध प्रमुख उद्देश्य थे। तकरीबन छह दशक के बाद भी साहित्य अकादेमी देश की सभी भाषाओं में शोध और कौशल विकास को अपेक्षित स्तर पर नहीं ले जा पायी।

सत्रह दिसम्बर दो हज़ार तेरह को संसद के दोनों सदनों में सीताराम येचुरी की अध्यक्षता वाली एक संसदीय कमेटी ने अपनी रिपोर्ट पेश की थी। इस रिपोर्ट में साहित्य अकादेमी, संगीत नाटक अकादमी और ललित कला अकादमी के अलावा इन्दिरा गाँधी कला केन्द्र और राष्ट्रीय नाट्य विद्यालय के कामकाज पर टिप्पणियाँ की गयी थीं। येचुरी की अगुवाई वाली इस समिति ने माना था कि साहित्य अकादेमी के पुरस्कारों में पारदर्शिता का अभाव है। अकादेमियों की इन बदइन्तज़ामियों के बारे में संसदीय समिति ने अपनी रिपोर्ट के पैरा 56 में लिखा–'समिति यह दृढ़ता से महसूस करती है कि ऐसी स्थिति को बनाये नहीं रखा जा सकता है और इन अकादमियों को व्यवस्थित करने के लिए कुछ करने का यह सही समय है। सांस्कृतिक संस्थानों के कार्यक्रमों की नियमित समीक्षा की जानी चाहिए। ये समीक्षाएँ बाहरी व्यक्तियों और समितियों द्वारा की जानी चाहिए और उन्हें उन वार्षिक प्रतिवेदनों में शामिल किया जाना चाहिए।' संसदीय समिति की इस रिपोर्ट के बाद जनवरी 2014 में यूपीए सरकार के दौरान अभिजीत सेन की अध्यक्षता में एक हाई पावर कमेटी का गठन किया गया।

अकादमियों के कामकाज की समीक्षा के बारे में 1988 में हक्सर कमेटी बनी थी और तकरीबन पच्चीस साल बाद अब सेन कमेटी का गठन हुआ था। इस कमेटी में नामवर सिंह, रतन थियम, सुषमा यादव, ओ.पी. जैन आदि सदस्य थे। इस कमेटी का काम इन अकादमियों के संविधान और उनके कामकाज में बदलाव को लेकर सुझाव देना था। इस कमेटी ने मई 2014 में अपनी रिपोर्ट पेश की। लगभग सवा सौ पृष्ठों की रिपोर्ट में इस कमेटी ने भी माना कि इन अकादमियों में जमकर गड़बड़झाले को अंजाम दिया जा रहा है। इस कमेटी ने अपनी सिफ़ारिश में कहा है कि साहित्य अकादेमी के अध्यक्ष की उम्र सीमा भी 70 साल हो। उपाध्यक्ष के पद को बेकार मानते हुए उसे ख़त्म करने और सचिव का कार्यकाल तीन साल करने की सिफ़ारिश की गयी है।

इसके अलावा अगर हम साहित्य अकादेमी के संविधान पर गौर करें तो सामान्य सभा के चुनाव में जिस तरह से सदस्यों का चुनाव होता है वह माफ़ियागिरी को बढ़ावा देता है। हर भाषा के नुमाइन्दे बँटवारा कर लेते हैं और चुनाव हो जाता है। इसी तरह से अगर किसी भाषा का प्रतिनिधि अपने कार्यकाल के बीच में सदस्यता छोड़ता है या उसका निधन हो जाता है तो उसकी जगह खाली रहेगी। ये विसंगति दूर होनी चाहिए और सामान्य सभा के सदस्यों का चुनाव मतपत्र के आधार पर होना चाहिए। इस तरह की पारदर्शिता के बग़ैर अकादेमी न केवल अपनी साख खोती जा रही है बल्कि स्वायत्तता ख़त्म करने के लिए सरकार के हाथ में हथियार भी दे रही है। आवश्यकता इस बात की है कि वर्तमान अध्यक्ष और सचिव साहित्य अकादेमी को उसके मूल उद्देश्यों की ओर ले जायें और वहाँ प्रतिभा का सम्मान हो। सेटिंग–गेटिंग का खेल साहित्य अकादेमी में बन्द होना चाहिए।

नरेन्द्र मोदी सरकार के चन्द महीने भी नहीं बीते थे कि समकालीन भारतीय साहित्य में संघर्ष, विरोध, प्रतिरोध, प्रदर्शन, प्रतिप्रदर्शन, पुरस्कार वापसी जैसे शब्द गूँजने लगे थे। इन शब्दों से दिल्ली के रवीन्द्र भवन का परिसर भी गूँजा था। कहना न होगा कि शब्दों में ताक़त होती है लिहाज़ा इस ताक़त के आगे साहित्य अकादेमी कुछ झुकती हुई नज़र आयी थी। साहित्य अकादेमी जिसकी स्थापना एक स्वायत्त संस्था के तौर पर की गयी थी और इसकी स्थापना करने वालों ने इस संस्था को लेकर एक सपना देखा था। उनका सपना कितना साकार हो पाया, इस

पर लम्बी बहस हो सकती है। होनी भी चाहिए। पुरस्कार लौटाने वाले लेखकों के दबाव में अकादेमी की कार्यकारिणी ने कलबुर्गी हत्याकाण्ड की कड़े शब्दों में निन्दा की। अकादेमी ने तीसरी बार कलबुर्गी की हत्या की निन्दा की। यह अच्छी बात है कि एक लेखक की मौत पर साहित्य अकादेमी, दबाव में ही सही, तीन बार निन्दा करने को बाध्य हुई। हालाँकि विरोध कर रहे लेखकों की तरफ़ से यह बात प्रचारित की गयी थी कि अकादेमी ने कलबुर्गी की हत्या पर शोक सभा, सन्देश आदि नहीं किया। साहित्य अकादेमी ने कार्यकारिणी की बैठक के बाद जारी बयान में कहा था कि–'अपनी विविधताओं के साथ भारतीय भाषाओं के एकमात्र स्वायत्त संस्थान के रूप में, अकादेमी भारत की सभी भाषाओं के लेखकों की अभिव्यक्ति की स्वतन्त्रता के अधिकार का पूरी दृढ़ता से समर्थन करती है और देश के किसी हिस्से में, किसी भी लेखक के ख़िलाफ़ किसी भी तरह के अत्याचार या उनके प्रति क्रूरता की बेहद कठोर शब्दों में निन्दा करती है। हम केन्द्र सरकार और राज्य सरकारों से अपराधियों के ख़िलाफ़ तुरन्त कार्रवाई की माँग करते हैं और यह भी कि लेखकों की भविष्य में भी सुरक्षा सुनिश्चित की जाये।' अकादेमी का बयान यहाँ तक तो ठीक था लेकिन उसके बाद उसने अपने अधिकारों का अतिक्रमण करते हुए माँग कर डाली कि–केन्द्र और राज्य की सभी सरकारें हर समाज और समुदाय के बीच शान्तिपूर्ण सहअस्तित्व का माहौल बनाये रखें। साहित्य अकादेमी लेखकों की राजनीति के बीच में पार्टी बनती नज़र आ रही है। अकादेमी इशारों में वो बातें करना चाहती है जो कहीं न कहीं राजनीति से जुड़ती हैं। अशोक वाजपेयी, नयनतारा सहगल और कई लेखकों ने अखलाक की हत्या का मुद्दा भी उठाया था। समाज में सहिष्णुता आदि की माँग करना उसी दबाव का नतीजा है। साहित्य अकादेमी का केन्द्र और राज्य सरकारों से ये माँग करना अपने दायरे से बाहर निकलने जैसा है। लोकतन्त्र में हर संस्था की एक तय मर्यादा होती है। इस मर्यादा का अतिक्रमण कर साहित्य अकादेमी ने एक ख़तरनाक परम्परा की शुरुआत कर दी है जिसका रास्ता उसको राजनीतिकरण की तरफ़ ले जा सकता है।

अकादेमी ने अपने बयान में तत्कालीन अध्यक्ष प्रोफ़ेसर विश्वनाथ प्रसाद तिवारी का समर्थन भी किया–कार्यकारी मण्डल, अकादेमी के अध्यक्ष के सतर्क और कर्मठ नेतृत्व में साहित्य अकादेमी की गरिमा, परम्परा और

विरासत को बरकरार रखने के लिए उनके प्रति सर्वसम्मति से अपना समर्थन व्यक्त करता है। अब इन दो पंक्तियों पर गौर करने की ज़रूरत है। इस वक़्त यह आवश्यकता क्यों महसूस की गयी कि कार्यकारिणी अध्यक्ष विश्वनाथ प्रसाद तिवारी के पक्ष में समर्थन का प्रस्ताव पारित करे। क्या विश्वनाथ प्रसाद तिवारी पर कोई ख़तरा है या फिर उनको लेकर सरकार में कुछ चल रहा है जिसको कार्यकारिणी के इस प्रस्ताव के जरिए सन्देश देने की कोशिश की गयी है। कुछ तो था जिसकी परदादारी थी। साहित्य अकादेमी के अध्यक्ष की ही अध्यक्षता में हुई कार्यकारिणी की बैठक ने उनके ही समर्थन में प्रस्ताव पारित कर दिया। इतिहास ने एक बार फिर से अपने को दुहराया। कोलकाता में वर्तमान सामान्य सभा के सदस्यों के चुनाव की अध्यक्षता भी प्रोफ़ेसर तिवारी ने ही की थी। उनकी ही अध्यक्षता में हुई बैठक में उनको अध्यक्ष चुना गया था। उस वक़्त इसको लेकर सवाल भी उठाये गये थे लेकिन चुनाव सम्पन्न होने के बाद ये बातें दब कर रह गयी थीं। अब वक़्त आ गया है कि साहित्य अकादेमी के संविधान में बदलाव किया जाये। सामान्य सभा के सदस्यों के चुनाव को मतपत्रों के ज़रिए चुना जाना चाहिए। हाथ उठाकर हर भाषा के अपने–अपने चहेतों को चुन लेने की परम्परा को ख़त्म किया जाना चाहिए। इसी तरह से सामान्य सभा के सदस्यों को लेकर भी एक बड़ी ख़ामी है। पुरस्कार वापसी के दौर में सामान्य सभा में असम, गुजरात, नागालैण्ड, तमिलनाडु और पश्चिम बंगाल के सदस्यों की जगह खाली थी। अकादेमी में ऐसा कोई प्रावधान नहीं है कि इन खाली जगहों को भरा जाये। इसकी क्या वजह हो सकती है यह तो अकादेमी के कर्ता–धर्ता ही जानें। इसके पहले कि साहित्य अकादेमी फिर से किसी विवाद में घिरे सामान्य सभा के सदस्यों को इस बाबत विचार करना चाहिए।

साहित्य अकादेमी भले ही स्वायत्त संस्था है पर ये करदाताओं के पैसे से चलती है। स्वायत्तता का मतलब यह नहीं होता है कि उसकी जवाबदेही किसी के प्रति नहीं है। जिस तरह से संसदीय समिति ने अकादेमी के क्रियाकलापों पर सवाल खड़े किये थे वो किसी भी संस्था की जाँच के लिए पुख्ता आधार प्रदान करती है। यहाँ यह आरोप भी नहीं लगाया जा सकता है कि केन्द्र में सरकार बदलने के बाद साहित्य अकादेमी पर कब्ज़े को लेकर सरकार कोशिश कर रही है। उक्त रिपोर्ट तो सीताराम येचुरी की अध्यक्षता वाली कमेटी ने तैयार की थी। उस

रिपोर्ट के बाद बनी हाई पॉवर कमेटी की सिफ़ारिशों पर क्या निर्णय लिया गया यह ज्ञात होना शेष है। साहित्य अकादेमी पर लम्बे समय तक प्रगतिशील साहित्यकारों का कब्ज़ा रहा। उस दौरान साहित्य अकादेमी चन्द लोगों की मर्ज़ी की गुलाम बनकर रह गयी थी। प्रगतिशील लेखकों ने जो परम्परा शुरू की थी वो अब भी बरकरार है। सांस्कृतिक यात्राओं के नाम पर विदेश यात्रा में लेखकों के चुनाव को लेकर भी पारदर्शिता होनी चाहिए। अध्यक्ष इस बारे में अन्तिम फ़ैसला करते हैं लेकिन कई बार अध्यक्ष और सचिव मिलकर नाम को तय कर लेते हैं। पिछले दिनों सामान्य सभा के कई सदस्यों ने विदेश यात्राएँ कीं। विदेश यात्राओं के नाम पर अन्धा बाँटे रेवड़ी अपने–अपने को दे, की परम्परा को ख़त्म किया जाना चाहिए। इसके अ़लावा अकादेमी विदेशों में आयोजित होने वाले पुस्तक मेले में भागीदारी करती है। यह अच्छी बात है लेकिन इन पुस्तक मेलों में क्या हासिल होता है। इस बारे में दस्तावेज़ अकादेमी की बेवसाइट पर अपलोड किये जाने की आवश्यकता है। सूचना तो सामान्य सभा की बैठकों में लिए गये फ़ैसलों और चर्चाओं की भी होनी चाहिए। लेकिन इसके लिए इस तरह की बैठकों में चर्चा करनी होगी। अकादेमी की सामान्य सभा की एक बैठक बमुश्किल आधे घण्टे चलती है। देश भर से चौबीस भाषाओं के प्रतिनिधियों के अलावा क़रीब सौ–सवा सौ लोगों को वहाँ बुलाया जाता है और आधे घण्टे में बैठक ख़त्म। करदाताओं के लाखों रुपये फूँकने से हासिल क्या होता है इस पर विचार होना चाहिए। गतिविधियों को अगर बेवसाइट पर अपलोड किया जाये तो उसको रोका जा सकता है।

दूसरी बात यह कि अकादेमी में युवाओं का प्रतिनिधित्व नहीं के बराबर है। सामान्य सभा में युवाओं की भागीदारी बिल्कुल नहीं है। इस वक़्त भारत विश्व के सबसे ज़्यादा युवाओं वाला देश है। इस बात को ध्यान में रखते हुए सामान्य सभा में युवा लेखकों की भागीदारी सुनिश्चित करने के लिए अकादेमी के संविधान में संशोधन किया जाना चाहिए। दरअसल अकादेमी में काबिज चन्द लोग इसको होने नहीं दे रहे। सदस्यों और अफ़सरशाहों का गठजोड़ अकादेमी के लिए घातक सिद्ध हो रहा है। इस गठजोड़ को तोड़ने के लिए क़दम उठाये जाने की आवश्यकता है। प्रगतिशील जमात कुछ नहीं कर पा रही है क्योंकि गड़बड़ियों की जनक वही है।

पुरस्कार वापसी के दौर में पक्ष और विपक्ष में जमकर घमासान

हुआ था। पक्ष और विपक्ष में प्रदर्शन किये गये थे। सोशल मीडिया से लेकर अख़बारों तक में इस पर काफ़ी चर्चा हुई थी। क़रीब पचहत्तर लेखकों, कलाकारों, फ़िल्मकारों, चित्रकारों ने अपने-अपने पुरस्कार लौटा कर सरकार पर दबाव बनाने की कोशिश भी की थी। उधर पुरस्कार वापसी के विरोध में भी सेमिनार से लेकर किताब वापसी तक का अभियान चला था। केन्द्र सरकार के मन्त्री भी इस विवाद में कूदे थे और अरुण जेटली लगातार फेसबुक पर अपनी राय रख रहे थे। युद्ध की तरह दोनों खेमों से हर तरह के दाँव-पेंच का इस्तेमाल हुआ था। पुरस्कार वापसी के अभियान से जुड़े लेखकों ने असहिष्णुता का सवाल उठाया था लेकिन क्या इनमें से किसी ने भी साहित्य ख़ासकर हिन्दी साहित्य में पुरस्कार की गड़बडियों की ओर कभी ध्यान दिया। क्या इनमें से किसी ने भी कभी साहित्य अकादेमी पुरस्कार की बन्दरबाँट को लेकर कोई विरोध प्रदर्शन किया। साहित्य अकादेमी में भाषा के संयोजकों की अयोग्यता पर कभी कोई सवाल उठा। कम से कम साहित्य जगत को यह ज्ञात नहीं है। हिन्दी में पुरस्कारों की स्थिति कितनी दयनीय है, किस तरह से खेमेबाजी होती है या फिर किस तरह से पुरस्कार बाँटे जाते हैं यह सबको ज्ञात है। ज्ञात तो यह भी होता है कि इस साल का साहित्य अकादेमी पुरस्कार किसको दिया जाना है। उसके हिसाब से ही आधार सूची बनाने वालों से लेकर ज्यूरी के सदस्य तय किये जा चुके तय किये जाते हैं। क्या इसके ख़िलाफ़ कभी किसी कोने से आवाज़ आयी। साहित्य अकादेमी के अलावा सरकारी थोक पुरस्कारों में जिस तरह की गड़बड़ियाँ होती हैं उस पर भी ज़्यादातर लोग ख़ामोश ही रहे। जिस उत्तर प्रदेश में मुज़फ़्फ़रनगर दंगा होता है या फिर जिस उत्तर प्रदेश में गोमांस की अफ़वाह के बाद अख़लाक़ की पीट-पीटकर हत्या कर दी जाती है उसी उत्तर प्रदेश सरकार के मुखिया से चन्द दिनों पहले साहित्य अकादेमी पुरस्कार लौटाने वालों से लेकर छोटे-बड़े-मँझोले सभी प्रकार के साहित्यकारों ने सिर झुकाकर पुरस्कार ग्रहण किया। अखिलेश यादव सरकार से तिकड़म भिड़ाकर पुरस्कार हासिल करने वाले लेखक कभी रायपुर साहित्य महोत्सव तो कभी असहिष्णुता को मुद्दा बनाते हैं। लेकिन यूपी सरकार पर लिखते वक़्त उनकी क़लम नपुंसक हो जाती है।

हिन्दी में कई व्यक्तिगत पुरस्कार दिये जाते हैं जिसमें धन लगाने वाले अपनी मर्ज़ी, सुविधा और साहित्य की मौजूदा राजनीति को ध्यान में रखते हुए लेखकों का चुनाव करते हैं। अब तो पुरस्कार की विधा भी बदल

दी जा रही है। इस तरह के व्यक्तिगत पुरस्कारों में होने वाली गड़बड़ियों पर कभी नहीं बोला गया। यह तर्क दिया गया कि ये पुरस्कार प्राइवेट लिमिटेड कम्पनियों की तरह काम करते हैं लिहाज़ा उनको इस बात की छूट होनी चाहिए। लेकिन ये प्राइवेट लिमिटेड पुरस्कार जब लोकतान्त्रिक और पारदर्शी होने का दावा करते हैं तब भी हिन्दी जगत ख़ामोश रहता है। कई पुरस्कारों के आयोजक तो लेखकों से निविदा आमन्त्रित करते हैं और पुस्तकों की प्रति के साथ–साथ कुछ धनराशि भी सिक्योरिटी राशि के तौर पर मँगवाई जाती है। हिन्दी के अति महत्वाकांक्षी लेखक इस जाल में फँसते हैं और रुपये देकर पुरस्कृत होते हैं। उसके बाद की कहानी सबको मालूम है कि पुरस्कृत होने की तस्वीर किस तरह से फेसबुक आदि पर अपलोड कर यश लूटा जाता है। इस पर हिन्दी साहित्य के कर्ता–धर्ता क्यों ख़ामोश रहते हैं। यह सही है कि विरोध करने का अधिकार उसके करने वाले के पास सुरक्षित है लेकिन जब उस अधिकार के पीछे की मंशा एक्सपोज़ होती है तो साहित्यकारों की साख के साथ–साथ साहित्य की साख पर भी बट्टा लगता है।

मोदी सरकार के पहले बजट से साहित्य, संस्कृति और कला क्षेत्र की अपेक्षाएँ भी बढ़ी हुई थीं। कला, साहित्य और संस्कृति के प्रशासकों को उम्मीद थी कि इस बार उनके भी अच्छे दिन आयेंगे। दिल्ली में मौजूद ऐतिहासिक दिल्ली पब्लिक लाइब्रेरी को भी अपनी बदहाली के दूर होने की उम्मीद थी तो जगह और धन की कमी से जूझ रहे राष्ट्रीय संग्रहालय को भी उम्मीद थी कि बजट में धन आवंटन से राहत मिलेगी। देश भर में सांस्कृतिक अड्डों और अखाड़ों की तरह चलने वाली अकादमियों को भी उम्मीद थी कि सरकार इस बार उनके लिए बजट में ज़्यादा धन का प्रावधान करेगी। साहित्यिक और सांस्कृतिक माफिया की अपेक्षाओं पर यह बजट खरा नहीं उतरा। उन्हें इस बात की उम्मीद थी कि जिस तरह से शिक्षा के प्रचार–प्रसार के लिए मानव संसाधन मन्त्रालय का बजट काफ़ी बढ़ा है उसी अनुपात में इन संस्थानों के धन का आवंटन भी बढ़ेगा। उनकी इन उम्मीदों और अपेक्षाओं पर मौजूदा बजट कितना खरा उतरा यह तो इन संस्थाओं के कर्ता–धर्ता जानें। लेकिन मुझे लगता है कि सरकार ने बजट में धन आवंटन करते वक़्त इन संस्थाओं में व्याप्त अनियमितताओं और साहित्यिक माफियागीरी को ध्यान में रखा है। मार्क्सवादी सांसद सीताराम येचुरी की अगुवाई वाली कला और संस्कृति पर बनी संसदीय कमेटी ने

संसद में पिछले साल पेश रिपोर्ट में इस बात के पर्याप्त संकेत दिये थे कि कला और साहित्य अकादमियों में काहिली और भाई–भतीजावाद चरम पर है। इन अकादेमियों के कामकाज पर गम्भीर सवाल खड़े किये गये थे।

हिन्दी समेत अन्य भारतीय भाषाओं के बीच समन्वय और उसकी प्रतिभाओं को सामने लाने के लिए काम करने वाली संस्था साहित्य अकादेमी के बजट में कटौती कर दी गयी थी। पिछले वित्तीय वर्ष में साहित्य अकादेमी के लिए बाईस करोड़ छियानवे लाख रुपये दिये गये थे जिसे घटाकर बाईस करोड़ अठहत्तर लाख कर दिया गया था। ऐसे वक़्त में जब सरकार हिन्दी को बढ़ावा देने के अपने इरादों को सार्वजनिक कर चुकी है, तब साहित्य अकादेमी का बजट कम होना चौंकाता है। ऐसे में जब सरकार का कौशल विकास पर ज़ोर है तब साहित्य अकादेमी का बजट कम होना हैरान करता है। क्या यह साहित्य अकादेमी का सरकार की प्राथमिकता से बाहर होने का संकेत है। यह कहना अभी जल्दबाजी होगी लेकिन अगर इसकी वजह की पड़ताल करें तो इसके लिए साहित्य अकादेमी की स्थितियाँ और उसके प्रशासक ज़िम्मेदार रहे हैं। साहित्य अकादेमी के कामकाज में ढीलापन, किसी नये प्रयोग की बजाय पुरानी और बनी बनायी लीक पर चलने की ज़िद, नयी प्रतिभाओं की बजाय बुज़ुर्गों और निष्क्रिय लोगों की अकादेमी में नुमाइन्दगी, अन्य भारतीय भाषाओं की कृतियों का हिन्दी और हिन्दी की कृतियों का अन्य भारतीय भाषाओं में अनुवाद के काम में दशकों लगना, आदि ऐसे कर्म हैं जिनकी बिनाह पर किसी भी संस्थान का सरकार से ज़्यादा बजट की अपेक्षा करना ग़लत है। साहित्य अकादेमी में लम्बे समय तक वामपन्थी रुझान के लेखकों का कब्ज़ा रहा।

उन्नीस सौ चौवन में जब साहित्य अकादेमी का गठन हुआ था तो कौशल विकास और शोध प्रमुख उद्देश्य थे। छह दशक तक भटकने के बाद अब इस संस्थान का उद्देश्य अपने लोगों में रेवड़ी बाँटने तक सीमित हो गया है। पुरस्कार, विदेश यात्रा, देश भर में गोष्ठियों के नाम पर पसन्दीदा लेखक–लेखिकाओं के साथ पिकनिक के अलावा साहित्य अकादेमी के पास कोई उल्लेखनीय काम नहीं है। साहित्य अकादेमी में व्याप्त खेल का बेहतरीन उदाहरण है एक बड़े लेखक के साथ हुआ पुरस्कार का सौदा। यह वाक़या कुछ सालों पुराना है, साहित्य अकादेमी के चुनाव के वक़्त हिन्दी के एक वरिष्ठ लेखक ने उपाध्यक्ष का चुनाव लड़ने का ऐलान कर

दिया। अध्यक्ष पद के उम्मीदवार ने उनको बुलाया और समझाया कि अगर आप उपाध्यक्ष बनेंगे तो साहित्य अकादेमी का पुरस्कार नहीं मिल पायेगा। यह बात उनको समझ में आ गयी और फिर समझौते के तहत उन्होंने उपाध्यक्ष पद से अपना नाम वापस ले लिया और अगले ही साल उनको साहित्य अकादेमी का पुरस्कार मिल गया। दरअसल अब वक़्त आ गया है कि साहित्य अकादेमी के कामकाज की पुनः समीक्षा की जाये और उसके गठन की प्रक्रिया पर गहन विमर्श हो। साहित्य अकादेमी की गठन प्रक्रिया ही बेहद दोषपूर्ण है और वहीं से अकादेमी में औसत प्रतिभा का जुटान होता है जो प्रतिभाशाली लेखकों और विचारकों को अकादेमी में आने में बाधा उत्पन्न करती है। अभी कई लेखकों ने इस बारे में संस्कृति मन्त्री को पत्र लिखकर साहित्य अकादेमी में व्यवस्थागत दिक्कतों को दूर करने के लिए प्रयास किये जाने का अनुरोध किया है। साहित्य अकादेमी की सामान्य सभा के सदस्यों के चुनाव की प्रणाली दोषपूर्ण है। राज्य सरकारों और सांस्कृतिक संगठन के प्रस्तावित नामों पर पिछली सामान्य सभा के सदस्य हाथ उठाकर और शोर मचाकर फ़ैसला कर देते हैं। इसमें भी सेटिंग–गेटिंग का खेल खेला जाता है। साहित्य अकादेमी का संविधान इस मसले पर ख़ामोश है। ज़रूरत इस बात की है कि संविधान को उचित तरीक़े से व्याख्यायित किया जाये और सामान्य सभा के सदस्यों का चुनाव मत–पत्र के आधार पर हो। अकादमियों की कार्यप्रणाली में सुधार की सख़्त आवश्यकता है। दरअसल अब वक़्त आ गया है कि स्वायत्तता के नाम पर साहित्य अकादेमी और अन्य संस्थानों में जारी खेल का सरकार आकलन करे और धन आवंटन को कौशल विकास के साथ जोड़ दे। आखिर कब तक स्वायत्तता के नाम पर प्रतिभाहीनता को बढ़ावा दिया जाता रहेगा। नयी सरकार अगर ऐसा कर पाती है तो देश की कला संस्कृति के क्षेत्र में एक नये अध्याय की शुरुआत होगी।

इसी तरह से दिल्ली के दिल में स्थित इन्दिरा गाँधी राष्ट्रीय कला केन्द्र के बजट में भी कटौती की गयी थी। पूर्व प्रधानमन्त्री इन्दिरा गाँधी के नाम पर बने इस संस्थान की गतिविधियाँ क्या थी यह वहाँ से जुड़े लोग ही जानते थे। चन्द लोगों के बीच ही इस कला केन्द्र की गतिविधियाँ सीमित रहीं। इतने बड़े उद्देश्य को लेकर स्थापित किये गये इस केन्द्र का लम्बें समय तक अफ़सरों की ऐशगाह में बने रहना खेदनजक है। इसी तरह से कला को बढ़ावा देने की केन्द्रीय संस्था ललित कला अकादमी का

क़िस्सा बहुत पुराना नहीं है। भ्रष्टाचार के आरोप में वहाँ बहुत बवाल मचा था। तीन सदस्यों की जाँच कमेटी की रिपोर्ट के आधार पर कई लोगों के ख़िलाफ़ कार्रवाई हुई थी। साहित्य अकादेमी से इतर कला अकादमी में अलग तरह की राजनीति चलती है। एक चित्रकार की प्रदर्शनी सिर्फ़ इस वजह से वहाँ नहीं लगने दी गयी क्योंकि उसने चेयरमैन माओ पर चोट करते हुए एक चित्र बनाया था। स्वायत्तता और अभिव्यक्ति की आज़ादी को लेकर भगवा ब्रिगेड को कोसने वाले इन वामपन्थी फ़ासीवादियों के इस चेहरे को भी उजागर किया जाना चाहिए। तमाम भ्रष्टाचार और खेमेबन्दी के आरोपों के बावजूद ललित कला अकादमी के बजट में मामूली बढ़ोतरी की गयी। बजट में सरकार सबसे ज़्यादा मेहरबान संगीत नाटक अकादमी पर दिखी जिसके बजट आवंटन में क़रीब छह करोड़ की बढ़ोतरी की गयी।

अकादमियों के अलावा हमारे देश के संग्रहालयों की हालत खस्ता है। ऐतिहासिक महत्त्व की धरोहर स्थान के अभाव में या तो खुले में पड़ी थीं या किसी धूल भरे गोदाम में सड़ रही थीं। मोदी सरकार ने अपने बजट में इस ओर ध्यान दिया है और दिल्ली के नेशनल म्यूज़ियम को क़रीब सैंतीस करोड़ रुपये ज़्यादा आवंटित किये गये। यह धनराशि पिछले वर्ष की तुलना में चौदह करोड़ ज़्यादा थी। सरकार ने दिल्ली की बदहाल मगर ऐतिहासिक दिल्ली पब्लिक लाइब्रेरी के बजट आवंटन में चार करोड़ का इज़ाफ़ा किया। सम्भव है कि इस राशि से दिल्ली पब्लिक लाइब्रेरी को सुधारने में मदद मिले। दरअसल साहित्य, कला, संस्कृति पर बजट आवंटन से जो संकेत मिलता है वह है कि सरकार इन क्षेत्रों में विकेन्द्रीकरण की ओर बढ़ रही है। केन्द्रीय संस्थाओं के बजट में कटौती या मामूली बढ़ोतरी की गयी, वहीं क्षेत्रीय सांस्कृतिक केन्द्रों के बजट में कई गुना इज़ाफ़ा किया गया। बजट में क्षेत्रीय सांस्कृतिक केन्द्रों के लिए एक सौ एक करोड़ पचास लाख का प्रावधान किया गया जबकि पिछले वर्ष यह आवंटन सिर्फ़ उनतालीस करोड़ चालीस लाख था। सरकार की मंशा सांस्कृतिक विकेन्द्रीकरण की रही जिसका स्वागत हुआ।

स्वायत्तता या अराजकता!

इस पुस्तक में पहले भी कहा जा चुका है कि केन्द्र में मोदी सरकार बनने के बाद वामपंथियों के बीच इस बात की आशंका बढ़ गयी थी कि सांस्कृतिक संगठनों पर राष्ट्रीय स्वयंसेवक संघ की पृष्ठभूमि के लोगों की नियुक्ति होगी। वामपन्थी

बुद्धिजीवी लगातार यह आशंका जता रहे थे कि सांस्कृतिक संगठनों की स्वायत्तता ख़त्म करके सरकार इन संगठनों पर अपना कब्ज़ा जमा लेगी। भारतीय इतिहास अनुसन्धान परिषद के अध्यक्ष पद पर संघ की पृष्ठभूमि के वाई सुदर्शन राव की नियुक्ति से इन आशंकाओं को बल भी मिला। पर ऐसा हुआ नहीं जबकि यहाँ गड़बड़ियाँ कम नहीं।

1954 में जब साहित्य अकादेमी की स्थापना की गयी थी तो कौशल विकास और शोध प्रमुख उद्देश्य थे। तकरीबन छह दशक के बाद भी साहित्य अकादेमी देश की सभी भाषाओं में शोध और कौशल विकास को अपेक्षित स्तर पर नहीं ले जा पायी। साहित्य और अन्य कला अकादमियाँ एक तरह से पुरस्कार, विदेश यात्रा, देश भर में गोष्ठियों के नाम पर अपने पसन्दीदा लेखक–लेखिकाओं को घुमाने वाली ट्रैवल एजेंसी या फिर इवेंट मैनेजमेंट कम्पनी मात्र बनकर रह गयी हैं। साहित्य अकादेमी के पूर्व सचिव पर यात्रा भत्ते में घपले के आरोप समेत कई संगीन इल्ज़ाम लगे थे। उन्हें मुअत्तल किया गया। विश्वनाथ प्रसाद तिवारी की अध्यक्षता में एक जाँच कमेटी बना दी गयी थी। जाँच के दौरान ही सचिव रिटायर और तिवारी साहित्य अकादेमी के अध्यक्ष चुन लिए गये। जाँच कहाँ तक पहुँची या फिर क्या कार्रवाई की गयी ये सार्वजनिक नहीं हुआ। इसके पहले भी गोपीचन्द नारंग के साहित्य अकादेमी के अध्यक्ष रहते उन पर अपने कार्यालय की साज–सज्जा पर फ़िज़ूलखर्ची के आरोप लगे थे। यह हाल सिर्फ़ साहित्य अकादेमी का नहीं है। ललित कला अकादमी ने अपने पूर्व अध्यक्ष के. आर. सुब्बन्ना समेत इक्कीस कलाकारों पर प्रतिबन्ध लगा दिया है। इन सभी पर अनियमितताओं और पद दुरुपयोग के आरोप लगाये गये हैं। संगीत नाटक अकादमी के एक सचिव के कार्यकाल को बढ़ाने को लेकर भी नियुक्ति प्रक्रिया का पालन किये बिना अधिशासी बोर्ड ने फ़ैसला ले लिया था। बाद में विधि और न्याय मन्त्रालय ने अपनी राय दी थी कि नियुक्ति ग़ैर–क़ानूनी तरीक़े से की गयी थी।

इन स्थितियों से इस बात के पर्याप्त संकेत मिलते हैं कि हमारे देश के सांस्कृतिक संगठनों में स्वायत्तता की आड़ में कुछ गड़बड़ चल रहा है। साहित्य अकादेमी के संविधान के मुताबिक़ उसके अध्यक्ष को असीमित अधिकार हैं। कई बार इन अधिकारों के दुरुपयोग के आरोप भी लगे हैं। साहित्य अकादेमी में तो अनुवाद का इतना बुरा हाल है कि पारिश्रमिक का भुगतान होने के बाद भी अनुवादकों को किताब छपने के लिए दस–दस

साल का इन्तज़ार करना पड़ता है। संसदीय समिति की रिपोर्ट से यह बात सामने आयी कि साहित्य अकादेमी साल भर में तकरीबन चार सौ सेमिनार आयोजित करती है। बेहतर होता कि संसदीय समिति के अध्यक्ष अपनी रिपोर्ट में इस बात पर विस्तार से प्रकाश डालते कि कितने कार्यक्रम दिल्ली में अकादेमी के सेमिनार हॉल में हुए और कितने बाहर। इसी तरह से ललित कला अकादमी में भी कलाकारों के साथ भेदभाव किया जाता है। ज़्यादा दिन नहीं बीते हैं जब ललित कला अकादमी पर कला दीर्घा की बुकिंग में भी धारा और विचारधारा के आधार पर ख़ारिज करने का आरोप लगा था। सवाल यही कि क्या देश की सांस्कृतिक संस्थाएँ किसी ख़ास विचारधारा की पोषक और किसी ख़ास विचारधारा की राह में बाधा बन सकती हैं।

यह अचरज की बात नहीं कि अकादमियों की इन बदइन्तजामियों के बारे में संसदीय समिति ने अपनी रिपोर्ट के पैरा 56 में लिखा–'समिति यह दृढ़ता से महसूस करती है कि ऐसी स्थिति को बनाये नहीं रखा जा सकता है और इन अकादमियों को व्यवस्थित करने के लिए कुछ करने का यह सही समय है। समिति यह महसूस करती है कि इन निकायों को भारत की समेकित निधि से धनराशि प्राप्त होती है और इस संसदीय समिति की सिफ़ारिशों पर इनकी अनुदान माँगों को संसद द्वारा प्रत्येक वित्तीय वर्ष में अनुमोदित किया जाता है। अतः यह समिति पूरी ज़िम्मेदारी से कहती है कि इन संस्थाओं को आवंटित निधियों का इनके कार्य निष्पादन की लेखा परीक्षा करके प्रत्येक वर्ष गहन तथा नियमित अनुवीक्षण किये जाने की आवश्यकता है। सांस्कृतिक संस्थानों के कार्यक्रमों की नियमित समीक्षा की जानी चाहिए। ये समीक्षाएँ बाहरी व्यक्तियों और समितियों द्वारा की जानी चाहिए और उन्हें उन वार्षिक प्रतिवेदनों में शामिल किया जाना चाहिए। बाद में उन्हें संसद के समक्ष रखा जाना चाहिए।' इस तरह की कठोर टिप्पणियों से यह सन्देश जा सकता है कि संसदीय समिति इन अकादमियों की स्वायत्तता को ख़त्म करना चाहती है।

संसदीय समिति की इस रिपोर्ट के बाद जनवरी 2014 में यूपीए सरकार के दौरान अभिजीत सेन की अध्यक्षता में एक हाई पावर कमेटी का गठन किया गया था। अकादमियों के कामकाज की समीक्षा के बारे में 1988 में हक्सर कमेटी बनी थी और तकरीबन पच्चीस साल बाद सेन कमेटी का गठन हुआ है। इस कमेटी में नामवर सिंह, रतन थियम, सुषमा

यादव, ओ.पी. जैन आदि सदस्य थे। इस कमेटी का काम इन अकादमियों के संविधान और उनके कामकाज में बदलाव को लेकर सुझाव देना था। इस कमेटी ने मई 2014 में अपनी रिपोर्ट पेश की थी। लगभग सवा सौ पृष्ठों की रिपोर्ट में इस कमेटी ने भी माना कि इन अकादमियों में जमकर गड़बड़झाले को अंजाम दिया जा रहा है। हाई पावर कमेटी ने यह भी माना था कि साहित्य अकादेमी की आम सभा में विश्वविद्यालयों के प्रतिनिधि होने के बावजूद स्तरीय शोध नहीं होते हैं। इस समिति ने अकादेमी के अध्यक्ष का चुनाव विशेषज्ञों की एक समिति से करवाने की सिफ़ारिश भी की है। इसके अलावा अकादमी के अध्यक्ष और अन्य कमेटियों के अध्यक्षों की उम्र सीमा भी 70 साल तय करने की सिफ़ारिश की गयी थी। उपाध्यक्ष के पद को बेकार मानते हुए उसे ख़त्म करने और सचिव का कार्यकाल तीन साल करने की सिफ़ारिश की गयी थी। इसके अलावा एक टैलेंट पूल की भी वकालत की गयी थी, साथ ही तीनों अकादेमियों की लाइब्रेरी को मिलाकर एक करने का सुझाव भी दिया गया था।

सेन कमेटी की इन सिफ़ारिशों को लेकर साहित्य अकादेमी के अन्दर खलबली मची थी। इसको अकादेमी की स्वायत्तता पर हमले के तौर पर प्रचारित किया जाने लगा था। साहित्य अकादेमी की गम्भीरता को समझने के लिए पिछले दिनों गुवाहाटी में हुई सामान्य सभा की बैठक पर गौर फर्माना होगा। सेन कमेटी समेत अन्य मुद्दों पर बाईस अगस्त को सामान्य सभा की बैठक होनी थी। सुबह साढ़े ग्यारह बजे का वक़्त तय था। बैठक सवा बारह बजे शुरू हुई और दोपहर एक बजे लंच लग गया। इस बैठक में एक दो वक्ताओं ने सेन कमेटी की सिफ़ारिशों पर ज्ञान दिया और फिर हाथ उठाकर पहले से तैयार किये गये एजेण्डे को स्वीकृति। दरअसल अगर हम साहित्य अकादेमी के क्रियाकलापों पर नज़र डालें तो यह देखकर तकलीफ़ होती है कि वहाँ किस तरह से स्वायत्तता के नाम पर प्रतिभाहीनता को बढ़ावा दिया जा रहा है। साहित्य अकादेमी अपनी स्थापना की मूल अवधारणा से भटक गयी प्रतीत होती है। साहित्य अकादेमी समेत अन्य केन्द्रीय अकादमियों की स्वायत्तता का मोदी सरकार अगर अतिक्रमण करती है तो इसके लिए हाल के वर्षों में वहाँ काबिज रहे रहनुमाओं की भी थोड़ी–बहुत ज़िम्मेदारी बनती है। क्योंकि यह सवाल तो खड़ा होगा ही कि जिन संस्थाओं पर देश भर की साहित्य–संस्कृति को वैश्विक फलक पर ले जाने की ज़िम्मेदारी थी वो उसमें कहाँ तक

सफल रही हैं। अशोक वाजपेयी और नमिता गोखले की संयुक्त पहल और संकल्पना इण्डियन लिटरेचर अब्रॉड का क्या हुआ इस बारे में भी जानकारी बाहर आनी शेष है। स्वायत्तता के नाम पर इस अराजकता पर कहीं न कहीं तो पूर्ण विराम लगाना ही होगा।

लेखकों की राजनीति

मध्य प्रदेश का भारत भवन अपने स्थापना काल से ही विवादों में रहा हैं। हिन्दी के वरिष्ठ कवि अशोक वाजपेयी की पहल पर भोपाल में बना यह साहित्य और संस्कृति का केन्द्र लगातार विवादों में रहा। एक विवाद की वजह हिन्दी के प्रगतिशील और जनवादी लेखक संगठनों से जुड़े तीन लेखकों की वो अपील बनी थी जो उन्होंने जनवादी–प्रगतिवादी लेखक संगठनों से जुड़े कॉमरेड लेखकों से की थी। इस अपील में इन संगठनों और विचारधारा से जुड़े साथी लेखकों से अनुरोध किया गया था कि वो भारत भवन, मध्य प्रदेश साहित्य परिषद, उर्दू अकादमी समेत मध्य प्रदेश के कई सरकारी संस्थानों के कार्यक्रमों का बहिष्कार करें। इस अपील में दलील दी गयी थी कि मध्य प्रदेश की वर्तमान सरकार की स्पष्ट सांस्कृतिक नीतियों की वजह से इन संस्थानों का और साथ ही प्रदेश की मुक्तिबोध, प्रेमचन्द और निराला सृजनपीठों का, वागर्थ, रंगमण्डल आदि विभागों का पिछले कुछ सालों में सुनियोजित तरीके से पराभव कर दिया गया। अब यहाँ सवाल यह उठता है कि अगर पिछले आठ–नौ सालों से ये सुनियोजित साज़िश चल रही थी तो अब तक लेखक और लेखकों के संगठन चुप क्यों बैठे थे। क्या जनवादी और प्रगतिशील पत्रिकाओं में मध्य प्रदेश शासन का विज्ञापन नहीं छपता रहा है। दरअसल पाँच वर्ष पहले मध्य प्रदेश विधानसभा के चुनाव नज़दीक आते ही इन लोगों को इन संस्थाओं के पतन और पराभव की याद आने लगी थी। चाहे वो प्रगतिशील लेखक संगठन हों या फिर जनवादी लेखक संगठन इनके सदस्यों का न तो अपना कोई वजूद है अपनी कोई सोच और न ही अपनी कोई लाइन। हर तरह के कार्यक्रमों के लिए साहित्य के ये संगठन अपने राजनीतिक आकाओं का मुँह जोहते हैं और इतिहास इस बात का गवाह है प्रगतिशील लेखक संगठन और जनवादी लेखक संगठन से जुड़े लेखक हमेशा से सीपीआई और सीपीएम की विचारधारा के ही पोषक और प्रचारक रहे हैं। दरअसल अगर हम उस अपील को ठीक से पढ़ें और उसकी पड़ताल करें तो इसमें कुछ और खेल नज़र आता है।

उस अपील में लिखा गया था कि हमारा विरोध किसी राजनीतिक अनुशंसा से उतना नहीं है क्योंकि व्यवस्था में इन पदों पर पहले भी राजनीतिक अनुशंसा से लोग नामित किये जाते रहे हैं लेकिन वे सब असन्दिग्ध रूप से हमारे समकालीन साहित्य के मान्य, समादृत हस्ताक्षर रहे हैं। इस वाक्य के बाद लेखकों की एक सूची दी गयी है जिसमें वामपन्थी विचारधारा के बाहर के भी कुछ लोगों के नाम शामिल कर साख को बढ़ाने की कोशिश की अपील की गयी थी। इन लोगों को यह याद दिलाने की ज़रूरत है कि जब अशोक वाजपेयी भारत भवन के कर्ता–धर्ता थे तो इन्हीं संगठनों से जुड़े लेखकों ने वाजपेयी पर ज़ोरदार हमले किये थे। उन हमलों को अभी हिन्दी साहित्य जगत भूला नहीं है। अशोक वाजपेयी का दोष तब इतना था कि उन्होंने भारत भवन पर कम्युनिस्ट पार्टी का झण्डा लहराने से मना कर दिया था। लिहाज़ा उन पार्टियों से जुड़े लेखकों ने अशोक वाजपेयी और उनसे जुड़े लेखकों को कलावादी कह किनारे लगाने की लगातार कोशिश की। उनको कल्चरल माफिया कहा गया तो भारत भवन को संस्कृति का अजायबघर। अशोक वाजपेयी के साथियों को अष्टछाप कह कर उनका मज़ाक उड़ाया गया। यही काम इन संगठन से जुड़े लेखकों ने हिन्दी के हीरामन लेखक सच्चिदानन्द हीरानन्द वात्स्यायन अज्ञेय के साथ भी किया और अब भी कर रहे हैं। भारत भवन के कामकाज में निःसन्देह गिरावट आयी है। जिस उद्देश्य के लिए उसकी स्थापना की गयी थी उससे वह भटक गया है। आठ सालों तक उसके कार्यक्रमों में दीप प्रज्वलित करने और सक्रिय हिस्सेदारी के बाद चुनाव के वक़्त उसका गिरता स्तर याद आना अपीलकर्ताओं की मंशा को सन्देहास्पद बना रहा है। अपीलकर्ताओं ने जो ई–मेल अख़बारों और लेखकों को भेजा था उसमें बार–बार राजनीतिक भावना से काम न करने की सफ़ाई दी गयी थी। बार–बार सफ़ाई देना ही उस सन्देह को बढ़ाने का पर्याप्त आधार है।

दरअसल प्रगतिशील लेखक संघ और जनवादी लेखक संघ दोनों लेखकों के बड़े समुदाय से कट गये हैं। लेखकों की बेहतरी और उनके कल्याण के लिए उनके पास कोई ठोस योजना नहीं है। उनका काम सिर्फ़ लेखकों की मौत पर शोकगीत लिखना रह गया है। हिन्दी के वरिष्ठ कथाकार अरुण प्रकाश का जब निधन हुआ था तो उनके पड़ोस में रहने वाले जनवादी और प्रगतिशील संगठनों से जुड़े उनके साथी लेखकों के

पास उनके अन्तिम संस्कार में भाग लेने का वक़्त नहीं था। दुख की उस घड़ी में परिवार के साथ खड़े होने से ज़्यादा ज़रूरी उन संगठनों को सारे अख़बारों को शोक सन्देश प्रेषित करना लगा। जो लेखक अरुण प्रकाश के घर से चन्द मीटर की दूरी पर रहते थे उनके दुख का पता अख़बारों से चला। प्रचारप्रियता की पराकाष्ठा। दरअसल इन संगठन से जुड़े लेखक अब लेखक रहे नहीं वो पूरी तौर पर नेता हो गये हैं और उन्हीं की तरह के राजनीतिक दाँव–पेंच चलते हैं। नेताओं की तरह का व्यवहार भी करते हैं और उनका वर्गचरित्र भी नेताओं वाला ही हो गया है। लेखकों का काम लिखना है राजनीति करना नहीं। इन लेखक संगठनों ने लेखकों को राजनीति करना सिखा दिया जिसका नतीजा यह हुआ कि उनसे जुड़े लेखकों की साख नेताओं की तरह सन्दिग्ध हो गयी। लेखक अपने पाठकों से और रचनाओं से दूर होते चले गये। आज हालात यह है कि हिन्दी समाज चन्द लेखकों को छोड़कर किसी को जानता नहीं है, जानते हैं साहित्य की दुनिया में आवाजाही करने वाले चन्द लोग। लेखक संगठनों ने लेखकों को राजनीति के ऐसे दलदल में ढकेल दिया था कि जितना वो उससे निकलने की कोशिश करते थे उतना ही उसमें फँसते चले जाते।

मध्य प्रदेश के तीन कवि उस वक़्त अपने सूबे की संस्थाओं के गिरते स्तर और पतनशीलता पर जार–जार हो रहे थे लेकिन उनको साथी लेखिका तसलीमा नसरीन का दर्द याद नहीं आया। तसलीमा हर दिन घुट रही थीं लेकिन उसके लिए क्या कभी कोई प्रयास किया गया। एम.एफ. हुसैन के लिए बुक्का फाड़ विरोध करने वाले इन लेखक संगठनों ने सलमान रुश्दी के भारत आने पर मुल्लाओं के विरोध में चुप्पी साध ली थी। वजह बहुत साफ़ है उसको कहने की आवश्यकता नहीं है। जनवादिता और प्रगतिशीलता जब अपने आपको एक दायरे में समेट लेती है और विरोध या प्रशंसा का पैमाना विचारधारा और परोक्ष रूप से विचारधारा के लिए वोट जुटाना हो जाता है तो लेखकों का व्यवहार राजनेताओं सरीखा हो जाता है। लेखन से ज़्यादा राजनीति करने का नतीजा यह होता है कि पाठकों के बीच उनकी साख कम से कमतर होती चली जाती है। आज संस्थाओं से ज़्यादा ज़रूरी, गम्भीर और बुनियादी समस्याएँ लेखकों के सामने हैं। आज हिन्दी में किताबों की उपलब्धता, हिन्दी समाज के फैलाव के बावजूद साहित्यिक किताबों की कम बिक्री, लेखकों की रॉयल्टी, लेखकों की सहायता के लिए आकस्मिक कोष की कमी जैसी समस्याएँ हैं जिनपर

तवज्जो की ज़रूरत है। लेखक संगठन के कर्ता–धर्ताओं और उनसे जुड़े लेखकों को इन पर ध्यान देना होगा और हालात की बेहतरी के लिए काम करना होगा। लेकिन इन समस्याओं को लेकर कभी हल्ला–गुल्ला नहीं मचता, कोई आन्दोलन नहीं होता, कभी कोई अपील नहीं जारी की जाती। इसकी वजह है कि उससे कोई दलगत हित नहीं सधता। ज़रूरत इस बात की है कि इन मुद्दों पर गम्भीर विमर्श हो वर्ना लेखक समुदाय एक दिन मृतप्राय लेखक संगठनों का शोकगीत लिख डालेंगे।

लेखकों की सामाजिक भूमिका

पिछले कुछ वर्षों से लेखकों की सामाजिक भूमिका लगभग ख़त्म हो गयी है। कहीं से भी ये लगता ही नहीं है कि लेखकों का समाज से कोई जुड़ाव भी है। किसी भी बड़े सामाजिक प्रश्न पर इनकी एकजुटता नज़र नहीं आती है। वे छोटे–छोटे गुटों में बनायी अपनी ही दुनिया में सन्तुष्ट नज़र आते हैं, जबकि साहित्य और संस्कृति के सामने कई तरह के संकट उत्पन्न हो गये हैं। लेखकों की सामाजिक सक्रियता को लेकर लेखक संगठनों की स्थापना की गयी थी। कहने को तो आज हिन्दी में तीन लेखक संगठन हैं और ये तीनों अलग–अलग कम्युनिस्ट पार्टियों से सम्बद्ध हैं। प्रगतिशील लेखक संघ, सीपीआई से, जनवादी लेखक संघ, सीपीएम से और जन संस्कृति मंच, सीपीआई–एमएल से। लेकिन ये संगठन इन पार्टियों के पिछलग्गू ही साबित हो रहे हैं। जब सन् 1936 में प्रगतिशील लेखक संघ की स्थापना हुई थी तो दो दशकों तक इसने सभी भारतीय भाषाओं में समान रूप से लेखकों को जोड़कर गम्भीरता से काम किया लेकिन समय बीतने के साथ ये संगठन कमज़ोर होता गया और आज तो हालत ये है कि कुछ शहरों को छोड़ दें तो ये लगभग मृतप्राय है। यही हाल जलेस और जसम का भी है। अब तो ये तक पता नहीं चलता है कि इनके अध्यक्ष और सचिव कौन हैं। इन संगठनों का पता तब चलता है जब किसी लेखक की मृत्यु होती है। इसके बाद लेखक संगठन एक शोकसभा का आयोजन करते हैं और उसमें मर्सिया पढ़कर अपने कर्तव्य की इतिश्री कर लेते हैं। यह सही है और दुखद भी कि लेखक लोग या तो किसी शोकसभा में मिलते हैं या पुस्तक विमोचन के अवसर पर। मुद्दों को लेकर लेखकों ने आपस में मिलना बन्द कर दिया है।

दूसरी सबसे शर्मनाक बात ये है कि इन लेखक संगठनों को किसी

लेखक के मरने के बाद ही उसकी महत्ता समझ में आती है। लेखक के जीवित रहते ये संगठन लेखकों की रचनाओं पर कुछ भी करने से कतराते रहते हैं लेकिन लेखक के मरते ही उसे महान तथा उसकी रचनाओं को बेहद अहम बताने लग जाते हैं। इससे लगता तो ये है कि ये लेखक संगठन लेखकों के मरने की प्रतीक्षा कर रहा होता है। जब हिन्दी के कवि सुदीप बनर्जी का निधन हुआ था तब तमाम लेखक संगठनों के बीच उन्हें महान साबित करने की होड़ लग गयी थी, लेकिन मुझे नहीं याद कि उनके जीवित रहते किसी भी संगठन ने कोई महत्त्वपूर्ण कार्यक्रम सुदीप बनर्जी की रचनात्मकता पर आयोजित किया था।

कई साल पहले हिन्दी के एक वरिष्ठ कवि मंगलेश डबराल ने एक बातचीत में कहा था कि लेखक संगठन लेखकों की यूनियन नहीं है जो कॉपीराइट आदि के मुद्दे पर संघर्ष करें। उनका मानना था कि ये वैचारिक संगठन हैं जिनका काम साहित्य की दुनिया में वैचारिक संवेदना का प्रचार करना है। अगर मंगलेश की बातों को मान भी लिया जाये तो सवाल ये उठता है कि वैचारिक संवेदना के प्रचार के लिए भी लेखक संगठन क्या कर रहे हैं? आज ज़रूरत इन लेखक संगठनों की भूमिका पर पुनर्विचार की है। इन संगठनों की निष्क्रियता के पीछे वामपन्थी राजनीति की हिम्मतपरस्ती और अवसरवादिता की राजनीति है। लेखकों के बीच भी पद और पुरस्कार पाने की लोलुपता बढ़ती जा रही है। वैचारिकता पर अवसरवादिता हावी हो गयी है। तमाम लेखक इस दन्द–फन्द में जुटे रहते हैं कि किस संगठन से जुड़कर उन्हें लाभ हो सकता है और ये तय करते ही वो उन संगठनों से जुड़कर साहित्यिक मठाधीशों का आशीर्वाद प्राप्त करते हैं। सच तो ये है कि लेखक, संगठनों से न तो कोई ऊर्जा प्राप्त कर पा रहे हैं और न ही कोई वैचारिक दिशा।

लेखक संगठनों का इतना बुरा हाल है कि वो अपने ही साथी लेखकों के हित के लिए कुछ भी नहीं कर पा रहा है। कॉपीराइट हिन्दी में लेखकों के लिए आज एक बड़ा मुदा है और तमाम लेखक इसके शिकार हो रहे हैं। लगातार प्रकाशकों द्वारा लेखकों के शोषण की बात सामने आती रहती है लेकिन लेखक संगठनों ने इस शोषण के ख़िलाफ़ कोई ठोस आवाज़ नहीं उठायी है, आन्दोलन की बात तो दूर। इसके अलावा भी कई मुद्दे हैं जिन पर लेखक संगठनों की ख़ामोशी चिन्तनीय है। दरअसल अब प्रगतिशील लेखक संघ, जनवादी लेखक संघ, और जन संस्कृति मंच को आपसी

भेदभाव भुलाकर साथ आकर एक नया सांस्कृतिक और साझा मंच बनाना चाहिए और लेखकों का मर्सिया पढ़ना बन्द कर उनके जीवित रहते उनको उनका देय दिलाने के लिए प्रयास करना चाहिए तभी साहित्य का भला होगा और साहित्यकारों का भी। अन्यथा लेखक संघ अपने ही साथियों के मरने का इन्तज़ार करने वाला संगठन बनकर रह जायेगा।

बौद्धिक छलात्कार के मुजरिम?

तुलसी और कबीर के निकष अलग

क्या यह सम्भव है कि एक कालखण्ड में या अलग–अलग कालखण्ड में दो या तीन कवि महान हो सकते हैं? क्या एक कवि को दूसरे कवि के निकष पर कसना और फिर उनका मूल्यांकन करना उचित है? एक कवि के पदों में से दो–एक पदों को उठाकर उसको प्रचारित कर देना और दूसरे कवि के चन्द पदों के आधार पर उनको क्रान्तिकारी ठहरा देना कितना उचित है? पर हमारे देश के दो महान कवियों के साथ ये सब किया गया। तुलसीदास को नीचा दिखाने के लिए कबीर को उठाने का सुनियोजित खेल खेला गया। ऊपर जितने भी सवाल उठाये गये हैं अगर हम उनके उत्तर ढूँढ़ते हैं तो यह खेल साफ़ हो जाता है। आचार्य रामचन्द्र शुक्ल ने अपनी पुस्तक में तुलसीदास को लेकर अपनी मान्यताओं को स्थापित किया था। जब बीसवीं शताब्दी में हज़ारी प्रसाद द्विवेदी आये तो उनके सामने यह चुनौती थी कि वो ख़ुद को आचार्य शुक्ल से अलग दृष्टि वाले आलोचक के तौर पर स्थापित करें। ख़ुद को स्थापित करने के लिए यह आवश्यक था कि वो कोई नयी स्थापना लेकर आते या पहले से चली आ रही स्थापनाओं को चुनौती देते। द्विवेदी जी के सामने शुक्ल जी की आलोचना थी जिसमें उन्होंने तुलसी को स्थापित किया था। हज़ारी प्रसाद द्विवेदी ने माहौल के हिसाब से कबीर की व्याख्या की और उनको क्रान्तिकारी कवि सिद्ध किया। इस क्रम में उन्होंने तुलसीदास को प्रत्यक्ष रूप से कमतर आँकने की कोशिश नहीं की, लेकिन तुलसीदास पर गम्भीरता से स्वतन्त्र लेखन नहीं करके उनको उपेक्षित रखा। कालान्तर में हिन्दी साहित्य में आचार्य हज़ारी प्रसाद द्विवेदी के शिष्यों का साहित्य पर बोलबाला रहा और उन सब लोगों ने द्विवेदी जी की स्थापना को मज़बूत

करने के लिए कबीर को श्रेष्ठ दिखाने के लिए अलग–अलग तरह से लेखन किया और तुलसी को उपेक्षित ही रहने दिया या फिर जहाँ मौक़ा मिला उनको नीचा दिखाने का काम किया। विनांद कैलवर्त ने अपनी पुस्तक–'द मिलेनियम कबीर वाणी, अ कलेक्शन ऑफ़ पदाज़' में साफ़ तौर पर लिखा भी है–'निहित स्वार्थों ने कबीर को बहुत जल्दी हथिया लिया।' सत्रहवीं सदी में गोरखपन्थियों और रामानन्दियों से लेकर बीसवीं शताब्दी में हज़ारी प्रसाद द्विवेदी जैसे ब्राह्मणों तथा अन्य सामाजिक समूहों तक ने कबीर का इस्तेमाल अपने–अपने विचारधारात्मक उद्देश्यों और फ़ायदों के लिए किया। सम्भव है कि विनांद कैलवर्त की स्थापनाएँ अतिरेकी हों लेकिन इस बात से कहाँ इनकार किया जा सकता है कि कबीर का इस्तेमाल 'विचारधारात्मक उद्देश्यों और फ़ायदों के लिए किया गया।

कबीर को क्रान्तिकारी दिखाने और तुलसी को परम्परावादी साबित करने की होड़ में कुछ क्रान्तिकारी लेखकों ने तुलसीदास को वर्णाश्रम व्यवस्था का पोषक, नारी और शूद्र विरोधी क़रार देकर उनकी घोर अवमानना की। रामचरितमानस की एक पंक्ति 'ढोल गँवार शूद्र पशु नारी, सकल ताड़ना के अधिकारी' को पकड़कर तुलसी को कलंकित करने की कुत्सित कोशिश की गयी। तुलसीदास की कविता की व्याख्या करने वाले आलोचक या लेखक बहुधा बहुत ही सुनियोजित तरीक़े से तुलसीदास के उन पदों को प्रमुखता से उठाते हैं जिनसे उनकी छवि स्त्री विरोधी और वर्णाश्रम व्यवस्था के समर्थक की बनती है। तुलसीदास को स्त्री विरोधी क़रार देने वाले मानस में अन्यत्र स्त्रियों का जो वर्णन है उसकी ओर देखते ही नहीं हैं। एक प्रसंग में तुलसीदास कहते हैं–कत विधि सृजीं नारि जग माहीं, पराधीन सपनेहुँ सुख नाहीं। इसी तरह अगर देखें तो मानस में पुत्री की विदाई के समय के प्रसंग में कहा गया है–बहुरि बहुरि भेटहिं महतारी, कहहिं बिरंची रचीं कत नारी। इसके अलावा तुलसी साफ़ तौर पर कहते हैं–रामहि केवल प्रेमु पिआरा। जानि लेउ जो जाननिहारा। इन पदों को आलोच्य पद के सामने रखकर तुलसीदास का मूल्यांकन किया जाना चाहिए। नारी के अलावा जब उनको शूद्रों का विरोधी कहा जाता है तब भी ख़ास विचारधारा के पोषक आलोचक तुलसी के उन पदों को भूल जाते हैं जहाँ वो रामराज्य की बात करते हुए सबकी बराबरी की बात करते हैं। तुलसी जब रामराज्य की बात करते हैं तो वो चारों वर्णों के सरयू नदी के तट पर साथ स्नान करने का वर्णन करते हैं जिसकी ओर क्रान्तिकारी

लेखकों का ध्यान जाता नहीं है। वो कहते हैं—राजघाट सब बिधि सुन्दर बर, मज्जहिं तहाँ बरन चारिउ नर। यहाँ यह खेल तुलसीदास तक ही नहीं चला बल्कि निराला को लेकर भी इस तरह का खेल खेला गया। निराला ने कल्याण पत्रिका के भक्ति अंक से लेकर कई अन्य अंकों में जो लेख लिखे थे उनको ओझल कर दिया गया। नयी पीढ़ी के पाठकों को इस बात का पता ही नहीं है कि भक्त निराला ने किस तरह की रचना की।

कबीर को ऊपर उठाने के खेल में जिस तरह से तुलसीदास की आलोचना की जा रही थी और जिस तरह से दोनों को सामने रखकर तुलनात्मक बातें हो रही थीं उसी क्रान्तिकारी व्याख्या से उत्साहित होकर एक पत्रिका ने तुलसीदास को हिन्दू समाज का पथभ्रष्टक साबित करने के लिए लेखों की एक श्रृंखला प्रकाशित की थी जो बाद में पुस्तकाकार में भी छपी। बावजूद इसके तुलसी की व्याप्ति भारतीय मानस से ज़रा भी नहीं डिगी। तुलसीदास के सामने कबीर को सोशल रिवोल्यूशनरी साबित करने वाले यह भूल गये कि वे वेदान्तवादी थे और वैष्णव होने की वजह से एकात्मवाद को बढ़ावा देते थे और सार्वजनिक जीवन में किसी भी तरह के आडम्बर के ख़िलाफ़ थे। उन्होंने समाज में व्याप्त आडम्बर के ख़िलाफ़ चेतावनी के पद लिखे जिनको बार–बार उछाल कर कबीर को क्रान्ति के संवाहक के तौर पर पेश किया गया। लेकिन जब राम उनके पदों में आते हैं तो उसको बिसरा दिया जाता है। वो राम को मानते रहे। राम का नाम कबीर के पदों में बार–बार आता है–'राम मेरे पियू, मैं राम की बहुरिया हो या राम निरंजन न्यारा के, अंजन सकल पसारा। या फिर दुलहिन गावहूँ मंगलाचार, हम घरि आये हो राजा राम भरतार।' कबीर को राम से अलग करके देखने की ग़लती बार–बार हुई या जानबूझकर की गयी इस बारे में निश्चित तौर पर कुछ भी कहना मुश्किल है। वामपन्थी लेखकों ने लगातार रामचरितमानस को धर्म से जोड़कर मूल्यांकन किया और कबीर को क्रान्तिकारी समाज–सुधारक और कुरीतियों पर प्रहार करने वाले बताते रहे। यहाँ उनसे एक चूक हो गयी। वो यह भूल गये कि किसी कवि की कृति को अगर धर्मग्रन्थ का दर्जा हासिल हो जाये तो वो महान हो जाता है। आज रामचरितमानस की स्थिति क्या है, विचार करिए। लोग उसको मन्दिरों में रखते हैं, उसकी पूजा होती है, जन्म–मरण के समय उसका पारायण होता है। एक कवि के लिए इससे बड़ी बात क्या हो सकती है। लेकिन वामपन्थी बौद्धिकों को इससे घबराहट होने लगी

और उन्होंने तुलसीदास को उनके विचारों के आधार पर ख़ारिज करने की लगातार मुहिम चलायी। लेकिन तुलसीदास की कविताई में वो तेज़ है जिसने अपनी तमाम आलोचनाओं को अब तक धता बताते हुए अपनी लोकव्याप्ति का दायरा और बढ़ाया है।

दरअसल अगर हम देखें तो तुलसीदास के सृजन का जो कालखण्ड है उसमें भारतीय संस्कृति एक संक्रमण के दौर से गुज़र रही थी। अपनी समृद्ध विरासत और संस्कृति के प्रति लोगों की निष्ठा कमज़ोर हो रही थी या कह सकते हैं कि लगभग ख़त्म–सी होने लगी थी। एक के बाद एक लगातार हो रहे विदेशी आक्रमणों से देश जख़्मी था। तुलसीदास के सामने एक कवि के रूप में चुनौती थी कि वो जनता को अपने लोक से जोड़ने वाली कोई रचना प्रस्तुत करें। यह अकारण नहीं है कि तुलसीदास जी ने रामचरितमानस की शुरुआत सरस्वती और गणेश वन्दना से की– 'वर्णानामर्थसंघानां रसानां छन्दसामपि मंगलानां च कर्तारौ वन्दे वाणीविनायकौ।' तुलसीदास ने जब रामचरितमानस की रचना की तो उन्होंने एक आदर्श राज्य की अवधारणा को राम के माध्यम से प्रस्तुत किया, जिसे रामराज्य कहा गया। राम का चरित्र एक मर्यादा पुरुष के तौर पर पेश किया जहाँ वो न्याय के लिए किसी भी हद तक जा सकता है। एक ऐसा राजा जिसकी प्राथमिकता में उसका राज्य, उसके परिवार से पहले है। पत्नी के तौर पर जब सीता का चरित्र–चित्रण किया तो एक ऐसी आदर्श पत्नी के तौर पर उसको अपनी रचना में पेश किया जो अपने पति के मान–सम्मान के लिए राजसी जीवन छोड़ने में देर नहीं लगाती। लोकोपवाद के छींटे पति पर न पड़ें इसके लिए अग्निपरीक्षा देने को तैयार हो जाती है। पति के बनवास के वक़्त उसके साथ क़दम से क़दम मिलाकर चलती है। भाई हो तो लक्ष्मण और भरत जैसा जो आदर्श हैं। और तो और दुश्मन भी बनाया तो रावण को जो उद्भट विद्वान और शिव का उपासक था। तुलसीदास का जो समय था वो कबीर के समय से अलग था। तुलसीदास के सामने देश का सांस्कृतिक संकट था और वो अपनी लेखनी के माध्यम से उस संकट से मुठभेड़ कर रहे थे। दूसरी तरफ़ कबीर समाज में व्याप्त कुरीतियों पर प्रहार कर रहे थे। इस तरह से देखें तो दोनों कवियों का निकष अलग था। तुलसीदास और कबीर की तुलना करने का उपक्रम ही ग़लत इरादे से किया गया था।

अस्सी के दशक में जब राम मन्दिर का आन्दोलन परवान चढ़ा तो

हमारे वामपन्थी आलोचक दिग्गजों ने राम को ही कठघरे में खड़ा करने की कोशिशें शुरू कर दीं। उन्होंने ऐसा ताना–बाना बुना कि लोक में अभिवादन का जो सबसे लोकप्रिय तरीका था, राम–राम जी, उसको भी साम्प्रदायिकता से जोड़ने की कोशिश की। यह अनायास नहीं हो सकता है कि हर–हर महादेव कहने वाले, राधे–राधे कहने वाले, या फिर जयश्री कृष्ण कहने वाले साम्प्रदायिक न हों और जयश्री राम बोलने वाले साम्प्रदायिक हों। जब इन लोगों ने राम को ही सन्देहास्पद बनाने की कोशिश की तो उसकी आँच से तुलसीदास भी बच न सके। तुलसी को नीचा दिखाने के लिए इन लोगों ने कबीर का सहारा लिया। लेकिन तुलसीदास के बारे में सूर्यकान्त त्रिपाठी निराला की पंक्तियाँ ध्यातव्य हैं जिसे डॉ. रामविलास शर्मा ने निराला की साहित्य साधना में लिखा है–अंग्रेज़ी और बांग्ला के अनेक कवियों के नाम गिनाने के बाद एक दिन निराला बोले–'इन सब बड़ेन क पढ़ित है तो ज्यू ज़रूर प्रसन्न होत है पर जब तुलसीदास क पढ़ित है तो सबका अलग धरि देइत है। हमार स्वप्न इहै सदा रहा कि गंगा के किनारे नहाय के भीख मांगिके रही और तुलसीदास कै पढ़ी।' महाप्राण निराला के यह कहने के बाद क्या बचता है। क्या कभी किसी ने ये जानने की कोशिश की कि कबीर के महिलाओं के बारे में क्या विचार थे। अभी यह जानकारी आना शेष है। कबीर महिलाओं को लेकर उतने क्रान्तिकारी नहीं हैं जितने वो कुरीतियों के ख़िलाफ़ दिखते हैं। बावजूद इसके कबीर की महानता पर कोई शक नहीं लेकिन सन्देह तो तब होता है या सवाल तब उठता है जब दो महान कवियों में से एक को सिर्फ़ इस आधार पर हाशिए पर डालने की कोशिश होती है कि वो भारत को सांस्कृतिक रूप से जोड़ने का काम करता है। हिन्दी साहित्य में इस तरह की बेईमानियाँ लम्बे समय से चल रही हैं और इसने साहित्य का बड़ा नुक़सान किया। जितनी जल्दी इस प्रवृत्ति से छुटकारा मिल सकेगा उतनी जल्दी साहित्य का भला होना शुरू हो जायेगा।

साहित्य का तू पन्त और मैं निराला काल

समकालीन साहित्यिक परिदृश्य में एक–दूसरे की तारीफ़ करने की प्रवृत्ति लगातार बढ़ती हुई दिखायी दे रही है और एक–दूसरे के आलोचकों को ठिकाने लगाने की भी। तारीफ़ करना अच्छी बात है लेकिन 'तू पन्त मैं निराला' वाली तारीफ़ आसानी से रेखांकित हो जाती है। इन लेखकों में

इस बात का धैर्य भी नहीं है कि वो अपने साथी लेखक की तारीफ़ के बाद कुछ समय इन्तज़ार करें और फिर उसके बाद उनकी प्रशंसा करें। हाथ के हाथ लेन–देन सम्पन्न हो जाता है। किसी तरह का उधार नहीं रहता है। आपने मंच से तारीफ़ की तो उन्होंने फेसबुक पर आपको महान बता दिया। आपने फेसबुक पर लिखा तो उन्होंने फ़ौरन ब्लॉग पर आपकी प्रशंसा कर डाली। मौजूदा साहित्यिक परिदृश्य पर नज़र रखने वाले पाठकों को ऐसे लेखकों को पहचानने में ज़रा भी दिक्कत नहीं होगी। सोशल मीडिया पर ऐसे लेखकों का एक समूह सक्रिय है जो सिर्फ़ एक–दूसरे की तारीफ़ ही करते रहते हैं। ये न सिर्फ़ एक–दूसरे की तारीफ़ करते हैं बल्कि अपने कॉमरेड की कृति की आलोचना का उत्तर भी देते हैं। कृति पर बात करना ज़रूरी है, और होना भी चाहिए, लेकिन कृति पर बात करते–करते जब कृतिकार पर बात होने लगती है, तब समस्या शुरू हो जाती है। यह ज़रूरी नहीं है कि कोई कृतिकार अगर विनम्र हो तो उसकी रचना विश्वस्तरीय होगी। यह भी ज़रूरी नहीं है कि कोई रचनाकार किसी ख़ास समुदाय से आता है, तो उसके लेखन में उस समुदाय के पूरे संघर्ष का चित्रण हो या फिर उस ख़ास समुदाय का अन्तर्विरोध उसमें मुखर होकर पाठकों तक पहुँचे। अव्वल बात तो सिर्फ़ रचना पर होनी चाहिए और चर्चा या आलोचना की परिधि से लेखक, लेखक के स्वभाव या समुदाय को बाहर रखा जाना चाहिए, लेकिन समूह गान करने वाले लोग सब कुछ भूलकर सिर्फ़ रचना की आलोचना करने वाले पर टूट पड़ते हैं और येन–केन प्रकारेण उनको नीचा दिखाने की कोशिशें शुरू हो जाती हैं। आलोचना करने वालों पर व्यक्तिगत टिप्पणियाँ न केवल अवांछित होती हैं बल्कि बहुधा स्तरहीन भी होती हैं। लक्ष्य आलोचक की छवि ख़राब करने का होता है लेकिन होता इसके उलट है और टिप्पणीकार ही कालान्तर में सन्दिग्ध हो जाता है।

तारीफ़ समूहों के विचरण और उनकी टिप्पणियों से कभी–कभार साहित्यिक परिदृश्य मनोरंजक भी हो जाता है क्योंकि गढ़े हुए तर्कों में वो प्रामाणिकता नहीं आ पाती है और टिप्पणीकार ख़ुद को हास्यास्पद बना लेता है। दिसम्बर उन्नीस सौ पचपन में रामवृक्ष बेनीपुरी जी ने लिखा था–'ज्वार और भाटे का अपना नियम है। आकाश में अनेक बिजली के हण्डे टँगवा दीजिए, जो पूर्णचन्द्र से भी अधिक रोशनी दे सके, उसमें ज्वार आप ला नहीं सकते। बड़ी से बड़ी नदियों की धाराएँ भी उसके जल की सतह में घट–बढ़ ला नहीं सकतीं। मन्दराचल की अनेक मथनियों से उसे

मथिए, उसके वीचि–विलास में कोई अन्तर नहीं आ सकेगा। वह अपने नियम का अनुसरण करेगा। सारे कृत्रिम उपाय व्यर्थ जायेंगे, व्यर्थ जायेंगे। यही नहीं ऐसे उपाय प्रायः ही उल्टा फल लायेंगे।' क़रीब छह दशक पहले बेनीपुरी जी जो लिख रहे थे वो आज के साहित्यिक परिदृश्य पर सटीक बैठता है। उस वक़्त फेसबुक आदि नहीं था और प्रशंसा–प्रवृत्ति का इतने जोर–शोर से चलन भी नहीं था। कहते हैं कि अच्छा लेखक युगद्रष्टा होता है सो बेनीपुरी जी ने इस प्रवृत्ति की आहट को सुन लिया था। न केवल आहट को सुना था बल्कि अपने लेखन से उन्होंने हिन्दी जगत को सचेत भी किया था।

बेनीपुरी जी के कहे पर गौर करें तो यह तो साफ़ तौर पर समझ में आता है कि किसी भी कमज़ोर कृति को चाहे कितना भी ज़ोर लगा लिया जाये उसको स्थापित नहीं किया जा सकता है। चाहे उसकी कितनी भी तारीफ़नुमा समीक्षा प्रकाशित हो जाये वो पाठकों के दिलों में स्थान नहीं बना पाती है और न ही साहित्यिक जगत में, पाठकों के बीच स्पन्दन पैदा कर सकती है। किसी कृति के बारे में सोशल मीडिया पर चाहे कितना भी माहौल बनाने की कोशिश कर ली जाये, चाहे उसके नाम को हैशटैग के साथ ट्रेण्ड भी क्यों न करवा लिया जाये वो स्थायी महत्त्व हासिल नहीं कर पाता है। तात्कालिकता के शोरगुल में भले ही किताबों की कुछ प्रतियाँ बिक जायें, लेखक अपनी प्रायोजित प्रशंसा से ख़ुश हो ले लेकिन रचना दीर्घजीविता हासिल नहीं कर पाती है। बेनीपुरी जी ने सही कहा था कि सारे कृत्रिम उपाय व्यर्थ जायेंगे और इस बात पर गौर करने की ज़रूरत है कि उन्होंने 'व्यर्थ जायेंगे' दो बार लिखा था, यानी वो इस बात पर ख़ासा जोर दे रहे थे। यह अकारण नहीं है कि आज कोई 'गुनाहों का देवता' या 'कसप' जैसी रचना नहीं आ पाती है। और तो और 'मुझे चाँद चाहिए', 'आवां', 'चाक', फिर 'काला पहाड़' या फिर 'कैसी आग लगायी' जैसी रचनाएँ भी सामने नहीं आ पाती हैं। एक तरफ़ जहाँ स्तरीय कृतियों का अभाव नज़र आता है वहीं दूसरी तरफ़ फेसबुक आदि पर नजर डालें तो हर दूसरी कृति की महानता के गुण वहाँ बिखरे नज़र आयेंगे।

'तू पन्त, मैं निराला' के पैरोकार लेखक बहुधा आलोचकों को भी कठघरे में खड़ा करते रहे हैं। आलोचना के औज़ार पुराने पड़ने से लेकर आलोचकों के विवेक आदि पर सवाल खड़े करते रहते हैं। आलोचकों पर व्यक्तिगत रूप से हमले कर उनको अपमानित करने की भी कोशिश

होती है। वरिष्ठ आलोचक निर्मला जैन ने कुछ वर्षों पूर्व लिखा भी था और जिसकी चर्चा मैं पहले भी कर चुका हूँ कि–'इन दिनों किसी कृति पर आलोचनात्मक टिप्पणी करने से बचती हूँ क्योंकि कौन कब बुरा मान ले पता नहीं।' हालाँकि आलोचकों को अपने ऊपर होने वाले हमलों से घबराना नहीं चाहिए। प्रेमचन्द का एक पात्र कहता है क्या बिगाड़ के डर से ईमान की बात नहीं कहोगी। आलोचकों को बिगाड़ के डर की चिन्ता नहीं करनी चाहिए। आलोचकों पर हमला, पुरानी प्रवृत्ति है लेकिन उसमें स्तरहीनता का बढ़ता अनुपात चिन्ता का विषय हो सकता है।

'तू पन्त, मैं निराला' की प्रवृत्ति के साहित्य जगत पर हावी होने की वजह है साहित्य को विमर्श से जोड़कर उसको विभाजित कर अलग–अलग खाँचे में डालना। दलित विमर्श, स्त्री विमर्श, आदिवासी विमर्श और अब तो पिछड़ों के साहित्य का एक अलग कोष्ठक तैयार करने की तैयारी हो रही है। दरअसल राजेन्द्र यादव ने हिन्दी में दलित और स्त्री विमर्श का जो कथा–मैदान तैयार किया उस पर कई रचनाकार खिलाड़ी इन दिनों खेल रहे हैं। राजनीतिक टिप्पणियों को कहानी मानने का दुराग्रह करते इस मैदान पर कुलांचे भरने वाले तमाम लेखक हिन्दी साहित्य में चिह्नित किये जा सकते हैं। स्त्री विमर्श के कोष्ठक में लिखी जाने वाली ज़्यादातर कहानियों में स्टेटमेंट होता है और कहानीपन या क़िस्सागोई की कमी बहुधा पाठकों को महसूस होती है। इसी तरह से अगर दलित विमर्श की कहानियों को देखें तो ज़्यादातर कहानियों में समाज की कुरीतियों पर लिखा जाता रहा है। वहाँ हर दूसरी कहानी में एक ख़ास तरह की सामाजिक स्थितियाँ दिखायी देती हैं। दलित लेखन के नाम पर जिस तरह का फॉर्मूलाबद्ध लेखन हो रहा है वह हिन्दी कहानी की चौहद्दी का विकास नहीं कर पा रहा है। दलित लेखन में जिस तरह से मराठी के लेखकों ने प्रयोग किये उस तरह का प्रयोग हिन्दी में कम ही दिखायी देता है। शरणकुमार लिंबाले से लेकर लक्ष्मण गायकवाड़ तक के लेखन में जो धार दिखायी देती है वह दलित चेतना को एक नयी ऊँचाई पर ले जाती है। वहाँ कहानी के विकास को साफ़ तौर पर रेखांकित किया जा सकता है। हिन्दी में नहीं। विमर्श के अलावा 'भोगा हुआ यथार्थ' का परचम भी कई रचनाकर लहराते नज़र आ जाते हैं। ख़ासकर अगर हम विमर्श वाले साहित्य की बात करें तो यहाँ तो 'भोगा हुआ यथार्थ' को लेकर एक ख़ास किस्म का लगाव देखने को मिलता है। अभी दिल्ली में

डॉ. सच्चिदानन्द जोशी के कहानी संग्रह के विमोचन के मौक़े पर हिन्दी में प्रेमचन्द साहित्य के अध्येता डॉ. कमल किशोर गोयनका ने 'भोगा हुआ यथार्थ' पर बेहद तल्ख़ टिप्पणी की। दरअसल 'भोगा हुआ यथार्थ' के नाम पर कहानियों में जिस तरह की सपाट बयानी हुई है, उसने कहानी की ज़मीन को कमज़ोर किया है। कई कहानियों में कहानी और रिपोर्ट के बीच का फ़र्क़ मिट–सा गया है। बावजूद इन कमियों के इस तरह के विमर्श वाले कहानीकारों के बीच 'तू पन्त, मैं निराला' का भाव ज़ोर मारता रहता है। प्रशंसा की डफली बजती रहे लेकिन साथ ही अच्छी–बुरी कहानियों पर साहस के साथ बोला या लिखा जाना भी ज़रूरी है।

'मैं' और 'मेरा' का चक्रव्यूह

आज के साहित्यिक परिदृश्य की एक और प्रवृत्ति रेखांकित की जानी चाहिए। वो है 'मैं', 'मेरा' और 'मेरी' की ध्वनियों का कोलाहल। ज़्यादातर लेखक अपनी किताब की प्रशंसा कर रहे होते हैं तो कोई अपनी कहानी की तारीफ़ कर रहा होता है तो कोई अपने कविता–संग्रह को लेकर सार्वजनिक रूप से ख़ुद ही उसको बेहतरीन बताकर प्रशंसा बटोरने में लगा है। हिन्दी साहित्य में इस तरह के माहौल को देखते हुए यह बात सहज रूप से सामने आती है कि कृति का महत्त्व गौण होता चला जा रहा है। व्यक्ति जो कि लेखक है वो ज़्यादा प्रबल होता जा रहा है। रचना बोलेगी लेखक नहीं, की प्रवृत्ति नेपथ्य में चली गयी है। सृजन का महत्त्व या सृजनात्मकता की चर्चा कितनी और क्यों कम होती जा रही है इस पर बात करने और गौर करने की आवश्यकता है। समकालीन साहित्यिक परिदृश्य में 'मैं' और 'मेरा' के साहित्यिक माहौल को देखते हुए मुझे नामवर सिंह जी का एक व्याख्यान याद आ रहा है जो उन्होंने 18 अप्रैल 1982 को जबलपुर में मध्य प्रदेश साहित्य के एक आयोजन में दिया था। तब नामवर सिंह जी ने कहा था–'शायद 1920 और 1930 के दौरान यह 'मैं' साहित्य में ज़्यादा अर्थ के साथ गूँजता था। जब निराला ने 'तुम और मैं' कविता लिखी थी तो 'तुम' तो ख़ैर रहा ही होगा, लेकिन 'मैं' जितने गर्व के साथ और गर्वीले स्वर में बोलता था, उसका अन्दाज़ा आज भी आप उस कविता को पढ़कर लगा सकते हैं। हमारे राष्ट्रीय आन्दोलन के दौरान एक विशेष प्रकार की कविता लिखी गयी थी और वह बड़ी 'मैं' प्रधान कविता हुआ करती थी, जिसे राजनीतिक चिन्तन के लोग व्यक्तिवाद का

दौर कह सकते हैं। साहित्य में एक ज़माने में 'मैं' की बहुत प्रधानता थी और उसमें सार था, तत्त्व था। व्यक्ति अपनी अस्मिता को पहली बार इस रूप में महसूस कर रहा था कि उसे व्यक्त कर सके। धीरे–धीरे असलियत का पता चला और मालूम हुआ कि 'मैं' उतना विराट, हिमालय के समान नहीं है। उसके पीछे जो शक्ति थी–राष्ट्रीय शक्ति थी, सामाजिक शक्ति थी।' लेकिन इस वक़्त साहित्य में जो 'मैं' और 'मेरा' गूँज रहा है उसके पीछे सिर्फ़ और सिर्फ़ आत्ममुग्धता है। पिछले दिनों एक हिन्दी आलोचक से इस विषय पर ही बात हो रही थी तो उन्होंने बेहद तल्ख़ शब्दों में हिन्दी साहित्य की मौजूदा पीढ़ी को हिन्दी साहित्य की 'आत्ममुग्ध पीढ़ी' तक क़रार दे दिया था। इसके पीछे उनके अपने तर्क थे जिस पर बहस तो हो सकती है पर उसको सिरे से ख़ारिज करना मुश्किल लग रहा था।

'मैं' और 'मेरा' का नतीजा यह है कि आज के लेखक अपने वरिष्ठ लेखकों को पढ़कर उनकी रचनाओं से आगे जाने का कोई उपक्रम करते दिख नहीं रहे हैं, वे तो बस अपनी ही पीढ़ी के लेखकों के कन्धों पर पाँव रखकर आगे निकल जाने की होड़ में शामिल हैं। साहित्य की जिस परम्परा की बात लगातार होती रहती है उस परम्परा को भी देखने–समझने की कोशिश नहीं दिखायी देती है। परम्परा को रूढ़ि मानकर ग्रहण करने की बजाय त्यागने की प्रवृत्ति ज़ोर मारती दिखायी देती है। त्यागने से ज़्यादा नकारने की। लेकिन यह नकार लॉजिकल नहीं है बल्कि सिर्फ़ ख़ुद की तारीफ़ में किया जाने वाला है। हिन्दी कहानी में अब तक तो सिर्फ़ परम्परा को ही समकालीन बनाकर पेश किया जाता रहा है। अगर हम निर्मल वर्मा और फणीश्वर नाथ रेणु को छोड़ दें तो हिन्दी कहानी की परम्परा को किसी ने भी झकझोरने की कोशिश नहीं की। लीक से हटकर चलने या फिर अपनी राह बनाने की बात करना तो दूर की बात है। आज के ज़्यादातर लेखक अपने समकालीन को तो नहीं ही पढ़ते हैं अपने पूर्ववर्ती रचनाकारों की रचनाओं को भी नहीं पढ़ते हैं। उनका तर्क यह होता है कि दूसरे लेखकों की रचनाओं को पढ़ने से उनकी रचनात्मकता प्रभावित होती है। अगर एक मिनट के लिए इस तर्क को मान भी लिया जाये तो समकालीन रचनाकारों को पढ़ने में क्या दिक्कत है।

दूसरी जो प्रवृत्ति इस आत्ममुग्धता के पीछे है वो है पुरस्कृत होने की चाहत। ज़्यादातर लेखक पुरस्कृत होना चाहते हैं, छोटा, बड़ा, मँझोला किसी भी प्रकार का कोई पुरस्कार मिल जाये। पुरस्कार के लिए जब

आकांक्षा ज़ोर मारती है तो उसके पीछे यह मनोविज्ञान काम करता है कि वो निर्मल, रेणु या फिर निराला और दिनकर के समकक्ष हो गया है, उतना ही महान लेखन कर रहा है। पुरस्कार पाने की चाहत में सारे तरह के दन्द फन्द अपनाये जाने लगते हैं और रचनात्मकता कहीं पीछे छूटती चली जाती है। आज की इस 'आत्ममुग्ध पीढ़ी' के रचनाकारों में एक ख़ास किस्म का एरोगैंस भी दिखायी देता है, बदतमीज़ी की हद तक। वो खुद को विद्वान ही नहीं मानते बल्कि यह अपेक्षा भी रखते हैं कि दूसरे भी उनको ज्ञानी मानें और उसी हिसाब से उनके साथ बर्ताव किया जाये। मन में इस तरह का भाव झूठी और प्रायोजित प्रशंसा से उपजता है। और इस भाव के पैदा होते ही लेखक की रचनात्मकता बाधित होनी शुरू हो जाती है। बाधित रचनात्मकता को जब छद्म विद्वत्ता बोध का साथ मिलता है तब उससे जन्मती है पुरस्कृत होने की चाहत और इस चाहत के वशीभूत होकर शुरू होती है पुरस्कार पाने की गोलबन्दी। तय मानिए कि जब साहित्य में गोलबन्दी या घेराबन्दी शुरू हो जाये तो उसका संक्रमण काल शुरू हो जाता है। इस संक्रमण काल को आप उस दौर की रचनाओं में आसानी से लक्षित कर सकते हैं।

ज़रूरत इस बात की है कि आज की आत्ममुग्ध पीढ़ी के रचनाकार अपने समकालीनों और पूर्ववर्तियों को पढ़ें और उनको रचनात्मक स्तर पर चुनौती पेश करें। अगर ऐसा हो पाता है तो समकालीन साहित्य का परिदृश्य बदल सकता है और कुछ अच्छी रचनाएँ सामने आ सकती हैं। उन्हें यह बात समझ में नहीं आती है कि साहित्य लम्बे समय तक चलने वाली एक ऐसी साधना है जिसमें फल कब मिलेगा यह तय नहीं होता है। इन दिनों जो लोग कहानी या उपन्यास लिख रहे हैं उनमें से ज़्यादातर को साहित्य–साधना से कोई लेना–देना नहीं है, वे तो तप के पहले ही वरदान के आकांक्षी हुए जा रहे हैं। कुछ नये–नवेले प्रकाशकों ने हल्के और लोकप्रिय विषयों पर लिखवाकर ऐसे लेखकों की आकांक्षाओं को और बढ़ावा दिया है। कुछ दिन पहले एक साहित्यिक पत्रिका में एक लेखिका ने अपने साक्षात्कार में अपनी ही रचनाओं को महान क़रार दिया था और अपने से वरिष्ठ और अपेक्षाकृत ज़्यादा लोकप्रिय लेखक के उपन्यास को फ्लॉप तक कह डाला था। यह आत्ममुग्धता ही तो है। यही नहीं बल्कि साहित्य में तो अब तारीफ़ के लिए भी यत्न–प्रयत्न किये जाते हैं। पूरा का पूरा समूह साथ होकर तारीफ़ के पुल बाँधता चलता है। कई साहित्यिक

पत्रिकाओं के सम्पादक एक पूरी पीढ़ी को आत्ममुग्ध पीढ़ी बनाने के मुजरिम भी माने जा सकते हैं।

'मैं' और 'मेरा' के चक्कर में रचनाएँ काफ़ी कमज़ोर हो रही हैं। पिछले दस साल की कितनी कहानियाँ पाठकों को याद हैं। कहानी का स्तर कितना गिरा है। दो–चार कहानीकारों को छोड़ दें तो कहानी के नाम पर किस तरह की सामग्री पाठकों को पेश की जा रही है, इसको लेकर चिन्तित होने की ज़रूरत हैं। कहानी की दुनिया में कहानीकार धूमकेतु की तरह प्रकट होते है, एक–दो कहानियों से चमकते हैं और फिर धूमकेतु की ही तरह साहित्यिक परिदृश्य से बिला जाते है। आज कहानियाँ थोक के भाव से लिखी जा रही हैं लेकिन लगभग सभी कहानियों को पढ़ने के बाद निराशा होती है। हर युग में अच्छी कहानियाँ लिखी जायें यह आवश्यक नहीं है लेकिन कहानी को लेकर जो विवेक है उसका बचना ज़रूरी है। यही विवेक आज ख़तरे में है। आज के कहानीकारों के अनुभव बहुत सीमित दिखायी पड़ते हैं। चालू और तुरत–फुरत लोकप्रियता हासिल करने वाली रचनाएँ ज़्यादा आ रही हैं। क्लासिक का फ़ैसला तो ख़ैर समय के साथ होता है लेकिन कालजयी रचना के संकेत तो मिलने ही लग जाते हैं। इस तरह के संकेतों वाली रचनाओं का नहीं होना हिन्दी साहित्य के लिए चिन्ता का सबब है। इस चिन्ता को दूर करने के लिए ज़रूरी है कि नये लेखकों और पुराने लेखकों के बीच संवाद हो। इस तरह के संवाद के लिए साहित्यिक आयोजन बेहतर मंच हो सकते हैं। संवाद से ही परम्परा को मज़बूती मिलती रही है और मुझे लगता है कि अगर एक बार साहित्य में पीढ़ियों के बीच संवाद शुरू हो गया तो तमाम तरह की बाधाएँ तो दूर होंगी ही, 'मैं' और 'मेरा' से भी साहित्य को आज़ादी मिलेगी क्योंकि संवाद में 'मैं', 'मैं' ज़्यादा देर तक चल नहीं पाता है उसके लिए एकालाप की आवश्यकता होती है।

विचारधारा मुक्त साहित्य

2014 के लोकसभा चुनाव के दौरान कांग्रेस मुक्त भारत का नारा ज़ोर–शोर से गूँजा था। उस नारे को लोगों ने कितना अपनाया इस पर विवाद हो सकता है। इस बात पर भी बहस हो सकती है कि लोकतन्त्र में मुख्य राजनीतिक दलों में से एक से देश को मुक्त करने की परिकल्पना कितनी उचित थी। विमर्श, बहस, वाद–विवाद–संवाद लोकतन्त्र के लिए ज़रूरी

है। इसी आवश्यकता की वजह से कांग्रेस मुक्त भारत की कल्पना के विरोध में कई लेख लिखे गये, लिखे भी जाने चाहिए क्योंकि भारत का संविधान आपको अपने विचार खुलकर रखने का हक़ देता है। राजनीति में जिस तरह से कांग्रेस मुक्त भारत पर लम्बा विवाद हुआ, उसी तरह से हिन्दी में विचारधारा मुक्त साहित्य पर भी बहस होनी चाहिए। पिछले कई दशकों से जिस तरह से हिन्दी साहित्य एक ख़ास विचारधारा की जकड़न में है उसको दूर करने के लिए और साहित्य को विचारधारा की गुलामी से मुक्त करने के लिए यह आवश्यक है कि हिन्दी में विचारधारा मुक्त साहित्य की मुहिम शुरू की जाये। दिल्ली के विश्व पुस्तक मेले में साहित्य में भारतीयता की अवधारणा विषय पर एक गोष्ठी आयोजित की गयी थी। इस विषय पर बात करने से अब तक हिन्दी के लोग कतराते रहे हैं। दरअसल हुआ यह है कि जिस वक़्त से हिन्दी साहित्य पर वामपन्थी विचारधारा का प्रभाव बढ़ा उसके बाद से ही हमारे देश की चिन्तन पद्धति का ह्रास होना शुरू हो गया। इसके ह्रास के पीछे एक सोची–समझी रणनीति को फलीभूत होते हुए रेखांकित किया जा सकता था। यह क्योंकर हुआ कि जिस देश में वेद, पुराण, उपनिषद जैसी कालजयी रचनाएँ लिखी गयीं, जिस देश में गणित और व्याकरण को वैज्ञानिक तरीक़े से समझा गया उसी देश में स्वतन्त्र चिन्तन की परम्परा ख़त्म हो गयी। हमारी सोच–समझ के औज़ार बदलने लगे। हम स्वदेशी चिन्तन पद्धति को छोड़कर विदेशी और आयातित विचारधारा के प्रभाव में आने लगे। साहित्य से भारतीयता की बातें कम होने लगीं। दबे–कुचले मजलूमों की बातें करते–करते हम अपने गौरवशाली इतिहास को भुलाने लगे। भारत विश्व का इकलौता देश है जहाँ इतनी बहुलता और विविधता है। यहाँ इतनी भाषाएँ, इतनी बोलियाँ, इतनी पोशाकें, इतनी आदतें हैं जो पूरी दुनिया के किसी एक देश में दुर्लभ हैं। इतना विशाल देश होने के बावजूद जो समावेशी संस्कृति हमारे देश में है और उसकी जड़ें इतनी गहरी हैं कि उसको देखकर पूरी दुनिया में लोग दाँतों तले अँगुली दबा लेते हैं।

हमारे पौराणिक ग्रन्थों को चुनिन्दा तरीक़े से दकियानूसी से लेकर जाति प्रथा विरोधी तक क़रार दे दिया गया। हमेशा से यह बात कही और सुनी जाती रही है कि साहित्य समाज का दर्पण होता है। जिस तरह की मान्यताएँ और परम्पराएँ समाज में होती हैं वो साहित्य में प्रतिबिम्बित होती हैं। साथ ही समाज की कुरीतियों को भी साहित्य निगेट करता है। उस

पर कुठाराघात करता है। हमारे पौराणिक ग्रन्थों को बेहद ही चालाकी से स्त्री विरोधी क़रार दे दिया गया और यह भ्रम फैलाया गया कि वेद और पुराण स्त्रियों की आज़ादी के ख़िलाफ़ हैं। दरअसल विदेशी और आयातित विचारधारा को स्थापित करने के लिए यह आवश्यक था कि पहले से स्थापित विचारधारा और मान्यताओं को विस्थापित किया जाये। किसी भी विचारधारा को या लेखन को जनमानस से हटाने के लिए यह ज़रूरी है कि उसको बदनाम किया जाये। विदेशी विचारधारा को हमारे साहित्य पर थोपने वालों ने यही काम किया। उन्होंने प्राचीन हिन्दू धर्मग्रन्थों को बदनाम करना शुरू किया। बदनाम करने के लिए सबसे ज़रूरी यह होता है कि उसको समाज के किसी समुदाय विशेष के ख़िलाफ़ साबित करो। आयातित विचारधारा चूँकि दबे–कुचलों और ग़रीबों के बारे में बात करती थी लिहाज़ा यह सोचा गया होगा कि भारतीय ग्रन्थों में से कुछ ऐसा ढूँढ़कर निकाला जाये जिसमें इस विशाल वर्ग के ख़िलाफ़ कुछ हो। इस सोच के पीछे यह साबित करना था कि भारतीय चिन्तन पद्धति या भारतीय लेखन में वर्ग विशेष के हितों का ध्यान रखा गया है। इस सोच के तहत ही पुराने भारतीय ग्रन्थों को बदनाम किया जाने लगा। सबसे पहला आक्रमण हुआ मनुस्मृति पर। मनुस्मृति को दलितों और समाज के निचले तबके के ख़िलाफ़ प्रचारित कर दिया गया। कानों में शीशा डालने जैसी पंक्तियों को अत्याचार के तौर पर प्रचारित किया गया लेकिन अफ़सोस कि इसको समग्रता में नहीं देखा गया। यहाँ हम उसको उचित नहीं ठहरा रहे हैं, आग्रह सिर्फ़ इस बात का है कि किसी भी कृति का मूल्यांकन समग्रता में होना चाहिए। इसी तरह से तुलसीदास कृति रामचरितमानस की एक पंक्ति उठाकर उसको स्त्री के ख़िलाफ़ प्रचारित कर दिया गया। वेदों के बारे में जाने क्या–क्या अनाप–शनाप प्रचारित किया गया। कमोबेश सभी ग्रन्थों को स्त्री और दलित विरोधी क़रार दे दिया गया। उन धर्मग्रन्थों को भी स्त्री विरोधी क़रार दे दिया गया जिनकी बुनियाद दुर्गा, लक्ष्मी और सरस्वती जैसे मज़बूत चरित्र थे। इसके पीछे सिर्फ़ यह मानसिकता काम कर रही थी कि किस तरह से भारतीयता को बदनाम किया जा सके। किसी भी प्राचीन ग्रन्थ का मूल्यांकन समग्रता में नहीं किया गया और कुछ चुनिन्दा अंशों को उठाया गया और फिर विचारधारा के पोषकों ने उसको जमकर प्रचारित किया। समग्रता में मूल्यांकन नहीं होता है तो उसको ही साहित्यिक बेईमानी कहते हैं।

उदाहरण के तौर पर अगर हम देखें तो हमारे पुराने ग्रन्थों में स्त्रियों को लेकर बेहद अच्छे विचार पेश किये गये हैं। अगर उनका मूल्यांकन बग़ैर किसी पूर्वग्रह के समग्रता में हो तो यह बात निकल कर आ सकती है कि भारतीय समाज में स्त्रियों की बेहद इज़्ज़त की जाती थी और उनका ध्यान रखने के लिए पुरुषों को प्रेरित भी किया जाता था। मनुस्मृति में भी इस बात का उल्लेख मिलता है जहाँ उसके तीसरे खण्ड में कहा गया है कि–पिता, भाई, पति, रिश्तेदारों को महिलाओं का सम्मान करना ही चाहिए। जहाँ स्त्रियों का सम्मान होता है वहाँ देवताओं का वास होता है और वो प्रसन्न होते हैं और जहाँ महिलाओं का अपमान होता है वहाँ चाहे आप कितना भी पूजा–पाठ कर लें कुछ नतीजा नहीं निकल सकता है। जिस परिवार में स्त्रियाँ दुखी रहती हैं वो परिवार जल्द ही ख़त्म हो जाता है। मनुस्मृति में तो यहाँ तक कहा गया है कि जो पुरुष अपने परिवार में ख़ुशहाली चाहते हैं उनको छुट्टियों में स्त्रियों को घुमाना चाहिए और उनको उपहार आदि देकर प्रसन्न रखना चाहिए। इसी तरह से अगर हम वेदों को देखें तो उसमें भी स्त्रियों को आज़ादी और सम्मान दिया गया है जिसको उभारा ही नहीं गया। ऋग्वेद और अथर्ववेद में स्त्रियों के बारे में विस्तार से लिखा गया है। अथर्ववेद में साफ़ तौर पर कहा गया है कि जब कोई लड़की विवाह करके ससुराल में आती है तो वो नये परिवार से उसी तरह मिलती है जैसे समुद्र में नदी का मिलन होता है। विवाह के बाद स्त्री उस परिवार में रानी की तरह आती है जो अपने पति के साथ मिलकर सभी फ़ैसले लेने वाली होती है। इस तरह की तुलना और स्त्री–पुरुष समानता की बात उस काल में विश्व के अन्य ग्रन्थों में दुर्लभ है। ऋग्वेद में तो कई ऋचाओं को महिला ऋषियों से ही कहलवाया गया है जिसका प्रतीकात्मक अर्थ है। उन अर्थों को प्रचारित करने के बजाय दबा दिया गया। महिला वैदिक ऋषियों की एक लम्बी परम्परा रही है जिनमें रोमाशा, लोपामुद्रा, विवसरा से लेकर मैत्रेयी और गार्गी का उल्लेख मिलता है।

विदेशी आक्रमणों के अलावा विचारधारा के आक्रमण ने हमारे साहित्य का नुक़सान किया। वामपन्थी विचारधारा से इतर साहित्य रचना करने वालों को कभी कलावादी तो कभी परिमलवादी कहकर एक ख़ास खाँचे में डाला गया। उनके मूल्यांकन को बाधित किया गया। अज्ञेय हिन्दी साहित्य का वह हीरा हैं जो विश्व की किसी भी भाषा के लेखक से कमतर नहीं हैं लेकिन उनका वामपन्थियों ने क्या हाल किया, ये सबके सामने

है। दिनकर के लेखन पर क्यों कर विचार नहीं किया गया। उनको सत्ता प्रतिष्ठान का पिछलग्गू प्रचारित कर उनके महत्त्व को कम कर आँकने की कोशिश की गयी। अशोक वाजपेयी तक को भी उन्होंने साहित्य से बदर करने की भरसक कोशिश की। वह तो अशोक वाजपेयी की प्रतिभा थी कि अपने को प्रासंगिक बनाये रख सके। आज भी अगर कोई लेखक इस तरह की बात करता है तो उसको संघी कहकर साहित्य से अछूत करने की भरसक कोशिश की जाती है, क्योंकि जहाँ तर्क चुक जाते हैं वहाँ सामने वाले को संघी कहकर बच निकलने का वामपन्थी मार्ग बेहद सुगम है। यह मार्ग आसान हो सकता है लेकिन ईमानदारी का मार्ग नहीं है। अगर किसी विषय पर विमर्श करना हो तो खुले दिल से हर मंच पर जाकर बात होनी चाहिए। साहित्य में किसी भी विचारधारा को लेकर अस्पृश्यता का भाव दरअसल इसको पालने वाले की कमज़ोरी को ही रेखांकित करता है।

विचारधारा के प्रभाव में तैयार रिपोर्ट

एक अन्तरराष्ट्रीय संस्था है जिसका नाम है, एमनेस्टी इण्टरनेशनल। इस संस्था का दावा है कि वो लोगों के पैसे से चलती है और ये एक वैश्विक आन्दोलन है। दावा तो ये भी करते हैं कि वो किसी भी तरह की विचारधारा से स्वतन्त्र हैं लेकिन उनकी आत्मा लेफ़्ट की ओर झुकी नज़र आती है। इस संस्था की सालाना रिपोर्ट में भारत के बारे में कही गयी बातों का आधार बहुत साफ़ नहीं था या फिर कुछ छिटपुट घटनाओं के आधार पर पूरे देश की तस्वीर पेश कर दी गयी थी। दरअसल जब हम पूरी रिपोर्ट को पढ़ते हैं तो उनके आधार को देखते हुए ये लगता है कि इस विशाल देश के बारे में इक्का–दुक्का घटनाओं के आधार पर निष्कर्ष पर पहुँचकर एमनेस्टी इण्टरनेशनल ने या तो अपनी अज्ञानता का परिचय दिया या फिर चाहे–अनचाहे वह उस विचारधारा और उसके तर्कों के साथ खड़ी नज़र आ रही है जो इन घटनाओं को लेकर बवाल मचाते रहे हैं। ये वही एमनेस्टी इण्टरनेशनल है जो कहती है कि अन्धकार को कोसने से बेहतर है कि एक मोमबत्ती जलाने की कोशिश हो। लेकिन भारत को लेकर इसकी पूरी रिपोर्ट में ये कोशिश की गयी है कि जिस भी कोने–अन्तरे में हल्का भी अँधेरा हो तो उस अँधेरे को आधार बनाकर निष्कर्ष पर पहुँचा जाये। एमनेस्टी की इसी रिपोर्ट के आधार पर अमेरिका के भारत में राजदूत

रिचर्ड वर्मा भी उपदेशक की भूमिका में नज़र आये थे। वो हमारे देश को सहिष्णुता और बन्धुत्व की सीख देने लगे थे। रिचर्ड वर्मा जो नसीहत भारत और भारतीयों को दे रहे थे वही नसीहत उनको अपने देशवासियों और वहाँ के ओबामा प्रशासन को देनी चाहिए थी। अमेरिका में उस दौर में कितने भारतीय नस्लभेद के शिकार हुए ये रिचर्ड को पता होगा। किस तरह से एक गुजराती बुज़ुर्ग को सरेआम पुलिस वाले ने पीटा था वह सारी दुनिया ने देखा था। दरअसल यह श्वेत मानसिकता है जो यह समझती है कि उसको पूरी दुनिया को ज्ञान देने का हक़ है। कई बार ओबामा भी भारत को नसीहत देते नज़र आते थे लेकिन अपने यहाँ की घटनाओं को भूल जाते थे। ख़ैर यह एक अवान्तर प्रसंग है जो विस्तार से चर्चा की माँग करता है। फिलहाल बात एमनेस्टी इण्टरनेशनल की रिपोर्ट पर हो रही थी। रिपोर्ट में यह बात ज़ोर देकर कही गयी थी कि भारत में मौजूदा प्रशासन ने सिविल सोसाइटी के उन लोगों के ख़िलाफ़ कार्रवाई की जिन्होंने सरकारी नीतियों की आलोचना की। इसके अलावा इस रिपोर्ट में विदेशी फण्डिंग पर सरकारी शिकंजे को भी निशाना बनाया गया और उसको भी देश के माहौल से जोड़ने की कोशिश की गयी थी। इस रिपोर्ट की ये दो बातें विचार करने योग्य हैं। सरकार ने किस सिविल सोसाइटी के लोगों के ख़िलाफ़ कार्रवाई की इस बात पर एमनेस्टी को विस्तारपूर्वक अपनी रिपोर्ट में सोदाहरण बताना चाहिए था। यह सत्य है कि सरकार ने ग़ैर–सरकारी संगठनों को विदेशों से मिलने वाली राशि पर अंकुश अवश्य लगाया। यह अंकुश कोई नया क़ानून बनाकर या बदले की भावना से लगाया गया हो ऐसा प्रतीत होता नहीं है। अगर सरकार इसको ग़लत तरीक़े से अंजाम दे रही होती तो एनजीओ का जो मज़बूत कॉकस है वो इसको अदालत में चुनौती दे चुका होता। एमनेस्टी इण्टरनेशनल से ये पूछा जाना चाहिए कि क्या सरकार को उन एनजीओ से हिसाब माँगने का हक़ नहीं है कि विदेशों से मिल रहे पैसों का मनमाना या फिर संगठन के घोषित उद्देश्यों से इतर क्या इस्तेमाल हो रहा है। क्या भारत सरकार को ये बात जानने का हक़ नहीं है कि जिन उद्देश्यों की पूर्ति के लिए इन एनजीओ को विदेशों से पैसा मिलता है वो उसी पर ख़र्च होता है या कहीं और उसको डायवर्ट कर दिया जाता है। क्या एमनेस्टी इण्टरनेशनल इस बात की वकालत करता है कि एनजीओ अनाप–शनाप तरीक़े से ख़र्च करें और सरकार उस ओर से आँखें मूँदे रहे। दरअसल

एमनेस्टी इण्टरनेशनल की इस रिपोर्ट को अगर गम्भीरता से पढ़कर विश्लेषित किया जाये तो उसके अन्दर एक सूत्र नज़र आता है। वो सूत्र है सिविल सोसाइटी के लोगों पर कार्रवाई, विदेशों से मिलने वाले चन्दे के नियमों पर सख़्ती, धार्मिक उन्माद से तनाव का बढ़ना, अभिव्यक्ति की आज़ादी पर उग्र हिन्दूवादी संगठनों का हमला, देश में असहिष्णुता का वातावरण, क्रिमिनल जस्टिस सिस्टम में खामी। जिन उदाहरणों की बात की गयी है उसमें घूम–फिरकर वही लोग नज़र आते हैं जो एनजीओ चलाते हैं और विदेशों से धन हासिल करते हैं। देश में हो रही सारी गड़बड़ियों की बात को फैलाने के पीछे एनजीओ की फण्डिंग पैटर्न को सख़्त बनाने का सरकार का निर्णय है। पहले ये होता था कि विदेशी पैसों पर एनजीओ का बड़ा रैकेट चलता था। उसकी ऑडिटिंग आदि का काम ढीले–ढाले तरीक़े से होता था। पैसा आता किसी और नाम से था और ख़र्च किसी और काम पर होता था। मोदी सरकार ने इस पर रोक लगा दी लिहाज़ा एनजीओ सर्किट में हड़कम्प मच गया और सरकार को बदनाम करने की कोशिशें तेज़ हो गयीं। भारत में एनजीओ को पैसे देने वाले विदेशी संगठन इस्लाम और क्रिश्चियनिटी को बढ़ावा देने का काम भी करते हैं। जैसे एक संगठन है अल ख़ैर, जो ग्रेट ब्रिटेन से चलता है और खुद को अग्रणी मुस्लिम चैरिटी कहता है। इस संस्था ने इस्लामिक शिक्षा के आधार पर एक स्कूल की शुरुआत की थी और इसके घोषित उद्देश्यों में मानवाधिकार, शिक्षा और आपात स्थितियों में लोगों की मदद करना है। हैरानी तब होती है जब यह संस्था भारत में उन सेमिनारों को आर्थिक मदद करती है जो सरकार की नीतियों को कठघरे में खड़ा करती है। अल ख़ैर उन सेमिनारों को भी आर्थिक मदद करता है जिनमें परोक्ष रूप से राजनीति और जनमानस को प्रभावित करने की कोशिश की जाती है। अब अगर सरकार इस तरह की संस्थाओं से मिलने वाली आर्थिक मदद का हिसाब माँगने लगी तो ग़लत क्या है। सरकार के इस क़दम से एनजीओ की आड़ में धन्धा चलाने वालों को काफ़ी तकलीफ़ हो गयी थी। उन्हें सरकार असहिष्णु नज़र आने लगी और इन सबके प्रभाव में आकर एमनेस्टी जैसी संस्थाएँ भी वही सुर अलापने लगीं।

एमनेस्टी की रिपोर्ट में देश में अभिव्यक्ति की आज़ादी को भी ख़तरे में बताया गया था। रिपोर्ट कहती है कि भारत में अन्तरराष्ट्रीय स्तर की अभिव्यक्ति की आज़ादी नहीं है। एमनेस्टी को साफ़ करना चाहिए था

कि अभिव्यक्ति की आज़ादी का मानक क्या है। भारत में ये आज़ादी संविधान के हिसाब से मिली हुई है। संविधान में बहुत साफ़ है कि इस आज़ादी पर किन हालात और स्थितियों में पाबन्दी है। अन्तरराष्ट्रीय स्तर चाहे जो हो भारत तो अपने संविधान के हिसाब से चलता है और आगे भी चलता रहेगा। अभिव्यक्ति पर पाबन्दी के सिलसिले में इस रिपोर्ट में दो उदाहरण दिये गये हैं। पहला उदाहरण है केरल में दो लोगों की माओवादी साहित्य रखने के आरोप में गिरफ़्तारी और उसके बाद तमिलनाडु में वहाँ की सरकार और मुख्यमन्त्री के ख़िलाफ़ गीत लिखने वाले एक दलित गायक की गिरफ़्तारी। इसके अलावा इस रिपोर्ट में वही पुरानी घिसी–पिटी बातें हैं, जिन तर्कों के आधार पर बिहार चुनाव से पहले पुरस्कार वापसी का अभियान चलाया गया था। तमिलनाडु में दलित गायक के साथ ग़लत किया गया उसका पूरे देश ने विरोध किया। अब एमनेस्टी इण्टरनेशनल को कौन समझाये कि भारत में माओवादी किस तरह से एक संगठित अपराधी संगठन में तब्दील हो चुके हैं। जो न केवल मासूम लोगों की हत्या करते हैं बल्कि फिरौती से लेकर रेप आदि वारदातों को अंजाम भी देते हैं। अब इस तरह के संगठनों के साहित्य से अगर किसी का सम्बन्ध है तो उसको क्या खुला छोड़ दिया जाना चाहिए। सवाल वही है कि एमनेस्टी इण्टरनेशनल की रिपोर्ट में कई जगह इस बात के संकेत मिलते हैं कि वो वाम विचारधारा की ओर झुकी हुई है। दरअसल अभिव्यक्ति की आज़ादी को लेकर जो लोग या संस्थाएँ ये राय बनाती हैं उनको उन परिस्थितियों को भी ध्यान में रखना होगा जिनमें उन पर बंदिशें लगायी जाती हैं। माओवादी साहित्य रखना और उसका प्रचार–प्रसार करना अपराध है या नहीं, इसका फ़ैसला देश की सक्षम अदालतें करेंगी, एमनेस्टी इण्टरनेशनल नहीं।

बौद्धिक तानाशाही या आज़ादी

रोमन साम्राज्य के फर्डीनेंड–1 ने सोलहवीं शताब्दी में ऐलान किया था कि हर क़ीमत पर न्याय होना चाहिए चाहे विश्व का नाश ही क्यों न हो जाये। अपनी किताब 'आइडिया ऑफ़ जस्टिस' में बाद में अमर्त्य सेन ने न्याय के इस सिद्धान्त के बारे में लिखते हुए कहा था कि यह एक कठोर नीति हो सकती है पर यह न्याय क़तई नहीं है। अमर्त्य सेन का मानना है कि समग्र विश्व के विध्वंस को एक न्यायपूर्ण समाज कह पाना सम्भव नहीं है।

विश्व के नाश के बाद अगर न्याय सम्भव होता है तो उसका कोई मतलब नहीं रह जायेगा। कुछ इस तरह की बात ही जयपुर लिटरेचर फ़ेस्टिवल में वरिष्ठ समाजशास्त्री आशीष नंदी ने कही जब उन्होंने मंच पर मौजूद एक वक्ता की बात करप्शन इज़ अ ग्रेट इक्वलाइज़र के समर्थन में कुछ ऐसा कह दिया जिस पर बवाल खड़ा हो गया। आशीष नंदी ने चर्चा में भाग लेते हुए कहा कि–'इट इज़ अ फैक्ट दैट मोस्ट ऑफ़ द करप्ट कम फ्रॉम द ओबीसी एण्ड शेड्यूल कास्ट एण्ड नाउ इंक्रीजिंगली द शेड्यूल ट्राइब।' उन्होंने इसके समर्थन में पश्चिम बंगाल में सीपीएम के शासनकाल का उदाहरण भी दिया। आशीष नंदी के इस बयान पर देश भर में बवाल मच गया। मीडिया पर उनके बयान को तोड़–मरोड़ कर पेश करने का आरोप लगा, जो इस विवाद से बचकर निकल जाने का सबसे आसान रास्ता था। लेकिन इन आरोपों के बीच आशीष नंदी के बयान के दो शब्दों पर गौर नहीं करने की चूक होती चली गयी। आशीष नंदी इस देश के सबसे बड़े विचारक और ऋषितुल्य चिन्तक हैं। उनके शब्दों के चयन पर सन्देह करने की न तो कोई वजह है और न ही कोई पृष्ठभूमि। आशीष नंदी अपने लेखन में पिछले चार–पाँच दशकों से पिछड़ों और दलितों के हितों की वकालत करते रहे हैं। लेकिन 26 जनवरी 2011 को जयपुर में उन्होंने जो कहा उसके दो शब्द पर हमें गौर करना चाहिए। उन्होंने कहा कि–इट इज़ अ फैक्ट दैट मोस्ट ऑफ़ द करप्ट...। इस वाक्य में फैक्ट और मोस्ट पर ध्यान देना चाहिए। फैक्ट यानी तथ्य और मोस्ट यानी सबसे ज़्यादा। आशीष नंदी किस तथ्य की बात कह रहे थे, इस बात का खुलासा न तो नंदी ने और न ही उनके समर्थन में तर्क दे रहे बुद्धिजीवियों ने किया। आशीष नंदी और उनके समर्थक भी यह जानते हैं कि तथ्य बग़ैर किसी आधार के नहीं होते हैं। और जब आप सबसे ज़्यादा कहते हैं तो उसका भी आधार होता है। लेकिन दोनों शब्दों का कोई आधार अब तक सामने नहीं आया है।

अपने इस भाषण में नंदी ने कहा था कि जब तक दलित और पिछड़े भ्रष्टाचार करते रहेंगे तो भारतीय गणतन्त्र सुरक्षित है। सवाल यह उठता है कि भ्रष्टाचार, चाहे वो उच्च वर्ग के लोगों द्वारा किया जा रहा हो या निम्न वर्ग के द्वारा, को कैसे जायज़ ठहराया जा सकता है। नंदी के समर्थकों का तर्क है कि पिछड़े तबकों का भ्रष्टाचार उच्च वर्ग के ख़िलाफ़ विद्रोह है। हो सकता है। लेकिन जब एक राजा पर करोड़ों के भ्रष्टाचार

का आरोप लगता है तो वो किस उच्च वर्ग के ख़िलाफ़ विद्रोह है, यह बात समझ से परे है। यह तो उसी तरह की बात हुई कि सबको न्याय मिलना ही चाहिए चाहे विश्व का नाश क्यों न हो जाये। रिपब्लिक ऑफ़ आइडिया के सत्र में बोलते हुए आशीष नंदी ने पश्चिम बंगाल में सीपीएम के शासनकाल का उदाहरण देते हुए कहा था कि वो एक ऐसा राज्य है जहाँ भ्रष्टाचार न्यूनतम है क्योंकि पिछले सौ सालों से वहाँ पिछड़े, दलित और आदिवासी वर्ग का कोई नुमाइन्दा सत्ता के क़रीब नहीं आया। आशीष नंदी के इस बयान को कई समाजशास्त्री तंज और व्यंग्य के रूप में व्याख्यायित करनें लगे। इस भाषण में कहाँ तंज है यह बात समझ से परे है। जयपुर लिटरेचर फ़ेस्टिवल के उस सत्र के दौरान मैं पूरे वक़्त मौजूद था और पूरी बातचीत और उनके कहने के अन्दाज़ से कहीं भी नहीं लग रहा था कि आशीष नंदी व्यंग्य के रूप में यह बात कह रहे थे। नंदी के इस बयान पर राजनीतिक दलों में ज़बरदस्त और तीखी प्रतिक्रिया हुई थी। मायावती से लेकर तत्कालीन एस.सी. कमीशन के अध्यक्ष पी.एल. पुनिया ने उनकी गिरफ़्तारी की माँग भी की थी। पुनिया ने तो उनके बयान को आपराधिक प्रवृत्ति तक क़रार दे दिया था। पुनिया के इस बयान से किसी भी तरह से सहमत नहीं हुआ जा सकता, न ही नंदी की गिरफ़्तारी की माँग को जायज़ क़रार दिया जा सकता। पुनिया इस बहाने राजनीति की रोटियाँ सेंक रहे थे।

हमारे देश के बुद्धिजीवियों का एक तबका राजनेताओं को नंदी के बयान पर राजनीति नहीं करने की सलाह देने लगा। उनका तर्क था कि नंदी के बयान का प्रतिवाद तर्कों के आधार पर किया जाना चाहिए और इस मामले से राजनेताओं को अलग रहना चाहिए। दरअसल कुछ बुद्धिजीवियों का यह तर्क बेहद हास्यास्पद है। वे राजनेताओं को राजनीति न करने की सलाह दे रहे थे, उनकी अपेक्षा थी कि मायावती, पुनिया या बीजेपी–कांग्रेस के नेता अख़बारों और पत्रिकाओं में लेख लिखकर विरोध जतायें। लोकतन्त्र में राजनेता राजनीति ही करते हैं और करेंगे। हमारे बुद्धिजीवी यह भूल गये थे कि अगर आशीष नंदी की तरह का कोई बयान राजनेता देता तो उसके क्या तर्क होते। लोकतन्त्र के नाम पर हमारे देश के बुद्धिजीवी एक और खेल खेलते हैं, वह है अपने विचारों को थोपने का खेल। अगर आप हमारे विचारों के साथ नहीं हैं तो आप अनपढ़, मूढ़ और दकियानूसी हैं, जबकि होना यह चाहिए कि आशीष नंदी की तरह

हर किसी को अपने विचारों को जताने का हक़ है। अमर्त्य सेन ने अपनी किताब में तीन बच्चों–अन्ना, बॉब और कार्ला (हिन्दी अनुवाद में इसे सरल करते हुए ए, बी और सी नाम दे दिया है) के बीच एक बाँसुरी के स्वामित्व को लेकर हुए विवाद का उदाहरण देते हैं। अन्ना यह कहकर बाँसुरी पर अपना हक़ जताता है कि उसे ही बाँसुरी बजानी आती है। वहीं बॉब का तर्क यह है कि वह बेहद ग़रीब है और उसके पास कोई खिलौना नहीं है लिहाज़ा बाँसुरी उसको मिलनी चाहिए। कार्ला का तर्क है कि उसने कड़ी मेहनत करके बाँसुरी बनायी है इसलिए उस पर उसका ही अधिकार है। अब इन तीन बच्चों के तर्क के आधार पर आपको फ़ैसला करना है। सेन का मानना है कि मानवीय आनन्दानुभूति, ग़रीबी निवारण और अपने श्रम के उत्पादन का आनन्द उठाने के अधिकार पर आधारित किसी भी दावे को निराधार कहकर ठुकरा देना सहज नहीं है। आर्थिक समतावादी के लिए बॉब के पक्ष में निर्णय देना आसान है क्योंकि उनका आग्रह संसाधनों के अन्तर कम करने को लेकर है। दूसरी ओर स्वातन्त्र्यवादी सहज भाव से बाँसुरी बनाने वाले यानी कार्ला के पक्ष में फ़ैसला सुना देगा। सबसे अधिक कठिन चुनौती उपयोगिता आनन्दवादी के समक्ष खड़ी हो जाती है लेकिन वह स्वातन्त्र्यवादी और समतावादी की तुलना में अन्ना के दावे को प्रबल मानते हुए उसके पक्ष में फ़ैसला दे देगा। उसका तर्क होगा कि चूँकि सिर्फ़ अन्ना को ही बाँसुरी बजानी आती है इसलिए उसको सर्वाधिक आनन्द मिलेगा। सेन का मानना है कि तीनों बच्चों के निहित स्वार्थों में कोई ख़ास अन्तर नहीं है फिर भी तीनों के दावे अलग–अलग प्रकार के निष्पक्ष और मनमानी रहित तर्कों पर आधारित हैं। ठीक इसी तरह से नंदी, उनके पक्ष में खड़े बुद्धिजीवी और राजनेताओं के अपने–अपने तर्क हैं, जिनको रोकना बौद्धिक तानाशाही को बढ़ावा देगा।

स्वाभिमानी लेखक को दयनीय बनाते कुछ लेखक

श्रीलाल शुक्ल जी के निधन के बाद मुझे कुछ बातें शिद्दत से याद आयी थीं। मैं श्रीलाल जी से दो बार मिला। एक बार राजकमल प्रकाशन के 'लेखक से मिलिए' कार्यक्रम में और दूसरी बार राजेन्द्र यादव के जन्मदिन की पार्टी में। 'लेखक से मिलिए' कार्यक्रम में तो बेहद ही औपचारिक–सी मुलाक़ात थी। लेकिन कवि उपेन्द्र कुमार के घर पर हुई राजेन्द्र यादव की पार्टी में तो मेरा अनुभव एकदम ही अलहदा था। किस वर्ष की बात

है ये ठीक से याद नहीं है। लेकिन इतना याद है कि नब्बे के दशक के उत्तरार्द्ध की बात है। यादव जी की पार्टी चल रही थी। दिल्ली का पूरा साहित्यिक समाज वहाँ मौजूद था। पार्क स्ट्रीट के बंगले में हो रही पार्टी में जमकर रसरंजन भी हो रहा था। रसरंजन के बाद खाने का इन्तज़ाम था। पार्टी अपने शबाब पर थी। नामवर जी, अजित कुमार, श्रीलाल शुक्ल एक ही टेबल पर जमे हुए थे। हम लोग खाना खाने पहुँचे तो देखा कि श्रीलाल जी भी आ रहे हैं। क़तार में खड़े सभी लोगों ने श्रीलाल जी के लिए जगह छोड़ दी। शुक्ल जी ने खाना लिया और प्लेट लेकर गेट की ओर बढ़ चले। सभी लोग अपनी मस्ती में थे, रसरंजन का भी असर था। खाना लेकर श्रीलाल जी जब गेट से बाहर हो गये तो हम दो–तीन लोग लपके। श्रीलाल जी कहाँ मानने वाले थे वो तो सड़क पार करके जाकर डिवाइडर पर बैठ गये। अब सोचिए कि हिन्दी का इतना बड़ा लेखक पार्टी से निकलकर डिवाइडर पर बैठकर खाना खा रहा है। दिल्ली के पार्क स्ट्रीट पर ठीक–ठाक ट्रैफिक होता है। लेकिन पार्टी और ट्रैफिक के शोरगुल से बेफ़िक्र श्रीलाल जी खाने में मगन थे। हम लोग उनके आसपास खड़े थे। मैं मन्त्रमुग्ध--सा उनको देख रहा था। हिन्दी के इतने बड़े साहित्यकार से इतने नज़दीक से मिलने का मौक़ा। जब खाना ख़त्म होने लगा तो उन्होंने कहा कि सब्ज़ी चाहिए। ख़ैर, हमारे कहने पर माने और ख़ुद चलकर अन्दर आ गये। तब तक रसरंजन का असर काफ़ी हो चुका था। किसी तरह हम उनको लेकर अन्दर आये और फिर वहाँ बिठाया। यह मेरे लिए एक स्वप्न सरीखा था। 'राग दरबारी' जैसी कालजयी कृति के रचयिता से बातचीत कर मैं धन्य हो रहा था। ख़ैर पार्टी ख़त्म हो गयी और हम अपने–अपने घर चले गये। तब तक कई लोगों से श्रीलाल जी के बारे में काफ़ी सुन चुका था। कई सालों बाद जब तद्‌भव के प्रवेशांक में श्रीलाल शुक्ल पर रवीन्द्र कालिया का संस्मरण पढ़ा तो यादव जी के जन्मदिन की घटना एक बार फिर से स्मरण हो आयी। कालिया जी ने लिखा था–लखनऊ में मेरे एक आईएएस मित्र हैं, एक बार उनसे मिलने उनके निवास स्थान पर गया। बाहर एक चौकीदार तैनात था। मैंने उससे पूछा, साहब हैं? हाँ हैं। क्या कर रहे हैं? शराब पी रहे हैं। उसने निहायत सादगी से जवाब दिया। श्रीलाल शुक्ल जब इलाहाबाद नगर निगम के प्रशासक थे, तो अकसर उनसे भेंट होती थी, उनका चौकीदार भी कुछ–कुछ लखनऊ के मित्र के चौकीदार जैसा था। एक बार उनसे मिलने गया और चौकीदार से यह

पूछने पर कि श्रीलाल जी घर पर हैं या नहीं, उसने बताया, साहब हैं। क्या कर रहे हैं—मैंने पूछा। बाहर बगीचे में बैठे हैं और टकटकी लगाकर चाँद की तरफ़ देख रहे हैं। उसने बगीचे की ओर संकेत करते हुए कहा था। बाद में कालिया जी को श्रीलाल जी ने पत्र लिखकर उपर्युक्त प्रसंग पर हल्की–सी नाराज़गी भी दिखायी थी और लिखा था कि काल्पनिक आईएएस मित्र की बजाय सीधे–सीधे उनका नाम भी लिख देते तो कुछ नहीं हो जाता। श्रीलाल जी के निधन से एक और हसरत मन में ही रह गयी। दो हज़ार दो में मेरे श्वसुर (अब स्वर्गीय) प्रो. प्रियवत नारायण सिंह जी ने मुझे 'राग दरबारी' का पहला संस्करण भेंट किया था। मेरे लिए यह एक अमूल्य भेंट थी। मेरे पास राग दरबारी का पेपरबैक संस्करण था। 'राग दरबारी' का पहला संस्करण 1968 में राजकमल प्रकाशन प्रा. लिमिटेड दिल्ली–6 से छपा था। उस संस्करण पर उपन्यास का मूल्य 15 रु. अंकित है। पहले संस्करण का कवर रिफार्मा स्टूडियो, दिल्ली ने बनाया था। लेकिन जब मुझे राग दरबारी का पहला संस्करण मिला तो उसका कवर नहीं था। मैंने यूँ ही राजकमल प्रकाशन के मालिक अशोक माहेश्वरी को पहले संस्करण की प्रति के बारे में चर्चा की। उन्होंने सुनते ही प्रस्ताव रखा कि मैं उनको पहले संस्करण की प्रति दे दूँ, बदले में वो मुझे राग दरबारी की पाँच प्रतियाँ दे देंगे। मैंने विनम्रतापूर्वक उनके प्रस्ताव को मना कर दिया। थोड़ी निराशा उनके चेहरे पर अवश्य दिखी लेकिन मेरी भावनाओं को उन्होंने समझा। मेरे पास राग दरबारी का कवर नहीं था। मैंने अशोक जी से एक कवर माँग लिया। अब मेरे पास जो राग दरबारी है वो पहला संस्करण है लेकिन कवर बाद के संस्करण का है। मैं जब भी लखनऊ जाता था तो सोचता था कि इस बार श्रीलाल शुक्ल से मिलूँगा और उनसे किताब पर दस्तख़त लूँगा और कवर के बारे में मालूम करूँगा। लेकिन श्रीलाल जी के निधन के बाद ये इच्छा पूरी नहीं हो सकी।

लेकिन श्रीलाल जी की बीमारी और उनके निधन के बहाने मैं एक और बात शिद्दत से उठाना चाहता हूँ। जब श्रीलाल जी बीमार थे और लखनऊ के अस्पताल में भर्ती थे तो अचानक दिल्ली के कुछ लेखकों की ओर से एक अपील जारी हुई। जिसमें श्रीलाल जी की बीमारी के मद्देनज़र सरकार से उनके समुचित इलाज की व्यवस्था करवाने की अपील की गयी थी। अपील पर दस्तख़त करने वालों में सर्वश्री अशोक वाजपेयी, राजेन्द्र यादव,

मुरली मनोहर प्रसाद सिंह, चंचल चौहान, पंकज विष्ट और रेखा अवस्थी के नाम प्रमुख हैं। इस मुहिम के अगुवा मुरली मनोहर प्रसाद सिंह थे। श्रीलाल जी वरिष्ठ आईएएस अफ़सर थे और उत्तर प्रदेश में प्रमुख सचिव के पद से रिटायर हुए थे। लिहाज़ा उनके पास सीजीएचएस की सुविधा होनी चाहिए। उसके अलावा उनका भरा–पूरा समृद्ध परिवार जो उनका इलाज करवाने के लिए सक्षम था। दिल्ली में 3 नवम्बर को श्रीलाल जी की श्रद्धांजलि सभा का भव्य आयोजन हुआ था। उससे भी ज़ाहिर होता है कि परिवार को कोई कमी नहीं थी। लेखकों ने इस तरह की अपील जारी कर श्रीलाल जी का अपमान किया। बेवजह उनको दयनीय बनाने की कोशिश की गयी। मुझे लगता है कि अगर जीते जी श्रीलाल जी को इस बात का पता चल गया होता तो वो बेहद नाराज़ होते। लखनऊ के उनके कई करीबी लोगों से मेरी बात हुई, सबने यही कहा कि श्रीलाल जी बेहद स्वाभिमानी व्यक्ति थे और अगर वो इसका प्रतिरोध करने की स्थिति में होते तो ज़रूर करते। मेरे हिसाब से सरकार से मदद की अपील अनावश्यक और ग़ैर–ज़रूरी थी। यह अपील जारी करके लेखकों ने श्रीलाल जी का घोर अपमान किया है और उनको माफ़ी माँग कर अपनी ग़लती को सुधारना चाहिए।

हुसैन पर बेवजह हाहाकार

कूची के जादूगर मक़बूल फ़िदा हुसैन के कतर की नागरिकता स्वीकार करने पर देश भर में कुछ चुनिन्दा वामपन्थी सेकुलर लेखकों और कार्यकर्ताओं ने जमकर हो–हल्ला मचाया था। हुसैन के भारत छोड़ने को इन परम सेकुलरवादियों ने अभिव्यक्ति की आज़ादी से जोड़ दिया था। उन्हें लगने लगा था कि भारत ने यह नायाब हीरा देश में संघ और उससे जुड़े अतिवादी हिन्दुओं की वजह से खो दिया। वो इस बात को लेकर चिन्तित दिखायी दिये थे कि हुसैन का विरोध इसलिए हो रहा था कि वो मुसलमान हैं। हुसैन के विरोधियों की इस बात के लिए भी लानत–मलामत की गयी कि वो कौन होते हैं यह कहने वाले कि हुसैन पैगम्बर की तस्वीर बना कर दिखायें। तर्क यह था कि एक कलाकार को इस बात की स्वतन्त्रता होनी चाहिए कि वो जो चाहे उसे चित्रित करे। लेकिन हुसैन के इस्लाम से सम्बन्धित कोई भी चित्र नहीं बनाने से तथाकथित सेकुलरवादियों का यह तर्क कमज़ोर होता है। कुछ लोग यह भी कहते हैं कि कुरान इस

बात की इजाज़त नहीं देता कि किसी भी वस्तु या व्यक्ति का चित्रण हो। सवाल यह उठ खड़ा होता है कि क्या एक कलाकार की अभिव्यक्ति पवित्र कुरान और इस्लाम की सीमा में प्रवेश नहीं कर सकती। जब तक भारत में इन सवालों पर बहस होती या फिर कला और कलाकार के पक्ष में खड़े होने का दम्भ भरने वाले प्रगतिवादी–जनवादी लेखक विरोध का डण्डा–झण्डा सँभालते, हुसैन के एक इण्टरव्यू ने उसकी हवा निकाल दी। हुसैन ने कतर से दिये एक इण्टरव्यू में यह स्वीकार किया था कि उनके भारत छोड़ने की वजह कुछ और भी है। हुसैन ने माना था कि भारत में उनका रहना मुमकिन नहीं था लेकिन इसके बाद जो बात हुसैन ने कही उस पर तो छातीकूट अभियान चला रहे इन प्रगतिवादियों के पाँव तले से ज़मीन खिसक गयी थी। हुसैन ने अपने साक्षात्कार में कहा कि वो तीन मुख्य प्रोजेक्ट पर काम करना चाहते थे–पहला मोहनजोदाड़ो से लेकर मनमोहन सिंह तक की भारतीय सभ्यता का इतिहास, बेबीलोन और विश्व की दूसरी अन्य सभ्यताओं का इतिहास और भारतीय सिनेमा के सौ वर्षों का इतिहास। हुसैन ने माना कि भारत में इन प्रोजेक्ट्स पर काम करने के लिए उनको प्रायोजक नहीं मिल रहे थे। इसलिए जब कतर के शेख़ मोजा ने उनकी इस योजना को प्रायोजित करने की इच्छा जतायी तो वो मना नहीं कर सके। मक़बूल फ़िदा हुसैन ने यह भी माना कि भारत में कला के लिए उचित माहौल नहीं है लेकिन उसके पहले प्रायोजक नहीं मिलने की बात कहकर हुसैन ने अपनी असली परेशानी ज़ाहिर कर दी। इसके अलावा हुसैन ने जो एक बात और साफ़गोई से मानी वो यह कि भारत में टैक्स का ढाँचा बेहद जटिल और परेशान करने वाला है और यह भी उनके देश छोड़ने की वजहों में से एक थी।

हुसैन के इन बयानों से यह साफ़ हो गया कि हुसैन ने अतिवादियों से परेशान होकर तो भारत छोड़ा लेकिन उनकी परेशानी की वजह सिर्फ़ उनकी अभिव्यक्ति की आज़ादी पर हमला नहीं था। अगर सिर्फ़ यह वजह होती तो हुसैन भारत जैसे सहिष्णु समाज को छोड़कर कतर जैसे कट्टर देश को नहीं चुनते। भारत में हुसैन को मुट्ठी भर लोगों का विरोध झेलना पड़ रहा था, कमोबेश वो अपनी कलाकृतियों में अपनी जादुई कूची का रंग भर सकते थे लेकिन कतर में वो सिर्फ़ एक दरबारी पेंटर भर होकर रह जायेंगे। अगर हुसैन को भारत में अभिव्यक्ति की आज़ादी नहीं मिल रही थी और वो गुण्डागर्दी से परेशान थे तो कतर में उन्हें कौन–सी

आज़ादी मिलती। भारत में जितने हुसैन के विरोधी हैं उनसे ज़्यादा उनके समर्थक थे, अब भी हैं। लेकिन पैसे और व्यावसायिक कारणों से हुसैन ने भारत को छोड़ने का फ़ैसला लिया और उसे अभिव्यक्ति की आज़ादी से जोड़ने का खेल खेला गया। उस वक़्त यह सवाल उठा था कि कतर में हुसैन मजे में हिन्दू देवी–देवताओं के नंगे और शर्मसार करने वाले चित्र बेख़ौफ़ होकर बनायेंगे और वहाँ के शासकों की पसन्द का ख़याल रखेंगे। लेकिन क्या हुसैन वहाँ रहकर कतर के शासकों का चित्र में प्रयोग कर पायेंगे। क्या कतर की ख़ूबसूरत औरतों में उन्हें अभिव्यक्ति की आज़ादी दिखायी देगी। क्या वहाँ के समाज की रूढ़िवादिता पर हुसैन की कूची चल सकेगी। या फिर भारी–भरकम रकम के नीचे एक कलाकार की कला दब कर रह जायेगी। ये कुछ ऐसे सवाल थे जिन पर भारत के बयानवीर लेखकों को उस वक़्त विचार करना चाहिए था। दरअसल मार्क्स के इन आधुनिक चेलों को मार्क्सवाद ने हर चीज़ को देखने की एक नयी दृष्टि तो दी लेकिन उनकी दूसरी आँख से सचाई देखने की दृष्टि छीन ली। वो हर चीज़ को अब मार्क्सवाद के लाल चश्मे से देखने लगे।

कर्नाटक के एक अख़बार ने तसलीमा के पुराने लेख को छाप दिया था। जिसके बाद वहाँ कई ज़िलों में जमकर हिंसा हुई थी, विरोध इतना बढ़ा था कि पुलिस को फायरिंग करनी पड़ी थी जिसमें दो लोगों की जान चली गयी थी और लाखों की सम्पत्ति का नुक़सान हुआ था। विरोध बढ़ता देखकर कर्नाटक सरकार ने आनन–फानन में तसलीमा के ख़िलाफ़ मुक़दमा दर्ज करा दिया था। जबकि तसलीमा यह सफ़ाई दे चुकी थीं कि उन्होंने कन्नड़ के अख़बार के लिए कोई लेख लिखा ही नहीं था। हुसैन के भारत छोड़ने पर बुक्का फाड़कर विलाप करने वाले इन प्रगतिवादियों को तसलीमा पर हो रहा अत्याचार नहीं दिखायी दिया था। दरअसल मार्क्स के इन चेलों ने सबसे आधुनिक होने का दावा करने वाले इस वाद को उतना ही भ्रष्ट किया है जितना हिन्दू धर्म को पोंगा पण्डितों ने। इन कथित मार्क्सवादियों के दोहरे रवैये की वजह से ही हिन्दुओं, जो कि साधारणतया सहिष्णु होते हैं, के मन में भी यह सवाल उठने लगता है कि बुद्धिजीवियों का एक वर्ग सिर्फ़ हिन्दुओं के ख़िलाफ़ ही सेक्युलर क्यों होता है। प्रगतिशीलता का ताना–बाना धारण किये इन बुद्धिजीवियों को यह लगता है कि अगर वो हिन्दुओं का विरोध नहीं करेंगे तो वो न तो प्रगतिशील रह पायेंगे और न ही सेक्युलर।

हुसैन ने अपने इण्टरव्यू में यह भी कहा था कि भारतीय संविधान सिर्फ़ एक कागज़ का टुकड़ा है। अगर किसी भी देशवासी के मन में उसके संविधान को लेकर इतनी ही इज़्ज़त है तो फिर वो देश छोड़कर जाये या रहे कोई फ़र्क़ नहीं पड़ता।

मक़बूल फ़िदा हुसैन के भारत छोड़ने और कतर की नागरिकता स्वीकार करने पर सेकुलरवादियों के दोहरे चरित्र को उजागर करने के लिए की गयी टिप्पणी के बाद मेरे विवेक, मेरी समझ, मेरी विचारधारा, मेरी शिक्षा, मेरी पारिवारिक पृष्ठभूमि को लेकर सवाल उठे थे। मुझे कालिदास का कुमार सम्भव पढ़ने और खजुराहो की प्रसिद्ध मूर्तियाँ देखने–समझने के अलावा प्राचीन भारतीय मूर्तिकला के बारे में अपने ज्ञान को बढ़ाने का उपदेश दिया गया था। मुझे इस बात पर घेरने की कोशिश की गयी थी कि मेरी बातें भगवा ब्रिगेड या संघियों से मिलती–जुलती हैं। जिन लोगों ने मुझे इस तरह की सलाह दी मुझे नहीं मालूम कि उनकी समझ कितनी बेहतर है, उन्होंने कालिदास को कितना पढ़ा है। उन्होंने कितनी बार खजुराहो की मूर्तियाँ देखी हैं, लेकिन उन्हें मैं ये बता दूँ कि हुसैन ने अपनी जीवनी और अपनी एक पेंटिंग दस्तख़त करके मुझे दिये हैं जो मेरे लिए अमूल्य धरोहर हैं। हुसैन की पेंटिंग को समझने का दावा करने वाले उनके तथाकथित समर्थकों में अभिव्यक्ति की आज़ादी को लेकर घोर चिन्ता है और उन्हें लगता है कि हुसैन के भारत छोड़कर चले जाने से संविधान द्वारा प्रदत्त इस अधिकार पर हमला हुआ था। उन्हें यह सोचने समझने की ज़रूरत है कि जब भी कोई अपने आपको अभिव्यक्त करने के लिए स्वतन्त्रता की अपेक्षा करता है तो उससे उत्तरदायित्वपूर्ण व्यवहार भी अपेक्षित हो जाता है। भारत माता का नंगा चित्र बनाने पर हुसैन के ख़िलाफ़ दायर याचिका को दिल्ली हाईकोर्ट के जस्टिस संजय किशन कौल ने ख़ारिज कर दिया, साथ ही अपने फ़ैसले में कला और उसकी समझ को लेकर कुछ कठोर टिप्पणियाँ भी की थीं। लेकिन हुसैन के 1970 में बनाये गये सरस्वती और दुर्गा की नंगी तस्वीरों के एक–दूसरे मामले में 2004 में दिल्ली हाई कोर्ट के जस्टिस जे.डी. कपूर का भी एक फ़ैसला आया था। जस्टिस कपूर ने आठ अप्रैल दो हज़ार चार के अपने फ़ैसले में लिखा था–'इस बात से कोई इनकार नहीं कर सकता कि देश के करोड़ों हिन्दुओं की इन देवियों में अटूट श्रद्धा है–एक ज्ञान की देवी हैं तो दूसरी शक्ति की। इन देवियों की नंगी तस्वीर पेंट करना इन करोड़ों

लोगों की धार्मिक भावनाओं को ठेस पहुँचाना तो है ही साथ ही उन करोड़ों लोगों की धर्म और उसमें उनकी आस्था का भी अपमान है। शब्द, पेंटिंग, रेखाचित्र और भाषण के माध्यम से अभिव्यक्ति की आज़ादी को संविधान में मौलिक अधिकार का दर्जा हासिल है जो कि हर नागरिक के लिए अमूल्य है। कोई भी कलाकार या पेंटर मानवीय संवेदना और मनोभाव को कई तरीकों से अभिव्यक्त कर सकता है। इन मनोभावों और आइडियाज़ की अभिव्यक्ति को किसी सीमा में नहीं बाँधा जा सकता है। लेकिन कोई भी इस बात को भुला या विस्मृत नहीं कर सकता कि जितनी ज़्यादा स्वतन्त्रता होगी उतनी ही ज़्यादा ज़िम्मेदारी भी होती है। अगर किसी को अभिव्यक्ति का असीमित अधिकार मिला है तो उससे यह अपेक्षित है कि इस अधिकार का उपयोग अच्छे कार्य के लिए करे न कि किसी धर्म या धार्मिक प्रतीकों या देवी–देवताओं के ख़िलाफ़ विद्वेषपूर्ण भावना के साथ उन्हें अपमानित करने के लिए। हो सकता है कि ये धार्मिक प्रतीक या देवी–देवता एक मिथक हों लेकिन इन्हें श्रद्धाभाव से देखा जाता है और समय के साथ य लोगों के दैनिक धार्मिक क्रियाकलापों से इस कदर जुड़ गये हैं कि उनके ख़िलाफ़ अगर कुछ छपता है, चित्रित किया जाता है या फिर कहा जाता है तो इससे धार्मिक भावनाएँ बेतरह आहत होती हैं। किसी भी ख़ास धर्म के देवी–देवताओं के आपत्तिजनक या नीचा दिखाने वाले रेखाचित्र या फिर पेंटिंग समाज में वैमनस्यता और एक–दूसरे के प्रति नफ़रत पैदा करते हैं। अगर यह मान लिया जाये कि इस तरह के कार्य कला का एक नमूना हैं तब भी इस बात को विस्मृत नहीं किया जा सकता है कि इस तरह के कृत्य जानबूझकर धार्मिक भावनाओं को ठेस पहुँचाने या फिर अपमानित करने के दायरे में आता है, क्योंकि ये देवी–देवता करोड़ों लोगों के आराध्य हैं। एक बार फिर मैं ये कहता हूँ कि ये देवी–देवता एक मिथक हो सकते हैं लेकिन जब भी इस तरह से नग्न रूप में उनको चित्रित किया जाता है तो लोगों की धार्मिक भावनाएँ आहत होती हैं। अभिव्यक्ति की आज़ादी के नाम पर किसी व्यक्ति को किसी भी वर्ग या समाज की धार्मिक भावनाओं से खिलवाड़ की इजाज़त नहीं दी जा सकती है। यह बात याचिकाकर्ता (हुसैन) को समझनी चाहिए कि वो एक अलग धर्म से सम्बन्धित हैं। अगर याचिकाकर्ता को लोगों की धार्मिक भावनाओं की गहराई का अहसास नहीं है तो वो अपने धर्म या फिर किसी और धर्म पर हाथ आजमाकर देखें तो उन्हें पता चल जायेगा

कि धार्मिक भावनाओं की जड़ें कितनी गहरी होती हैं। इस तरह के काम दो अलग–अलग धर्मों को मानने वालों के बीच वैमनस्यता की खाई को और गहरा करते हैं, साथ ही सामाजिक सद्भाव और आपसी भाईचारे के बीच बाधा बनकर खड़ी हो जाती है। याचिकाकर्ता ने महाभारत की पात्र द्रौपदी, जिन्हें हिन्दू धर्म को मानने वाले लोग इज़्ज़त की नज़रों से देखते हैं, को भी पूरी तरह से निर्वस्त्र चित्रित किया है, जबकि चीरहरण के वक़्त भी द्रौपदी निर्वस्त्र नहीं हो पायी थी। इस पेंटिंग में जिस तरह से द्रौपदी का चित्रण हुआ है वह साफ़ तौर से हिन्दुओं की धार्मिक भावनाओं को ठेस पहुँचाने वाला और नफ़रत पैदा करने वाला है।' अपने बारह पन्नों के जजमेण्ट में विद्वान न्यायाधीश ने और कई बातें कहीं और अन्त में आठ शिकायतकर्ताओं की याचिका ख़ारिज कर दी क्योंकि धार्मिक भावनाओं को भड़काने, दो समुदायों के बीच नफ़रत फैलाने आदि के सम्बन्ध में जो धाराएँ (153 ए और 295 ए) लगायी जाती हैं उसमें राज्य या केन्द्र सरकार की पूर्वानुमति आवश्यक होती है, जो कि इस केस में नहीं थी। ये तो हुई अदालत और न्यायाधीश की बात। आपको एक और उदाहरण देते चलें जिससे कि हुसैन की महानता(?) और उनके पूर्वाग्रह पर से परदा हटता है। हुसैन ने एक बार महात्मा गाँधी, कार्ल मार्क्स, अलबर्ट आइंस्टीन और हिटलर की पेंटिंग बनायी जिसमें हिटलर को उन्होंने नंगा दिखाया। जब उनसे इसके बारे में पूछा गया तो उन्होंने कहा कि किसी को अपमानित करने का उनका यह अपना तरीका है। इसके बाद मुझे लगता नहीं है कि कुछ कहने की ज़रूरत है। मार्क्स के अन्ध भक्तो, धर्मनिरपेक्षता और अभिव्यक्ति की आज़ादी के ख़तरे पर विलाप करना बन्द करो। अपनी आँखों पर चढ़ा लाल चश्मा उतारो, तभी तर्कसंगत बातें भी होंगी और विमर्श भी।

(जस्टिस कपूर के जजमेण्ट के चुनिन्दा अंशों के अनुवाद में हो सकता है कोर्ट की भाषा में कोई त्रुटि रह गयी हो लेकिन भाव वही हैं)

साईंबाबा को उम्रक़ैद से निकलते सन्देश

उत्तर प्रदेश समेत पाँच राज्यों के विधानसभा चुनाव और उसके नतीजों के कोलाहल के बीच एक बेहद अहम ख़बर लगभग दब–सी गयी थी। राजनीतिक विश्लेषकों ने इस ख़बर को उतनी तवज्जो नहीं दी जितनी मिलनी चाहिए थी। उस ख़बर पर प्राइम टाइम में उतनी बहस नहीं हुई

जितनी होनी चाहिए थी। वह ख़बर थी दिल्ली विश्वविद्यालय के एक कॉलेज के शिक्षक जी.एन. साईंबाबा और चार अन्य को देश के ख़िलाफ़ युद्ध छेड़ने की साज़िश रचने से लेकर प्रतिबन्धित माओवादियों को मदद देने के आरोप में उम्रक़ैद की सज़ा सुनाये जाने की। सज़ा सुनाते वक़्त महाराष्ट्र के गढ़चिरौली के ज़िला एवं सत्र न्यायाधीश ने बेहद कड़ी टिप्पणी की थी। उन्होंने कहा था कि मुजरिमों के क्रियाकलापों की वजह से कई लोगों की जान गयी और सरकारी सम्पत्ति का भारी नुक़सान हुआ। जज ने कहा कि उम्रक़ैद की सज़ा इन लोगों के लिए मुकम्मल नहीं है लेकिन उनके हाथ यूएपीए क़ानून की धाराओं से बँधे हैं। अदालत से साईंबाबा को उम्रक़ैद की सज़ा सुनाये जाने के बाद अख़बारों में उनकी पत्नी का जो बयान छपा उस पर ध्यान देने की ज़रूरत है। प्रोफ़ेसर जी.एन. साईंबाबा की पत्नी ने सज़ा के बाद कहा–इस फासिस्ट गवर्नमेण्ट ने हमारे साथ ऐसा किया कि हमारी आँख में आँसू नहीं आ रहे, आग आ रही है। उन्होंने अपने बयानों में राज्य और केन्द्र सरकार द्वारा न्यायपालिका पर दबाव डाले जाने की आशंका भी जतायी। आँखों में आँसू नहीं आग आ रही है। सवाल यह उठता है कि आग किस चीज़ की, क्या उनकी पत्नी किसी तरह के इन्तकाम की ओर संकेत कर रही हैं या फिर सिर्फ़ तात्कालिक ग़ुस्से की वजह से उन्होंने ऐसा बयान दे दिया। साईंबाबा की पत्नी ने केन्द्र और राज्य सरकार पर भी संगीन इल्ज़ाम लगाये। उनके पति को अदालत ने उम्रक़ैद की सज़ा सुनायी है और वो इस फ़ैसले के ख़िलाफ़ उच्च न्यायालय से लेकर सुप्रीम कोर्ट तक में अपील कर सकती हैं। बजाय न्यायपालिका पर भरोसा जताने के साईंबाबा की पत्नी ने न्यायपालिका को ही कठघरे में खड़ा कर दिया है। दरअसल यह उनका दोष नहीं है यह उस विचारधारा का असर है जिसमें सत्ता बन्दूक की नली से निकलती है। यह उस विचारधारा का प्रभाव है जिसका लोकतन्त्र में नहीं, हिंसातन्त्र में यक़ीन है। अगर लोकतन्त्र में यक़ीन होता तो आँखों में आग नहीं आती। यह अकारण नहीं है कि 27 दिसम्बर 1997 को महाश्वेता देवी ने हस्तलिखित अपील में सीपीआई एमएल से बिहार में बदला लेने का आह्वान किया था। रणवीर सेना पर उस वक़्त एक सामूहिक नरसंहार का आरोप लगा था उसके बाद महाश्वेता देवी ने यह अपील की थी। उस वक़्त महाश्वेता देवी किससे बदला लेने के लिए उकसा रही थीं, ऊमती जाति के उन ग़रीब लोगों पर जो निरीह थे। हिंसा के लिए उकसाना वर्ग

शत्रुओं के सफ़ाये की विचारधारा या सिद्धान्त का पोषक ही कर सकता था। इस विचारधारा के पोषकों को न तो संविधान की फ़िक्र है न ही क़ानून और अदालतों पर उनका भरोसा है। व्यवस्था परिवर्तन के नाम पर, ग़रीबों, मजलूमों को उनका हक़ दिलाने के नाम पर निरीह, निर्दोष लोगों की हत्या को अंजाम दिया जाता रहा है।

महाश्वेता देवी पर किसी तरह की कोई कार्रवाई नहीं हुई क्योंकि उनको ग़रीबों का मसीहा माना जाता था और ग़रीबों की हत्या का बदला लेने के लिए उकसाने को लेकर कहीं किसी प्रकार का स्पन्दन नहीं हुआ था। जब साईंबाबा को नक्सलियों से साँठ–गाँठ के आरोप में गिरफ़्तार किया गया तो मार्क्सवादियों को साँप सूँघ गया था। इसको तानाशाही से लेकर फ़ासीवाद आदि तक क़रार दिया गया था। दरअसल 22 अगस्त 2013 को हेम मिश्रा की गिरफ़्तारी के बाद इन लोगों के मंसूबों का पर्दाफ़ाश हुआ था। आरोप लगा था कि साईंबाबा ने मिश्रा के हाथों गढ़चिरौली इलाके में सक्रिय खूँखार नक्सली कमाण्डर नर्मदा अक्का के पास एक माइक्रोचिप भिजवाया था। उसके बाद मिश्रा और उनके साथियों की गिरफ़्तरी और पूछताछ के बाद पुलिस साईंबाबा तक पहुँची थी। क़रीब छह–सात महीने तक साईंबाबा पर नज़र रखने के बाद महाराष्ट्र पुलिस ने 9 मई 2014 को साईंबाबा को दिल्ली से गिरफ़्तार किया था। पुलिस ने उस वक़्त दावा किया था कि साईंबाबा के घर से उनको जो हार्ड डिस्क मिला था उससे साईंबाबा की नक्सलियों के साथ संलिप्तता साबित होती थी। पुलिस को जाँच के दौरान यह भी पता चला था कि साईंबाबा रिवोल्यूशनरी डेमोक्रैटिक फ्रण्ट के संयुक्त सचिव थे। यह संगठन खुले तौर पर इस बात की वकालत करता था कि नक्सली तौर–तरीक़ों से ही सरकार को हटाया जा सकता है। उनकी जमानत याचिका हाईकोर्ट की नागपुर बेंच से ख़ारिज हुई थी, फिर मुम्बई हाईकोर्ट से उनको अस्थायी जमानत मिली थी जिसे बाद में रद्द भी किया गया था। पिछले साल सुप्रीम कोर्ट ने साईंबाबा को जमानत दे दी थी।

अब सवाल यही उठता है कि नक्सलियों के रोमांटिसिज़्म में या फिर हिंसक विचारधारा के प्रभाव में भारत के ख़िलाफ़ युद्ध छेड़ने का जुर्म साबित होने पर उम्रक़ैद होने से नक्सलियों या उनके बौद्धिक समर्थकों के बीच कड़ा सन्देश जायेगा। दरअसल नक्सलियों के जो बौद्धिक समर्थक हैं वो उनके स्लीपर सेल के तौर पर काम करते हैं। रही होगी किसी ज़माने में

नक्सलबाड़ी आन्दोलन की नैतिक आभा लेकिन पिछले एक–दो दशक से तो नक्सली ख़ालिस अपराधी हो गये हैं जो ठेकेदारों से रंगदारी वसूलते हैं, लूटपाट करते हैं, बलात्कार करते हैं, अपने संगठन की महिलाओं पर जमकर यौन अत्याचार करते हैं। यह कौन–सी विचारधारा है जो गाँधी के इस देश में हिंसा का प्रचार–प्रसार करती है। अब इस पर नक्सलियों को बौद्धिक समर्थन देने वालों को भी गम्भीरता से विचार करना चाहिए कि वो हिंसा के साथ हैं या अहिंसा के साथ।

जब छीज रहा था वामपन्थ

हमारे देश के प्रगतिशील साहित्यकारों का ध्यान उन नकारात्मक ख़बरों की ओर लगभग नहीं जाता है जो वामपन्थी विचारधारा वाले देशों से आती हैं। चीन के एक विश्वविद्यालय ने अपने छात्रों के लिए एक फ़रमान जारी किया था। उस फ़रमान के मुताबिक़ कैम्पस में कोई लड़का या लड़की एक–दूसरे के हाथ में हाथ डालकर नहीं चल सकता था। इसी फ़रमान में ये भी आदेश दिया गया था कि लड़का–लड़की एक–दूसरे के कन्धे पर हाथ भी नहीं रख सकते और उनके एक–दूसरे को खाना खिलाने पर भी पाबन्दी लगायी गयी थी। उस फ़रमान में कई ऐसी बातें थीं जो बालिग छात्र–छात्राओं के मनमुताबिक़ फ़ैसले लेने पर बाधा बनती थीं। चीन के एक विश्वविद्यालय का ये फ़ैसला एक ख़बर की तरह आया और चला गया। हर बात पर प्रगतिशीलता को गले में मैडल की तरह डाल कर घूमने वाले बुद्धिजीवी या लेखक संगठनों के मुँह से चूँ तक नहीं निकली। किसी को निजता का हनन नज़र नहीं आया। प्रगतिशील जमात में से किसी ने चीनी विश्वविद्यालय के इस फ़ैसले पर विरोध नहीं जताया, बयान जारी करने तक की औपचारिकता नहीं निभायी गयी। दूसरा मसला भी चीन का ही था। चीन की कम्युनिस्ट पार्टी की सेण्ट्रल कमेटी ने एक बार फिर से अजीबोगरीब फ़रमान जारी कर पूरी दुनिया को चौंका दिया था। वहाँ के शासक दल के नये हुक्मनामे के मुताबिक़ पार्टी कैडर के गोल्फ खेलने पर पूरी तरह से प्रतिबन्ध लगा दिया गया। तर्क यह दिया गया कि इससे भ्रष्टाचार को रोकने में मदद मिलेगी। चीन की कम्युनिस्ट पार्टी की सेण्ट्रल कमेटी के नये फ़रमान के मुताबिक़ पार्टी के क़रीब पौने नौ करोड़ सदस्यों के लिए जिस आठ सूत्रीय नैतिक फॉर्मूले को जारी किया गया उसमें गोल्फ के अलावा होटलों में अधिक खाने–पीने की मनाही तो है ही विवाहेतर सम्बन्धों पर रोक भी लगा दी

गयी है। गोल्फ से तो कम्युनिस्ट पार्टी का पुराना बैर रहा है। माओ ने इसको बुर्जुआ खेल मानते हुए इस पर पाबन्दी लगायी थी। उसके बाद देंग के शासनकाल में गोल्फ को अनुमति मिली थी लेकिन लगातार इस खेल के ख़िलाफ़ चीन में मुहिम चलती रही। चीन की कम्युनिस्ट पार्टी के इन नये निर्देशों के बाद पूरी दुनिया में मानवाधिकार को लेकर सचेत लोगों ने विरोध के स्वर तेज़ कर दिये लेकिन चीन की कम्युनिस्ट पार्टी को मानवाधिकार की कहाँ फ़िक्र है। सेण्ट्रल कमेटी ने अपने कैडर से साफ़ तौर पर कहा है कि वो व्यक्तिगत बातों को पार्टी के साथ साझा करें और फ़ैसले की ज़िम्मेदारी पार्टी पर छोड़ें। कार्यकर्ताओं की रुचि से लेकर उसकी व्यक्तिगत ज़िन्दगी तक को पार्टी के रहमोकरम पर छोड़ दिया गया है। 'उनका चेयरमैन हमारा चेयरमैन' का नारा लगाने वाली प्रगतिशील जमात चीन के इस क़दम पर ख़ामोश है। इस ख़ामोशी से ही भारत में प्रगतिशील जमात ने अपनी साख गँवा दी है।

चीन पर खामोशी

चीन में जो कुछ होता है उस पर हमारे देश के कम्युनिस्टों के मुँह पर ताला लग जाता है। उपर्युक्त उदाहरणों की कड़ी में एक ख़बर की और बात कर ली जाये। चीन के पूर्वी तट के पास सीमिंग में एक छत्तीस वर्षीय महिला ने एक बच्चे के रहते दूसरी सन्तान को जन्म देने का इरादा किया और गर्भवती हो गयी। जब उसका गर्भ आठ महीने का हो गया तो सरकारी अधिकारियों को इस बात का पता चला। इस जानकारी के बाद तकरीबन दो दर्जन सरकारी चीनी अधिकारियों ने उस महिला के घर पर धावा बोलकर आठ माह की गर्भवती पर लात–घूँसों की बरसात कर दी। उसके दोनों हाथ पीछे बाँधकर उसके सिर को दीवार से टकराया और पेट पर कई प्रहार किये, ताकि गर्भपात हो जाये। जब वो कामयाब नहीं हुए तो सरकारी अधिकारियों ने आईयिंग नाम की उस महिला को घसीट कर अस्पताल में भर्ती करवाया और गर्भपात का इंजेक्शन लगवा कर जबरन आठ माह के गर्भ को गिरवा दिया। बच्चा पेट में इतना बड़ा हो गया था कि गर्भपात के बावजूद उसके कुछ अंश पेट में रह गये थे जिनको निकालने के लिए आईयिंग की मंजूरी के बग़ैर ऑपरेशन भी करना पड़ा, एक ऐसा ऑपरेशन जिसमें उसकी जान भी जा सकती थी। इन्सानियत को शर्मसार कर देने वाली यह घटना चीन में होने वाली अन्य ज़्यादतियों की तरह

दबकर रह गयी। लेकिन उस महिला ने अस्पताल में अपने फ़ोटो खींचने की इजाज़त दे दी। नतीजा यह हुआ कि उसकी दास्ताँ और चोट के निशान वाले फ़ोटोग्राफ इण्टरनेट के ज़रिए सारी दुनिया के सामने आ गये।

चीन ने बढ़ती जनसंख्या पर काबू करने के लिए एक सन्तान नीति लागू की हुई है। वहाँ जुड़वाँ बच्चों के अपवाद को छोड़कर दूसरी सन्तान पैदा करने पर पूरी तरह से पाबन्दी है। इस नीति का उल्लंघन करने वाले को भारी जुर्माना चुकाना पड़ता है। इस क़ानून की आड़ में ही क़ानून का पालन करवाने की ज़िम्मेदारी रखने वाले सरकारी अफ़सरों ने हैवानियत का नंगा नाच किया था। चीन के उन सरकारी अधिकारियों को न तो उस महिला का दर्द समझ में आया, न ही उस महिला के पति की भावनाओं को समझने की कोशिश की और न ही उन पर उस महिला की दस साल की बच्ची की गुहार काम आयी जो पिछले आठ महीने से अपने घर में छोटे भाई, बहन की राह देख रही थी। चीन में जिस विचारधारा के आधार पर वहाँ का शासन चल रहा है वहाँ न तो भावनाओं की क़द्र है न ही संवेदना के लिए कोई जगह है। वहाँ तो दबायी जाती है सिर्फ़ आवाज़। थ्येनमान चौक पर छात्रों को टैंक से कुचले जाने की घटना अब भी लोगों के ज़ेहन में है। एमनेस्टी इण्टरनेशनल की एक रिपोर्ट के मुताबिक़ चीन में पाँच लाख लोग बग़ैर किसी गम्भीर इल्ज़ाम के जेल की हवा खा रहे हैं। वहाँ बग़ैर किसी जुर्म के घर में क़ैद कर देना, लोगों की व्यक्तिगत आज़ादी पर सरकारी निगरानी, आम आदमी की आवाज़ को दबाने के लिए पुलिस फोर्स का ज़रूरत से ज़्यादा इस्तेमाल आम बात है। चीन की जेल में बन्द मानवाधिकार कार्यकर्ता ली जियाबो को जब शान्ति का नोबल पुरस्कार दिया गया तो उसके बाद वहाँ की सरकार की भौंहें तन गयी थीं। चीनी सरकार को लगा कि ली जियाबो को नोबल पुरस्कार मिलने से देश में मानवाधिकार के लिए काम करने वाले लोगों की सक्रियता बढ़ सकती है लिहाज़ा ली के नज़दीकी लोगों की निगरानी तेज़ कर दी गयी थी। बग़ैर किसी शक़ या सन्देह के हफ्ते भर में तकरीबन चालीस लोगों को हाउस अरेस्ट कर लिया गया था। ली के समर्थक संगठनों पर ज़बरदस्ती शुरू कर दी गयी थी। ली जियाबो से नज़दीकी के शक़ में शंघाई के एक हाउस चर्च पर पहले निगरानी शुरू की गयी फिर कई दिनों तक पुलिस ने उसे अपने घेरे में ले लिया। चर्च के नेता झू योंग और उनकी पत्नी के घर से निकलने पर न केवल पाबन्दी लगा दी गयी थी बल्कि

घर का ज़रूरी सामान ख़रीदने के लिए पुलिस के घेरे में निकलने पर मजबूर किया गया था। जनता की सरकार और लोगों के बीच समानता के सिद्धान्त की वकालत करने वाली इस विचारधारा के साथ सबसे बड़ी दिक्कत यह है कि यहाँ कहा कुछ जाता है और किया कुछ जाता है। दरअसल ऐसा सिर्फ़ चीन में नहीं होता है जहाँ भी इस विचारधारा का बोलबाला है वहाँ ऐसा ही तानाशाहीपूर्ण रवैया देखने को मिलता है।

हमारे देश में भी वामपन्थी विचारधारा को मानने वाले हमेशा से तानाशाही और फ़ासीवाद का विरोध करते रहे हैं। उनका यह विरोध सिर्फ़ दिखावे के लिए और अपने हित में उसका उपयोग करने के लिए होता है। चीन में हुई उस मार्मिक घटना के बारे में जानते ही ज़ेहन में कौंध गयी प्रख्यात कवि और शायर कैफ़ी आज़मी की बेगम शौक़त कैफ़ी की किताब–याद की रहगुज़र–का एक प्रसंग। कैफ़ी के एक साल के लड़के खैयाम की असामयिक मौत हो गयी थी जिसने उनको और उनकी पत्नी शौकत को अन्दर से तोड़कर रख दिया था। हर वक़्त, हर पल अपनी पहली सन्तान की मौत का ग़म झेल रही शौकत और उनके पति कैफ़ी दोनों वामपन्थी विचारधारा से जुड़े संगठन भारतीय जन नाट्य संघ यानी इप्टा में सक्रिय थे। जलसे, जुलूस, प्रदर्शन रोज़ के काम थे। लेकिन जब बेटे का ग़म लिए शौकत अपने कॉमरेडों के पास जाती तो उनके साथी कन्नी काट जाते थे, साथियों की संवेदनहीनता से शौकत को बेहद दुख पहुँचा। अपनी किताब में शौकत ने इस दर्द को बयाँ करते हुए लिखा–आहिस्ता आहिस्ता मुझे अहसास होने लगा कि लोग गमज़दा लोगों से घबराने लगते हैं और चुपचाप उठकर चले जाते हैं। मैंने यह सोचकर अपने ग़म पर काबू पाने की कोशिश शुरू की।

लेकिन पूरा मामला यहीं ख़त्म नहीं होता है। संवेदनहीनता की पराकाष्ठा पर पहुँचना अभी बाकी था। कुछ दिनों बाद शौक़त आज़मी फिर से गर्भवती हुईं। अपने पहले बच्चे की मौत का ग़म भुलाने की कोशिश में लगी शौक़त के लिए यह सुकून देने वाला पल था। लेकिन अपना सब कुछ पार्टी पर न्योछावर करने के लिए उनकी पार्टी ने क्या हुक्म सुनाया आप शौक़त की ही ज़ुबानी सुनिए–'शबाना होने को थी। क्योंकि मेरा पहला बच्चा गुज़र गया था इसलिए मैं तो बहुत खुश थी लेकिन पार्टी को यह बात पसन्द नहीं आयी। ऑर्डर हुआ एबॉर्शन करवा दिया जाये, क्योंकि कैफ़ी अण्डर–ग्राउण्ड हैं। मैं बेरोज़गार हूँ। बच्चे की ज़िम्मेदारी कौन लेगा।

मुझे बेहद तकलीफ़ पहुँची।' यह आपबीती है एक ऐसे कॉमरेड की और एक ऐसी पार्टी की जो जनपक्षधरता और व्यक्तिगत आज़ादी का सबसे ज़्यादा शोर मचाती है, जो तानाशाही के ख़िलाफ़ होने का लगातार दम्भ भरती है। लेकिन वक़्त पड़ने पर इस विचारधारा का पालन करने और करवाने वाले सबसे बड़े तानाशाह के तौर पर उभरते हैं।

अभी ज़्यादा दिन नहीं बीते हैं जब पार्टी की बात नहीं माने जाने पर सीपीएम ने अपने वरिष्ठ सदस्य सोमनाथ चटर्जी को पार्टी से बाहर का रास्ता दिखा दिया। अगर सोमनाथ चटर्जी की मानें तो इस निष्कासन के पहले न तो उन्हें कोई नोटिस दिया गया और न ही पार्टी की नीति निर्धारण करने वाली सर्वोच्च समिति पोलित ब्यूरो के सभी सत्रह सदस्यों की सहमति ली गयी। सिर्फ़ पाँच सदस्यों ने महासचिव के इशारे पर आनन–फानन में सोमनाथ चटर्जी जैसे पार्टी के कद्दावर नेता को बाहर का दरवाज़ा दिखा दिया। उन्होंने अपनी किताब–'कीपिंग द फेथ : मेमॉयर ऑफ़ अ पार्लियामेण्टेरियन' में यह दावा किया है कि उनका निष्कासन पार्टी के संविधान के ख़िलाफ़ और अलोकतान्त्रिक था। पार्टी संविधान तो दूर की बात है, राजनीति में एक सामान्य परम्परा है कि नोटिस देने के बाद पार्टी से निष्कासन होता है। लेकिन सोमनाथ के मामले में सीपीएम ने इस सामान्य से नियम का भी पालन नहीं किया। ये कुछ ऐसे उदाहरण हैं जो उस विचारधारा से जुड़े लोगों, संगठन और सरकार के हैं जो सबसे ज़्यादा जनपक्षधरता, सबसे ज़्यादा लोकतान्त्रिक प्रक्रिया, नागरिक स्वतन्त्रता, समान अधिकार, समान अवसर आदि के बारे में दुहाई देते हैं। कथनी और करनी के इसी फ़र्क़ ने इस विचारधारा की बुनियाद पर टिकी कई शक्तिशाली व्यवस्थाओं से लोगों का मोहभंग कर दिया। नतीजा यह हुआ कि किसी ज़माने में विश्व में एक वैकल्पिक विचारधारा के रूप में देखे जाने वाली यह व्यवस्था अब चीन और कुछ अन्य देशों में सरकार के सहारे अपने अस्तित्व को बचाने की लड़ाई लड़ रही है।

दरअसल कम्युनिस्ट पार्टियों का ये अमानवीय चेहरा नया नहीं है। जे चांग और जॉन हैलीडे ने अपनी किताब 'द अननोन स्टोरी माओ' में इस तरह के कई वाक़यों का ज़िक्र किया है। इस वजह से जब वो नारी स्वतन्त्रता की बात करते हैं या फिर जीने से लेकर अभिव्यक्ति की आज़ादी की बात करते हैं तो खोखलापन नज़र आता है। ऐसा नहीं है कि इस तरह के फ़रमान सिर्फ़ चीन में ही जारी होते रहे हैं, रूस में इस तरह के

वाक़यों का लम्बा इतिहास रहा है। जो गाहे–बगाहे बाहर भी आते रहे हैं। यह अकारण नहीं है कि हॉवर्ड फ़ास्ट जैसे मशहूर लेखक अपनी कृति 'द नेकेड गॉड' में कहते हैं कि–'कम्युनिस्ट पार्टी एक ऐसी मशीन है जिसमें प्रायः अच्छे लोग प्रवेश करते हैं जो अन्ततः बुरे लोगों में परिवर्तित हो जाते हैं। सत्ताधारी कम्युनिस्ट पार्टियों में इस प्रक्रिया से बच पाना आमतौर पर जान देने की क़ीमत पर ही होता है।' अब अगर हम हॉवर्ड फ़ास्ट, शौकत कैफ़ी और चीन की कम्युनिस्ट पार्टी की सेण्ट्रल कमेटी के फ़रमानों पर नज़र डालें तो यह लगता है कि कम्युनिस्ट विचारधारा फासिस्ट है जो फासिज़्म का डर दिखाकर फलती–फूलती रही है। कम्युनिस्टों की कारगुजारियों के बारे में हमारे यहाँ के कथित प्रगतिशील लेखक ख़ामोश रहते हैं। जहाँ से वैचारिक ऊर्जा मिलती हो वहाँ क़ी हुकूमत के फ़ैसले के ख़िलाफ़ कैसे मुँह खुलता। आस्था से लेकर प्रतिबद्धता का सवाल जो ठहरा। प्रतिबद्धता के बौद्धिक गुलामों से ये अपेक्षा भी नहीं की जानी चाहिए कि वे चीन के किसी फ़ैसले के ख़िलाफ़ कोई आवाज़ उठायेंगे। यही फ़ैसला अगर बीजेपी शासित किसी राज्य में हो जाता तो अब तक ये जमात उस राज्य के मुख्यमन्त्री समेत देश के प्रधानमन्त्री तक से जवाब तलब कर रही होती। देश में निजता के दख़ल को लेकर छाती कूट रहे होते। इस तरह के चुनिन्दा प्रतिरोध से ही प्रगतिशील जमात के विरोध को देश की जनता ने गम्भीरता से लेना छोड़ दिया है। बिहार चुनाव में तमाम वामपन्थी दलों ने एकजुट होकर चुनाव लड़ा लेकिन सिर्फ़ तीन सीटों पर सन्तोष करना पड़ा। लोकतन्त्र में जब साख छीजती है तो जनता की अदालत में यही हश्र होता है।

सिर्फ़ उपर्युक्त उदाहरण ही नहीं है। इसके अलावा भी चीन से चाउ एनलाई और चीन के राष्ट्रपति शी जिगपिंग के बारे में ख़बरें आयी थीं। इन दोनों ख़बरों का सम्बन्ध आने वाली किताबों से थी जो हांगकांग से प्रकाशित होनी थीं। पहली किताब के केन्द्र में चीन के क्रान्तिकारी नेता चाउ एनलाई थे। हांगकांग में रहने वाली पत्रकार और लेखिका सुई विंग–मिंग ने पूर्व में प्रकाशित चाउ के पत्रों और उपलब्ध साहित्य के आधार पर किताब लिखी थी–'द सीक्रेट इमोशनल लाइफ़ ऑफ़ चाउ एनलाई'। इस किताब में लेखिका ने अनुमान लगाया कि अपने लम्बे वैवाहिक जीवन के बावजूद चाउ एनलाई समलैंगिक थे और उनका अपने स्कूल के दो साल जूनियर लड़के से सम्बन्ध था। सुई ने 1998 में कम्युनिस्ट पार्टी

द्वारा प्रकाशित किताब का पुनःपाठ करते हुए ये निष्कर्ष निकाला था। इस किताब में चाउ के 1912 से लेकर 1924 तक के पत्रों, कविताओं, डायरियों आदि को आधार बनाया गया है। लेखिका को आशंका थी कि ये किताब चीन में प्रतिबन्धित कर दी जायेगी। दूसरी किताब भी हांगकांग के प्रकाशक के यहाँ से प्रकाशित होनी थी जिसके केन्द्र में चीन के मौजूदा शासक शी जिनपिंग के पूर्व के प्रेम सम्बन्ध के होने की बात थी। इस किताब की योजना की चर्चा के चन्द दिनों बाद ही हांगकांग के प्रकाशन गृह के कई कर्मचारी लापता हो गये थे। आरोप लगे थे कि चीन की सीक्रेट सर्विस के लोगों ने इन लोगों को अगवा कर लिया। इनमें से एक ब्रिटेन का नागरिक भी था। ब्रिटिश सरकार ने इस मसले को गम्भीरता से लिया और उस वक़्त हांगकांग में लोगों ने जुलूस निकालकर विरोध प्रदर्शन भी किया था। भारत में माओ और चाउ एनलाई को अपना आदर्श मानने वाले लोगों ने इन दोनों ख़बरों पर भी चुप्पी साध ली। अभिव्यक्ति की आज़ादी के लिए सुबह–शाम छाती कूटने वाले भारत के हमारे मार्क्सवादी चैम्पियन इस पूरे मसले पर ख़ामोश रहे। दरअसल चीन की विचारधारा को लेकर भले ही हमारे देश के मार्क्सवादी उत्साहित रहते हों लेकिन वहाँ इस तरह की घटनाएँ आम हैं। चीन में अभिव्यक्ति की आज़ादी कितनी है यह बात किसी से छिपी नहीं है। चीन का शासक वर्ग इस बात को लेकर बेहद सतर्क रहता है कि उसके क्रान्तिकारी नेताओं की व्यक्तिगत ज़िन्दगी की ख़बरें जनता के बीच न आ पायें। उस पर सार्वजनिक रूप से चर्चा न हो सके। इसको रोकने के लिए वो किसी भी हद तक जाते हैं जिसकी परिणिति बहुधा इस तरह के वाक़यों में होती रही है। भारत में अगर किसी किताब पर किसी को आपत्ति हो तो उसको फ़ौरन अभिव्यक्ति की आज़ादी से जोड़कर संविधान को ख़तरे में बताने वाले लोग चीन के मसले पर ख़ामोश रहते हैं। यहाँ आप गाँधी जी समेत स्वतन्त्रता संग्राम के सभी नेताओं के बारे में अभिव्यक्ति की आज़ादी के नाम पर ऊलजलूल लिख सकते हैं। उस पर आपत्ति उठाने पर आपको दकियानूसी, तानाशाह, फ़ासीवादी आदि–आदि क़रार दिया जा सकता है लेकिन चीन और रूस में लेखकों के क़त्ल होने पर भी ये ख़ामोश रहते हैं। कम्युनिस्ट चीन में किताबों की पाबन्दी का लम्बा इतिहास रहा है और उतना ही लम्बा इतिहास है हमारे वामपन्थी बुद्धिजीवियों का भी जो कि अभिव्यक्ति की आज़ादी को ढाल बनाकर अपनी राजनीति करते हैं।

अमेरिका के एक विश्वविद्यालय में एक नाटक में भारतीय चरित्र के लिए श्वेत अमेरिकी लड़कों के चुनाव के बाद हंगामा मच गया। पश्चिमी पेनसिलवेनिया के एक सरकारी संस्थान में होने वाले लॉयड सुह के इस नाटक को रद्द कर दिया गया। अपने नाटक के मंचन का अधिकार लेखक ने नहीं दिया क्योंकि उनका कहना था कि ये नाटक की मूल भावना के ख़िलाफ़ होगा कि अश्वेत शख़्सियत के चरित्र को कोई श्वेत निभाये। उसके बाद पूरे विश्वविद्यालय में नस्लवाद पर बहस शुरू हो गयी थी। नाटककार लॉयड ने अपने इस नाटक 'जीजस इन इण्डिया'–के रद्द होने को जायज़ ठहराते हुए कहा कि दक्षिण एशिया के लोगों के चरित्र में गोरे लोगों को दिखाना उचित नहीं होगा। उन्होंने कहा कि ये नाटककार की ज़िम्मेदारी है कि वो अपने नाटक में जिसके चरित्र को गढ़ता है उसके मंचन के वक़्त उसी रंग या नस्ल का कलाकार उस चरित्र को निभाये। नाटक को रद्द करने का फ़ैसला लेने के पहले लॉयड ने विश्वविद्यालय के छात्रों से अभिनय कर रहे छात्रों को बदलने को कहा। बातचीत के बाद नाटककार लॉयड ने यह कह दिया कि अश्वेत चरित्र को श्वेत कलाकार से अभिनय करवाना नाटक के साथ अन्याय होगा। इसके बाद बातचीत टूट गयी और नाटक का मंचन रद्द करना पड़ा था। इस नाटक के निर्देशक मार्लियो मिशेल ने लेख लिखा और नाटककार को करारा जवाब देते हुए कहा कि ये निर्देशक का फ़ैसला होता है कि वो अपने किस चरित्र में किस अभिनेता से अभिनय करवाये। विश्वविद्यालय ने भी नाटककार के फ़ैसले पर दुख जताते हुए कहा कि इससे छात्रों का दिल टूट गया है और अब वो लॉयड के साथ किसी तरह की बातचीत नहीं करना चाहते हैं। ये ख़बर भी भारत के अख़बारों में छपी लेकिन नस्लभेद की इस संगीन घटना पर हमारे यहाँ किसी भी कोने अन्तरे से आवाज़ नहीं आयी। क्या साहित्य जगत में इस तरह की बातों पर विमर्श नहीं होना चाहिए? क्या दुनिया के किसी कोने में भारत के लोगों के साथ इस तरह का बर्ताव हो तो हमारे देश के बुद्धिजीवियों को ख़ामोश रहना चाहिए?

भारत में कथित तौर पर बढ़ती असहिष्णुता का आरोप लगाकर उसके ख़िलाफ़ अमेरिका से अपील करने वालों ने भी नस्लभेद की इस गम्भीर घटना पर कुछ नहीं कहा। बात–बात पर संयुक्त राष्ट्र में जाने की बात करने वाले हमारे सियासतदाँ ने भी इस ख़बर को गम्भीरता से नहीं लिया। भारत में बढ़ रही कथित असहिष्णुता पर अमेरिका के राष्ट्रपति बराक ओबामा

के एक बयान को उद्धृत करने वाले भी ख़ामोश रहे थे। ये ख़ामोशी बहुत परेशान करने वाली थी। इसी तरह का एक विवाद दो हज़ार ग्यारह में लन्दन रिव्यू ऑफ़ बुक्स में पंकज मिश्रा और नील फरग्युसन के बीच हुआ था। दोनों के बीच नस्लवादी लेखन पर कई अंकों में लेख–प्रतिलेख छपे थे। नील फरग्युसन की किताब–'सिविलाइज़ेशन : द वेस्ट एण्ड द रेस्ट' पर पंकज मिश्रा ने लन्दन रिव्यू ऑफ़ बुक्स में समीक्षा लिखी थी जिसको लेकर विवाद शुरू हुआ था। उस वक़्त भी भारत के लेखक ख़ामोश रहे थे। हमें इन ख़ामोशियों का मतलब समझ नहीं आता है। अगर आप बौद्धिक रूप से ईमानदार हैं, अगर आप किसी विचारधारा की बेड़ियों में जकड़े हुए नहीं हैं तो साहित्यिक और सामाजिक मुद्दों पर आपकी क़लम वस्तुनिष्ठ होकर चलनी चाहिए। यही क़लम जब वस्तुनिष्ठ नहीं रहती है और चुनिन्दा प्रतिक्रिया देती है तब पाठकों का विश्वास लेखक से डिगता है। चीन, अमेरिका से लेकर लन्दन तक में घटी घटनाओं पर लाल क़लम पता नहीं क्यों नपुंसक हो जाती है। क़लम में वो धार होनी चाहिए वो तेज़ होना चाहिए जो कि एक न्यायप्रिय शासक के पास हुआ करता था। जो बग़ैर धारा, विचारधारा, संगठन, स्वार्थ, जाति, समुदाय आदि को देखे न्याय करता था। क़लम को अगर हम किसी ख़ास विचारधारा का गुलाम बनायेंगे या फिर क़लम की धार किसी ख़ास समुदाय के समर्थन में उठा करेगी तो समय के साथ उस क़लम पर से पाठकों का विश्वास उठता चला जायेगा। भारत के ज़्यादातर प्रगतिशील लेखकों के साथ यही हुआ है। उनकी क़लम चुनिन्दा मसलों पर चलती रही है। एम.एफ. हुसैन पर वो बोलते रहे लेकिन तसलीमा पर ख़ामोश रहे। हिन्दुओं के बीच बढ़ रही कथित कट्टरता पर उन्होंने ज़ोरदार प्रतिवाद किया लेकिन जब मुस्लिम कट्टरपन की बात आये तो एक अजीब तरह की ख़ामोशी या उदासीनता देखने को मिलती है। यह दोहरा रवैया प्रगतिशीलों ने जानबूझकर रखा इस बात के प्रमाण तो नहीं हैं लेकिन जब कई मसलों पर ऐसा हुआ तो लगा कि इसके पीछे कुछ है। अमेरिका, रूस और चीन में इस तरह की घटनाओं को लेकर न तो प्रगतिशील लेखक संघ, न ही जनवादी लेखक संघ और न ही जन संस्कृति मंच के कर्ता–धर्ताओं के कानों पर जूँ रेंगती है। इस तरह के चुनिन्दा विरोध की वजह से ही आज वामपन्थी बुद्धिजीवी अपने अस्तित्व को बचाये रखने के लिए संघर्ष कर रहे हैं। प्रगतिशील जमात को अपने पूर्व के कारनामों पर सफ़ाई देनी चाहिए। यह उनके

भविष्य के लिए भी अच्छा होगा और लोकतन्त्र की मज़बूती के लिए भी, क्योंकि विचारों का प्रवाह लोकतन्त्र की जड़ों को मज़बूत करता है।

इस पृष्ठभूमि में अगर केरल के मार्क्सवादी नेता के एक बयान को देखें तो उस बयान ने सीपीएम के चेहरे से नकाब हटा दिया है और पूरी पार्टी को कठघरे में खड़ा कर दिया है। केरल के इडुक्की ज़िला सीपीएम के अध्यक्ष और राज्य कमेटी के सदस्य एम.एम. मणि ने कहा था कि उनकी पार्टी राजनीतिक विरोधियों की हत्या करवाने में यक़ीन रखती है। मणि ने ये बातें खुलेआम एक रैली में कीं। इस बयान को जोश में होश खो देने वाला बयान बता कर ख़ारिज नहीं किया जा सकता क्योंकि मणि ने अपने मरने–मारने वाले बयान के बाद उसके समर्थन में उदाहरण देकर उसे सही भी ठहराया और कहा कि पार्टी को उन हत्याओं की ज़िम्मेदारी लेने से कोई गुरेज़ भी नहीं है जो उसने करवायी हैं। पहले तो मणि ने खुलेआम ये कहा कि हमें मरने और मार डालने की आदत है। इसलिए उनकी पार्टी सीपीएम और उसके कार्यकर्ताओं को कोई धमकी न दे। उन्होंने सरेआम ये ऐलान किया कि जो भी पार्टी के ख़िलाफ़ काम करेगा उसे रास्ते से हटा दिया जायेगा। मणि के मुताबिक़ सीपीएम ने 1982 में तेरह लोगों की सूची बनायी थी जिन्हें क़त्ल करना था। इस सूची में से एक की गोली मारकर हत्या कर दी गयी। दूसरे की सरेआम पीट–पीट कर हत्या कर दी गयी और तीसरे शख़्स को तो चाकुओं से गोदकर मार डाला गया। आरोपों के मुताबिक़ क़त्ल किये गये दो लोग कांग्रेस के कार्यकर्ता थे और एक भारतीय जनता पार्टी के लिए काम करता था। इन्तहा तो तब हो गयी जब इनमें से एक हत्या के चश्मदीद का भी क़त्ल हो गया। इन हत्याओं के आरोप उस वक़्त भी सीपीएम पर लगे थे। लेकिन उन हत्याओं में पड़ताल कहाँ तक पहुँची इसका पता ही नहीं चल पाया।

मणि के इस बयान के बाद केरल समेत देश की राजनीति में भूचाल आ गया था। केरल सीपीएम के उस वक़्त के ताक़तवर नेता पिनयारी विजयन ने इस बयान पर सफ़ाई दी थी और कहा था कि मणि ने सार्वजनिक रूप से बयान देकर ग़लत किया है और यह पार्टी के स्थापित मानदण्डों के ख़िलाफ़ है। यहाँ यह बात गौर करने लायक है कि विजयन ने मणि के बयान को ग़लत नहीं ठहराया बल्कि सार्वजनिक रूप से बयान देने को ग़लत क़रार दिया। तो क्या यह मान लिया जाये कि विजयन की मणि के बयानों से सहमति थी। मणि के इस बयान और विजयन की सफ़ाई

को केरल में सीपीएम छोड़कर अपनी पार्टी बनाने वाले टी पी चन्द्रशेखरन की हत्या से जोड़कर भी देखा गया था। चन्द्रशेखरन की हत्या के बाद पिनयारी विजयन के बयान को देखें तो उससे हिंसा की इस राजनीति की तस्वीर थोड़ी और साफ़ हो जाती है। चन्द्रशेखरन के क़त्ल के बाद विजयन ने कहा था कि वो दलबदलू और विश्वासघाती थे। विजयन ने ये बयान उस वक़्त दिया था जब केरल के कद्दावर कम्युनिस्ट नेता वी.एस. अच्युतानन्दन उनको श्रद्धांजलि दे रहे थे। पिनयारी विजयन के इस बयान के अपने निहितार्थ हैं जिनको मणि के बयानों ने उजागर कर दिया है। एम.एम. मणि के बयान को सीपीएम के आला केन्द्रीय नेता यह कहकर दबा देने के चक्कर में रहे कि वे पार्टी के एक बहुत छोटे नेता हैं लिहाज़ा उनके बयान को पार्टी की विचारधारा नहीं माना जाना चाहिए। ये सही भी है कि किसी भी राष्ट्रीय पार्टी (अगर सीपीएम अब भी है तो) के एक ज़िले के अध्यक्ष के बयान को पार्टी का आधिकारिक बयान नहीं माना जाना चाहिए लेकिन अगर उस ज़िलाध्यक्ष का इतना रुतबा हो कि विधानसभा चुनाव के वक़्त अपनी पार्टी के शीर्ष नेता और सूबे के मुख्यमन्त्री को प्रचार के लिए अपने इलाके में नहीं आने दे तो उसके रुतबे का अन्दाज़ा लगाया जा सकता है। पिछले विधानसभा चुनाव के वक़्त मणि ने अच्युतानन्दन को इडुक्की नहीं आने दिया था। ये है मणि की पार्टी में हैसियत और ताक़त। उसके अलावा एम.एम. मणि पच्चीस साल से ज़्यादा वक़्त से ज़िलाध्यक्ष हैं और पार्टी में कोई कार्यकर्ता उनके ख़िलाफ़ जाने की हिम्मत नहीं कर सकता। क्यों नहीं कर सकता, इसकी वजह मणि ने ख़ुद साफ़ कर दी है। ऐसा नहीं है कि वामपन्थी दलों के शासन वाले राज्यों में पहली बार राजनीतिक हिंसा की बात सामने आ रही है। पश्चिम बंगाल में भी दशकों तक मार्क्सवादियों ने राज किया और उनका दामन भी सियासी हत्याओं से दागदार रहा है। ममता बनर्जी की पार्टी के नेता तो उस दौरान पचास हज़ार से ज़्यादा राजनीतिक हत्याओं का आरोप लगाते रहे हैं। हो सकता है उसमें अतिशयोक्ति हो लेकिन तटस्थ विश्लेषकों की मानें तो वामपन्थी शासनकाल के दौरान तकरीबन चार हज़ार राजनीतिक कार्यकर्ताओं की हत्या हुई। 1977 से लेकर अब तक पन्द्रह सौ कांग्रेसी कार्यकर्ताओं की हत्या हुई और तकरीबन बीस हज़ार परिवारों को घर छोड़कर भागना पड़ा। तृणमूल कांग्रेस के भी दो हज़ार कार्यकर्ताओं की हत्या के आरोप सीपीएम पर लगे। जब ममता बनर्जी सूबे में सत्तारूढ़ हुईं

तो कई सीपीएम नेताओं के घर के पिछवाड़े में बने गार्डन से नरकंकाल बरामद होने से इन आरोपों को और बल मिला है।

दरअसल मणि के बयानों ने पार्टी की एक सचाई उजागर कर दी, सीपीएम की बुनियाद और विचारधारा का आधार ही हिंसा रहा है। उन्नीस सौ साठ में जब कम्युनिस्ट पार्टी में विभाजन हुआ और भारतीय कम्युनिस्ट पार्टी–मार्क्सवादी का गठन हुआ तो उनकी आत्मा और विचारधारा चीन की तरफ़ झुकी हुई थी। सीपीआई तो सिस्टम में बनी रही लेकिन सीपीएम सशस्त्र संघर्ष के ज़रिए भारतीय गणतन्त्र को हथियार के बल पर जीतने की ख़्वाहिश पाल बैठी। उनके सामने माओवादी चीन का मॉडल था और वो बड़े फ़ख्र के साथ नारा लगाया करते थे–चीन का चेयरमैन, हमारा चेयरमैन। ज़ाहिर तौर पर बात माओ की होती थी। माओ ने चीन में जिस विचारधारा की बुनियाद रखी चीन कमोबेश उसी पर आगे चलता रहा है। हालाँकि माओ की विचारधारा पर डेंग जियाओपिंग ने उन्नीस सौ सत्तर में लगाम लगा दी थी लेकिन थ्येनमान चौक पर जिस तरह से प्रदर्शनकारियों को टैंकों से कुचल दिया गया वह माओ की ही विचारधारा की परिणति थी। चीन में भी राजनीतिक विरोध करने वालों को कुचला गया, सामूहिक नरसंहार किया गया। उसी चीनी कम्युनिस्ट विचारधारा की बुनियाद पर बनी पार्टी भारत में अब खुलेआम अपने राजनीतिक विरोधियों के क़त्ल की बात करने लगी। लेकिन चीन के चेयरमैन माओ की विचारधारा को सही मानने वाले लोग यह भूल गये कि भारत गाँधी का देश है और यहाँ हिंसा और नफ़रत की राजनीति करने वाले लोग सियासत में ज्यादा दिन टिक नहीं पाते हैं। बंगाल और केरल में हार के बाद सीपीएम जिस तरह से पूरे देश से सिमट गयी है उससे यह लगने लगा है कि हिंसा की बुनियाद पर राजनीति करने वाले कुछ वक़्त के लिए तो प्रासंगिक हो सकते हैं लेकिन फिर जनता उनको नकार ही देती है। देश में कम्युनिस्टों का लाल झण्डा लहराये आठ दशक से अधिक हो गये। बाईस मई 1937 को अलापुझा के राधा थिएटर में पहली बार हसिया और हथौड़ा वाला लाल झण्डा फहराया गया था लेकिन सिर्फ़ अस्सी साल में लाल रंग फीका पड़ने लगा है। दिक्कत ये है कि हमारे यहाँ के मार्क्सवादी भारत को माओ के सिद्धान्तों के अनुरूप बदलना चाहते हैं। उनको ये बिल्कुल गवारा नहीं कि माओ के सिद्धान्तों को भारतीयता के अनुरूप बदला जाये।

लेकिन माओवादी कहाँ मानने वाले? उनके तो मुँह में ख़ून लग चुका है और वो हिंसक जानवर की तरह मानव ख़ून पीने को आतुर रहते हैं। पश्चिम बंगाल के तत्कालीन मुख्यमन्त्री बुद्धदेव भट्टाचार्य के मिदनापुर के दौरे के वक़्त माओवादियों ने तीन लोगों को गोलियों से छलनी कर उनकी लाशें बीच सड़क पर फेंक दी थीं। इसके पहले पश्चिमी मिदनापुर के संकरैल पुलिस स्टेशन पर हमला कर दो पुलिस वालों को मौत के घाट उतार दिया था और थाने के अफ़सर इन्चार्ज अतीन्द्रनाथ दत्ता को अगवा कर अपने साथ ले गये थे। उस वक़्त संकरैल थाने की जो तस्वीरें आयी थी उसमें सब–इंस्पेक्टर दिवाकर भट्टाचार्य की लाश कुर्सी पर इस तरह पड़ी थी जैसे वो ड्यूटी के वक़्त बैठा करते थे। माओवादियों के सरगना कोटेश्वर राव ने कुछ न्यूज़ चैनलों को इण्टरव्यू दिये थे जिसमें उसके पीछे ए.के. सैंतालीस लिए दो मुस्टंडे खड़े थे। ये तीन ऐसी तस्वीरें हैं जो माओवादियों के चरित्र को साफ़ तौर पर उभार कर सामने ला देती हैं। पहले की दो तस्वीरों में बर्बरता की पराकाष्ठा है और फिर कोटेश्वर राव की तस्वीर से ये सवाल खड़ा होता है कि आख़िर माओवादियों के पास इतने ख़तरनाक हथियार कहाँ से आ रहे हैं। क्या ये हथियार विदेशों में बैठी भारत विरोधी ताक़तें मुहैया करा रही हैं। इन हथियारों को ख़रीदने के लिए इनके पास पैसे कहाँ से आ रहे हैं। इन सवालों का जवाब माओवादियों के समर्थन में लेख लिखने वाले विद्वान बुद्धिजीवियों के पास नहीं है।

एक साप्ताहिक पत्रिका में लेखिका अरुन्धति राय ने अपने ज़ोरदार तर्कों और शानदार भाषा की बदौलत माओवादियों के आन्दोलन को जन आन्दोलन साबित करने की कोशिश की थी। एक ऐसा आन्दोलन जो आदिवासी अपनी परम्परा, अपनी विरासत और अपनी ज़मीन बचाने के लिए कर रहे हैं। अपने लम्बे लेख में माओवादियों के आन्दोलन को सही साबित करने के जोश में अरुन्धति ने मीडिया से लेकर न्यायपालिका, सरकार से लेकर शासन तक को बिका हुआ क़रार दे दिया है, कहीं खुलकर तो कहीं इशारों–इशारों में। लेकिन अपने लेख में अरुन्धति ये भूल गयीं कि वो स्थिति का सामान्यीकरण कर रही हैं। पूरे देश के अख़बार और सभी न्यूज़ चैनल उनको बिके नज़र आते हैं जो आदिवासियों के हितों पर पैसे को तरजीह देते हैं। सिर्फ़ फ़तवेबाजी से बात नहीं बनती है। वाक् जाल में उलझाकर पाठकों को तो बाँधा जा सकता है लेकिन बग़ैर किसी ठोस सबूत के देश की पूरी मीडिया को कठघरे में खड़ा करता है तो निःसन्देह

लेख और लेखक दोनों की गम्भीरता पर प्रश्नचिह्न लग जाता है। बजाय फ़तवा जारी करने के अरुन्धति को अपने तर्कों के समर्थन में कुछ तो उदाहरण पेश करने चाहिए थे।

माओवादियों के समर्थन में लिखे गये इस लेख को लिखते वक़्त अरुन्धति के सामने इस हिंसा के शिकार हुए लोगों के परिवारों के बिलखते चेहरे नहीं आये होंगे क्योंकि अगर आपने एक ख़ास किस्म का चश्मा पहन रखा है तो आपको वही दिखायी देगा जो आप देखना चाहेंगी। अरुन्धति को ओडिशा की डोंगरिया कोंध जनजाति की याद और उनका दर्द तो दिखायी देता है लेकिन माओवादियों की गोलियों के शिकार बने झारखण्ड के पुलिस इंस्पेक्टर फ्रांसिस इन्दुवर के परिवार का दर्द नहीं दिखायी देता। उन्हें उनके छोटे बच्चे का वो बयान नहीं सुनायी दिया होगा जिसमें उसने बिलखते हुए कहा था कि "मैं अपने पापा के हत्यारों से बदला लूँगा।" अरुन्धति को तो सिर्फ़ ये दिखता है कि पुलिस वाले आदिवासियों पर कितना अत्याचार करते हैं। क्या कभी किसी पुलिस वाले ने किसी भी माओवादी को उस बर्बर तरीक़े से क़त्ल किया जिस तरह से गला रेत कर फ्रांसिस इन्दुवर को मार डाला गया। अरुन्धति जैसे लोगों का तर्क है कि अपनी ज़मीन लुटती देख कर माओवादियों ने हथियार उठा लिए हैं। लेकिन जिस तरह से नक्सलियों के पास अति आधुनिक हथियार दिखते हैं वे सिर्फ़ चौंकाने वाला नहीं है बल्कि गम्भीर विमर्श की माँग भी करता है कि तीर–धनुष की जगह ए.के. सैंतालीस कहाँ से आ गया। कौन–सी ताक़तें माओवादियों को हथियारों के लिए फण्ड उपलब्ध करवा रही हैं। जैसा कि पहले भी कहा जा चुका है कि इनके सरगना कोटेश्वर राव की सुरक्षा में लगे लोगों के पास ए.के. सैंतालीस हैं वैसे ही अत्याधुनिक हथियार संकरैल थाने पर हमला करने वालों के हाथों में भी थे जिनकी बदौलत उन्होंने वहाँ एक स्थानीय बैंक को लूटा था। सरकार को इन स्रोतों का पता लगाने और उसे बन्द करने की ज़रूरत है। अरुन्धति ने अपने लेख में तत्कालीन गृहमन्त्री पी. चिदम्बरम पर भी जमकर हमला बोला था और उन्हें इस बात की भी तकलीफ़ थी कि राष्ट्रीय स्वयंसेवक संघ ने चिदम्बरम की तारीफ़ क्यों की। किसी की नज़र में कोई अगर अच्छा काम कर रहा है तो क्या तारीफ़ सिर्फ़ इसलिए नहीं की जानी चाहिए कि वो विरोधी दल का सदस्य है। ये वह मानसिकता है जो इस तारीफ़ को भी हिन्दू फण्डामेण्टलिज़्म से जोड़कर भ्रम फैलाती है।

अगर हम थोड़ा पीछे जायें तो इस तरह के लेख और पत्र बुद्धिजीवियों ने लिखे हैं। 27 दिसम्बर 1997 को महाश्वेता देवी ने भी पत्र लिखकर सीपीआई एमएल को बिहार में बदला लेने का आह्वान किया था। उस वक़्त भी महाश्वेता देवी के उस पत्र का ख़ासा विरोध हुआ था। अब ये सारे लोग एक बार फिर से माओवादियों के समर्थन में खड़े हो गये हैं लेकिन इनमें से किसी भी बुद्धिजीवी ने फ्रांसिस इन्दुवर, दिवाकर भट्टाचार्य और जयराम हासदा और लक्ष्मीदास की बर्बर हत्या के ख़िलाफ़ न तो एक शब्द बोला और न ही लिखा। साफ़ ज़ाहिर है कि इनकी मंशा क्या रही होगी।

❑❑